清华创新管理前沿丛书

创业精英

MIT如何培养高科技创业家

［美］爱德华·罗伯茨（Edward B. Roberts）
著

陈劲　姜智勇
译

清华大学出版社
北京

北京市版权局著作权合同登记号　图字：01-2022-6070

图书在版编目(CIP)数据

创业精英：MIT 如何培养高科技创业家 / （美）爱德华·罗伯茨 (Edward B. Roberts) 著；陈劲，姜智勇译. —北京：清华大学出版社，2023.1

（清华创新管理前沿丛书）

书名原文：Celebrating Entrepreneurs: How MIT Nurtured Pioneering Entrepreneurs Who Built Great Companies

ISBN 978-7-302-62138-6

Ⅰ．①创⋯ Ⅱ．①爱⋯ ②陈⋯ ③姜⋯ Ⅲ．①麻省理工学院—创业—教育研究 Ⅳ．① G647.38

中国版本图书馆 CIP 数据核字 (2022) 第 204639 号

责任编辑：高晓蔚
封面设计：汉风唐韵
责任校对：宋玉莲
责任印制：朱雨萌

出版发行：清华大学出版社
　　　　　网　　　址：http：//www.tup.com.cn，http：//www.wqbook.com
　　　　　地　　　址：北京清华大学学研大厦 A 座　　　邮　　编：100084
　　　　　社 总 机：010-83470000　　　　　　　　　　邮　　购：010-62786544
　　　　　投稿与读者服务：010-62776969，c-service@tup.tsinghua.edu.cn
　　　　　质 量 反 馈：010-62772015，zhiliang@tup.tsinghua.edu.cn
印 装 者：三河市人民印务有限公司
经　　销：全国新华书店
开　　本：185mm×245mm　　印　张：19.5　　字　数：337 千字
版　　次：2023 年 2 月第 1 版　　印　次：2023 年 2 月第 1 次印刷
定　　价：98.00 元

产品编号：091697-01

献词

1953 年 9 月，在刚刚走进麻省理工学院（Massachusetts Institute of Technology，以下称 MIT）的第一个月里，我遇见了南希·罗森塔尔（Nancy Rosenthal）。那时我还不到 18 岁，她还不到 16 岁。1959 年 6 月，我们走进了婚姻殿堂，从此生儿育女，开始了属于我们的幸福人生。我们的三个孩子是瓦莱丽、米契和安德莉亚；她们的另一半是马克（Mark）、吉尔和马柯（Marc）。我们还有 9 个孙辈：诺亚、麦克斯、亚历克谢、萨布丽娜、所罗门、伊桑、爱丽丝、丹尼尔和鲁比。

南希·罗伯茨（Nancy Roberts）

南希是我一生的挚爱。她是我的坚强后盾和亲密知己。南希见证了本书讲述的每一个故事，还亲身经历了其中的很多故事，和书中提到的很多人熟识。她的经历远大于本书提到的半个世纪。我们还一起创办了一家公司，在 K-12 教育领域走出了一条没人走过的路。

南希不惮其烦地审读了本书的大量草稿，听我复述了很多故事。她总是充满关心地对我的表达方式提出修改意见，提醒我可能出现的错漏之处。最关键的是，这本书占用了南希大量的时间。她不得不长时间地坐在电脑前，不停地敲击键盘。尽管如此，她还是不辞辛劳地帮助我，而且没有太多怨言☺。

南希，感谢你与我共度此生。

南希，我把这本书献给你，它盛着我对你最深沉的爱和虔敬。

——艾德

内容简介

　　半个多世纪以来，麻省理工学院（MIT）一直致力于创造、教育、指导和激励基于创新的企业家精神，也带动了世界创业领域的蓬勃发展。本书是著名的MIT创业中心创始人罗伯茨教授的倾力之作，它将过去50年来改变世界的历史性公司与创业者的故事及其与MIT的联系融为一体，介绍了MIT独特的创业生态系统，追溯了学校如何将企业家精神转变为一门学科的历史，描述了MIT的企业家活动得以发展的协作文化，分析了MIT成功的企业家如何通过学校、实验室和中心培训的能量建立持续发展的公司，最后提供了具有MIT根源的新型多元化企业以及发展中国家公司的案例。本书是MIT过去、现在和未来创业故事的第一手资料，是一本引人思考和指导创业实践的图书。本书读者对象为对创业、创新、企业成长以及创业创新教育感兴趣的人。

中文版序言

爱德华·罗伯茨（Edward B. Roberts）
麻省理工学院斯隆管理学院大卫·萨尔诺夫管理学讲席教授

1. 关于本书

欣闻拙著《创业精英：MIT 如何培养高科技创业家》（*Celebrating Entrepreneurs: How MIT Nurtured Pioneering Entrepreneurs Who Built Great Companies*）由清华大学陈劲、姜智勇翻译，清华大学出版社出版的好消息，我感到非常荣幸。究其本质而言，《创业精英》是对 MIT 创业事业前世今生和未来的第一手记述。在革新创业、使其成为一门学科，并配以严谨学术研究的过程中，MIT 教师和校友发挥了重大作用，其影响至深至远。本书不仅记录了这段历史，还把它同我们如何成立和建设多种组织、共同组成"MIT 创业生态系统"（MIT Entrepreneurial Ecosystem）的故事联系在了一起。我还在书中讨论了 MIT 的合作文化。它是横跨 MIT 五大学院的所有创业活动得以蓬勃生长的沃土。反过来，这一"系统"又在重要的新兴领域里孕育和培养了先驱企业，帮助数以千计的初创企业成立和发展。这些先驱企业都会出现在这本书里。

打造创业型大学。在本书的第一部分，我会讲到 MIT 是如何在五十多年的时间里完成自我转变的。这一转变源自她独一无二的历史传统"知行合一"（Mens et Manus）。这句拉丁文的字面含义是"心与手"（Mind and Hand）。MIT 始终坚信，科学与技术的新发现和教学远比新知识本身的贡献大得多。我们也是这样做的。而知识的进步务必切实应用于解决人类社会面临的各种重大问题。如今，MIT 和其他重要组织机构——例如清华大学等——都认识到，成立创新型企业实际上是新知识和新发现形成全球影响力最强有力的途径。我在本书前几章里记述了 MIT 是怎样帮助其他大学、地区和国家学会创办和培养新企业的。全球更多的地区正在发挥自身的创造力，灵活地采用 MIT 方法，因地制宜地用在自己所处的具体条件之中。希望《创业精英》第一部分能帮助全世界更多的人在更短的时间里（比 MIT 更短）收获创业的种种裨益。

创建和经营先驱企业。《创业精英》的第二部分更注重对过往、现今和未来创业家和投资者的讨论。在这一部分，几十位 MIT 先驱创业家会讲述自己的故事。他们会讲到自己如何打造和建设生命科学与生物科技产业和互联网产业；怎样完成从 CAD-CAM 到机器人技术的伟大产业变革；如何开拓出高度多样化的"现代金融"领域。这些企业已经繁荣了数十年时间，它们的创始人会在这一部分讲述自己的初衷和动力，讲述自己遇到的挑战和辛勤耕耘的成果。

本书最后一章会提出更多关于新一代 MIT 企业的例子，它们更加多样化，遍布众多领域，例如软件、电子和消费产品等。而且，这些企业越来越多地出现在发展中国家和地区。这一部分会通过深入的访谈再次为读者带来新一代 MIT 校友的思想和言论。他们创办了超级盈利的成功企业，例如"集客式营销"企业 HubSpot、云软件企业 Okta、在线药店 PillPack（现属亚马逊旗下）等。它们和其他企业的故事共同编织成了一种叙事，装满了献给未来创业者的忠告、洞见、激励和启示。

从 2020 到 2022？ 2020 年，本书英文原版通过亚马逊出版社面世。在此后这段短短的时期里，整个世界跌入了几种新冠病毒变种引发的巨大震荡之中。这着实令人悲伤。席卷世界的痛苦、煎熬和死亡引发了全球性危机。然而，创业世界对此反应积极，迸发出了令人瞩目的力量。其中最引人注目的要数生物科技行业。借助新的工具、技术、疫苗、药物和各种各样的创新，生物科技行业在全世界范围内实现了跨越式发展。在 MIT，我见证了教师、职员，尤其是全校学生做出的令人欣喜的活动。在疫情的激发下，他们提出了多种产品和服务的新创意，其中很多创意几乎立即转化成为新企业。

在这里，我要为本书第七章"生物技术与生命科学"做出极其重要的增补。它与人类的现状密切相关，具有重要的全球意义：这一章最后一个重要案例——旗舰先锋投资公司（Flagship Pioneering Ventures）——是莫德纳公司（Moderna, Inc.）的创办者。莫德纳和辉瑞－生物科技（Pfizer-BioNTech）是全球两大 mRNA 新冠疫苗厂商。莫德纳的创始董事长是努巴·阿费扬（Noubar Afeyan）。他也是第七章最后一位发声的创业代言人。

所以说，全球危机触发了全球创业者的积极反应。风险投资行业同样令人惊异地迎来了全球范围的爆发式增长。仅就美国而论，2021 年，创投支持的企业共计获得了 3300 亿美元的融资，比 2020 年的 1670 亿美元翻了一番。更大的惊喜在于，其中有 800 多亿美元属于早期投资。这证明了年轻企业和新企业的生机和活力。创新型创业的现状和未来强劲有力，这一点表现得非常明显。整个世界正在越来越清晰地领会这一点。

同时，我还要感谢清华大学出版社同步翻译出版我先前的《高新技术创业者：MIT 的创业经验及其他》（*Entrepreneurs in High Technology: Lessons from MIT and Beyond*）一书。这本书 1991 年由牛津大学出版社出版。它是第一部谈论技术创业的著作，主要论述以学术研究成果作为立足之本的创业类型。它与《创业精英》首尾呼应，完整讲述了 MIT 技术创业的精彩故事。

2. MIT 在中国管理教育现代化中发挥的作用 ①

1987 年，刚刚成为 MIT 斯隆管理学院院长的莱斯特·瑟罗（Lester Thurow）为学院树立了新愿景和新项目。瑟罗提出，学院应该与中国建立一个重大项目，以此作为 MIT 投身全球管理教育大局的开始。他高瞻远瞩地看到，现代管理教育可以为全球华人奠定一种共同的基础，即以 MIT 斯隆管理学院的做法为标杆，更多地合作、更好地推进经济发展。结果，学院只用了很短的时间就在这些地区建起了各种重要项目。其中，中国内地 MIT 创业教育的根基尤为深厚 ②。

在这些项目中，最重要的，也是持续时间最长的要数"中国管理教育项目"（China Management Education Project）。该项目成立于 1996 年，由北京的清华大学和上海的复旦大学作为 MIT 最早的合作伙伴。我们与这两所大学之间的紧密关系由此延续到现在 ③。后来还有更多院校陆续加入进来，包括广州的中山大学岭南学院、昆明的云南大学工商管理与旅游管理学院、西安交通大学等。这个项目的宗旨是为这些院校的相关教师和课程发展提供帮助，为它们的 MBA 教育提供更好的国际管理机会。项目邀请中国教师来到 MIT，在 MIT 教师的指导下学习一个学期。这些中国老师可以走进他们感兴趣的 MBA 课堂，可以与 MIT 导师讨论如何因地制宜地把 MIT 斯隆管理学院的材料用于本校，他们还可以参加

① 本序言的第 2 部分和接下来第 3 部分中的很大篇幅都包含在拙著《高新技术创业者：MIT 的创业经验及其他》一书的中文版序言当中。该书亦将由清华大学出版社出版。

② 本书第七章"把 MIT 创业事业推向全球"描述了这些工作的一些方面，包括这四大地理区域的各种活动。

③ 在此感谢 Eleanor Chin 老师为我提供了 MIT 和多所中国大学在这些项目中的具体工作细节。从项目最初启动到现在，她一直在具体管理工作中扮演着幕后英雄的角色。

MIT 关于教学和课堂管理的研讨会，等等。这些年来，斯隆访问项目大约接待了 325 位中国教师。返回中国之后，这些教师在中国的国际 MBA（IMBA）项目建设中发挥了关键作用。当然，中国 IMBA 的建设也得到了书籍、材料和 250 多次 MIT 斯隆管理学院教师来访，以及更多学生和职员来访的进一步帮助。

不只如此，从 2014 年起，大批 MIT 斯隆管理学院的教师来到中国，讲授各自专长的课题，包括创业战略、市场营销创新、管理会计、组织行为和战略管理等。疫情期间，MIT 斯隆管理学院的教师大量地在线上为清华大学、复旦大学和中山大学岭南学院的学生授课。很多年来，这些学校每年都会派国际 MBA 学生团队到 MIT 完成各类项目。

从 2008 年开始，这些合作促成了"中国实验室"（China Lab）项目的诞生。在这个项目中，MIT 斯隆管理学院的学生组成小组，与中国学生小组结成对子，共同在一家中国初创企业里完成一个实习项目，为期 3 个月，具体地点包括北京、上海、广州和云南等。这些"实干"（hands-on）项目为身在其中的众多企业带来了重要影响，同时也深刻影响了参与项目的 MIT 学生和中国学生。

杨德林教授是我接待过的 IFF（International Faculty Fellows，国际教师学者）项目来访教师之一。他还获得了 MIT 斯隆管理学院的富布莱特学者（Fulbright Scholar）称号。我和杨德林老师，加上查尔斯·埃斯利（Charles Eesley，他当时还是我的博士研究生）共同发起了一个重要的中国创业研究项目。我会在本序的末尾详细介绍这个项目。

3. 我与中国和中国创业的个人情缘 [①]

家庭背景

我对中国、中国古代技术和当今的创业事业深感兴趣。这种兴趣是通过一种不同寻常的方式产生的。1959 年，我和妻子南希在欧洲度蜜月，我们不经意间买到了一个小盘子。那个古董盘子有着青绿色的背景，漂亮得很。不过我们和售货员都不太懂，只是觉得它漂亮。3 年后，我们又在匈牙利一家古董商店买到了一个很相似的盘子。这个盘子显然来自中国。回家之后，我开始研究它们，发现这两个瓷盘出自 17 世纪末 18 世纪初的康熙年间。后来，随着对中国古代历史的

---

① 再次说明，这一部分的很大篇幅也可以在本人早期著作《高科技创业家：来自 MIT 内外的经验》的中文版序言中见到。该书也由清华大学出版社翻译出版。

阅读日益增多，我发现康熙时代是中国古代技术的一次发展高峰。它让当时的中国在瓷器和其他一些商品的全球贸易中占据了主导地位。于是，我们开始收集康熙年间的瓷器。日积月累之下，我如今拥有一屋子的康熙五彩（Famille Verte）大盘和雕像，还有少量唐代和汉代的藏品。

可能是受此影响，我们的小女儿安德莉亚从高中起就开始学习中文，后来在进入哈佛大学之后更认真地进修了中文。毕业之后，安德莉亚远赴中国台湾，在台北语言学院（Taipei Language Institute）学习汉语，并在那里结识了如今的未婚夫马柯·福斯特（Marc Foster）。此后，安德莉亚在伯克利攻读博士学位，主要研究与日本和中国有关的政治科学。安德莉亚的论文选题是中国创业的快速增长对政府政策的潜在影响。为了完成论文研究，她在中国度过了整整一年的时间。

MIT 斯隆管理学院与中国创新创业的早期关联

许庆瑞。多年以来，MIT 各院系吸引了大批中国学生和教师。其中，一项最早的重要关系来自我们在 20 世纪 70 年代中期举办的系统动力学（System Dynamics）暑期班。来自浙江大学的许庆瑞教授后来参加了这个项目。他当时最感兴趣的是为中国和他刚刚建立的科学管理系带回 MIT 最新的管理思想和方法。他对我在大型研发项目管理中建立的系统动力学模型尤其感兴趣，所以，他参加了我的特设课程"研究、开发与技术创新管理"（Managing Research, Development and Technology-Based Innovation）。这一课程在很大程度上影响了许教授的学术志趣。他利用几个月的学术休假时间深入学习。返回浙江大学时，他的箱箧中装满了我们的著述和教学资料。后来他成了中国公认的技术创新管理专家——从很多方面说，这里也有我的绵薄之力。我和许教授成了要好的朋友，他经常介绍自己的学生和同事访问 MIT，参加我们在斯隆管理学院组织的各种活动。2012 年，在我们推出为期两年的 MITREAP 项目（"区域创业加速项目"，见本书第七章）时，第一位带队参加活动的正是许教授的学生。许教授的很多学生还在清华大学和其他顶尖中国高校担任知名教授。我们两家交往甚密，许教授夫妇会来我们的乡间别墅消夏，我和南希也常到杭州看望他们。

邓小平访美。1990 年，邓小平先生正式访问美国和联合国，并会见了美国总统。他还在 MIT 发表了演讲。当时的情况可谓盛况空前，学校里最大的礼堂人满为患，就连站着的地方都没有。我与随同邓小平出访的中科院数学和计算机科学负责人讨论了该院如何激发更多衍生企业的问题。中科院的计算机所当时只有一家自主开发个人计算机的衍生企业，名叫"联想"。后来，经过多年的发展，联想成长为一家大型企业。联想后来买下了 IBM 的个人电脑业务和很多其他业务，成为一家超大型全球计算机企业。这家公司目前的销售收入约为 600 亿美元。

中国斯隆学者项目（Chinese Sloan Fellows）。作为 MIT 斯隆管理学院中国行动计划的延伸，我们开始大量接收来自中国的中层管理者，加入为期一年的职业中期"斯隆学者项目"（Sloan Fellows Program）。我是这个项目的带队教师之一，1991 年，我为这个项目到中国出差，见证了中国经济改革令人欣喜的初步成果。两年之后，我和妻子再次来到中国，见证了这个国家更多的进步。

有几位中国斯隆学者很快把自己在 MIT 学到的美国创业知识——尤其是风险投资知识——带回了中国，大刀阔斧地行动起来。本书的第十一章会详细介绍他们。2005 年，伍伸俊（Sonny Wu）在北京合作创办了金沙江（GSR）创投。伸俊是斯隆学者 2001 级学生，我是他的论文指导教师。他创办的金沙江公司是中国非常早的一家技术型风险投资（VC）企业。随着金沙江的发展壮大，伸俊还创办了金沙江资本（GSR Capital），作为公司在私募股权领域的延伸。同样在 2005 年，两位更早毕业的 1998 级斯隆学者——邱子磊和李振智——在中国香港创办了崇德资金投资公司（China Renaissance Capital Investment）。2006 级斯隆学者周雄伟（Xiongwei "Joe" Zhou）创办了波士顿天使俱乐部（Boston Angel Club）。这家创投公司由波士顿地区的华人出资，主要投资与中国有关的企业。在 MIT 学习期间，很多来自中国的斯隆学者都会积极参与"中国创新与创业论坛"（Chinese Innovation and Entrepreneurship Forum，MIT-CHIEF）的各种活动。这家大型学生俱乐部每年举办一次中国学生创业竞赛，帮助很多学生结识技术型创业者和风险投资人。尽管这里提到的很多斯隆学者和其他 MIT 校友把美国式的风险投资带入了中国，但真正得风气之先的是帕特里克·麦戈文（Patrick McGovern）（1960 届）。早在 20 世纪 90 年代后期，麦戈文就创办了国际数据集团（IDG）风险投资公司。在此 10 年之前，1985 年，作为麦戈文进军中国之前的先声，MIT 的中国三剑客（MIT Chinese Trio）——冯国经、唐裕年和梁家锵——就在香港地区成立了 Techno Ventures Hong Kong 公司。这家公司后来又演变成为汇亚集团（Transpac Capital），在大中华区和东南亚地区广泛投资，取得了很大的成功。

清华校友创业项目（Tsinghua Alumni Entrepreneurship）[①]。在前文的 MIT 斯

---

① 详见本书第七章对 MIT 这一项目和其他国际项目的详细讨论。这些项目的宗旨是把创业浪潮带入中国和其他很多国家。

隆中国管理教育项目中，我提到过清华大学杨德林教授的特别贡献。他在 2006
年来到 MIT，主要做创业研究，我是他的东道主和导师。第一次见面时，我们浏
览了可能的研究课题和正在进行的教师科研。快结束时，我提到了自己面向全体
MIT 校友开展的一次创业活动研究。就在这时，我突然想到了一个好点子！我转
身问杨教授，有没有兴趣把我们的校友创业研究复制到清华大学？我们可以为他
提供帮助。杨教授热情洋溢地答应下来。在接下来的那个星期里，他通过电话与
清华经管学院院长、校友办公室主任等很多人沟通商讨，并且立即飞回了北京，
进一步沟通和推进这个独一无二的合作研究项目。清华大学校长批准了这个方案，
随后，他们很快做出了总体方案和研究预算。我打电话给张朝阳。他是搜狐公司
的首席执行官，也是我在搜狐公司的联合创始人。张朝阳既是清华大学的毕业生，
也是 MIT 校友。他同意为这次研究提供资金支持。除了 MIT 以外，清华大学
是全世界第一所调研全体校友创业工作，评价其对国家和世界经济具体影响力
的大学。

　　杨教授很快返回了剑桥市，我们修改了 MIT 的研究模版，使它更适应中国
截然不同的具体情况。我的两位博士生从一开始就深入参与到这项研究中。他
们是王砚波（现在香港大学任战略及创业副教授）和查尔斯·埃斯利（Charles
Eesley，现在斯坦福大学担任长聘副教授）。两位同学，尤其是埃斯利，与我和
杨德林教授紧密合作，我们一起编写问卷，并把它翻译成中文，印制、分发到清
华大学数以千计的校友手上。随着数据的逐步回收，杨教授和埃斯利承担了大部
分的分析工作和结果评价工作，我负责总体把关。这项研究不仅报告了清华大学
多年以来培养了多少名创业者，评价了他们的影响力，更开启了埃斯利教授、杨
德林教授和其他很多人在清华和全中国多年以来的不断合作。事实上，埃斯利
现在重点研究的正是影响中国现代创业成长与发展的各种因素。同样重要的一
点：埃斯利在中国倾注了大量的心血和时间，他的未婚妻周丽洁（音译）（Lijie
Zhou）就是在中国认识的。

　　共同创办搜狐公司。我的中国故事有很多，搜狐要放在最后讲。这个故事本
身就可以写成一本书。本书第九章"互联网"记述了我和张朝阳共同创办搜狐公
司的故事以及公司最初阶段的发展。张朝阳是清华大学的杰出校友，他还获得了
MIT 物理学博士学位。1996 年，我们一起把互联网带入了中国。此时距离中美

之间发送第一条因特网消息只有一年时间①。在刚成立的几年里，搜狐为中国引入了很多新的应用。如今，人们早已习以为常地把这些应用看作中国大型互联网公司的常规服务，例如百度、阿里巴巴和腾讯等。搜狐最早推出了新闻业务，很快就迎来了新浪和网易的竞争。我们稳步推进搜索业务，还陆续推出了网络购物、股票交易、视频（包括从美国引进的视频内容和搜狐自制视频内容）、游戏、语言翻译等多项服务。搜狐每进入一个新领域，都是我们在中国的一次拓荒。我们通过这样的方式把美国和西方世界已有的服务传入中国。张朝阳把西方的先进技术引入了亚洲，他被人们看作英雄人物。我是他的共同创始人，也是搜狐的第一位投资人。由于这样紧密的个人关系，张朝阳自豪地告诉我，他经常把我说成"中国互联网的教父"（The Godfather of the Chinese Internet）。虽然这样的夸张让我忍俊不禁，但我确实很珍惜这个小小的标签。到 2016 年时，我已经在搜狐公司董事会里当了 20 年的资深董事（我的职务、岁数和年资都很资深），支持张朝阳的领导、帮助公司成长壮大。我在很多年里都是董事会唯一一位非华裔成员。这些年来，我们和清华大学的关系非常密切，也非常重要。这不仅因为搜狐招聘的很多清华校友成了公司发展壮大的关键贡献者，而且因为搜狐那座高高的办公楼就坐落在校园东门外的清华科技园，俯瞰清华经管学院。更因为我们出资建立了与清华大学的合作研究中心，共同开发先进的语音识别和翻译软硬件产品。

我会定期访问中国，在一次访问时，张朝阳安排我做了一次演讲，主题是如何把清华大学建设成为"中国的 MIT"。这不仅体现在科学和技术方面，而且体现在创业方面。我列举了各个领域的挑战和变革，阐明了它们会更快地培育出越来越多成功的清华创业者。那天晚上，张朝阳兴致高昂，因为新浪网——搜狐在新闻领域的竞争对手——在当晚新闻版面的头条报道了我的演讲☺。

总而言之，桃李不言，下自成蹊。60 多年以来，我一直在把自己的思想和工作成果带给广大中国人民。这于我不啻是一件赏心乐事。感谢清华大学出版社翻译出版我的两本技术创业著作，这对我同样是一件赏心乐事。希望我的读者喜欢这两本书，并能有所收获。

爱德华·罗伯茨（Edward B. Roberts）

2022 年 10 月

---

① 实际上，为了体现先驱作用的广泛影响，我们为这家公司注册的名称是爱特信（Internet Technologies China, Inc., ITC）。在公司成功地推出搜索引擎之后，我们把它命名为"搜狐"（搜索狐狸）。张朝阳告诉我，在中国人的印象里，狐狸兼具狡黠和矫捷的特点！

致谢

MIT 创业事业

即使是对 MIT 半个世纪以来的创业佳绩略做思考，也足以让我们和整个世界对 MIT 成千上万创业者的成就和他们对全世界的贡献充满感激，为他们欢呼喝彩！从 1861 年建校至今，MIT 始终在全球的发展中发挥着非比寻常的作用。MIT 的教职员工和校友成就卓著，尤其是那些建立和建设新产业、新企业的先驱者们。感谢所有创办创新型企业的 MIT 人，你们和你们的企业贡献良多，你们和你们的企业让这个世界变得更美好。

我要对 MIT 的全体学术同仁表达最深的谢意。感谢你们孜孜不倦地献身教学科研工作、启人心智。你们的学生不仅遍及全校，更遍布很多其他大学和国家。你们名副其实地做到了"桃李满天下"。我会在第三章、第四章讲到你们，讲述你们的丰功伟绩。本人何其荣幸，能和你们共事多年，见证很多人的成长、进步和成功。感谢你们多年以来的同事情谊☺。

我要感谢 MIT 的职员同事。他们成立了多种配套机构，为国内外志向远大的创业者出谋划策，为他们提供了更具体、更有针对性的支持和帮助。我们的创业中心和这些支持机构被人们合称为"MIT 创业生态系统"（MIT Entrepreneurial Ecosystem）。这一生态系统专门为年轻的 MIT 未来企业创始人提供各种非凡的服务。我会在第五章讲述他们的故事。

我还要感谢所有捐赠人。如果没有他们慷慨的资金支持，上述所有创业者和他们的项目都不可能出现。我会在第四章里讲到创业中心和项目的主要捐赠人。在第五章关于各类配套机构的讨论中，我也会提到并感谢这些机构的主要捐赠者。尽管如此，想必仍有许多我不知道的或者未提及的个人和组织。他们支持学校创业项目的各种年度活动和各类需求，帮助项目取得了长足的进步和重要的发展。

是这些可爱的人们激励和襄助着 MIT 的创业项目，使之取得了巨大的进步和令人瞩目的成功。

我们的颂歌

2016 年 11 月，我们举办了"MIT 创业五十年庆典"（Celebrating a Half-Century of MIT Entrepreneurship）。感谢参与活动筹划与实施工作的每一位同仁。这场活动也是对本人五十余载工作的一次总结。我看到几百位校友和朋友们共聚一堂，看到庆祝活动圆满成功，心里充满了欣慰。感谢出席这场盛会的每个人。

大卫·施密特雷恩
（David Schmittlein）院长

特别感谢 MIT 斯隆管理学院的大卫·施密特雷恩（David Schmittlein）院长。MIT 马丁·特拉斯特创业中心（Martin Trust Center for MIT Entrepreneurship）的师资和职员队伍建设、资源建设和各类项目都离不开他的领导和支持。是他让我们今天庆祝的所有成果成为现实。多年以来，大卫为我们的工作——包括这次庆祝活动在内——提供了包括资金在内各种支持，这让我没齿难忘。非常感谢！

回顾那场盛会，我还要特别赞美所有的主旨演讲嘉宾，以及高效组织和管理各个环节的主持人们。感谢以下嘉宾发人深省的演讲：马萨诸塞州州长查尔斯·贝克（Charles Baker）、麻省理工学院校长雷欧·拉斐尔·莱夫（L. Rafael Reif）、大卫·施密特雷恩（David Schmittlein）院长和伊恩·魏兹（Ian Waitz）院长、西蒙·约翰逊（Simon Johnson）教授。感谢以下各位主持人对负责环节的娴熟组织和把控：麻省理工学院荣休校长苏珊·霍克菲尔德（Susan Hockfield）、比尔·奥莱特（Bill Aulet）教授、菲奥娜·莫瑞（Fiona Murray）教授、拉马纳·南达（Ramana Nanda）教授、斯科特·斯特恩（Scott Stern）教授，以及布拉德·菲尔德（Brad Feld）、海伦·格雷纳（Helen Greiner）和罗伯特·梅特卡夫（Robert Metcalfe）。

感谢出席活动的嘉宾们：比利基斯·阿德比伊（Bilikiss Adebiyi）、努巴·阿费扬（Noubar Afeyan）、克里斯蒂安·卡塔利尼（Christian Catalini）、查尔斯·库尼（Charles Cooney）、科恩拉德·德巴克尔（Koenraad Debackere）、梅塞德斯·德尔加多（Mercedes Delgado）、查尔斯·埃斯利（Charles Eesley）、丹·费德（Dan Fehder）、乔治娜·坎贝尔·福莱特（Georgina Campbell Flatter）、舍温·格林布拉特（Sherwin Greenblatt）、简·哈蒙德（Jean Hammond）、道格拉斯·哈特（Douglas Hart）、约翰·霍桑（John Harthorne）、乔恩·赫斯切提克（Jon

Hirschtick）、许慧猷（David Hsu）、黄亚生（Yasheng Huang）、奥伦卡·卡茨佩尔契克（Olenka Kacperczyk）、威廉·克尔（William Kerr）、弗雷德里克·克雷斯特（Frederic Kerrest）、卡里姆·拉哈尼（Karim Lakhani）、罗伯特·兰格（Robert Langer）、哈里·李（Harry Lee）、汤姆·莱顿（Tom Leighton）、艾莉西亚·曼恩（Elicia Maine）、马特·马克斯（Matt Marx）、米克·蒙兹（Mick Mountz）、丽塔·内尔森（Lita Nelsen）、艾拉·佩恩威奇（Ella Peinovich）、阿莱克斯·彭特兰（Alex Pentland）、埃米莉·赖克特（Emily Reichert）、利昂·桑德勒（Leon Sandler）、菲利普·夏普（Phillip Sharp）、舒翩（Pian Shu）、查兹·辛斯（Chazz Sims）、希林·耶茨（Shireen Yates）和张朝阳（Charles Zhang）。你们的分享让当天的庆祝活动成为一场学习盛宴，你们的分享被很大程度地记录在了这本书里。

我还要向在晚宴环节上带给我惊喜和荣耀的诸位表达个人的谢意，他们是：贝克州长、莱夫校长、施密特雷恩院长、莫瑞教授，以及马丁·特拉斯特和凯斯琳·斯特森（Kathleen Stetson）。我还要特别感谢和由衷赞美比尔·奥莱特（Bill Aulet），感谢他组织并主持了一场完全超出预期的晚宴，同时感谢他在晚宴上的温暖话语。

幕后英雄。我要感谢众多的幕后英雄。是他们保障了整场活动的顺利进行。感谢高级副院长克丽丝·谢弗（Kris Schaefer）。她统管着斯隆管理学院所有的外部活动。在几个月的时间里，克丽丝抽出时间来筹备这场庆祝活动。为了这场活动的筹划和实施，她和她的团队做出了极大的奉献和努力。谢弗的发展总监凯瑟琳·霍克斯（Kathryn Hawkes）在总体筹划环节中发挥了关键作用。克劳迪娅·苏亚雷斯（Claudia Suarez）和很多同仁细心落实了每一处细节，她们充分表现了奉献精神和极高的效率。感谢你们所有人！

我还要特别感谢一个人：唐娜·拉塞尔（Donna Russell）。唐娜是 MIT 斯隆管理学院的活动总监，同时还兼任多项其他职务。在这场活动长达数月的构思、推进和实施过程中，唐娜操心着每一处可能的细节，做出了最为妥善的处理。她的工作简直令人叹为观止。唐娜，感谢你为这场活动所做的一切。假如没有你的诸多贡献，就不会有这场活动，也不可能有随之而来的这本书。

关于本书。这本书的最初构思来自我与凯茜·坎尼（Cathy Canney）和比尔·奥莱特的一次会议。凯茜是 MIT 斯隆管理学院的原沟通总监。我们当时思考的问题是：怎样把 MIT 半个世纪以来精彩绝伦的创业历史永久记录下来？感谢两位对这项工作的启发和前期指导。

感谢米歇尔·乔特（Michelle Choate）和乔特创意公司（Choate Creative）的同事们。感谢她们不辞辛劳地采访了多位 MIT 创业校友、创业课堂教师和相关机构负责人。本书的很大一部分内容来自她们的采访。另外还要感谢米歇尔为本书的编辑工作提供的出色帮助。

感谢就 MIT 生涯和 / 或创业活动接受采访的每个人。有了这些采访，读者可以在这本书中看到他们口述旧日的欢乐和曾经的成就。

在本书手稿接近完成时，另一些关键人物正式登场了。他们的帮助和推动体现在出版过程中。感谢 MIT 斯隆管理学院的凯特·雷维斯（Cate Reavis）。感谢她在编辑、审阅和发行过程中的总体指导和积极协调。感谢福禄贝尔（The Froebe Group）公司制作总监托马斯·达格（Thomas Daughhetee）。他的深刻指导是这本书面世的关键。同样不可或缺的还有达格公司几位重要员工的襄助，尤其是版权与设计总监杰弗里·勒克（Geoffrey Lokke）。如果没有他们，这本书只能是个美好的愿望，不可能变成现实！

本书的大部分照片来自 MIT 档案，其余部分均配有明确说明。感谢 MIT 各个部门众多同仁的帮助。特别要感谢格雷格·怀默（Greg Wymer）。

最后，我还要深深地感谢几位创业校友，是他们慷慨的资金支持让这本充满纪念意义和赞颂之情的著作得以面世。他们是拉吉特·巴加瓦（**RAJAT BHARGOVA**）（电子工程，1994 届）、伊兰·伊格奇（**ERAN EGOZY**）（电子工程，1995 届）、萨米尔·甘地（**SAMEER GANDHI**）（电子工程，1987 届）、沃伦·卡茨（**WARREN KATZ**）（机械工程、电子工程，1986 届）、亚历克斯·里戈普洛斯（**ALEX RIGOPULOS**）（人文社科，1992 届）、马克·西格尔（**MARK SIEGEL**）（物理学，1990 届）、威廉·华纳（**WILLIAM WARNER**）（电子工程，1980 届）、沃尔特·文绍尔（**WALTER WINSHALL**）（电子工程，1964 届）。感谢诸位让这些成就得到了永久记录。除此之外，我要向布拉德·菲尔德（**BRAD FELD**）（管理学，1987 届）表达个人的敬意。感谢他慷慨的特别帮助，感谢他帮助招募了 8 位 MIT 校友，组成了本书的"制作人"团队。布拉德，你是这本书的大功臣。

爱德华·罗伯茨

麻省理工学院

2018 年 5 月，马萨诸塞州剑桥市

前言

2016 年 11 月 11 日至 12 日，MIT 举办了一场盛大的活动：MIT 创业五十年庆典（CELEBRATING A HALF-CENTURY OF MIT ENTREPRENEURSHIP）。在这场活动中，几百位 MIT 校友、教师和嘉宾济济一堂。活动表彰了全校对创业教育、科研和培养工作做出贡献的人士，还特别表彰了把 MIT 创业精神传播到全美国和全世界的"布道者"们。

MIT 校友和教师创业者们创办和建设重要企业，开辟了全新的行业。这场活动也是对他们的重要致敬。他们代表了数以万计的 MIT 人，自从这所学校创办以来，他们成立了各种各样的企业、为社会服务、推动社会进步。活动还礼赞了年轻一代的创业者。他们不仅延续了 MIT 拓荒先驱的优良传统，更反映了更加宽广和多样的创业才华以及创业目标的来源和方向。这本书是那场庆祝活动的延续，它是一座永远的丰碑——不断地致敬、不断地讲述他们的故事。希望更多的人能够不断地从中学习。

献给 MIT 创业者的颂歌

早在庆祝活动之前，我们就开始收集人们对于这些开创性工作的深入看法，这不仅包括 MIT 内部创业促进组织，还包括 MIT 校友和教师创办的、成果丰硕的众多企业。在庆祝活动前后，我们完成了大量的采访。这些采访帮助我们更加深入地理解了所有这些创业成就者的工作动力和他们克服的种种挑战。这本书深入细致地记述了 MIT 创业者的思想和行动，它将把我们对他们的敬意一直不断地延续下去。

MIT 创业史

这也是一部史书，记录着过去 50 年间致力于将 MIT 建设成创业领域主导力量的所有的人和事——如今，MIT 校友每年创办 1200 多家新企业（除了校友企业之外，很多来自其他院校的、曾经的 MIT 教师和职工还在不断成立新企业，这些企业几乎全部建立在 MIT 各类活动的基础之上）。在某种程度上，本书的目标还在于驱除一种近乎迷信的错误认识：这些成绩是一种奇迹，它恰好"发生"在 MIT 和一两所其他院校。这本书充分说明了，MIT 文化和传统的力量是产生这些创业成就不可或缺的深层次背景。当然，仅凭文化和传统本身是不够的，它们还离不开五十余年日积月累的努力和奋斗。如今，通过创办和建设新企业，全世界的 MIT 人形成了无与伦比的巨大影响力。

一本指南书

对于重视创业增长与发展，希望通过创业来革新自身经济与社会状况的大学、地区和国家来说，这本书也是一份指南。它详述了"MIT 创业生态系统"诸多组成部分成立和建设的细节，足以启发人们的思考，然后把我们在 MIT 的做法加以改造，用在自己所处的具体环境中。MIT 领导者的作用也许能鼓励其他大学的校长和院长们考虑类似的态度及政策的调整。毕竟，这些调整在 MIT 起到了极好的效果。希望这些组织能汲取 MIT 的经验和教训，用更短的时间实现自己的创业目标。

本书的内容

本书包括四个部分。

第一部分。包括第一章到第五章。这部分实际是对历史的记录。第一章回顾了 MIT 日益增长的创业成就的基石。时间跨度从 1861 年建校到 1960 年。第二章到第五章讲述的是 MIT 从 1960 年至今的创业之路。站在这条艰辛而充满活力的演进转型之路起点上的是 1961 年学校第一次开设的"创办新企业"（New Enterprises）课程。具体来讲，第二章深入描绘了 1961 年以来的一条缓慢而艰辛的长路，它的终点是 1990 年 MIT 创业中心（MIT Entrepreneurship Center）的成立。

第三章到第五章从 MIT 正式成立内部创业项目讲起，到 2017 年为止。在这三章里，会有很多重要校友和教职员工现身说法，讲述自己的故事。是他们成立了现有的各种组织，建成了人们常说的"MIT 创业生态系统"。这些机构的目标在于持续不断地、极大地加强 MIT 学生、校友和教职员工创业者——以及他们创办的企业——的参与度和影响力。这三章的故事主要来自这些机构的创始人和领导者。他们详细讲述了自己的目标、面对的挑战和实现的具体成果。他们大多使用第一人称讲述了自己的经历。

第二部分。第二部分呈现了 MIT 人广泛的努力和丰富的项目。他们通过这样的方式影响美国和整个世界，并通过 MIT 式的、创新驱动的创业为美国和全世界造福。第六章重点讨论这些企业家自身的影响，以及为了把创业基础扩展到校外、影响数以百万计的人，他们付出了怎样的努力。这一章还概要论述了多年以来我们针对大量 MIT 创业者和创业企业的研究项目中发现的各种趋势。第七章走出 MIT 和美国，记叙了上述努力是如何为其他国家的创业事业带来巨大裨益的。这里仍旧由走出国门的 MIT 人讲述自己的故事。现在回头看，那么多来自 MIT 系统的人和机构走了出去，创造了令人瞩目的成果，也许我们可以说，这与 MIT 的总体全球定位与它通过自身的影响力带给人们的启发的做法是一致的、不谋而合的。

第三部分。第三部分记载了一段不同寻常的历史——个人历史。它讲述了MIT 教师和校友企业家创办和建设卓越的创新企业、开辟全新的行业的历程。这部分从几家企业讲起，它们在过去半个世纪里发展壮大、持续繁荣。出于对这些MIT 创业者的尊崇，我会在第一次提到他们的名字（和企业）时使用加粗字体，以示区别。如有疏漏，还请宽宥。第三部分顺序讲述了各具特色的四大领域。它们的共同点在于：其发展主要得益于 MIT 人的头脑和实干——完美体现了"知行合一"（Minds and Hands）的精神。第八章到第十一章分别讲述了生命科学与技术、互联网、CAD-CAM（计算机辅助设计与制造）到机器人技术的演进以及"现代金融"世界。这些创业者的作为和成果是其他地方无法复制的。这些企业家叙述了自己的起点、工作动力、与共同创始人的合作（这些合作对其他方面的发展同样有益），以及他们面对并克服的种种挑战。他们还讲述了自己在成功创办企业之前、期间和如今与 MIT 之间的紧密关系。

第四部分。最后一章，也就是第十二章，讲述了这一切是如何发展壮大，并将不断变化的。这一章回顾了过去 50 年间的种种变革，讲述了 MIT 为这些创业血脉提供的启示、教育、培养和支持。这一章着重指出了 MIT 年轻一代创业者的多样化趋势。他们正在全球各地创办多种多样的新企业。这一章仍然尽可能地由创业者讲述自己的故事：他们的起点和后来的发展。这一章还记录了 MIT 多个新项目的建立。这些新项目旨在培育创业项目，为全球问题找到解决办法。

MIT 的经验如何在其他组织、地区和国家里调整、转变、适应和扎根？我们会在这一章末尾给出自己的看法。

也是一部个人"回忆录"

这本书还充满了作者的个人色彩，希望读者能谅解这一点。我是 MIT 正式启动创业事业的亲历者。我更深入地了解 MIT 创业整个领域的"其然"和"其所以然"。我有幸参与了半个世纪以来几乎每个 MIT 创业组织的开发建立。它们推动了创业的加速发展，为社区内外带来了繁荣生机。因此，我在这本书中大量使用了第一人称，并把很多故事细节和个人经历交融在一起。希望这样能更好地说明 MIT 创业者的才智、干劲和想象力。这同时也意味着，我对种种人、事和成就的个人倾向与看法会不可避免地融入我的叙述中。幸运的是，书中采用了大量的采访记录，加上 2016 年 11 月庆祝活动上很多演讲的文字记录。它们记录了很多人的故事、经历和个人看法。这足以让全书达到平衡。

最后一点

希望读者喜欢本书的精彩故事和讲故事的人们——包括我在内——并能从中得到一些收获。

如果你是一位教育工作者或者经济发展人士，MIT 的经验可能非常适合你。无论是部分撷取，还是全盘参考，你都可以改造这些经验，使之更好地匹配你所在的具体环境。如果这些经验能带来些许帮助，我们将感到莫大的欣慰。

如果你是一位创业者，一定会对我们为现在和未来几代人所做的一切心存感激，而未来的人们也会追随你们的步伐前进。祝愿你和更多立志创业的人都能从第八章到第十二章讲述的成功创业者和创业故事中收获共同的满足感和新认识。

我在 1953 年走进 MIT。这里的生活始终让我倍感满足。本科毕业后，我留下来攻读研究生，到了 1961 年，我成了一名 MIT 教师。多年以来，学校为我带来了丰富多彩、令人激动的生活。投身建立 MIT 的创业事业、引领它的建设与发展，这是一件要求极高的工作，也是带给我最大的回报的工作。

这项工作用去了我在 MIT 64 年人生的绝大部分时间。感谢所有帮助我献身这一事业的所有人，感谢一路上助我实现这一成就的所有同事和合作伙伴。

目录

第一部分　通过创业改变 MIT 面貌

第二部分　把 MIT 创业推向全世界

第三部分　献给 MIT 创业者的颂歌

第四部分　向前、向前、向前!

左上:

西蒙·约翰逊老师在上课,2013 年

右上:

创新创业方向的毕业生在斯隆大厦门前合影留念。前排的教师(从左至右)是西蒙·约翰逊、肯·莫尔斯、亚历克斯·德阿博洛夫、艾德·罗伯茨和拉斯·奥列佛

左下:

菲奥娜·莫瑞老师在上课,2015 年

右下:

位于肯德尔广场的创业星光大道(The Entrepreneur Walk of Fame)

第一部分

通过创业改变 MIT 面貌

作为亲历者和观察者，深入记录一家机构和许多个体的活动与成就，复述长达 55 年的漫长历史，对一位非历史专业人士来说，这项任务既容易又困难。说它容易，是因为我是整个过程的亲历者，深度参与过其中很多事件。除此之外，我还有堆积如山的旧档案袋，里面装满了过去的文件。而且，我的记性还不算太差。说它困难，首先因为我的记性也不算太好！其次是如何做到客观公正，尤其在谈到个别事件和遭遇时，是否应该隐去不提？这样的取舍是非常困难的。

为了克服这些困难，我草拟了一份长长的清单，求助我能想到的每个 MIT 组织机构。它们都为 MIT 如今广泛分布的创业活动的建立和建设发挥了重要作用。我还记得每个组织成立初期做出过关键贡献的人们，我邀请他们与专业独立采访者细致地深谈，并把内容录制下来。他们中的很多人出席了 2016 年 11 月的"MIT 创业五十年庆典"。席间的讲话、讨论和对观众提问的回答也都被录制下来，转成了文字记录。本书第一部分主要讲述了"MIT 创业生态系统"创立半个世纪以来的历史。

第一章

MIT 创业事业的基础

"知行合一"的优良传统

就本质而论，创业是 MIT 校训的终极表现。1861 年，MIT 创始人威廉·巴顿·罗杰斯（William Barton Rogers）着手创办一所"崇尚有益工作之尊严"的学校，并为它定下了**"mens et manus"**的校训（拉丁文，字面意思为"心与手"，可以理解为"知行合一"）。对罗杰斯和他当时的支持者来说，校训反映的是把理论转化为实践、把想法变成做法的坚定决心——如今，160 年过去了，这一决心仍未褪色。而创业正是通过创办新的企业把概念带入千百万人的生活之中，使之受益。它是推动理论概念、使之进入实用领域的具体过程。学校成立两年后，马萨诸塞州立法机构批准通过了 MIT 校徽。在校徽图案中，一位学者和一名铁匠站在"知行合一"校训后面。实际上，在相当长一段时间里，MIT 是唯一一所崇尚密切联系"现实世界"（Real World）的大学（而不是刻意回避现实）。这里提到的现实世界当然包括与政府和产业界的联系。

建校伊始，MIT 师生就开始把理论概念运用到已有企业和自己创办的新企业中。这一点在新兴技术和行业变革中表现得尤为明显。例如，在汽车工业、航空工业、石油钻探、发电用电、新材料，以及生产工具制造和能力建设等行业里，早期的 MIT 先驱们做出了极大的贡献，创办了很多新企业。

在前 100 年的发展史上，MIT 的某些发展和进步为之后半个世纪创业事业的加速腾飞打下了坚实的基础。罗杰斯校长奠定的文化根基激励着每个人，成为支撑学校一切发展的柱石。我会在这一章里叙述 MIT 教师创业的早期发展。随之而来的是轰轰烈烈的校友创业大潮，后者很快就在规模上超过了前者。我还会提到，在"二战"期间，作为一家教育机构，MIT 是如何在大踏步的发展中完成巨大的角色转变的。这一点，加上战后科研和技术的腾飞式发展，极大地提高了 MIT 现代创业事业的基本水平。在本章的末尾，我会提出自己对大剑桥区^{译者注}1960 年之前投资者、律师和支持性基础设施等方面种种转变的观察，以及我在 MIT 学校教育中看到的创业视野和内容的最初端倪。

【译者注】此处的大剑桥区（The Greater Cambridge Community）指的是麻省理工学院所在的美国马萨诸塞州剑桥市及其周边地区，包括哈佛大学在内。

教师创业

在学校成立初期，罗杰斯校长鼓励学校掌握领先技术的教师在校外相关领域从事咨询活动。这一想法与补充教师较低薪资的财务需求相得益彰。最早与 MIT 有关的创业活动一般是教师的咨询服务——最初是个人咨询，后来成立了各种咨询企业。例如，19 世纪 70 年代，物理系的爱德华·皮克林（Edward C. Pickering）和查尔斯·克劳斯（Charles R. Cross）教授帮助亚历山大·贝尔（Alexander Graham Bell）完成了电话技术开发必不可少的研究工作。19 世纪 90 年代，塞缪尔·普莱斯考特（Samuel Prescott）教授帮助莱曼·安德伍德（Lyman Underwood）开发了罐装技术。这种技术可以防止食物腐败变质，帮助 MIT 校友**约翰·多伦斯（JOHN DORRANCE）**（1892 届）成立了**金宝汤公司（CAMPBELL SOUP COMPANY）**公司[1]。

当时，这种鼓励教师密切联系产业界的开明立场独树一帜，并且它很快就演变成了正式的商业合作伙伴关系。MIT 很早就发布了正式的《教师规章制度》（Rules and Regulations of the Faculty），为教师深度介入产业界这一悠久传统确立了合法地位。在此后多年的发展中，校领导始终如一的批准和鼓励让这项传统不断地发扬光大。这样的做法一以贯之，学校如今依然鼓励教师每星期拿出一天时间来从事外部事务和咨询服务。更让人激动的是，当很多大学仍在阻止教师创业时，MIT 已经明令准许自己的教师在工作之外创办和建设自己的企业了。这一点在早年间表现得尤为明显。在 19 世纪末，这种对教师课外创业活动的开放态度在全世界都难得一见。但是，在 MIT，这并不算非常之举。我最近拜访过一所声誉卓著的欧洲大学，和校长谈起了这个话题。那位校长失声惊叹："天啊！老师们一个星期拿出一天时间做咨询，怎么搞好教学和科研？也许一个月拿出一天时间还差不多。"实际上，MIT 的学术成就和引领地位似乎并没有受到这种"纵容"（permissive）政策的影响。教师创业与学校把科学技术带入市场这一根本愿望之间始终存在着可能的利益冲突，在过去几十年间，学校妥善地把握着两者之间的平衡，取得了良好的效果。

"创业"（entrepreneurship）一词的具体含义可能是因人而异的。比如说，创业可能代表组织变革的某个重要组成部分，也许是协助建立新型教育项目或社会事业，等等。它们都可能为社会带来重大影响。尽管如此，本书中的"创业"仅指真正创办和建设营利性新企业的行为。本书中的"创业者"（entrepreneur）指的是参与企业初建的共同创始人。

在 MIT 前一百年的历史上，教师创办的咨询企业堪称众星云集，例如**理特咨询公司（ARTHUR D. LITTLE, INC.）**（**ADL**，成立于 1909 年）、**EG&G 公司**（**EDGERTON GERMESHAUSEN AND GRIER, INC.**）（成立于 1947 年）和 **BBN 公司**（**BOLT BERANEK & NEWMAN, INC.**）（成立于 1953 年），等等。这些先例证明：企业进一步加强了教师之间，以及教师和已经毕业的学生之间的咨询活动。通常来说，这些合作关系始于非商业关系，随后逐渐发展，演变为正式的合作伙伴关系，最后实现公司化。其中的一部分企业（例如 **BBN** 和声誉更加卓越的**博士公司**（**BOSE CORPORATION**）等）还会继续开疆拓土，为自身产品建立生产和销售网络。

教师的创业活动通常会延伸到研究团队中，有些 MIT 实验室和机构的全职员工会在"光天化月"（moonlight）之下从事创业活动。久而久之，这样一种结果出现了：在所有的 MIT 衍生企业里，包括教师创办的企业和职员创办的企业，有相当大一部分是从兼职经营做起的。很多创业者先是投石问路，完成创新技术的创业"试水"（test the waters），再全力以赴地投身其中。如果没有 MIT 的努力开拓，这些实验室技术不可能直接进入市场。这些企业就是最有说服力的例子，这也是对"知行合一"这一校训最昭彰的表达。

最晚不过"二战"刚刚结束时，也许更早，MIT 已经开始把学校的技术授权给本校师生，用于商业用途。这些技术是师生开发出来的，是他们工作的一部分，但是它们的所有权属于大学。所以这样的授权转让不仅是必要的，而且让双方心情愉悦。这样的做法让 MIT 在所有大学中显得极为突出。那些创办企业的 MIT教师用不着"下海"，他们几乎没人辞掉自己的教职。当时最著名的教师创始人们，例如**阿玛尔·博士（AMAR BOSE）**（1951 届）（1964 年创办**博士公司**）、**罗伯特·兰格（ROBERT LANGER）**（1974 届）（杰出的生物材料学家，参与创办了 40 多家企业）、菲尔·夏普（**PHIL SHARP**）（诺贝尔奖得主，1978 年合作创办**渤健**（**BIOGEN**）公司、2002 年合作创办**阿尔尼拉姆制药**（**ALNYLAM PHARMACEUTICALS**）公司）以及**罗德·布鲁克斯**（**ROD BROOKS**）（麻省理工学院计算机科学与人工智能实验室（**MIT CSAIL**）原主任、1990 年合作创办 **iROBOT 公司**），等等。他们无一例外地保留了 MIT 教职、不断推进自己在 MIT 的教学和科研工作。也许是得益于学校这种鼓舞人心的开明态度，保留教职的老师们会在学校和自身企业之间建立起互惠互利的良好关系。这样的安排还为 MIT 学生带来了更加丰富的教学内容和就业选择——很多选择留在学校里的教师创业者会把公司的管理权交给自己的学生，或者实验室的同事。

MIT 非常习惯这种特别的组织形式，MIT 原校长保罗·格雷（Paul Gray）（1954 届）多年前发起了"MIT 科技早餐会"（The MIT Technology Breakfast）的季度会议机制，每次邀请 150 位企业家校友出席。早餐会如今由名誉校长埃里克·格里姆森（Eric Grimson）（1980 届）主持。这项活动通常由一位教师开场。他会提出自己某项研究的商业化进度。随后是已经离校的研究生校友或者研究人员发言。他们通常来自上述研究或技术带来的新企业，并在公司成立初期担任领导角色。教师创业者通过这样的方式直接协助学生和研究团队的"创业"活动。不仅如此，更多的参与者带来了更大的杠杆效应，教师创业者因此成了一批又一批学生心中最早的楷模。对许多即将毕业的学生来说，创业成了最理所当然、最令人渴慕的事业。

> **努巴·阿费扬**（**Noubar Afeyan**）（1987 届）（详见本书第八章）强烈建议使用"创业"（entrepreneuring）一词取代"创业"（entrepreneurship）。就像人们称工程为"工程"（engineering），而不是"工程家"（engineership）一样。

也有极少数教师选择了离开 MIT，全职从事创业，例如**乔治·哈索普洛斯**（**GEORGE HATSOPOULOS**）（1949 届）（**THERMOELECTRON** 公司创始人）、**杰伊·巴里耶**（**JAY BARGER**）（1950 届）（**DYNATECH** 公司联合创始人）、**阿兰·迈克尔斯**（**ALAN MICHAELS**）（1944 届）（**AMICON** 公司创始人）以及**汤姆·格里蒂**（**TOM GERRITY**）（1963 届）（**INDEX SYSTEMS** 公司联合创始人）等。他们在各自领域取得了极大的成功。即使如此，这几位脱离 MIT

教师创业"常规"的创业家依然和学校保持着强韧的、连续不断的联系。

早期校友创业及产业关联情况

本书第三部分会更加深入地讨论校友创业情况（第八章至第十一章）。在第八章开始之前，我会首先向为数不多的几家校友企业致敬。在校友创始人的开拓和领导之下，这几家企业成功实现了繁荣发展，意气风发地走过了半个世纪的长路。接下来，第三部分还会更深入地向四大领域的 MIT 创业者致敬。他们是以下领域最重要的先驱者：生命科学与生物技术、互联网、从 CAD-CAM（计算机辅助设计与加工）到机器人技术、现代金融。

早在建校之初，MIT 校友就通过创办新企业——尤其是新兴产业的新企业——为世界做出了重要贡献。这早已成为 MIT 校友的一项优良传统。最早的"波士顿理工大学"（Boston Tech）校友（1910 年从波士顿迁到剑桥市之前，这所学校被"亲切地"称为"波士顿理工大学"）开辟了全新产业，开启了 20 世纪的新篇章。在随后的半个世纪里，MIT 校友创办了灿若群星的卓越企业，例如 **DEC（DIGITAL EQUIPMENT）、惠普（HEWLETT-PACKARD）、英特尔（INTEL）、科氏工业（KOCH INDUSTRIES）、麦克唐纳 - 道格拉斯（MCDONNELL DOUGLAS，即麦道公司）、高通（QVALCOMM）、雷神公司（RAYTHEON）和德州仪器（TEXAS INSTRUMENTS）**等。它们是后来者创办和建设卓越企业的楷模。年复一年，随着越来越多的校友走出校园，走上各行各业的关键岗位，校友企业变得越来越多。这些 1960 年之前的企业都先于学校成立了正式机构，提供创业方面的教育、激励和辅导。

在教师和校友个人创业的形成和运作之外，MIT 还大力推动本校科学技术成果在产业界的应用，加强同产业界的联系。这带来了一种特别组织的早期形成。"MIT 是第一所与企业建立正式系统联系的高校。1918 年，麦克劳伦校长（President Maclaurin）颁布了《技术计划》（*Technology Plan*），第一个做出了这样的尝试。"[2] 随之而来的组织至今仍是全球最大的校企合作项目。1948 年，该项目更名为"MIT 全球产业联盟"（MIT Industrial Liaison Program，ILP）。该联盟拥有 200 多家会员单位。它们都是全球领先的研究型企业和技术型企业。单就科研工作获得的产业支持而论，MIT 多年以来一直雄踞全美大学之首。这也证明了 MIT 与产业界在科技开发与应用方面强有力的双向联系。

"二战" 科技遗产

在过去的 70 年里，全球各国对研究、技术和创新产业及经济发展的追求如雨后春笋般大量涌现。是什么在 MIT 引发了这种爆炸式增长？其他地方的诱发因素又是什么？

"二战" 之初，美国政府敦请麻省理工学院发挥自身专长，为美国赢得战争开发工具和技术。这场战争不仅造成了学校科研的紧急扩张和转向，还促成了研究团体的重组，让科学家与工程师之间、技术人员与政府工作人员之间、大学与产业界之间建立新型合作联盟成为必要之举。这些变化在 MIT 表现得尤为明显。"二战" 期间，MIT 成了美国重大技术攻关的大本营。

这些战时项目延续到了战后年代。它们不仅拓宽了合作范畴，还进一步加强了大学与产业界之间的互动。举例来说，"MIT 辐射实验室"（MIT Radiation Laboratory）曾是 "二战" 期间军用雷达的主要开发单位之一。"二战" 之后，它成了 "MIT 电子研究实验室"（MIT Research Laboratory for Electronics）。"MIT 伺服系统实验室"（The MIT Servomechanisms Lab）曾为自动化控制系统领域带来了诸多进步。这家实验室在 "二战" 临近尾声时启动了 "旋风计算机"（Whirlwind）研发项目。它创造了数控铣床，还为 1951 年 "MIT 林肯实验室"（MIT Lincoln Laboratory）的成立奠定了知识基础。林肯实验室专攻计算机控制的防空系统（即 "半自动地面防空系统"（Semi-Automatic Ground Environment system，SAGE），当时主要用来应对苏联轰炸机的威胁。从 SAGE 系统开始，林肯实验室继续在电子领域的很多方面启动了基础研究、应用研究和技术开发工作，包括计算机、CAD-CAM（计算机辅助设计与加工）和互联网等。与此同时，"MIT 仪器控制实验室"（MIT Instrumentation Lab）（现为 "德雷帕实验室"（Draper Laboratory），是一家非营利性独立实验室）是从战争期间的射击瞄准具做起的。为这项工作奠定基础的是查尔斯·斯塔克·德雷帕（Charles Stark Draper）（1926 届）教授和他的研究。在 MIT 任教期间，德雷帕教授创办了这所实验室并担任主任。这所实验室延续了德雷帕教授的研发工作，为飞机、潜艇和导弹提供惯性制导系统。在后来的登月竞争中，德雷帕实验做出了突出贡献，为阿波罗计划（Apollo Program）开发了制导系统和星光导航系统。

这些实验室诞生在特殊年代。当时，一所大学对家国安危做出适宜的回应不可能引起任何争议。在成功实现预定目标的同时，这些实验室还奠定了先进技术项目的基础，培养了一大批专业人才。他们在"二战"之后的很长时间里继续完成了重大开发工作。例如原子弹、惯性制导导弹及潜艇、战后北美地区基于计算机控制的防空系统和登月竞赛等。这些都是战后最引人注目的突出事例。这些计划牵动着整个美国——政府、企业乃至全社会——尤其牵动着 MIT 这所大学。它们还包含了重要的创业活动，以此满足新需求、把握新机会。对 MIT 来说，到"二战"结束、战后的影响纷至沓来时，"知行合一"的文化早已覆盖了更广泛的范围，涵盖了众多实验室和人才，其范畴远远大于 1861 年初建于波士顿的那所名叫 MIT 的新学校。

打造大学科学与技术

抛开战争期间在 MIT 和其他大学的科技建设不论，美国政府对大学研究的支持实际上聊胜于无。大学的研究活动规模相当有限。以 MIT 为例，1945 年，MIT 的科研经费（全部来自政府资助）达到了"二战"以来的最高峰，约为 5 亿美元（按照 2015 年不变价值美元计算）。到了 1948 年，这个数字降到了谷底，约为 1 亿美元[3]。1944 年 11 月，美国时任总统富兰克林·罗斯福（Franklin Roosevelt）写了一封长信给万尼瓦尔·布什（Vannevar Bush）博士（1916 届）（原 MIT 副校长、工程系主任）。在整个"二战"期间，万尼瓦尔一直担任美国科学研究与开发办公室主任。罗斯福请他撰写一份报告，说明美国应当如何把战争期间发挥关键作用的科技项目继续发展壮大。布什博士写出了著名的《科学：无尽的前沿》（*Science: The Endless Frontier*）[4]。1945 年 7 月 25 日，这篇报告被交给了下一任总统（哈里·杜鲁门）。报告深入分析了科学研究为众多领域带来的关键影响和潜在效益，呼吁国家扩大联邦项目规模、加大资金投入。报告特别建议成立专门的领导机构，保证这项工作的顺利开展，这就是后来的美国"国家科学基金会"（National Science Foundation，NSF）的由来。NSF 的前身是成立于 1870 年的"国立卫生研究院"（National Institutes of Health，NIH）。不过 NIH 的范围要狭窄得多。NSF 彻底改变了美国政府对基础研究的支持方式。

从 1951 年开始，MIT 的科研支出以令人惊叹的速度加快增长。这项支出有时会因为必要的重大项目而急剧提高，例如人造地球卫星、MAC 项目（Project Mac）[译者注]，以及类似怀特海德（Whitehead）、布罗德（Broad）等医疗研究机构的建立等等[5]。2016 年，MIT 资助的科研项目规模接近 15 亿美元，约占 MIT

运营总支出的一半。这些数字的寓意是多方面的：（1）开展研究的教师，以及专门从事研究的职员和接受资金支持的研究生数量处于急剧变化之中；（2）全新研究领域的涌现和发展；（3）海量新知识和突破性发现的积累；（4）面向专业技能及技术领域的大量转化。毋庸置疑，这些影响对 MIT 创业事业的根基做出了重要贡献。本书的第三部分专门向 MIT 创业者致敬。这一部分会清晰地阐明，在上述四个领域中，基础科学研究是如何成为大量创业突破的核心基础的。

【译者注】MAC 项目（Project Mac）：即"数学及计算项目"（Project on Mathematics and Computation）。1963 年建立于麻省理工学院，由美国政府资助。该项目负责人为 MIT 计算机科学家罗伯特·法诺（Robert M. Fano），目标是开发计算机时分系统。

改造周边基础设施

在"二战"期间领导 MIT 的是杰出的校长卡尔·泰勒·康普顿（Karl Taylor Compton）。他参与了联邦政府对国家科研的协调和指导工作，帮助 MIT 深入参与了美国在战争期间的多项努力。"二战"甫一结束，康普顿继续了先前的努力，投身于大学科学技术的商业应用，同时致力于战后时代的军用技术开发，牵头创建了第一家机构化风险投资基金，即**美国研究与开发公司**（**AMERICAN RESEARCH AND DEVELOPMENT，ARD**）（我们会在第十一章"现代金融"世界中详细讨论这一点）。

波士顿几大传统家族接班人纷纷披挂上阵，投身风险投资事业。例如，1946 年，威廉·柯立芝（William Coolidge）协调安排了**示踪物实验室**（**TRACERLAB**）的融资。这是 MIT 第一家以核能为研究对象的衍生企业。柯立芝还投资了**国家研究公司**（**NATIONAL RESEARCH CORPORATION**，简称 **NRC**）。NRC 由 MIT 校友**理查德·莫尔斯**（**RICHARD MORSE**）（1933 届）创办，主要关注低温物理学的发展及其效用（本章的最后一部分还会提到莫尔斯，谈到他作为 MIT 历史上第一位创业教师的历史作用）。

波士顿的创业者最终受益于这些个人投资者和越来越领会这一点的银行家们，他们成为各自领域的楷模，美国其他地区的人们都在效仿他们的做法。20 世纪 50 年代，波士顿第一国民银行（后来成为波士顿银行（Bank Boston），再后来成为美国银行（Bank of America）的一部分）开始贷款给初创企业。这些贷款以政府研发合同的应收账款为基础。尽管这些贷款看上去安全无虞，但这样的做法在当时被视为极大的冒险。阿瑟·斯奈德（Arthur Snyder）当时在新英格兰商业银行（New England Merchants Bank）（后来成为新英格兰银行（Bank of New England），再后来成为国民银行（Citizens Bank）的一部分）担任经常性贷款部门副主任。他会定期在《波士顿环球报》（*The Boston Globe*）上刊登整版广告。斯奈德会出现在这些广告里，他手里拿着飞机模型或者导弹模型，号召高科技创业者和他见面，谈谈他们的资金需求。斯奈德甚至在自己的银行里成立了一个风险投资部门（它是美国最早的小型企业投资公司（Small Business Investment Corporations，SBIC）之一），针对自己贷款的高科技企业开展小规模股权投资。波士顿学术界和金融界之间的联系日益密切，这为东部家族财富的进入搭好了桥梁——例如洛克菲勒家族、惠特尼家族（the Whitneys）和梅隆家族（the Mellons）等——它们纷纷投资波士顿的早期初创企业。

其他方面的周边基础设施发展缓慢。总体而言，波士顿的律师群体对高科技交易后知后觉，普通的法律事务所根本没有知识产权（Intellectual Property，IP）方面的专门人才。当时只有两家事务所专注 IP 事务：斐锐律师事务所（Fish & Richardson）和 Wolf Greenfield 事务所。它们主要和生命科学和材料科学企业打交道。直到 20 世纪 80 年代初，波士顿还没有几位律师懂得怎样搭建风险投资公司的复杂结构。在波士顿最早的高科技律师圈子里，理查德·特斯塔（Richard Testa）的名声很响。他是 Testa, Hurwitz & ThibeaultTesta 事务所的高级合伙人。这家企业后来成了美国研究与开发公司（ARD）和很多机构投资建立初创企业的法律支柱。2002 年，理查德·特斯塔英年早逝。为了纪念他，他的前合伙人出资用特斯塔的名字冠名了 MIT 创业中心的一间会议室。

几十年过去了，MIT 的周边环境开始慢慢变化。20 世纪 50 年代，环绕波士顿的 128 号公路扩建，这让越来越多的技术型企业转移到了城郊。此前很久，"纪念大道"（Memorial Drive）就被人们称为"百万美元研究大道"（Multi-Million Dollar Research Row）。这个绰号反映了 MIT 和几家早期技术企业比邻而居的独特景观。这些企业包括国家研究公司（National Research Corporation）、理特咨询公司（Arthur D. Little）和美国电子公司（Electronics Corporation of America，ECA）等。实际上，在"二战"刚刚结束的 20 世纪 40 年代，在入夜的剑桥小城，天际线里最令人瞩目的就是 MIT 十号楼被灯光照亮的巨大圆顶和美国电子公司霓虹闪烁的屋顶标牌。时至今日，美国电子公司在纪念大道 1 号院的旧址早已成了微软区域技术开发中心，另有几家初创企业和风险投资公司在那里办公。直到 60 年代末，MIT 后面这片空旷破败的工厂和仓库区才开始有些初创企业入驻。直到 2001 年，剑桥创新中心（Cambridge Innovation Center，CIC）才开始吸引新企业进驻宽街一号（One Broadway），这些狭小的办公室与 MIT 隔街相望。第五章会更详细地讨论剑桥创新中心的作用和影响。

MIT 创业教育的三件小事

在临近 1960 年时，MIT "知行合一" 的建校文化已近百年，但它仍然充满生机活力。MIT 内外的科技团体和它们的知识根基正在飞速发展。很多教师创办的——以及更多校友创办的——技术型初创企业不仅在数量上极大增长，更是越来越多地吸引着公众的关注。很多支持性外部资源，例如资金、法律咨询服务，甚至房地产服务都在积累和发展。MIT 内部反而一片悄然，新企业的形成与发展似乎毫无声息，唯一存在的可能只有口头消息！因为当时的 MIT 既没有正式的创业教育，也没有组织有序的创业辅导和支持服务。

极少的例外来自鲁珀特·麦克劳林（Rupert Maclaurin）教授，他的父亲是 MIT 第八任校长理查德·麦克劳林（Richard Maclaurin）。20 世纪 40 年代末，鲁珀特开始讲授 "发明与创新经济学"（The Economics of Invention and Innovation）课程。鲁珀特的理论来自他的导师，著名经济学家熊彼特（Joseph Schumpeter），加上他自己对无线电领域的研究。麦克劳林深知本地年轻创新企业的可贵之处，他时常邀请创业家来到自己的课堂，例如宝丽来（Polaroid Corporation）创始人埃德温·兰德（Edwin Land）（1937 届）和**威廉·加思（WILLIAM GARTH）**等，后者创办了好几家公司，其中包括 **COMPUGRAPHIC** 公司（1960 年）；创业通过这样的形式树立起了正确的形象，成为科技发明的一条可能的出路。然而，这项课程并没有解决如何创办和建设一家新企业的问题。1959 年，麦克劳林辞世。这门课程从此荒废，后继无人。

文森特·富尔默（VINCENT FULMER）（1953 届）MIT 董事会前主席、MIT 早期创业活动的共同奠基人和积极支持者。富尔默建议我把麦克劳林在 20 世纪 40 年代和 50 年代的创新教育写进了这本书里。与此相关的参考著作有《无线电行业的发明与创新》（*Invention and Innovation in the Radio Industry*），作者是鲁珀特·麦克劳林和乔伊斯·哈曼（R. Joyce Harman）（Macmillan 出版社，1949 年）。

1963 年，MIT 校友罗伯特·莱恩斯（Robert Rines）（1942 届）融合了多个学科（主要包括专利法等）和数量众多的发明，在 MIT 电子工程系开设了新课"专利、版权与知识产权法"（Patents, Copyrights, and the Laws of Intellectual Property）。这门课程重点论述莱恩斯本人作为发明家和律师的亲身经历。事实上，他在这两个领域建树颇丰。但是，这门课当时并没有吸引到太多学生。据上过这门课的学生讲，莱恩斯始终抱着深深的疑虑。他认为大型企业会从"秉性淳朴的工程师"身上窃取创意。这种怀疑有时甚至会扩大到管理学院的学生身上。那时的管理学院还叫"MIT 工业管理学院"（MIT School of Industrial Management）。在他退休之前，莱恩斯一直在讲授这门课。

> ！5.921 创办新企业（A）
>
> **先修课程：15.412，15.501**
>
> **学年：G（1）   2-0-7**
>
> 技术型企业的组织与管理。新企业融资，涵盖私人、企业及公共资金来源。政府的作用，以及联邦对企业发展与研发工作的影响。科技发展在商业机会层面的发展趋势。案例准备应以面向本地企业运营的研究以及创建新企业的详细发展计划为基础。
>
> （限报 15 人：学生申请需通过导师审批）。
>
> R. S. 莫尔斯

MIT 手册上关于"创办新企业"（New Enterprises）的课程介绍

1961 年，就在莱恩斯新课开始前不久，理查德·莫尔斯（Richard Morse）开始讲授 MIT 历史上真正聚焦创业的首门课程：创办新企业（New Enterprises）。莫尔斯曾是一位成功的科学家和发明家。他在 1940 年创办了国家研究公司（National Research Corporation，NRC），把他本人和其他人的发明转化为商业上的成功。国家研究公司创办了多家初创企业，为它带来最大名声的是冷冻浓缩橙汁的发明，以及随之而来的美汁源公司（Minute Maid Corporation）。1959 年，莫尔斯加入了美国陆军，成为分管研发工作的副主任。差不多与此同时，可口可乐公司在 1960 年收购美汁源公司。后来，在返回剑桥小城之后，莫尔斯向 MIT 工业管理学院提议，由他来开发和讲授一门专注创办新企业的课程。在最初的几年里，选报这门课程的学生几乎从未超过 20 人，但他仍然毫不松懈地坚持了下来。在很多年里，"创办新企业"一直是 MIT 唯一的创业课程。如今，这门长青课程仍然存在，只不过，

理查德·莫尔斯
（Richard Morse）

它已经是大量相关课程的一部分了。这门课由两部分组成，两个学期都可以选报，注册人数始终居高不下。本书的第三部分还会提到，很多在 1961 年之后毕业的 MIT 创业者都上过"创办新企业"这门课。他们都还记得迪克·莫尔斯和继任教师们在课上讲授的重要经验，深受其影响。

可以这样说，截至 20 世纪 60 年代初期，MIT 已经奠定了多方面的基础，为创业事业的大发展做好了准备工作。

参考文献及注释

1. 这些例子可见于：Joost Bonsen, MIT SM thesis，"The Innovative Institute"，June 2006, p.19.

2. Bonsen，同上。

3. MIT 教务长办公室，http://web.mit.edu/fnl/volume/292/numbers2.html（访问日期：2018 年 2 月 20 日）

4. 美国国家科学基金会，https://www.nsf.gov/od/lpa/nsf50/vbush1945.htm（访问日期：2018 年 2 月 20 日）

5. MIT 教务长办公室，同上。

第二章

从"仅凭"文化传统到创业中心的成立

20 世纪 60 年代，也就是 50 多年前，MIT 开始出现创业方面的重大变化。除了 MIT 相关个人和团队的创业追求和尝试，学校内部一些个人和团体也开始了有组织的活动，发起和支持创业相关的教育、研究、培养和激励活动。这一切带来了 MIT 教师、职员和校友创业速度的急剧提升。

第二章到第五章的重点是 MIT 正式创业项目在过去半个多世纪里的总体发展——包括教职员工、各类课程、众多的相关组织及其种类繁多的特别支持，以及学生俱乐部等多个方面。这些要素的共同作用为 MIT 创业事业做出了有力的贡献，实现了巨大的发展。多年以来，它们还在学校内部项目和新企业的实际形成之间建立了日益紧密的联系。

喜从天降！

1961 年 2 月，约翰·肯尼迪总统（John F. Kennedy）委派詹姆斯·韦伯（James Webb）担任美国国家航空航天局（National Aeronautics and Space Administration，NASA）的第二任局长。1961 年 5 月，肯尼迪总统宣布，美国的目标是在 20 世纪 60 年代把人送上月球，并且平安返回。这是美国对苏联"人造卫星挑战"（Sputnik Challenge）迟来的回应。就在肯尼迪的讲话发表后不久（甚至也许是在此之前），韦伯联系了 MIT 校长朱利叶斯·斯特拉顿（Julius Stratton）（1923 届）。韦伯告诉斯特拉顿，NASA 希望和 MIT 在空间项目的组织和管理方面建立合作关系。斯特拉顿校长请霍华德·约翰逊（Howard Johnson）前往华盛顿特区，与韦伯商谈此事。毕竟，这是一个出人意料的、非同寻常的要求。约翰逊当时是 MIT 工业管理学院院长（后晋升为 MIT 校长）。约翰逊和韦伯商讨的结果是：指派一支 MIT 四人团队，作为 NASA 的局长顾问；通过一项夏季研究项目确定 NASA 是否存在"可供研究的管理问题"，并由 MIT 教师团队解决这些问题（很明显，MIT 的目标是开展研究，而不是提供管理咨询！）这支团队的成员包括约翰·韦恩（John Wynne）（1956 届）（工业管理学院副院长，曾在美国空军服役，MIT 斯隆学者）、唐纳德·马奎斯（Donald Marquis）（MIT 教授，杰出的心理学家，曾在密歇根大学和耶鲁大学担任系主任）；伯纳德·穆勒-西姆（Bernard Muller-Thym）（原麦肯锡战略咨询顾问，MIT 斯隆学者高级讲师）；和我（当时我只有 25 岁，正在攻读经济学博士，在产业动力学课堂上担任半薪讲师。我当时正在撰写博士论文，题目是《研发动能》（*The Dynamics of Research & Development*））。如果暂且抛开年龄和职位不论，我是当时 MIT 研究大规模政府-产业研发问题的唯一一人。

　　那是个令人欢欣鼓舞的夏天。在 6 月的第一次会议上，韦伯明确了我们的工作职责："诸位的任务是找到新方法，把政府、产业界和大学连结起来，解决我们社会面临的重大挑战！太空项目只是区区开始而已。"我们坐在他面前。讲到紧要处时，他会敲击桌子。他背后那张巨大的落地窗仿佛是一张画框。透过窗子，我可以看到白宫和白宫草坪。我们四人在不断的会见和访谈中度过了那个夏天。除了韦伯和 NASA 高级官员之外，我们还走访了沃纳·冯·布劳恩（Werner von Braun）和他在亨茨维尔（Huntsville）的团队，还有来自卡纳维拉尔角（Cape Canaveral）和其他 NASA 发射中心的官员们。

　　夏末秋初，我们向韦伯先生提交了一份方案，建议在 MIT 工业管理学院建立一个研究中心。很快地，院长霍华德·约翰逊通知我：我被晋升为助理教授。因为当时离我读完经济学博士还有一年时间，所以这次晋升相当出人意料。1962 年 2 月，我们的提案收到资金支持，"一号 NASA 组织研究中心"（NASA Organization Research Center #1）正式成立了。马奎斯教授担任中心主任，直接向韦伯办公室汇报工作。后来我也加入了中心，担任副主任。

　　半个多世纪以来，中心研发和技术创新管理方面取得了长足的发展和丰硕的研究成果。这当然不是本书的重点，但是，在很多年里，这个中心不断壮大的教师队伍一直是所有顶尖商学院里的第一支，也是唯一一支，达到如此专注程度的团队。托马斯·艾伦（Thomas Allen）（1963 届）是我在那里合作时间最久、关系最密切的同事。他是中心接收的第一位博士生，后来又成了中心聘任的第一位教师。1962 年，中心刚刚成立时，来自 MIT 斯隆管理学院其他学术团体的教师们就积极参与到这个全新研究项目里。他们包括乔治·法里斯（George Farris）、杰伊·加尔布雷斯（Jay Galbraith）、拉尔夫·卡茨（Ralph Katz）和威廉·庞兹（William Pounds）（庞兹后来担任过斯隆管理学院院长）。10 年之后的 1973 年，唐·马奎斯因心脏病去世，我成了下一任中心主任。我很快聘用了埃里克·冯·希贝尔（Eric von Hippel）（1968 届）和詹姆斯·厄特拜克（James Utterback）（1969 届），随后又在 1980 年后聘请了大量教师。经过 55 年的发展，这个中心如今更名为 MIT 斯隆管理学院"技术创新、创业与战略管理组织"（Technological Innovation, Entrepreneurship, and Strategic Management，TIES）。

MIT 创业研究的发端

1964 年，机缘巧合之间，中心开始了面向技术型企业的研究工作。短短一年前，也就是 1963 年时，NASA 出资在 MIT 航空系建立了 MIT 空间研究中心，作为 NASA 的一号航空研究中心（Aerospace Research Center #1）。这就让 MIT 同时拥有了两个 NASA 研究中心：一个组织研究中心、一个空间研究中心。它们正好位于校园的两端。1964 年 9 月，航空中心主任弗兰克·哈林顿（Frank Harrington）博士打电话给唐·马奎斯，提出了一个问题和一项需求：NASA 总部请航空中心研究 NASA 资助的大学科研是如何产生经济效益的，并为此出具一份报告。哈林顿主动提出，只要管理学院的教师愿意承担这项研究任务，他愿意提供资金支持。于是，唐邀请我和他一同会见哈林顿。

我们谈了两个多小时，试图在管理学院教师中找到一位足以承担这个任务的人选，结果非常令人失望。我不无踌躇地提议：可不可以开展一项分析，追踪那些离开航空系实验室、成立新企业的人们？他们也许能帮助我们跟踪各项技术是怎样从各个实验室进入市场的。哈林顿热情洋溢地肯定了我的想法，于是就有了后来的《通过技术型新企业的成立与发展实现政府资助研究向市场的转化》方案（*The Transfer of Government-Sponsored Research to the Market Via the Formation and Growth of Technology-Based New Enterprises*）。

MIT 创业研究项目（MIT Entrepreneurship Research Program）由此诞生了！它是美国同类项目中的第一个，通过典型的 MIT 跨学科方式启动，主要以工程学院的各个实验室为研究对象，工程中心负责提供资金，并由一位管理学院教师带领研究生具体实施。在接下来的七年里，尽管我的研究一直不断地扩展，但是哈林顿博士的资金支持一天也没有中断过。

MIT 创业研究项目的形成与发展

想让这样的开创性研究走上正轨是很困难的，因为它们的研究领域还没有出现！当时，提起有关创业者的实证研究，最著名的著作是《创业的人》（*Entrepreneurial Man*）。它的论述对象是密歇根州一般企业创始人。结果显示，这些创始人的平均教育程度是高中二年级；这些企业的平均寿命是两到三年。反观我对 MIT 衍生企业的研究目标和我希望获取的信息，这本书根本帮不上什么忙。但是，马奎斯教授非常支持这项工作，我因此可以雇佣研究生二年级学生赫伯特·魏纳（Herbert Wainer）（1965 届）做我的研究助理。魏纳后来成了我的助理研究员，我们合作了好几年的时间。

接下来，我感觉时机已经成熟，可以开始搜集数据了。于是，我贸然地直接打电话给查尔斯·斯塔克·德雷帕（Charles Stark Draper）教授（1926 届）。他是航空航天系主任，兼任 MIT 仪器实验室（Instrumentation Laboratory，I-Lab）主任。我对德雷帕说，我非常希望研究 I-Lab 培养的人才和新企业。德雷帕热情地同意了我的想法。他在电话里头高声说："创业者是全世界最重要的人。他们是做实事的人！很多人在离开我的实验室之后成了大企业的副总裁、大学教授，或者创办了新企业。只有我这样的老古板才会永远待在这里，一动不动！……你什么时候过来，我们谈一谈？"一个星期之后，我和魏纳出现在德雷帕的会议室里。结果，我们发现，他召集了自己的全体高级团队。不仅如此，德雷帕教授提前要求团队开始整理名单，统计 I-Lab 历史上所有创办过新企业的前同事。他魄力十足地告诉自己的团队，他希望我的研究项目能得到最强有力的支持。不仅如此，为了给我的研究"增加些分量"，他还专门为我指派了一位研究生保罗·泰普里兹（Paul Teplitz）（1962 届）。后来，我们关于 I-Lab 的首个研究告一段落。在我的帮助下，泰普里兹用这项研究成果完成了自己的硕士论文。那项研究一共包括 30 家初创企业。

仪器实验室的研究接近尾声，我决定加快推进速度，对国防部资助 MIT 的另一个重要实验室开展衍生企业研究。它就是林肯实验室（Lincoln Lab）。我打电话给林肯实验室主任，介绍了我自己和我的研究主题，描述了 NASA 对 MIT 斯隆管理中心和航空中心研究工作的大力支持。我还提到了 I-Lab 研究项目的顺利进展。希望能在林肯中心的衍生企业中复制这种成功的做法。我向这位主任保证，我们的工作没有丝毫的破坏性，只是对高级人员和团组负责人做一些访谈，取得相关企业的总体样本。他立即回答说："那些满脑子创业的人们是我们实验室最大的问题，简直令人头疼。他们总想着单干，对本职工作毫无贡献。我对加入你的研究毫无兴趣！"看来并不是每个人都像德雷帕教授一样钟爱创业者。在没有事先请示的情况下，我直接打电话给 MIT 主管科研的副校长詹姆斯·麦科马克（James McCormack）（1937 届）。他曾是美国空军的一位将官（后来出任通信卫星公司（Communications Satellite Corporation）董事长一职）。我向他汇报了仪器实验室的进展和德雷帕教授的热情，还顺便提到了我在林肯实验室的遭遇。我向麦科马克暗示，如果吉姆·韦伯（Jim Webb）得知一家政府资助的 MIT 重点实验室不愿与他的研究项目合作，可能会非常不愉快。麦科马克将军礼貌地对我说，他会看看自己能做些什么。3 天之后，林肯实验室主任打电话给我。这位主任说，他对我们的对话思忖再三，觉得林肯实验室应该有办法配合我们完成研究任务。结果，我们成功地找到并研究了 50 家林肯实验室衍生企业，赫布·魏纳（即前文提到的赫伯特·魏纳）还把这些研究成果用在了他的硕士论文里。

仪器实验室（I-Lab）和林肯实验室是 MIT 最大的两所实验室，对这两所实验室衍生企业的研究为我成功研究 MIT 其他重点实验室（例如电子系统实验室（Electronic Systems Lab）和电子研究实验室（Research Lab for Electronics）等）打好了基础性模版。在此之后，我们还研究了 MIT 几大科研院系教职工创办的企业。等到林肯实验室的工作完成后，几乎我们接触过的每个人都提供了非常出色的合作。我们认真地按流程推进，确保找到各个机构曾经和现任全职人员创办的（几乎）每一家企业，与他们取得联系，并和创始人安排了面对面访谈。接下来，我们把 MIT 的研究结论与随后对一家附近大型政府研究中心衍生企业、一家相关大型非营利企业和两家位于波士顿大区的技术型企业的研究加以对比（此处隐去这四家组织的名字），结论与我们在 MIT 的研究结论非常接近。

接下来，这个研究项目检视了更多科技领域中新企业的形成（不限于创始人来自 MIT 的情况），包括生物医学、能源、计算机硬件 / 软件等。当时的数据已经覆盖了 800 多家企业。这些数据全部来自我们与企业创始人深入的、面对面的、高度结构化的访谈。我和我的几位研究助理——还有以此为论文题目的学生们——还开展了其他方面的研究工作，包括创业者的个人性格特质（包括心理特质）、风险投资企业融资决策和初创公司面临的产品开发挑战等，此外还包括技术创业很多其他方面的研究。我们对比研究了留在仪器实验室（I-Lab）和林肯实验室的工程师和离开实验室、创办新企业的工程师，找到了两个群体之间的明显区别。这一轮大爆炸式的研究结束后，我开始越来越多地投身于 MIT 的医疗管理和生物技术事业。1980 年，我开始了针对生物医疗创业的系列研究，尤其关注这些企业在科学层面的广泛基础——而不仅限于工程层面的狭义基础——以及政府监管、更长的开发周期和通常更高资本需求造成的影响。

通过对一家大型企业衍生公司的系列研究，我们清楚地发现，较大型企业会在组织内部激发更多的创业行为。这样的做法具有极大的潜在效益。在开始研究之前，这家企业的人事团队提前打招呼说，我们可能会大失所望。因为他们仔细做过分析，前员工创办的新企业好像只有 3 家。这家企业根本没有发现自己损失了多少才华横溢的员工，他们更擅长独立找到职业发展路径。这着实令人遗憾。我们最终找到并采访了 38 位企业创始人，全部出自那家企业。这些新企业的收入总和达到了"母公司"的两倍。后来，我和那家公司负责研发的副总裁谈起此事，他说公司绝不可能发现不了这么多的创业人才。我们的数据和他的反应激励我进一步扩宽了研究范畴，把人们常说的"内部创业"（intrapreneurship）加入到研究中来。

> 内部创业（intrapreneurship）指的是既有组织内部的创业行为。

就这样，在研究新企业的同时，我很快又开始研究大型企业让自己变得更富创业性的种种尝试。我仍旧和研究助理还有学生一道，研究各种企业的内部创业、企业对早期公司的风险投资项目，以及大型企业与小型初创企业结盟、更快获取新技术的努力，等等。我对内部创业这个研究方向的相关著述始于1972 年，它们也是我对新企业研究的有益补充。结果，大型企业负责研发和业务拓展的高管们逐渐开始越来越多地关注初创企业研究，看到了其中蕴藏的互补性（再后来，这些大型企业

爱德华·罗伯茨
（Edward Roberts）

的创业风险投资变得越来越普遍，我本人也加入了一项政府资助的大型研究项目，担任项目领导者。这项研究面向所有美国企业的风险投资活动，旨在更好地理解它们投资初创企业的动机和由此形成的影响 [1]）。这些研究也为我的新研究主题奠定了基础。这个主题就是公司创业（Corporate Entrepreneurship），它也成了MIT 最早的创业课程之一。由 MIT 斯隆学者（MIT Sloan Fellows）、管理学院和工程学院研究生组成混合班。我有幸多年担任这门课程的主讲教师。

当时（和后来）看来，这是一件令人遗憾的事，因为只有我一个人牵头完成这些工作，开拓如此宽广的学术研究新领域。到 1990 年，我独自耕耘了 25 年的时间，身边只有研究助理和学校里以此为论文题目的学生。尽管 MIT 很多领导者，尤其是工程师们，本人就是创业者，但是他们完全没想到，自己和同道者创办新企业的行为本身可以成为严谨学术研究的主题。进入 20 世纪 80 年代，一些 MIT 同事开始加入进来，和我一同开展另外两个国家的创业比较研究。我会在第七章详细讲到这一点。我把创业研究的其余部分（我们有意略去了公司创业部分，以便更聚焦于新企业的形成与发展）和结论，连同众多案例整合在一起，发表了《高新技术创业者：MIT 的创业经验及其他》（*Entrepreneurs in High Technology: Lessons from MIT and Beyond*）一书（牛津大学出版社，1991 年）。我想通过这本书说明，学术研究可以提供有意义的知识，为创办和建设新企业的创业者的经验带来有益的补充[2]。这是第一部立足实证研究、聚焦创新驱动型创业的全面论著。它获得了美国出版协会最佳专业著作奖，被评为"1991 年管理及商业领域杰出著作"。

在学生偶尔的陪伴下，我开始就部分研究向各个学术群体做报告，在 MIT 的课堂里、讲座上，面对校友群体和专业技术组织等（大多集中在大波士顿区，也包括美国各地和海外个别地区）。1967 年 1 月和 2 月，我受邀在英国和苏格兰的 8 所大学巡回演讲，还在伦敦的美国驻英使馆举办了一次特别讲座，帮助英国人理解美国的创业精神和新企业的创办工作。很多关于这些研究及其结论的文章出现在 MIT 的各种期刊和行业期刊上。除此之外，我和合作者们还在学术期刊发表了数量众多的文章。新书的出版进一步促进了演讲和文章的发表。久而之，我们积累了越来越多的受众群体。第一次有了自己的概念和数据，形成了关于新企业如何创建、发展、成功或失败的看法。很自然地，这些研究成果强烈影响了我的思想：在开辟更多的创业主题和项目时，我们应该把重点更多地放在哪里？我会在本章后半部分讨论 MIT 创业中心时做出更详细的说明。

1991 年，我创办了 MIT 创业中心（MIT Entrepreneurship Center）。随后，更多专研创业的教师陆续加入，投身到日益扩展的教学项目和研究项目中来。他们带来了自己的多样关注焦点和洞察力，进一步拓宽了 MIT 的创业事业。我会在第三章"打造创业师资、课程和研究"中详细讲到他们。

校友创业讲坛

1967 年 2 月，我向 MIT 校友理事会（MIT Alumni Council）做了一次关于 MIT 创业情况研究的总体汇报。两年之后，也就是这些研究进行到第五个年头时，一小群消息灵通的 MIT 本地校友聚在一起。摆在他们面前的课题是：面对日益增长的创业兴趣，MIT 校友会（MIT Alumni Association，MITAA）要有所作为。可是，具体应该做些什么？在一次由 MITAA 职员帕诺斯·斯彼里阿克斯（Panos Spiliakos）（1966 届）召集的晚餐会上，马丁·施拉格（Martin Schrage）（1963 届）提出：可否试着招募至少 30 位校友，到 MIT 参加周末讲座"如何创办和经营小型企业"（How to Start and Operate a Small Business）。施拉格说："如果讲座取得成功，那就说明校友会应当成立'创业兴趣小组'[3]。"斯彼里阿克斯向校友会主席弗雷德·莱曼（Fred Lehmann）汇报了这个想法。莱曼和斯彼里阿克斯设法克服了校友会其他成员的质疑和阻力。虽然那些人没有提出有效的项目、吸引年轻校友加入，可是他们并不认为创业是个好方向，也不认为校友会可以做到这一点，因此丝毫不为所动。在我看来，这种阻力是对创业缺乏认识和信心的表现：人们普遍认为，创业并不是一种重要现象。他们也看不出创业是国家经济发展的重要驱动力量。不过这个方案最终获得了批准，施拉格招募了 10 位校友，成立了一支团队，由他自己担任领导。这支团队组织和完成了"MIT 年轻校友讲座"（MIT Seminar for Young Alumni）的试点工作。讲座的主题是创业（另外 9 位校友是：查尔斯·希肯（Charles Hieken）、弗雷德里克·莱曼（Frederick Lehmann）、史蒂文·利普纳（Steven Lipner）、苏珊·舒尔（Susan Schur）、罗伯特·斯科特（Robert Scott）、帕诺斯·斯彼里阿克斯（Panos Spiliakos）、克里斯多夫·斯普瑞格（Christopher Sprague）、卡罗尔·范·阿肯（Carol Van Aken）和我）。

这里的基本思想是：这是一条"MIT 校友帮助 MIT 校友"的新路。**DEC（DIGITAL EQUIPMENTCORPORATION）**公司联合创始人兼首席执行官肯·奥尔森（**KEN OLSEN**）（1950 届）担任晚宴主讲嘉宾，另一场讲座的主持人是**博士公司（BOSE CORPORATION）**的创始人兼首席执行官**阿玛尔·博斯（AMAR BOSE）**（1951 届）。1969 年 10 月 4 日至 5 日的开幕式活动吸引了足足 330 位校友，MIT 克莱斯格礼堂（Kresge Auditorium）热闹非凡。早在开课之前的一个月，课程已经人满为患，关闭报名了。这让所有人惊讶不已。马丁·施拉格自豪地回忆起当时的情景："这为校友会的领导们敲响了警钟,同时也提醒很多人:变革就在眼前。"

马丁・施拉格
(Martin Schrage)

委员会立即宣布,几个月后在 MIT 举办一场同样的活动,同时开始筹备全国范围的招生工作。我负责克莱斯格礼堂第一节课的 "开场" 演讲(在此之后,在 MIT 和全美国各地的课堂上,我每次都是第一个开讲),我报告了自己对 MIT 校友创业者的研究、他们的个性特征、学校各实验室及院系创业企业的数量、企业存活率,还有研究得出的其他发现。在接下来的 3 年里,我们在全国 8 个城市举办了多场类似的讲座。全国各地的 MIT 校友热情帮助这些项目,并为每一场讲座找来了资金、法务、推广、产品开发和制作等各方面的资源。有些讲座是和其他大学的本地校友会合办的。这些大学后来陆续推出了类似的项目。

新成立的全国校友协调委员会(National Alumni Coordinating Committee)还编辑出版了《MIT 创业通讯录》(*The MIT Entrepreneurship Register*),作为该项目每年一期的附属产品,帮助参与项目的校友保持联系。学员们自愿登记自己的姓名、背景信息和业务兴趣。共有 3000 多位 MIT 校友参加了这些讲座。这创造了 MIT 校友会所有项目的历史,并且一直保持到现在(一想到这些校友中有多少人后来创办了新企业,我们就会由衷地感到欣慰)。后来,随着校友创业讲座的持续举办,还有越来越多的题材内容陆续加入了进来。

1970 年春季,该讲座在 MIT 本部、纽约、华盛顿特区、芝加哥和旧金山举办,主题为 "如何创办和经营小型企业";1971 年初,在 MIT 本部、芝加哥、纽约、旧金山和华盛顿特区举办了题为 "在当前经济条件下管理新企业" 的系列讲座。1972 年,在 MIT 本部、华盛顿特区和阿纳海姆举办了更多场次,并在 MIT 举办了几场面向校友的特别创业课程。1971 年至 1972 年间,每一场讲座上都会分发我早期研究项目的大纲:爱德华・罗伯茨《如何成功创办新技术企业》(*How to Succeed in a New Technology Enterprise*)(Technology Review,1970 年 12 月)。

威廉・帕特(William Putt)(1959 届)编辑出版了《如何创办自己的企业》(*How to Start Your Own Business*)。这本书以上述讲座提及的初创企业及其影响为基础,加强了校友和其他群体对创业机会的认识[4]。

MIT 创业论坛（MITEF）

　　校友创业讲座激发了参与者和几个 MIT 校友俱乐部的多种反应，包括后续独立创业讲座的组织。很多 MIT 校友后来指出，是这些讲座促使他们重拾了先前的创业想法，并把这些想法付诸行动。本书的第三部分会列举 3 个例子，它们足以证明这种作用。这 3 个例子都是校友主动提出的，并非出自作者的要求。这 3 位校友是尼尔·帕帕拉多（Neil Pappalardo）（Meditech 公司共同创始人）、鲍勃·梅特卡夫（Bob Metcalfe）（3Com 公司共同创始人）和哈里·李（Harry Lee）（Applicon 公司共同创始人）。在 2009 年出版的《MIT 校友创业调查》（*MIT Alumni Entrepreneurship Survey*）中，同样有很多校友提到，这些讲座给他们带来了巨大的影响 [5]。

　　作为 1971 年纽约校友创业讲座的直接成果，约翰·詹金斯（John Jenkins）（1943 届）于同年领导组建了 MIT "纽约创业讲习所"（New York Venture Clinic）。该讲习所每个月举办一次宣讲会，供校友创业者宣传自己的商业计划。他们可以在这里向校友评议小组和广大校友提出任何问题。纽约校友会还举办了很多其他项目，出席者声气相通、彼此激发创业热情。1978 年，詹金斯几次访问波士顿。在他的鼓动下，8 位来自大波士顿区的校友和他们的朋友们创办了剑桥 **MIT 创业论坛**（**MIT ENTERPRISE FORUM，MITEF**）。随后，论坛迅速发展壮大，直到今天依然存在。其中一点主要差别在于，MITEF 也向非 MIT 校友成员开放。它只坚持在各个俱乐部的执行委员会中保持 MIT 校友的多数地位。MIT 创业论坛在剑桥的活动也是每月一次，通常在带有标志性圆顶的 MIT 十号楼（MIT 10-250）里举办，每次约有 250 位成员和嘉宾出席。MIT 研究生校友都对十号楼非常熟悉。

《如何创办新企业》原版封面（设计者：苏珊·舒尔（Susan Schur），1960 届）

> **MIT 创业论坛（MITEF）的 8 位创始人**是文森特·富尔默（Vincent Fulmer）（MIT 校董会主席）、保罗·凯利（Paul Kelley）（哈佛大学校友）、彼得·拉扎尔济斯（Peter Lazarkis）、彼得·米勒（Peter Miller）、阿瑟·帕特（Arthur Parthe）、苏珊·舒尔（Susan Schur）、巴里·昂格尔（Barry Unger）和我。论坛的执行主席由 MIT 校友会职员保罗·约翰逊（Paul Johnson）担任。

1982 年，**亚伦·克莱纳（AARON KLEINER）**（1969 届）（他和自己的大学室友**雷·库兹韦尔（RAY KURZWEIL）**（1970 届）联合创办过多家企业）在剑桥 MITEF 内部领导了一项早期创新：初创企业诊所（Startup Clinic）。它提供较温和的小组会诊服务。与会者在 MIT 教师俱乐部召开晚餐会，听取零起点初创企业的问题并提供咨询建议。此举激励了年轻创业者，让他们不再心存犹豫，大胆推进自己的想法。例如，**比尔·沃纳（BILL WARNER）**（1980 届）在晚餐会上提出了关于创办**艾维科技（AVID TECHNOLOGY）**的想法，提供全数字化非线视频编辑系统。沃纳不仅得到了重要的意见和鼓励，还为艾维科技公司筹得了首轮融资。从此以后，这家企业不断通过一次又一次的创新颠覆着视频行业。1984 年，剑桥 MITEF 在一月份的"独立活动月"（Independent Activities Period, IAP）期间增设了一项为期 4 天的教育课程，课堂就在 MIT。这门课程吸引了全校各个院系的很多学生。紧接着，约瑟夫·哈兹玛（Joseph Hadzima）（1973 届）又在 IAP 期间创办了为期 1 天的课程"创业那些事儿"（Bits and Bites for Starting New Companies）。这个项目一直延续至今，很多校友和教师都登上过它的讲台。比尔·帕特（Bill Putt）和他创办的校友创业讲座也成了榜样。在它的激励下，斯坦利·里奇（Stanley Rich）和大卫·甘蓬特（David Gumpert）在 MITEF 案例的基础上出版了《大赚特赚的商业计划》(*Business Plans That Win $$$*)。这本书为 MIT 创业论坛（MITEF）的各项活动带来了更多的参与者[6]。

1983 年，纽约市和剑桥市的 MIT 创业论坛（MITEF）分部在全国范围（随后是全球范围）迅速扩张。到 2018 年时，论坛分部达到了 20 个，其中 10 家位于美国以外[7]。论坛在剑桥的办公室成立于 1987 年。这里也推出了面对大众的课程项目，上课地点通常选在 MIT 克莱斯格礼堂（Kresge Auditorium）。从 1996 年开始，主办方开始录制这些课程，通过卫星电视同步直播，后来还向大批全球分部和 MIT 校友俱乐部开放下载。它们为日益增长的 MIT 校友群体（和其他群体）带来了越来越多的创业教育和激励。可以说，全世界即使没有几千家，至少也有

几百家，新企业的创办和发展应当归功于、得益于 MIT 创业论坛。

MIT 技术许可组织的复兴

20 世纪 80 年代的整整 10 年间，MIT 只有一次内部组织变革与创业有关，它就是学校技术许可政策和组织机构的大转型。回顾 MIT 历史，技术许可职能建立得非常早。早在 1932 年，学校就开始了教职员工科研的技术转让活动。1945 年，MIT 成立了"专利、版权和许可办公室"（Patent, Copyright, and Licensing Office）。同所有大学的同类机构一样，它的主要服务对象是大型企业。这些企业向 MIT 支付技术转让费用：或者从一开始约定固定金额，或者按照使用 MIT 技术的产品产生的累积收入收取。和多数大学一样，主导这个 MIT 机构的是律师。他们负责与企业谈判并履行相关合同。

1985 年，MIT 重组了这个机构，并把它重新命名为**技术许可办公室**（**TECHNOLOGY LICENSING OFFICE，TLO**）。学校还为它聘请了一位新主任，约翰·普雷斯顿（John Preston），还有一位新的副主任，丽塔·尼尔森（Lita Nelsen）（1964 届）。丽塔主要负责各项新政策的执行。技术许可办公室的工作目标是更主动、更积极地实现 MIT 科技的商业化。它把更多的重点和希望寄托在新公司的创办上。这些目标也反映了技术许可办公室的一种认识：大企业通常只对市场准备就绪的成熟技术感兴趣。相比之下，多数 MIT 的新发现和开发通常需要进一步的（而且常常是重大的）研发工作，才能达到商业化的要求。技术许可办公室积极推进大中型企业的技术转让工作。寻求转让的新企业大多是 MIT 校友、学生或员工创办的。他们更能理解目标技术的实际开发进度，他们通常更愿意投入更多的、可观的时间和精力，完成进一步的开发工作。

作为新政策的一部分，MIT 同意接收初创企业的一小部分股权，以此替代现金。因为初创企业通常最缺的就是现金。MIT 还决定，在恰当情况下，愿意向新企业提供独家授权。在成熟的大型企业占据更多技术、市场和金融资源的情况下，技术独占至少能为新企业带来一定的潜在竞争优势。

技术许可办公室的新政策和新领导带来了重大影响。很快地，按照大学本身完成技术许可的初创企业数量衡量，MIT 在全球高校中一骑绝尘、遥遥领先。最近的数据指出，每年约有

丽塔·尼尔森（Lita Nelsen）

30 家新企业是建立在 MIT 技术转让的基础之上的。1992 年，丽塔·尼尔森接任技术许可办公室主任一职。直到 2017 年退休前，尼尔森始终在这里发挥着主导作用。她解释说，技术许可办公室协助培育的长期成功早已超越了 TLO 政策本身：

> 我们并没有单纯地把自己当作专利拥有者和许可协议的谈判人来行事。我们是教练和向导，为人们提供帮助。我招聘的人都有深厚的技术教育背景。他们还要有 15 年到 20 年的行业经验，而不只是旁观者。他们中的很多人都在职业生涯中与初创企业打过交道。除了每年评估数百次进入 TLO 的披露信息（现在已经超过了 850 次），他们还要有能力大量提供关于启动工作的建议，为教师和学生指清方向，指点他们如何获得资金。在 MIT 创业中心、戴施潘德中心（Deshpande Center）和创业辅导服务中心（Venture Mentoring Service）等机构成立之前，这样的工作显得尤为必要。TLO 的帮助有时就是简单的一句话："你看，这样的做法是行不通的，因为……"这当然是不够的，但总比什么都没有好得多。

> 多年以来，我们为 MIT 获得了数量可观的收入，但是，重点永远都不是"我们是怎样在这笔交易中获得最大收益的？"恰恰相反，我们强调的是"怎样为那项技术引入资金，推动它不断前进，帮助它有朝一日成长为一家企业"……我还为此编了一句口号："收入不等于影响力。"（Impact is not primarily income.）这种以影响力为重点的做法得到了 MIT 高层管理者的持久支持。这是我们与全球绝大多数技术转让机构最大的不同之处：投资方和创业者都是我们的朋友，我们的目标是达成最适宜的交易，而不一定是最赚钱的交易。这样一来，交易就会源源不断地涌进来。在我看来，我们的工作不是选出优胜者，因为这里的技术通常非常早期、不够成熟。我们不知道哪些是桃，哪些是核。但是我们会让很多事情转动起来。只要保证这一点，终会有一部分技术为我们带来惊喜[8]。

在丽塔领导技术许可中心的 25 年里，杰克·特纳（Jack Turner）一直是她的得力干将。如今，特纳已经升任中心高级副主任。我们能在 MIT 所有的创业工作中见到他的身影，学生们总能找到他、获得帮助。接替丽塔担任中心主任的是莱斯利·米勒-尼克尔森（Leslie Millar-Nicholson）。

MIT 正式认可校友创业的重要意义

1984 年 12 月，我向 MIT 斯隆管理学院时任院长亚伯拉罕·西格尔（Abraham

Siegel）提议，为 MIT 创业者建立一个荣誉团体。和所有的荣誉团体一样，我们需要订立明确的入选标准，包括比较显性的衡量指标，比如企业员工人数、营业收入、资产和资本估值等，同时兼顾比较隐性的标准，例如为社会创造的总体益处等。西格尔院长请格伦·乌尔班（Glen Urban）教授与我合作，进一步推进这项方案。后来，西格尔院长认为，他应该把我们完善之后的方案分享给工程学院院长格里·威尔逊（Gerry Wilson）（1961 届）。威尔逊院长随即做出了热情的回应。他认为，创业者与学生和学校各项活动更紧密的联系能为 MIT 带来莫大的益处。这两位院长又把这项方案汇报给了 MIT 校长保罗·格雷（Paul Gray）（1954 届）。校长同样对这个想法深感兴趣。

> **格雷校长指派的委员会成员**包括：
>
> 大卫·巴尔的摩（David Baltimore）、艾伦·巴菲德（Allen Bufferd）（主管 MIT 投资工作）、迈克尔·德图佐斯（Michael Dertouzos）（主席）、默顿·弗莱明斯（Merton Flemings）、埃里克·约翰逊（Eric Johnson）（主管工程学科发展）、格伦·斯泽尔（Glenn Strehle）（MIT 财务主管）、王义翘（Daniel Wang）、曾农·赞内托斯（Zenon Zannetos）和我。

　　格雷校长指派了一个级别很高的委员会，专门负责监督这个方案的执行，委员会主席由迈克尔·德图佐斯（Michael Dertouzos）教授（1964 届）担任。德图佐斯也是 MIT 计算机科学实验室主任。委员包括 5 位教授，来自全校各个院系；此外还有 3 位校领导。1985 年 12 月初，委员会就具体建议达成了一致意见，格雷校长在和我们开会时热情地支持了这些建议。但是，他随后关于这项方案的报告遭到了 MIT 学术委员会（MIT Academic Council）的拒绝。MIT 教务长认为，学校应该对所有 MIT 校友团体一视同仁，不能搞特殊化。

　　尽管如此，在 20 世纪 80 年代末，MIT 创业者获得了媒体越来越多的赞誉，因为他们在美国和很多国家创办了大批重要企业。这也为 MIT 带来了巨大的积极影响。不止如此，随着 MIT 创业论坛在全美国建立了越来越多的分部，校友们开始在各地举办多种多样的讲座和校友活动。1989 年，在格雷校长的带领下，MIT 超越了简单的演讲和对校友创业成就的单纯赞美。1989 年 3 月 3 日，MIT 校董事会（MIT Corporation）决定，对在马萨诸塞州创办重点企业的校友予以表彰。1989 年 4 月 29 日，表彰活动举办了整整一天。这项特别活动被称为"128 盛会"

（128 Event）：一是因为当年恰逢 MIT 建校 128 周年，二是它与"128 公路现象"（Route 128 Phenomenon）暗合。"128 公路现象"指的是当地的科技企业——其中以 MIT 衍生企业为主——主要集中在 128 号环城公路两侧的现象。在那个美好的夜里，格雷校长赞美了"99 位来自 MIT 大家庭的成员"，"赞美他们的努力、信心和眼界。他们敢于冒险，拥有解决问题的必备知识和敢于梦想的创造力"[9]。格雷校长还指出，根据波士顿银行（Bank of Boston）的估算，大波士顿地区共有 600 家 MIT 校友企业。这些企业创造了可观的收入，对地区就业具有举足轻重的影响力。这 99 位精心遴选的创业者成了当晚的座上客。他们每个人收到了一枚银碗奖章。组委会还为每位获奖人和他们的公司准备了单独一页的献词。这些献词装订成册，当晚每一位到场的嘉宾人手一本。

"128 盛会"收到了极好的反响。一年之后，MIT 又在硅谷举办了一场类似的活动。大通曼哈顿公司（Chase Manhattan Corporation）为那场活动制作了名为《MIT 硅谷创业情况》（*MIT Entrepreneurship in Silicon Valley*）的手册。手册列出了 176 家在北卡罗来纳州建立分部的 MIT 校友企业。这些企业的员工总数达到了 9 万人。有 19 家企业把总部设在北卡罗来纳州。

成立 MIT 创业中心

到 1990 年时，越来越多的 MIT 学生找到我，他们有的来自斯隆管理学院，有的来自其他院系；有的是本科生，有的是研究生。学生们渴望获得更多的创业教育和训练活动。然而，他们当时的唯一选择就是"创办新企业"这门课程，或者为了完成论文跟着导师（主要是我）工作一段时间。这时，为了获得一些实践经验，有一群学生准备组织一场商业计划大赛。1990 年，这场活动开始提上日程，奖金是 1000 美元。

在学生的要求下，随着 MIT 对创业工作重要性越来越多的认可，借着几年前特别表彰活动的东风，我向 MIT 斯隆管理学院院长莱斯特·瑟罗（Lester Thurow）提交了一份方案，提议学院成立一个覆盖全校的创业项目，由新成立的 MIT 创业中心（MIT Entrepreneurship Center）牵头。创业中心设在斯隆管理学院，目标是"教育和培养未来人才，创办、建设和引领成功高科技企业"。按照我的方案，MIT 需要整体增加创业课程和学生活动，这离不开统一的协调和整合。学校需要为此培养更多的长聘教师和经验丰富的实践者，把各项教学和咨询活动落到实处。学院各系和职能部门（例如组织行为、市场营销和财务金融等）以及技术创新管理团队（Management of Technological Innovation，MTI。1973 年唐纳德·马奎斯过世之后，我一直担任这支团队的领导一职）负责联合选定大部分新任长聘教师。很明显，我们还要找到融资，支持中心项目，同时还要加强运营支持。在瑟罗院长的指导下，我会见了斯隆管理学院上下的很多教授。几个月之后，管理学院各个职能部门的主任教师都签好了字，同意推进这项特别计划。随后，瑟罗院长批准了这个方案。我还清楚记得那次会面，我们在临近结束时的对话尤其值得回味：

瑟罗院长：好的，艾德。接下来你准备做些什么？

艾德：我要组建一个校友顾问委员会，由各院系创办和管理过重要企业的校友组成。类似阿玛尔·博士（Amar Bose）（博士公司）、亚历克斯·德阿博洛夫（Alex d'Arbeloff）（泰瑞达公司，即 Teradyne）、肯·杰姆斯豪森（Ken Germeshausen）（EG&G 公司）、伯尼·哥德赫许（Bernie Goldhirsch）（《公司》杂志，即 INC. Magazine）、乔治·哈索普洛斯（George Hatsopoulos）（Thermoelectron 公司）、帕特·麦戈文（Pat McGovern）（国际数据集团，即 International Data Group，IDG）、肯·奥尔森（Ken Olsen）（DEC 公司）等，或许还有其他人。

瑟罗院长：你准备怎样网罗这些大腕？

艾德：莱斯特，你还是不太了解这些创业者。我认识他们中的每个人。我会逐一给他们打电话，他们每个人都会立即热情洋溢地同意加入委员会。MIT 创业中心的建立让他们格外开心。物以类聚、人以群分，创业者热爱创业者！

瑟罗院长：（大笑）艾德，如果你真的这么干，我就同意给你的顾问委员会当主席！！！

艾德：（笑着说）莱斯特，这就是传说中"让人无法抗拒的礼物"吧？

瑟罗院长：（仍在大笑）当然！

艾德：这样的话，我万分荣幸地请您出山，担任我们的顾问委员会主席！

瑟罗院长不无担忧地表示，我们面临的主要问题是挖掘和招揽合格的教师，在这个以立足技术的创业新领域里完成教学和科研工作。他还同意为创业中心的筹款工作提供帮助。

从中心成立那天直到现在，我一直担任主任一职。后来，为了纪念马蒂对中心慷慨及时的捐赠，我们把中心更名为"MIT 马丁·特拉斯特创业中心"（The

Martin Trust Center for MIT Entrepreneurship）。我还在绝大部分的时间里担任中心的学术主任（faculty director）。我的工作得到了很多教师、职员和学生全心全意的帮助。

莱斯特·瑟罗和艾德·罗伯茨在 MIT 创业中心成立典礼上

在方案讨论阶段，我着重提出了四项运营目标。这些目标也受到了我自身科研成果的巨大影响。

（1）**举 MIT 全校之力**。虽然 MIT 创业中心立足于斯隆管理学院，但它最初和始终的愿景是与 MIT 另外四大学院建立跨院系的协同合作。我认为，把斯隆管理学院以商业为导向的学生与其他几大院系以科学技术为导向的学生联结起来是必不可少的，后者的高超技术能力和创意可能远远超出我们的想象。这种协作／整合至关重要，它有助于建立学生团队，在 MIT 教师的指导下合作完成实用技术的开发工作。我之所以能形成这样的认识，是因为从 17 岁开始，我几乎在 MIT 度过了整个人生，在三个院系取得了三个学位！

（2）**把创业学术同成功的创业实践者结合起来，推行"双轨"教育**。当时，其他高校的创业课程几乎是清一色的创业／投资人士经验分享。而我们提议建立的创业中心独辟蹊径，它要沿着 MIT "知行合一"的传统走下去。创业中心的教师必须严谨地做好学问、勤奋地追求知识，因为它是创业成功的基础；同时，这些教师还要把对知识的追求与知识向实践的高效转化结合起来。这个方案提出了"双轨教师"（Dual-track Faculty）的想法。它由拥有终身教职的学术型教师和兼职授课的实践型教师组成，把创业研究与成功的创业家和风险投资人联结起来。我们还要建立一个雄心勃勃的教学项目，为即将走上创业道路的学生提供直接的培养和辅导。学生们不仅能在课堂上学到必要的学术知识、更好地理解创业，还能收获战略和实际操作经验。只要情况允许，我们的目标永远是把两种类型的教师整合到同一个课堂之内（在过去的 28 年里，几乎所有的顶尖商学院都采用了这种双轨模式，用来组织和管理创业项目）。

（3）**极大地强调脚踏实地的"行动式学习"，把管理学科与科学／技术学科的学生结合起来，把握现实世界的新兴技术机会**。为了尽可能地影响"实践"（即 MIT 校训"心与手"中"手"的部分）目标，MIT 创业课程的设置非常注重学生对初创企业的直接接触，帮助企业解决实际问题。除此之外，为了鼓励创办更多的技术型企业，我们还要支持全校学生与 MIT 科学和技术教师致力推动的新兴技术发展建立联系。MIT 斯隆管理学院把这些做法统称为"行动式学习"（Action Learning）。

（4）**建立和发展企业的基本立足点应该是团队，而不是个人**。根据我 1964 年的研究，无论是项目作业还是班级活动，应该尽可能地把基础建立在团队上，而不是个人身上。人们普遍发现，个人创业者往往不如团队创业者成功。这与我的发现不谋而合。

在过去 25 年间的成长、发展和影响中，MIT 创业中心这四项基本原则始终是我们最关键的成功要素。

参考文献及注释

1. Edward Roberts, I. MacMillan, V. Livada & A. Wang, "Corporate Venture Capital （CVC）: Seeking Innovation and Strategic Growth", *National Institute of Standards & Technology Special Report GCR 08916*, June 2008.

2. 所有这 40 项研究和它们的贡献者都收入了拙著《高新技术创业者》之中，英文版本，第 359 页至第 375 页。该研究的主要发现记录在该书的最后一章《技术创业：诞生、发展与成功》之中，英文版本，第 339-358 页。

3. 来自米歇尔·乔特（Michelle Choate）的采访，2017 年 2 月 17 日。

4. William Putt, editor, *How to Start Your Own Business*, MIT Press, 1974.

5. Edward Roberts and Charles Eesley, *Entrepreneurial Impact: The Role of MIT*, Kauffman Foundation, 2009.

6. Stanley Rich and David Gumpert, *Business Plans That Win $$$: Lessons from the MIT Enterprise Forum*, Harper & Row, 1985.

7. MIT 创业论坛，www.mitef.org，访问时间：2018 年 5 月 6 日。

8. 来自米歇尔·乔特（Michelle Choate）的采访，2016 年 2 月 17 日。丽塔在这里的一部分言论来自她在 2016 年 11 月 12 日 "MIT 创业五十年庆典" 活动上的演讲。

9. *Event 128: A Salute to Founders*, MIT, April 29, 1989.

第三章
创业师资、课程及研究建设

莱斯特·瑟罗院长说过，建立 MIT 创业中心的最大障碍是创业师资的不足，以及培养这些师资的大学博士项目的缺失。他说得很对。对 MIT（以及所有大学）的创业课程而言，教师、教师开设与讲授的课程、教师的相关研究、对学生活动的支持，以及面向学生的建议和咨询都是不可或缺的。幸运的是，技术创新管理中心（MTI）之前为技术创新（而不是创业）招募的一些教师愿意，并且有能力，做出一些"替代性工作"（filling in）。我会在下文详细叙述他们的贡献。提前说明一点：如果对 MIT 教师和他们在打造 MIT 创业课程、提升影响力过程中的重要作用兴趣不大，这一章读起来可能稍显枯燥。

增强师资力量、扩大教师科研与教学兴趣、拓宽创业课程

在过去的 28 年里，创业师资和创业课程得到了极大的发展，从只有一位兼职实践讲师和一位教师，发展到了如今的庞大规模，涵盖了全校教师、科研项目和学科。感谢从 1990 年项目开始至今帮助过我们的所有 MIT 同仁，以及为创业项目的发展壮大和成功做出贡献的所有人。我在边栏列出了讲授过技术创业课程和 / 或开展过相关研究的 MIT 教师名单。按照加入时间排序。最早加入的是斯隆管理学院的教师，他们中多数人刚一走进学院就开始了创业相关的活动。从他们加入的日期不难看出，很多人（截至史蒂夫·埃平格（Steve Eppinger）教授）早在 1990 年 MIT 创业中心获批成立之前就投身创业项目了。但是，当时还没人讲授创业课程，而我是唯一一个创业研究者。因此，在学校正式招募创业方向的新教师之前，我们这些"早起的鸟儿们"（Early Birds）就成了相关教学项目最重要的建设者和贡献者。

MIT 创业教师：

管理学院——爱德华·罗伯茨 1961 年至今、托马斯·艾伦（Thomas Allen）1966—2017、埃里克·冯·希贝尔（Eric von Hippel）1973 年至今、

詹姆斯·厄特拜克（James Utterback）1974—2017、多萝西·罗纳德（巴顿）（Dorothy Leonard（Barton））1979—1983、梅尔·霍维奇（Mel Horwitch）1980—1988、查尔斯·法恩（Charles Fine）1983 年至今、迈克尔·库苏玛诺（Michael Cusumano）1986 年至今、理查德·洛克（Richard Locke）1988—2013、史蒂文·埃平格（Steven Eppinger）1988 年至今、斯科特·斯特恩（Scott Stern）1995—2001、2009 年至今、斯科特·沙恩（Scott Shane）1996—1999、西蒙·约翰逊（Simon Johnson）1997 年至今、菲奥娜·莫瑞（Fiona Murray）1999 年至今、黛安·伯顿（Diane Burton）2000—2006、安托瓦内特·肖尔（Antoinette Schoar）2000 年至今、黄亚生，2003 年至今、凯瑟琳·塔克（Catherine Tucker）2005 年至今、皮埃尔·阿祖莱（Pierre Azoulay）2006 年至今、亚历山德拉·卡佩奇克（Alexandra Kacperczyk）2009—2016、马修·马克斯（Matthew Marx）2009—2017、克里斯蒂安·卡塔利尼（Christian Catalini）2013 年至今、雅各布·科恩（Jacob Cohen）2013 年至今、本杰明·罗因（Benjamin Roin）2014 年至今。

工程学院——安东尼·辛斯基（Anthony Sinskey）1968 年至今、查尔斯·库尼（Charles Cooney）1970 年至今、玛莎·格雷（Martha Gray）1986 年至今、阿莱克斯·彭特兰（Alex Pentland）（媒体实验室，Media Lab）1987 年至今、道格拉斯·哈特（Douglas Hart）1993 年至今、尤金·菲茨杰拉德（Eugene Fitzgerald）1994 年至今、马丁·卡尔佩珀（Martin Culpepper）2000 年至今。

工程系教师紧随其后，位于名单下方。在加入 MIT 创业课程之前，他们都曾多年专注于自身的技术研究和教学工作。由于创业课堂近年来的快速增长——这一增长在 MIT 工程学院的几个系里表现得尤为明显——我的名单也许会不可避免地有所遗漏，还请原谅。

由于篇幅的限制，这里无法尽述每个人的所有贡献。基本上，我会按照他们加入 MIT 的时间排序，列出他们的主要研究领域和开创的先锋创业课程。很多拓荒者开辟过一个或多个项目，他们对自身经验做出了深入的总结。我会在本章和后续章节提到这些开发 MIT 创业新项目（而不只是课程）的老师们。

管理学院教师

汤姆·艾伦（Tom Allen）

爱德华·罗伯茨（**EDWARD ROBERTS**）（1957 届）：我在 1990 年之前的研究工作和校友领导工作已在前文提到过，不再赘述。1990 年至今，我继续领导和建设 MIT 创业项目，同时把自己的教学和科研工作提升到新的层次，具体细节会在下文详述。我开设了"企业创业：技术规划与新业务开发策略"（Corporate Entrepreneurship: Strategies for Technology Planning and New Business Development）课程，并执教多年。它是 MIT 几十年间唯一一门把创业过程同大型企业管理联系起来的课程。创业中心刚成立时，我还开办了一项名为"成立新企业"（Starting Your Own Business）的研究生讲座，但是很快就终止了。因为创办 MIT 创业中心的工作过于繁忙，我实在有些分身乏术。

【作者注】在首次提到面向全校的创业项目或中心时，我会使用加粗字体来表示。

在我们为 NASA 建立研究中心时，**汤姆·艾伦**（**TOM ALLEN**）（1963 届）还是一名工程师。我和他认识时，汤姆刚刚离开一家大型航天公司，准备回到 MIT 攻读高级学位项目。他很快从工程学院转到了斯隆管理学院，成了我们的第一位博士生。一拿到学位，汤姆就正式加入了我们，成了团队的教师。他开辟了一个全新的领域：研究工程师与科学家之间的沟通过程及其对技术效率组织因素和空间因素的影响。汤姆和生化工程系的教师共同为 **MIT 生物医学企业项目**（**MIT BIOMEDICAL ENTERPRISE PROGRAM**）讲授创业课程。他多年担任"全球运营及系统设计与管理领军计划"（Leaders for Global Operations and the Systems Design & Management）负责人。他通过这个项目把斯隆管理学院和工程学院联系在了一起。**罗里·奥谢**（**RORY O'SHEA**）（爱尔兰国立都柏林大学（University College Dublin）教授）是 MIT 客座教授，往来频仍。罗里经常和汤姆合作教学和 / 或研究。在罗里的帮助下，汤姆研究了其他大学的创业项目，发现了有助于推动创业项目的多种政策。他最近刚刚成为 MIT 荣休教授。

埃里克·冯·希贝尔（**ERIC VON HIPPEL**）（1968 届）创办过多家企业，主要担任负责技术的共同创始人。此后，他来到 MIT 任教（虽然他是在哈佛大学取得的工程学本科学位☺）。进入 MIT 不久，他就发现了用户作为创新主体的重要意义，随后开展了面向这一发现的全领域研究，包括基于用户的创业。下面是埃里克讲过的最经典的笑话一则：

埃里克·冯·希贝尔
（Eric Von Hippel）

一位太太对丈夫说："带孩子出去遛遛吧。"丈夫回答："我还要去慢跑呢！"太太火冒三丈 [请在此处脑补埃里克的夸张表情]："快去遛娃，不然老娘打断你的腿！"丈夫灵机一动。他找出了一辆破旧的儿童自行车，拆下了车轮，把它们安装在几块木板上，再把婴儿车固定在木板上面。他一边心满意足地跑着步，一边"遛娃"。人们看见他轻快地跑过去，都对他说："你好，我们也想要这样的小车。"于是，婴儿跑步车公司诞生了 [1]。

埃里克的著作和他对"开放式创新"（Open Innovation）的不断研究强调了通向创新成果的开放路径和协同路径。这些成果当然也包括创办企业在内。他的著述带来了一个全球研究者和实践者的庞大社群；他的思想吸引了大批追随者和支持者。埃里克还担任"产品与服务创新"（Product and Service Innovation）课程的主讲教师。他的独特视角是支持这门课程的根本基础。得知我们正在筹备创业课程，埃里克迅速加入了我们，和我一起讲授"创办新企业"。后来，每当我学术休假时，他就成了创业中心的代理主任。

吉姆·厄特拜克（JIM UTTERBACK）（1969 届）对创新战略领域贡献巨大。他实现了新技术从诞生和 / 或创业开始，历经市场增长、稳定期直到衰落期整个生命周期的可视化。多年以来，他通过讲座帮助 MIT 本科生认识创业，这远远早于我们的"创业与创新研究生辅修课"（Undergraduate Minor in Entrepreneurship and Innovation）

吉姆·厄特拜克（Jim Utterback）

课程。如今，这门课再次推出，对 MIT 全体研究生开放。第七章还会提到厄特拜克与我和其他 MIT 教师在其他国家合作开展的创业研究。2017 年 7 月，吉姆成为 MIT 荣休教授。

多萝西·罗纳德（巴顿）（DOROTHY LEONARD（BARTON））在博士阶段主要研究各种新技术在更广阔市场的融合。随后她在 MIT 把自己的研究兴趣延伸到了技术商业化领域。多萝西和我们在瑞士合作开展了创业研究工作，详情会在第七章谈到。完成 MIT 的学业之后，她在哈佛商学院成就了漫长而辉煌的学术生涯。

梅尔·霍维奇（**MEL HORWITCH**）是发现大企业如何通过多样化创业管理方式变得更富创业精神的第一人。他成功地预见了我们后来的公司创业管理方法课程。梅尔在多所大学担任领导职务，现在中欧大学（Central European University）担任院长和校级教授。

查理·法恩
（Charlie Fine）

查尔斯·法恩（**CHARLES FINE**，即**查理·法恩**）从大企业运营管理方向转到创业运营方向。在他开始领导 MIT 斯隆管理学院海外活动之后，这一转向表现得尤为明显。2012 年，**塔塔技术与设计中心**（**TATA CENTER FOR TECHNOLOGY AND DESIGN**）成立，查理成为中心主任。这个中心主要关注印度和其他新兴国家的技术与创业情况。**拉杰什·奈尔**（**RAJESH NAIR**）（2014 届）是 MIT 斯隆管理学院的高级讲师。他为查理提供了巨大的帮助，把塔塔项目的一部分创业工作扩展了印度的乡村和学校。查理现在是 MIT 斯隆管理学院在马来西亚的总负责人。这支团队创办了亚洲商学院（Asia School of Business）。这所学院的一大焦点正是创新和创业。我们会第七章详细讲到它。查理在 MIT 讲授的最新课程是"技术、设计与创业：新兴地区的运营之道"（Technology, Design, and Entrepreneurship: Operating in Emerging Communities）。

迈克尔·库苏玛诺
（Michael Cusumano）

迈克尔·库苏玛诺（**MICHAEL CUSUMANO**）加入 MIT 时是一名商业史学家，精通日语。他的教授职位同时归属于 MIT 斯隆管理学院和技术管理团队（Technology Management Groups）。迈克尔的研究兴趣很快就从博士时期的自动化工厂扩展到了"软件工厂"（Software Factories）。而日本明显在这两个领域占有优势地位。随后，他的兴趣很快又扩展到技术创新与创业的多个领域。实际上，早在读研究生时，迈克尔就发表过多篇论文，探讨了日本学界的系列创业和日本战前创业的科学基础。1997 年，他开设了"软件企业"（The Software Business）这门课（这也预示了他在 2004 年出版的著作《软件产业》（*The Business of Software*））。这门课后来升级成了"软件及互联网创业"（Software and Internet Entrepreneurship），吸引了全校有志于软件或平台创业的研究生。库苏玛诺在很多快速成长的初创企业——尤其是软件企业——里担任董事。由此获得的经验让他的研究始终走在最前沿。他写过很多关于成功创始人—领导者和他们的企业的著作。他的前沿研究正是这些著作的立足之本。他最近的著作《战略思维：盖茨、格鲁夫和乔布斯的 5 条长赢法则》（*Strategy Rules: Timeless Lessons from Bill Gates, Andy Grove and Steve Jobs*）把创业者对同一个事实的战略思考与不同企业的基础奠定和实施形式联系起来——这实际上就是摩尔定律（Moore's Law）！迈克尔长期与系列创业家、高级讲师**伊姆兰·赛义德**（**IMRAN SAYEED**）合作教授软件课堂。他还积极参与 MIT 在海外的领先项目，为 MIT 创业活动的建设做出过很多贡献（详见第七章）。

理查德·洛克（Richard Locke）

理查德·洛克（**RICHARD LOCKE**）同时任职于 MIT 斯隆管理学院和政治科学系。提到洛克，就不能不提到**西蒙·约翰逊**（**SIMON JOHNSON**）（1989 届）。多年以来，两人始终保持着独特的教学合作关系。瑞克（即理查德）对国际事务的浓厚兴趣引导他加入了西蒙的"创业无国界"（Entrepreneurship Without Borders）课堂，回答学生提出的排山倒海般的问题——在美国以外创业，总是要应对各种各样的问题。学生们希望在课上学到这些知识。在他们的课堂上，来自其他国家的创业者和高管会通过教室里的"话匣子"（Squawk-box）与瑞克和西蒙的学生们对话，把全球创业带入日常学习中。我还记得，搜狐公司的首席执行官张朝阳就曾经在北京与这个课堂电话连线。作为搜狐的共同创始人，我曾经邀请他解答学生们提出的问题，帮助他们了解中国互联网产业的建设情况（关于张朝阳和搜狐的故事，我会在第九章"互联网"中慢慢道来）。瑞克发现："在不确定的、动荡不安的经济环境中蕴藏着令人激动的教育机会。它考验的是学生们的韧劲、领导能力、抱负和创业天赋。对学生来说，这些教育机会意味着巨大的改变——对教师也是一样。"[2] 在下文讲到西蒙·约翰逊时，我还会稍微提到西蒙。洛克教授如今在布朗大学（Brown University）担任教务长。

史蒂夫·埃平格（Steve Eppinger）

MIT 的机械工程学位为**史蒂夫·埃平格**（**STEVE EPPINGER**）（1983 届）打下了扎实的知识基础，培养了他独步业内的产品设计和开发能力。MIT 的创业学子们很快就发现了这些教学内容不可或缺的重要意义。他们把史蒂夫吸引到许多创业课程上来，积极参与教学工作。他的课程是创新创业方向 MBA 学生最喜爱的选修课之一。我们会在本章后半部分讨论这门课。史蒂夫在课堂内外结识了许多处于早期创业筹划阶段、可能走上创业之路的学生和团队。他为这些人提供了关于产品开发的、务实的洞见。当时，马丁·特拉斯特中心的"创客实验室"（Maker Lab）已经建成了"原型工坊"（Proto Works），史蒂夫甚至帮助学生们在这里造出他们心中的原型产品来（顺带提一句，史蒂夫多年以来的亲密同事和共同作者，卡尔·乌尔里希（Karl Ulrich）（1984 届）后来离开了 MIT 斯隆管理学院，到宾大（UPenn）沃顿商学院（Wharton School）担任创业项目主任）。

斯科特·斯特恩（Scott Stern）

在所有讲授创业的新教师中，**斯科特·斯特恩**（**SCOTT STERN**）是把严谨的经济理论和方法带入 MIT 创业研究和教学中的第一人。他的研究博大精深，覆盖了很多令人着迷的领域，例如创业集群的决定因素、创业战略的驱动力及其影响结果等。斯科特的"创业战略"（Entrepreneurial Strategy）课程通过小型案例阐释战略工具。这些案例都是他根据 MIT 衍生企业创作出来的。他利用这种方法把理论和实践问题融合在同一个场景中。同样的结合还体现在斯科特的全新著作里。他的课程是学生选择创业与创新方向的入门必修课。最近，斯科特和**吉恩·菲茨杰拉德**（**GENE FITZGERALD**）（1985 届）共同开设了"创业工程"（Venture Engineering）入门课程，作为 MIT 创业与创新方向研究生的一门新辅修课。斯科特还在我们的"区域创业加速项目"（Regional Entrepreneurship Acceleration Program，REAP）中发挥着不可或缺的作用。我会在第七章详细说明这个项目。2018 学年，在我学术休假期间，斯科特曾经代理本人担任特拉斯特中心学术主任一职。

斯科特·沙恩（**SCOTT SHANE**）在技术许可办公室（TLO）的研究中探索 MIT 的独有特色。由此获取的数据推动他在技术创业新理论和方法领域取得进步。斯科特从丰富的研究和著述出发，先是在马里兰大学，如今在凯斯西储大学（Case Western Reserve University）建立和领导着重要的创业项目。

斯科特·沙恩
（Scott Shane）

西蒙·约翰逊（**SIMON JOHNSON**）的研究主要聚焦一国文化对创业经济发展的影响和激发作用。前文提到过，约翰逊和**理查德·洛克**（**RICHARD LOCKE**）共同开设了"创业无国界"（Entrepreneurship Without Borders）这门课。他们随后又共同创办了"全球创业实验室"（Global Entrepreneurship Lab，G-Lab），帮助学生走出国门，结成四人小组，每年 1 月到初创企业实习三个星期。真正做到了走遍全球。这帮助创业实验室（Entrepreneurship Lab，E-Lab）团队实现了项目经验的"国际化"、成为斯隆管理学院规模最大，可能也是最富活力的"行动式学习"项目。为了应对这个项目可能的、令人望而却步的海量组织与保障工作，约翰逊教授和洛克教授专门成立了 G-Lab。该组织的运营每年可以覆盖斯隆管理学院将近一半的 MBA 学生。学生们尤其会得到**莎丽·罗斯伯格**（**SHARI LOESSBERG**）的支持，当然还有很多其他导师和院长办公室的帮助。他们共同打造了多个相似的国家创业项目，包括中国、印度和以色列等。西蒙最近开设了一门实验性质的新课，讲授如何通过区块链和比特币概念创办新企业。

西蒙·约翰逊
（Simon Johnson）

菲奥娜·莫瑞（**FIONA MURRAY**）最热爱的研究领域是技术创业。她曾经和高级讲师**努巴·阿费扬**（**NOUBAR AFEYAN**）（1987届）合作讲授过"创新团队"（Innovation Teams，iTeams）课程。那是她第一次走上 MIT 讲台。这门课同时向工程学院和管理学院学生开放，目标是实现 MIT 教师科研成果的商业化。"创新团队"拓宽了菲奥娜的研究领域。很快地，她开始独立授课：

菲奥娜·莫瑞
（Fiona Murray）

我开发的第一门课是"生命科学中的战略决策"（Strategic Decision Making in Life Sciences）。这门课关注生命科学企业的创办和建设。在这个领域里，创业是把概念从实验室转入临床的核心途径。早在博士阶段科研的早期，我就领会了整天被拴在实验室里是一种什么滋味。我发现自己把科学和工程才华带入教室的唯一途径就是晚上讲课。这门课吸引了斯隆管理学院的学生和科学与工程专业的学生。我在"创新团队"（iTeams）课堂上见证了这种融合、深深地享受这种融合。我还和媒体实验室（Media Lab）的**乔·雅各布森**（**JOE JACOBSON**）教授（1993 届）共同讲授"技术与创业战略"（Technology and Entrepreneurial Strategy）这门课。

菲奥娜想让 MIT 的科学教师们明白，她对技术创新与创业的研究同样是严谨科学的。她当时说："只不过我们的研究对象无法放入试管罢了。"

后来，菲奥娜的研究兴趣拓展到了专利与商业化、生命科学工作者性别研究等方面。最近，她还把创新创业内容带入了 MIT 高管学位项目——主要通过类似"创新驱动的战略优势"（Innovation-Driven Entrepreneurial Advantage）之类的课程。这门课是菲奥娜和高级讲师**菲尔·巴登**（**PHIL BUDDEN**）共同讲授的。她们还在"区域创业加速实验室"（Regional Entrepreneurship Acceleration Lab，REAL）共同授课。我会在第七章详细讲述 REAL 的故事。在 MIT 的创新创业工作中，菲奥娜担任的主要职务是斯隆管理学院主管创新的副院长，她还是 MIT 创新计划（MIT Innovation Initiative）的领导者之一。我们会在第五章详细讨论这个项目。

黛安·伯顿
（Diane Burton）

黛安·伯顿（**DIANE BURTON**）围绕"创业中的人性一面"开展研究和教学。她尤其关注创始人团队的内部问题和创始人性格特质对企业的长期影响。早在攻读博士期间，她就深入硅谷，广泛研究初创企业。这为她后来的学术生涯打下了基础。她最受欢迎的一门课是"设计和领导创业型组织"（Designing and Leading the Entrepreneurial Organization）。黛安的教学主题和兴趣拓宽了我们的课程范畴：从对商业计划的有限关注扩展到了更宽广的范围，更多地关注创始人个体和团队。黛安后来去了康奈尔大学，并把她的研究兴趣带到了那里。

安托瓦内特·肖尔
（Antoinette Schoar）

安托瓦内特·肖尔（**ANTOINETTE SCHOAR**）毕业于芝加哥大学。她把出色的金融与创业教育带到了 MIT。刚一走进 MIT，她就开设并讲授了"创业金融与风险资本"（Entrepreneurial Finance and Venture Capital）这门课。与此同时，她还展开了雄心勃勃的研究工作，包括对天使投资者和 VC 企业（风投企业）风险投资决策的研究。在安托瓦内特来到 MIT 的一个学期前，**大卫·沙尔夫斯泰因**（**DAVID SCHARFSTEIN**）（1986 届）教授开设了第一门"创业金融"（Entrepreneurial Finance）课程。沙尔夫斯泰因如今在哈佛商学院执教。安托瓦内特对管理大型投资组合的研究信息量极大丰富。她的研究兴趣又拓展到了私募股权领域。她带过很多博士生。安托瓦内特还长期担任美国国家经济研究局（National Bureau of Economic Research，简称 NBER）创业工作小组的联合组长，把我们的工作带入了学术领域。安托瓦内特和**罗闻全**（**ANDY LO**）共同领导最新的金融科技创业活动，还共同讲授"金融科技创业"（FinTech Ventures）核心课程。这门课从一开始就是 MIT 电气工程与计算机科学系（EECS）和哈佛大学法学院共同开发、共同讲授的。它是如今跨校协作大潮的重要标志，让人印象深刻。肖尔教授还在特拉斯特中心担任学术咨询委员会（Faculty Advisory Board）主席。

黄亚生（**YASHENG HUANG**）主要研究中国的创业增长和经济发展。他是"中国实验室"（China Lab）的发起者。"中国实验室"独出机杼，把 MIT 斯隆管理学院学生和其他四所中国顶尖商学院学生组成团队，共同研究中国创业企业面临的各种问题。项目完成时，有些 MIT 学生还会与中国队友合作创办新企业。这种情况所在多有！作为 MIT 斯隆管理学院主管国际项目的副院长，亚生还负责"印度实验室"（India Lab）的管理工作。"印度实验室"同样是面向一个国家的创业教育与实践项目。

黄亚生（Yasheng Huang）

凯瑟琳·塔克（**CATHERINE TUCKER**）来自营销系。她的营销课堂具有鲜明的创业倾向。无论对 MBA 二年级的学生来说，还是对其他院系有志于创办新企业的学生来说，她的"定价"（Pricing）课堂都有着无与伦比的价值。在过去的七年里，她积极参与"创业开发项目"（Entrepreneurship Development Program）课程和"MIT 创业训练营"（MIT Entrepreneurship Bootcamp）活动。凯瑟琳的课堂内容既严谨又实用，在 MIT 广受

凯瑟琳·塔克
（Catherine Tucker）

欢迎。她是一位卓越的教师——曾获得"贾米森杰出教学奖"（Jamieson Prize for Excellence in Teaching），并在斯隆管理学院的投票中被评为"年度教师"（Teacher of the Year）。

皮埃尔·阿祖莱
（Pierre Azoulay）

皮埃尔·阿祖莱（**PIERRE AZOULAY**）（2001 届）在自己最近的大型创新研究组合中加入了创业内容。他和**斯科特·斯特恩**（**SCOTT STERN**）共同讲授"战略"（Strategy）课程。这门课同时对 MBA 学生和高管教育开放。皮埃尔是特拉斯特中心学术顾问委员会（Trust Center Faculty Advisory Board）成员。

亚历山德拉·卡佩奇克（**ALEXANDRA "OLENKA" KACPERCZYK**）。我们都亲切地称她"奥伦卡"（Olenka）。奥伦卡主要研究创业者影响因素。这些因素决定了人们会留在大型组织中开展内部创业，或者离开原有组织、创办新的企业。在加入伦敦商学院（London Business School）之前，奥伦卡还从事过"社会创业"（Social Entrepreneurship）系列研究。

亚历山德拉·卡佩奇克
（Alexandra Kacperczyk）

马特·马克斯
（Matt Marx）

马修·马克斯（**MATTHEW MARX**）（1995 届）曾在两家高科技初创企业担任过 10 年的领导职务。他把这 10 年的领导经验带入了自己的广泛分析之中，即员工竞业禁止协议对工程师个人、早期阶段的企业以及国家经济发展的影响。马修还在自己从事的语音识别领域里开展过重要的创业战略研究。他的课程"创办新企业的难题"（Dilemmas in Founding New Ventures）关注企业的形成、共同创始人之间的所有权分配，以及企业创办过程中其他种种人事问题。马修最近加入了波士顿大学，主要讲授战略和创新课程。

克里斯蒂安·卡塔利尼
（Christian Catalini）

克里斯蒂安·卡塔利尼（**CHRISTIAN CATALINI**）和高级讲师吉姆·多尔蒂（**JIM DOUGHERTY**）共同任教于创业实验室（E-Lab）。克里斯蒂安还在全新的创业金融领域开设了各种讲座，例如众筹、比特币和区块链等。这些领域都是最热门学术研究的源泉，新企业扎堆。2017 年 7 月，因为他们对创新传播视角的最新研究，克里斯蒂安和凯瑟琳·塔克（Catherine Tucker）登上了《科学》（*Science*）杂志的封面。

雅各布·科恩（**JACOB COHEN**）是 MIT 斯隆管理学院主管本科和硕士项目的副院长。除此之外，他还创办并管理以色列实验室（Israel Lab）项目。这是一个全新的"行动式学习"项目，沿袭了中国实验室（China Lab）和印度实验室（India Lab）的模式。来自科恩课堂的学生组成团队，每年 1 月份走进以色列的新兴高科技企业，完成实习任务。

本杰明·罗因（**BENJAMIN ROIN**）对知识产权在创新过程中的作用深感兴趣。这促使他从哈佛法学院来到 MIT 斯隆管理学院任教。本杰明还和其他教师合作讲授"创新战略"（Innovation Strategies）和"创办新企业"（New Enterprises）等课程。

本杰明·罗因
（Benjamin Roin）

工程学院教师

安东尼·辛斯基（**ANTHONY SINSKEY**）（1967 届）是 MIT 在生物学和生物医学多个领域的学术带头人。安东尼的创业经历极大促进了他对哈佛 -

麻省理工医疗科技学院生物医学企业项目（MIT-HST Biomedical Enterprise Program）的贡献。他和艾伦、**库尼（COONEY）**、**格雷（GRAY）**等教授，以及高级研究员**斯坦·芬克尔斯坦（STAN FINKELSTEIN）**（1971 届），共同为这个项目授课。此外还包括很多人（我会在第五章详细介绍他们）。安东尼目前还在共同讲授"药物发明与开发策略"（Strategies in Drug Discovery and Development）课程。

安东尼·辛斯基
（Tony Sinskey）

　　查尔斯·库尼（CHARLES COONEY）（1967 届）是生物技术处理领域的早期领军人物之一，他参与过生命科学领域很多重要企业的创办工作（我会在第八章详细介绍它们）。他是 MIT 戴施潘德中心的创始主任。由此开启了与 MIT 创业教育的合作，以及 MIT 在其他很多国家众多创新创业项目的合作（关于查理的多重领导职务，第五章和第七章会更详细地介绍）。他的第一个创业课程开始于 2005 年，他和我，还有**肯·佐洛（KEN ZOLOT）**（1995 届），共同负责"创新团队"（Innovation Teams）课程最初几年的教学工作。

　　多年以来，**玛莎·格雷（MARTHA GRAY）**（1981 届）长期担任"哈佛-麻省理工医疗科技学院生物医学企业"（MIT-Harvard Health Sciences and Technology，简称 HST）项目主任一职。她是多个科学领域里公认的领袖人物，积极参与"医疗创业"（Healthcare Ventures）课程的教学工作。玛莎与高级讲师 **ZEN CHU** 的合作非常紧密。后者在创办首个"医疗黑客马拉松"（Healthcare Hackathon）活动中取得了极大的成功。

玛莎·格雷（Martha Gray）

在此之前，玛莎在哈佛-麻省理工 HST 生物医学项目的设计和管理中发挥了至关重要的作用。这个双学位硕士项目的目标是为生物医学的商业化培养未来领袖，同时注重创业方面的教育。

阿莱克斯·彭特兰
（Alex Pentland）

　　阿莱克斯·（桑迪）·彭特兰（ALEXANDER "SANDY" PENTLAND）长期在媒体实验室（Media Lab）担任教授。他在媒体实验室开创了基于大数据的计算机化社会科学。媒体实验室的创业项目就是桑迪开设和管理的。该项目的几门特色课程把学生与其他研究领域的教师对接起来，激发他们的创业灵感。从某种意义上说，桑迪在几门创业课中表现的教育哲学更偏重激发，而不是传授。高级讲师约斯特·邦森（**JOOST BONSEN**）（1990 届）是桑迪的亲密合作伙伴。邦森领导和/或讲授媒体实验室所有的课程（第五章会做详细介绍）。

约斯特·邦森
（Joost Bonsen）

道格拉斯·哈特（**DOUGLAS HART**）（1985 届）目前在医学工程领域的研究重点是影像系统。他因此创办了多家新企业。在创办第一家企业 **BRONTES SYSTEMS** 之前，道格拉斯被拉去参加一次商业计划大赛，奖金为 5 万美元。他在那次比赛上郑重其事地宣布：

道格拉斯·哈特（Doug Hart）

"我参赛的目的是教学和科研，不是创业！"然而，创办第一家企业的经历完全改变了他的看法。他满腔热情地投身创业，努力通过创办新企业把自己的创意带入市场。道格积极参与美俄合办的 MIT- 斯科尔科沃（MIT-Skolkovo）项目。他参与设计、开发和完成了项目的第一批创新创业（E&I）课程。之后，他接过了查理·库尼的接力棒，担任 MIT 斯科尔科沃创新创业项目的总负责人，同时负责 MIT 工程学院在另外几个国家的创新创业项目（第七章会有详细说明）。道格是"工程系统设计与工程系统开发"（Engineering Systems Design and Engineering Systems Development）的授课教师。这门课全年向工程学院的学生开放，帮助他们学习和了解创业型企业。

尤金·菲茨杰拉德
（Eugene Fitzgerald）

尤金·菲茨杰拉德（**EUGENE FITZGERALD**）是 MIT 工程学院第一位开设创业课程的教师。他的著作"走进真正的创新"（Inside Real Innovation）极大地借鉴了自己之前创办两家技术型企业的经验。吉恩（即尤金·菲茨杰拉德）现在和斯科特·斯特恩共同讲授"创业工程"（Venture Engineering）。这门课程是 MIT 创新创业方向研究生新生的一门辅修入门课。吉恩还负责讲授"材料技术的创新与商业化"（Innovation and Commercialization of Materials Technology）课程。

马丁·卡尔佩珀（**MARTIN CULPEPPER**）（1997 届）号称 MIT 的"创客沙皇"（Maker Czar）。他为全校学生建立了各种各类的"创客空间"（Maker Spaces），MIT 学生——尤其是对未来创业深感兴趣的学生们——更积极地开展动手实践活动（即校训"心与手"中的"手"）。

马丁·卡尔佩珀
（Martin Culpepper）

他还和 MIT 马丁·特拉斯特创业中心（**MARTIN TRUST CENTER FOR MIT ENTREPRENEURSHIP**）的常务主任比尔·奥莱特（**BILL AULET**）（1994 届）共同开发和讲授新课"创客绪论"（Introduction to Making）。马丁还负责"设计与制造"（Design and Manufacturing）这门核心课程。

增强行业师资力量

从 1990 年成立至今，MIT 的创业项目（如下所示）有幸得到了众多兼职实践创业者和风险投资家的帮助。他们把自己多年积累的宝贵经验带进了 MIT 课堂。实际上，MIT 创业中心成立之后，我们开办的第一个新教学项目就是"创业实验室"（Entrepreneurship Lab，E-Lab）。这门课最早由约翰·普雷斯顿（**JOHN PRESTON**）负责。他当时是 MIT 技术许可办公室主任。随后，创业中心的一位兼职高级讲师接手这门课。创业中心的概念既简单又卓越，一直延续到今天的课程之中——四～五名学生组成小组，在学校附近的初创企业做项目，时间长达一个学期。关于学生团队的作用，我们给出的解释是"帮助 CEO 解决那些让他们夜不能寐的问题"！对学生团队来说，这明显是为了获得共同的学习体验、更好地理解创业型企业和它们面对的问题。从一开始，我就力主技术背景的学生和管理背景的学生混合编队。MIT 斯隆管理学院同意在"创办新企业"（New Enterprises）课堂上为工程学院学生留出了 20% 的名额。这样一来，每一支创业实验室的企业项目团队里至少可以拥有一名工程师。

很多实践教师开发了自己的新课。在此过程中，他们经常会与他人合作。尽管他们是 MIT 讲师或者高级讲师，但是，在我们学生看来，他们的课程和管理学院或者工程学院教授的课程没什么两样。实践教师负责讲授包括"创办新企业"（New Enterprises）、"创业实验室"（E-Lab）在内的多种创业课程。为了让学生更多地受益，他们有时会和学术教师共享课堂。MIT 创业中心的最初目标是强调学术教室和实践教师的融合。在可能的情况下，做到这一点的最好方式莫过于共上同一堂课！

讲师、高级讲师和其他实践教师，按照英文字母顺序排列，或有遗漏：

努巴·阿费扬（Noubar Afeyan）、约翰·阿库拉（John Akula）、霍华德·安德森（Howard Anderson）、柯克·阿诺德（Kirk Arnold）、威廉·奥莱特（William

Aulet）、戈登·巴蒂（Gordon Baty）、詹姆斯·鲍姆（James Baum）、约斯特·邦森（Joost Bonsen）、菲利普·巴登（Philip Budden）、芭芭拉·邦德（Barbara Bund）、乔治娜·坎贝尔·福莱特（Georgina Campbell Flatter）、陈尔兰（Elaine Chen）、Zen Chu、帕特里西娅·科特（Patricia Cotter）、托德·达格瑞斯（Todd Dagres）、亚历克斯·德阿博洛夫（Alex d'Arbeloff）（实践教授）、詹姆斯·多尔蒂（James Dougherty）、保罗·英格利希（Paul English）、乔纳森·弗莱明（Jonathan Fleming）、乔希·福曼（Josh Forman）、约瑟夫·哈兹玛（Joseph Hadzima）、布莱恩·哈利根（Brian Halligan）、丹尼斯·霍夫曼（Dennis Hoffman）、托德·海因斯（Tod Hynes）、彼得·库尔兹纳（Peter Kurzina）、唐娜·莱文（Donna Levin）、彼得·莱文（Peter Levine）、瓦伦汀·里瓦达（Valentin Livada）、莎丽·罗斯伯格（Shari Loessberg）、艾伦·麦科马克（AlanMc Cormack）、肯·莫尔斯（Ken Morse）、拉杰什·奈尔（Rajesh Nair）、拉斯·奥列佛（Russ Olive）、罗里·奥谢（Rory O'Shea）（访问教师）、弗朗西斯·奥沙利文（Francis O'Sullivan）、路易斯·佩雷斯－布雷瓦（Luis Perez-Breva）、约翰·普雷斯顿（John Preston）、伊姆兰·赛义德（Imran Sayeed）、路易斯·希普利（Louis Shipley）、安德鲁·沃尔克（Andrew Wolk）、安德烈·扎鲁尔（Andrey Zarur）、肯·佐洛（Ken Zolot）和很多其他人。

拉斯·奥列佛（Russ Olive）

芭芭拉·邦德
Barbara Bund）

实践教师们经验丰富，经常在别的课堂上担任嘉宾教师。更重要的是，他们会为学生和创业团队提供咨询和辅导，成为他们的导师。首批跟随**理查德·莫尔斯**（**RICHARD MORSE**）讲授"创办新企业"（New Enterprise）课程的有**拉塞尔·奥列佛**（**RUSSELL OLIVE**，即拉斯·奥列佛）（1952届）和**芭芭拉·邦德**（**BARBARA BUND**）。奥列佛早在 MIT 创业中心成立之前已经加入了。芭芭拉还引入了一门新课："创业营销"（Entrepreneurial Marketing）。

在此之后，我们招聘了大批经验丰富的、各有所长的实践教师。他们大多是行政主任肯·莫尔斯（后来是比尔·奥莱特）招募的。我有时也会参与招聘工作。衷心感谢这些讲师和高级讲师的宝贵帮助。如果没有他们，MIT 创业项目不可能发展得这么好、这么快。

　　有限的空间束缚了实践教师队伍的扩大，尤其是那些打造和发挥自身专长的教师和 / 或在其他课堂中发挥重要作用的教师。这些贡献者如下所示（按英文字母顺序排列。已在学术教师合作者介绍中提到的人不再赘述）。

　　努巴·阿费扬（**NOUBAR AFEYAN**）很快从"创办新企业"（New Enterprise）合作教师转为"创新团队"（iTeams）课程合作教师，因为后者更需要学术教师与实践教师的融合。他和**菲奥娜·莫瑞**（**FIONA MURRAY**）教授、高级讲师**路易斯·佩雷斯 - 布雷瓦**（**LUIS PEREZ-BREVA**）（2007 届）等人共同创办了这门课程。努巴的连续创业经历和重要的风险投资经验帮他更好地引导学生，走过新企业创立的各个阶段：包括调整市场定位、知识产权保护、竞争分析、团队组织和融资需求等。"创新团队"的模式把学生团队的工作融入教师的研究项目当中，主要的表现形式是对商业化潜力的分析和规划。这种模式很快得到其他行业类似创业项目的效仿，包括能源企业、医疗企业和金融科技企业等。每个项目都是由高级讲师发起的，有时也会有学术教师合作发起（我们甚至和蒂姆·伯纳斯 - 李（Tim Berners-Lee）教授合作开设了"联网数据企业"（Linked Data Ventures）课程，合作为期 3 年。伯纳斯 - 李教授是万维网（World Wide Web，即 www）的发明者！努巴·阿费扬是旗舰风险投资公司（Flagship Ventures）——如今更名为旗舰先锋（Flagship Pioneering）——的创始人和首席执行官。我们会在第八章详细介绍他。努巴还会在第八章谈到自己在讲授"创新团队"课程期间的收获。

　　对每一位学习创业、努力提高创办和经营企业方面法律修养的学生来说，**约翰·阿库拉**（**JOHN AKULA**）都是一位不可错过的老师和教练。他的"创业法律工具与框架"（Entrepreneurial Legal Tools and Frameworks）等课程集中探讨企业整个生命周期各个阶段的法律问题。多年以来，约翰始终是 MIT 创业项目的中流砥柱。除了约翰之外，**杰夫·梅德曼**（**JEFF MELDMAN**）（1965 届）

约翰·阿库拉
（John Akula）

也常年讲授与创业相关的法律课程："专利、版权与知识产权法"（Patents, Copyrights, and the Law of Intellectual Property）。

　　霍华德·安德森（**HOWARD ANDERSON**）在 1999 年加入我们，成为一名高级讲师。在随后的 10 年里，作为"比尔·波特杰出高级讲师"（Bill Porter Distinguished Senior Lecturer），霍华德做出了极大的贡献。他既是一位成功的创

霍华德·安德森
（Howard Anderson）

业家，又是一位出色的风险投资家，更是个了不起的人——这样的组合实属难得。1970 年，霍华德创办了扬基集团（Yankee Group），他自此一直管理着这家企业，直到 2000 年将其出售给路透社为止。他还合作创办了巴特利风险投资公司（Battery Ventures），并从 1984 年开始担任这家公司的一般合伙人。在我们的团队中，霍华德是一位非常特别的成员。他总能做出很多创新的贡献，是 MIT 创业项目的无价之宝。他经常共同讲授"创办新企业"（New Enterprise）这门课，还开创性地开设很多其他课程，例如"创业销售与销售管理"（Entrepreneurial Sales and Sales Management）、"逆境中的管理"（Managing in Adversity）以及"面临抉择的企业"（Corporations at the Crossroads）等。他的课堂总是被学生"加价竞购"（bidout），因为大家都很渴慕他的经验和智慧，希望从中学习受益。霍华德是个语不惊人死不休的人。他的一些言论初听上去似乎骇人听闻，事后回想起来，总是蕴藏着入微的洞察和深刻的寓意，让人不禁拍案叫绝。举例来说，霍华德说过："在课上，我可能对学生们高声说：'如果你想到了一个绝妙的创意、希望去创业，请拔腿就走，不要等到下课。去创办你自己的企业吧，不要有任何后顾之忧。实在不行，你还可以去高盛工作嘛☺。'[3]"霍华德是一位教育大师，也是几百位学生的导师。他为很多人提供过极宝贵的帮助，因此获得了"阿道夫·莫诺松创业导师奖"（Adolf Monosson Prize for Entrepreneurship Mentoring）这一殊荣。离开 MIT 之后，安德森在哈佛商学院、达特茅斯（Dartmouth）、杜克商学院讲授创业课程。**彼得·库尔兹纳（PETER KURZINA）**（1988届）是霍华德长久以来的合作伙伴。彼得和霍华德的合作非常频繁，他们共同讲授了很多门课程。彼得如今接手了这些课程中的一部分。

彼得·库尔兹纳
（Peter Kurzina）

乔治娜·坎贝尔·福莱特（GEORGINA CAMPBELL FLATTER）一开始在马丁·特拉斯特中心讲授 MIT 创业课程，随后很快升任**列格坦中心（LEGATUM CENTER）**行政主任。我们会在第五章详细讨论这个中心。她还在这里担任"创新驱动型创业的规模社会影响"（Social Impact at Scale Through Innovation-Driven Entrepreneurship）课程的主讲教师。

亚历克斯·德阿博洛夫
（Alex d'Arbeloff）

亚历克斯·德阿博洛夫（ALEXANDER D'ARBELOFF）（1949

届）是泰瑞达（Teradyne）公司共同创始人和原首席执行官。泰瑞达是一家重要的半导体厂商。亚历克斯投资过数量众多、类型多样的企业。他曾长期担任 MIT 校董会（MIT Corporation）董事长，同时兼任 MIT 斯隆管理学院实践教授（Professor of the Practice）。德阿博洛夫讲授的第一堂课就是为机械工程专业研究生开设的创新与创业课程。2004 年，他热情地帮助创新创业教育项目（E&I）加入了 MIT 的高管学位项目，还与**迈克·库苏玛诺（MIKE CUSUMANO）**和本人一道为 MIT 斯隆学者（MIT Sloan Fellows）授课（这段经历对我们 3 人来说都是一件赏心乐事）。再后来，**菲奥娜·莫瑞（FIONA MURRAY）**接手了斯隆学者的创新创业教育项目，并在 2014 年把它并入了 MIT 斯隆管理学院的 EMBA 项目。

亚历克斯深切关心 MIT 创业事业。我和他在 MIT 创业中心最早的狭小空间里建立了办公室。他在说服德什·戴施潘德（Desh Deshpande）为 MIT 戴施潘德中心（MIT Deshpande Center）出资时发挥了关键作用。我会在第五章详细讨论戴施潘德中心。

帕特里西娅·（翠西）·科特（PATRICIA "TRISH" COTTER）是马丁·特拉斯特中心的执行副主任，也是一位"驻校企业家"（Entrepreneur-in-Residence，EIR）。她在多家早期企业担任过高管职务，令人印象深刻。随后，翠西加入了特拉斯特中心，成为一名驻校企业家。她一边为学生提供深入浅出的咨询意见，一边在**比尔·奥莱特（BILL AULET）**的领导下管

翠西·科特（Trish Cotter）

理越来越多的特拉斯特中心项目。翠西和比尔，以及另外两位驻校企业家，共同讲授"打造创业型企业：前沿工具与技能"（Building an Entrepreneurial Venture: Advanced Tools and Techniques）课程。这两位驻校企业家是**陈尔兰（ELAINE CHEN）**（她同时也是一名高级讲师）和**尼克·迈耶（NICK MEYER）**（2008 届）。这门课程是新发布的"技能组合"（Skill Sets）系列课程的一部分，为积极创业的人们提供帮助。翠西还是 MIT 特拉斯特中心加速器德尔塔 V（deltaV）的优异领导者之一。这个加速器是比尔·奥莱特创办的。他还部分参与了 deltaV 的运营工作。2018 年，翠西获得了莫诺松创业导师奖。

保罗·英格利希（PAUL ENGLISH）是一名成功的创业家。他奉献了自己的宝贵时间和经验，帮助培养 MIT 的年轻创业者，堪称创业者优秀品格的典范。保罗共同讲授创业课程、为众多学生提供辅导。特蕾西·基德尔（Tracy Kidder）的新书《装满钱的卡车》（*A Truck Full of Money*）即以保罗为主要叙述

对象，讲到了他共同创办和经营 Kayak.com 的传奇成就，并且讲述了他是如何应对随之而来的复杂结果的，其中包括他本人的成功！

乔纳森·弗莱明
（Jonathan Fleming）

2005 年，**乔纳森·弗莱明（JONATHAN FLEMING）**接手了"生物医学企业的战略决策"（Strategic Decision-Making in the Biomedical Business）这门课。它是由菲奥娜·莫瑞（Fiona Murray）创办的，是我们最早的、以具体行业为焦点的创业课程之一。乔纳森进入 MIT 教学生涯的道路和其他的成功创业家 / 风险投资家非常相似。他们都是我们这个项目的一分子。

初识艾德·罗伯茨时，我还是普林斯顿的一名研究生。后来，艾德和我共同担任英维利斯（Inverness Medical）的董事会成员。我们很享受那几年的共事经历，尤其当这家公司最后以 12 亿美元卖给强生时。那时，艾德得知了我在牛津生物医学科学公司（Oxford Biomedical Sciences，一家生命科学风险投资企业）的早期领导经历。除此之外，肯·莫尔斯（Ken Morse）和我也经常见面，因为我们都是科学博物馆（Museum of Science）的理事。在艾德和肯的邀请下，我有时会走上 MIT 各个创业课堂的讲台。这样持续了大约 3 年时间。后来，他们说服我接手了菲奥娜开创的课程。我请来了好友**安德烈·扎鲁尔（ANDREY ZARUR）**，和我共同讲授这门课。安德烈为学生们做出价值巨大的贡献[4]。

从最早期校友组织的项目算起，**约瑟夫·哈兹玛（JOSEPH HADZIMA）**（1973 届）一直是 MIT 创业项目的重要柱石。他是活跃的参与者、有力的鼓动者、导师和极富创造力的教师。MIT 研究生毕业之后，约瑟夫受训成了一名律师。他为初创企业的运营打造了一系列的平价软件包。他创作了系列新闻短讯《商业计划基本要点》（*Nuts and Bolts of Business Plans*），并把它们带入了 MIT 一月份 IAP（独立活动月）的短期课程中。

乔·哈兹玛
（Joe Hadzima）

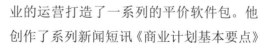

HubSpot 共同创始人布莱恩·哈利根（Brian Halligan）和德哈米斯·沙哈（Dharmesh Shah）

布莱恩·哈利根（BRIAN HALLIGAN）（2006 届）和**德哈米斯·沙哈（DHARMESH SHAH）**（2007 届）是 MIT 斯隆学者项目的同学。在他们共同就读 MIT 斯隆管理学院的一年里，两人通过课堂作业开始了合作关系。到那一年结束时，在德哈米斯的配合下，布莱恩这位销售和营销干将已经在悄无声息之间成长为一名成功的软件创业家了。他们当时思考的问题是：应该共同成立一家什么样的企业。布莱恩指出：

最后我们成立了 HubSpot。现在看来，这是一次伟大的成功。HubSpot 就诞生在 MIT，它的第一间办公室就在 MIT 马路对面。公司最初的融资基本全部来自 MIT 关系；最早的员工同样大部分来自 MIT！公司成立于 2006 年 6 月，并在 2014 年 10 月上市。到 2016 年时，我们的收入约为 3 亿美元，拥有大约 1700 名员工。很显然，如果我们当初没有走进 MIT 斯隆管理学院的大门，今天就不会有 HubSpot 这家公司。为了回报母校，我至少可以在马丁·特拉斯特中心教课，帮助今天的"未来创业家"步入正轨[5]。

（我们会在第十二章深入讨论 HubSpot 这家企业）。布莱恩还和唐娜·莱文（Donna Levin）合作讲授"创业型企业规模化"（Scaling Entrepreneurial Ventures）这门课。它同样是我们新推出的"技能组合"（Skill Sets）系列课程之一，旨在帮助已经着手筹办企业的学生们。哈利根和莱文的教学评估得分非常高。

唐娜·莱文（Donna Levin）

唐娜·莱文（DONNA LEVIN）（2016 届）体现了我们招聘驻校企业家的最高标准。她拥有多家社会型创业企业的辉煌从业经历，其中最大的亮点是成为 Care.com 的联合创始人。随着这家企业需求的不断变化，唐娜在其中担任过不同职务的副总裁。唐娜合作创办了 Upromise 公司并担任主管运营的副总裁。她还积极参与过另外几家早期企业的相关工作。

2017 至 2018 学年，在我学术休假期间，唐娜一度担任 MIT 斯隆管理学院创业与创新项目的代理主任。她负责讲授"技术创业导论"（Introduction to Technological Entrepreneurship）这门课，并管理着 120 多名创新创业学员和其他学员层出不穷的要求：既包括创业咨询问题，也包括生活方面的建议。

瓦伦汀·里瓦达（VALENTIN LIVADA，即瓦尔·里瓦达）（1970 届）从事咨询行业多年，积极参与过多个技术领域的创业工作。他的专长体现在企业风险投资的各方面。作为高级讲师，瓦尔讲过几年"企业内部创业"（Corporate Entrepreneurship）课程。瓦尔在开展全国企业风险投资活动研

瓦尔·里瓦达（Val Livada）

莎丽·罗斯伯格
（Shari Loessberg）

究方面发挥着极其重要的作用 [6]。

多年以来，**莎丽·罗斯伯格（SHARI LOESSBERG）**与西蒙·约翰逊（Simon Johnson）紧密合作，为全球创业实验室（Global Entrepreneurship Lab）项目做出不可缺少的关键贡献。这让她很早就获得了认可。实际上，在更早之前，她已经开创了"初创企业融资战略"（Funding Strategies for Startups）这门课程，并一直讲到现在。这门课最早名叫"早期筹资"（Raising Early-Stage Capital）。它是我们在工程学院首批推出的、横跨多系的早期课程之一，成功地吸引了工程专业和管理专业的学生，共同组成了混合课堂，完成了预定的教学任务。莎丽曾在多个国家工作过，这段经历不仅塑造了她的早期发展，也让她在这些国家帮助我们在解决融资问题、寻找机会的过程中发挥了独特的作用。

路易斯·佩雷斯-布雷瓦
（Luis Perez-Breva）

多年来，**路易斯·佩雷斯-布雷瓦（LUIS PEREZ-BREVA）**一直担任"创新团队"（iTeams）课程的共同教师，发挥了坚强的支柱作用。他是创业教学中的核心人物，受到了极大的欢迎。这些年来，与他合作过的教师和实践教师换一批又一批，只有他始终都在。路易斯保持了这门课程的一贯性，他经验丰富，懂得如何帮助学生把真正的研究一路带入严格的审视和发展当中。路易斯注意吸取"创新团队"课程的共同教学经验，进一步打造这门课程。这让他成了 **MIT-斯科尔科沃（MIT-SKOLKOVO INSTITUTE）**项目合作早期课程的关键设计者和教师（与道格·哈特和我一道）。在斯科尔科沃项目的早期，路易斯还帮助我们把这些课程引入了莫斯科。他最近在 MIT 出版社推出了新书《创新——实干者的宣言》（*Innovating — A Doer's Manifesto*）。这本书记录了他的很多洞见，着实振奋人心。

安德鲁·沃尔克（Andrew Wolk）

安德鲁·沃尔克（ANDREW WOLK）带来了我们第一门"社会创业"（Social Entrepreneurship）专门课程。严格来说，因为新企业会带来新的工作机会、它们的发展会为所在国家和人民创造富有意义的经济效益，所以一切创业都可以看作"社会创业"。但是，安德鲁关注的重点企业是那些以重点解决社会问题为己任的企业——通常是非营利组织。他为全校学生带来了自己之前在波士顿大学和 MIT 城市研究系（MIT Department of Urban Studies）的教学经验以及行之有效的非营利企业咨询经验，后者来自他创办的 Root Cause 公司。安德鲁阐述了明确业绩指标——而不仅仅是"指手画脚"（hand-waving）——的必要性。明确的指标是社会型创业规划及其实施的必要衡量指标。

有些课堂的学生非常幸运，因为他们的教师团队带来了现实世界里的丰富经验。多重的观点在教室里得到表达，这样的益处在于，我们的教师相当于配备了多位来自实业界的共同授课者。比如说，我们的"创业销售"（Entrepreneurial Sales）课程是由**路易斯·希普利**（**LOUIS SHIPLEY**）（即路·希普利，他是 BlackDuck 软件公司首席执行官。2017 年，这家公司被新思科技（Synopsys）收购）、**柯克·阿诺德**（**KIRK ARNOLD**）（Data Intensity 公司首席执行官）和**丹尼斯·霍夫曼**（**DENNIS HOFFMAN**）（EMC 公司（现为戴尔 /EMC 公司）高级副总裁）共同讲授的。他们包罗万象的多样性把学生的每一堂课变成了生动而丰富的美好体验。"创业销售"现在已经发展成了双学期的全容量课堂（full-capacity classes）。它经常被校友们津津乐道地评为自己在 MIT 上过的最有价值的一门课。

路·希普利（Lou Shipley）

柯克·阿诺德（Kirk Arnold）

创新与创业（E&I）方向

2006 年夏天，我们向刚入学的 2008 级 MBA 新生开放了**"创新与创业方向"**（**ENTREPRENEURSHIP & INNOVATION，E&I**），一个采用申请选拔制度的新项目。这是 MIT 创业教育史上的一次重要变革。MBA 申请者从此可以明确锁定自己的兴趣，专注创业研究和创业活动，而且可能因此加入专门的项目、实现创业目标。我很荣幸地成为创新与创业方向的第一位主任。我把重点锁定在有志于此的研究生群体上，讲授如何创办和建设"创新驱动型企业"。我们身在麻省理工学院，所以创新创业方向的明显优势在于技术型创业。该方向尝试打造一个 MBA 学生的永久创业群体，他们不仅能获得 MBA 学位，还会得到 MIT 斯隆管理学院创新与创业方向的项目证书。创新与创业方向与 MIT 创业中心最初成立时的目标完全吻合。我们为此开发的课程极大地强调与现实创业项目相关的团队实践。它在理论教育和实践教育之间找到了平衡，帮助学生充分接触创业过程

中必备的多个基础模块。在 MIT 斯隆管理学院所有 MBA 新生中，大约有 30%
的人有机会进入这个集中创业项目，还有更多学生在排队等待。一半以上的斯隆
管理学院新生指出，他们申请这所学院的主要原因正是创新创业方向，以及 MIT
的创业机会。2011 年，一半的 MBA 新生申请了创新与创业方向（E&I），但是，
由于教学空间的限制，从 2006 年到现在，我们每年最多只能接收 120 名学生。
我们的另外两个方向是"金融实践"（Practice of Finance）和"企业管理"（Enterprise
Management）（目标群体是毕业后进入咨询企业或大型企业的学生）。这两个
方向的学生人数约为总数的三分之一，剩下的三分之一是"全方向"（untracked）
的学生（这意味着，他们可以选修学院的所有课程，不必限定方向）。

　　创新与创业方向（E&I）的学生在第一学期不仅要修完 MBA 的当期必修课，
还要修完我的"技术创业导论"（Introduction to Technological Entrepreneurship）
课程。到了春季学期，他们的必修课包括"创办新企业"（New Enterprises）、
"创业战略"（Entrepreneurial Strategy）和"硅谷研学之旅"（Silicon Valley
Study Tour）。这几门课都在前文提到过。除此之外，他们还要完成各种选修课。
在 MIT 两年的学习生涯中，创新与创业方向的学生还要完成至少一次特定企业
的创业"实习"选修课。他们可以选择"创业实验室"（E-Lab），也可以选择
"全球创业实验室"（G-Lab）等。创新创业方向（E&I）的学生还必须完成一
门产品或服务开发方面的创业选修课，例如我们常说的"创业课程组"（Venture
Courses）（"创新团队"（iTeams）就是其中最受欢迎的一门课）或者其他类
似课程，例如"产品设计与开发"（Product Design and Development）等。在这
些创新与创业方向的必修课和选修课中，几乎每一门都是由混合教师团队承担
的。教师们来自斯隆管理学院和工程学院，还包括 MIT 其他学院。这些课程会
把学生带入现实企业的真实项目当中。创新与创业方向（E&I）的学生还要完
成其他几门创业选修课。最后，他们还必须组队参加最终阶段的"十万美元大
奖赛"（$100K Prize Competition）、"清洁能源大奖赛"（Clean Energy Prize
Competition）或者类似活动。对寻常的 MBA 学生来说，这确实是不小的负担。
但是，我认为，充满抱负的创业者是不同寻常的。他们多数人都曾经——或者渴
望——付出辛勤的努力，尤其当他们看到，这些努力可能换来属于自己的初创企
业时。如今，我们有越来越多的 E&I 学生在毕业前创办自己的企业！与此同时，
我们还欣慰地看到，很多 E&I 学生不仅把自己企业的管理得井井有条，还在丰
富多彩的学生活动中发挥着领导作用。

小结：教师与课程

　　学术与实践创业教师队伍——包括我们开设的众多课程——的发展和变革速度令人惊叹，如今，我们明显地发现，它们早已超出了一个人所能管理的范畴！2001 年，我们有大约 10 个项目正在进行，总计课容量将近 1500 个"学生席位"（student seats）。我们在第一个 10 年里取得了很好的进步。但是，请再看看如今的发展。上文罗列和描述了 31 位教师和 18 位实践教师。我还提到了大约 48 门独树一帜的 MIT 课程。特拉斯特中心网站（http:// entrepreneurship.mit.edu/ classes/）上列出了更详细的课程清单。它们囊括了全校所有的创业项目[7]。这一盛况仍然处于飞快的变化中，尤其因为过去从未或者很少开设创业课程的院系的最新加入。这些新近项目有很多，我也许难免遗漏一二，还请原谅我的疏失！

对 MIT 创业研究的简要评价

　　在本章第一部分回顾 MIT 斯隆管理学院创业教师队伍时，我提到了每个人多年以来的研究兴趣和成就。这里需要突出强调一点：早在 20 世纪 60 年代，我们已经建立了第一个面向创业的学术研究项目。同样值得注意的还有，MIT 希望自己的教师——无论他们在哪个领域耕耘——都能引领本领域的科研和知识创造。正如我们的校训"心与手"告诉我们的："心"在"手"前！这点道理对 MIT 斯隆管理学院、理学院（School of Science）和工程学院同样有效。

　　从很多方面来说，学术型博士项目的发展常常会与教师科研并肩而行，而且时常成为教师科研的策源地。60 年代，在 MIT 创业中心刚刚成立时，我们没有与之相关的博士项目。当时，为我们的实地研究、访谈和数据分析等工作提供帮助的主要是全校各个院系的硕士生。是他们帮助我们把创业研究推向了前进。后来，随着教师兴趣和参与度逐渐提高，我们的创业科研工作取得了长足的进步。这一发展开始于 80 年代，并在 90 年代获得了加速发展，这是因为我们招聘了以创业为主要研究领域的新教师。慢慢地，MIT 斯隆管理学院开始接收对创业研究深感兴趣的博士生，这带来了全面而完整的创新与创业博士项目，帮助这个项目不断地演进。这些年以来，共有 30 多位教师从事过与创业有关的科研工作，培养了 50 多位博士生。这些教师有的如今还在 MIT 工作，这些博士生的研究领域和教学趣味非常相似。这一教师阵营和博士校友群体（他们几乎都在美国和世界各地的机构中从事教学工作）一直在不断扩大，不断地拓展研究发现，影响学界同侪、行业实践者和政策制定者。他们每个人都是 MIT 创业事业伟大影响力的"承载者"（carrier）。

如今，全球学者正在从各个方面推动人们对创业的理解，我们是这个全球群体的一分子。在这个群体里，有些人关注投身其中的人和他们的来源和特征；有些人检视新企业的创建和 / 或发展过程，以及 / 或者团队、战略和融资的发展等；政府的政策会影响其所在社区和国家的创业工作，有些学者致力于研究并试图改善这些政策。教师研究者涉及的学科分布也非常广泛，从针对人与组织的研究到经济学与金融学，再到战略与政策等，不一而足。有些大学在创业研究导向上主要表现为单一学科，而 MIT 斯隆管理学院完全不同。它从一开始就走上了多学科并举的道路，实际上，它常常是由跨学科的同事与共同作者一起推进的。作为 MIT 独特环境的附属产品，MIT 的创业教师（和他们的博士生）之前大多拥有理工科的研究 / 工作经验。这为我们更好地理解技术型和创新型创业打下了坚实的基础。

这本书的宗旨不是回顾半个多世纪以来 MIT 在创业科研方面的学术成就。它确实值得大书特书，但那不是本书的任务。即使如此，我仍要说明一点，这里提到了我们的多项工作，是这些工作使得如今的 MIT 创业研究具备了独树一帜的特色，让它与我们其他的研究领域有所不同。为了更好地说明这一点，我想引用这样一段评价。它来自我的同事斯科特·斯特恩：

在过去 50 年里，MIT 成功地把创业从一种兴趣领域和一类实践变成了一门学科，尽管我们还有很长的路要走、还有很多东西需要学习！这样说可能会引起一些异议，但是，为什么 MIT 能在创业研究领域里始终发挥关键作用？我想强调提出三个主要原因：首先是 MIT 的校训"知行合一"（mens et manus），它的重点在于"合一"（et）！它成就了串联一切的洞察力。艾德·罗伯茨借助这种洞察力推动了 MIT 创业中心的建立和发展。我们坚信，在理论和实践之间、在学术研究与现实世界的应用之间，势必存在着一种必需的相互作用。我们的创业研究极大地立足现实、联系现实，只有如此，我们才能更好地理解它、改善它。

第二点原因与第一点不无关系：MIT 不同于其他地方，它完全是兼容并蓄的。谈到创业，这里不存在一门特别优先的学科，也没有独领风骚的方法论。在很多其他大学里，很多院系的创业教学、科研是由经济学者领导的。他们会做大量系统实证研究，而且他们出色地完成了这项工作——我本人就是一名经济学者，所以我很了解这一点。还有些大学的创业研究活动更多地聚焦于定性现象。有些地方更强调理论的作用，还有些地方看重人在描述实践时的参与深度。MIT 永远张开双臂欢迎多样化思维和新现象的发现方式。在我刚成为 MIT 的一名新教师时，艾德·罗伯茨、汤姆·阿伦、埃里克·冯·希贝尔和吉姆·厄特拜克已经在这里工作很多年了。他们每个人的思维方式大相径庭，所以他们的研究重点和实践方式也大异其趣。这让我感觉非常特别，对我自身的思想和工作产生了很大的激发作用。

最后一点原因在于我们怎样看待斯隆管理学院——我们自己提出的口号是"用思想改变世界"（Ideas that are made to matter）。MIT 重视人和人的思想。这一点不仅适用于这里的教师，同样适用于这里的学生。假如有人提出了一个异想天开的想法，你不会说："你简直是疯了。"相反地，你更有可能会说："接着说下去，我想仔细听听你的想法。"我们都知道，聪明绝顶、壮志凌云的人说话往往标新立异。他们会说出一些我们之前从未发觉的东西，但是，一经他们点明，我们会立刻觉得，这些东西本来其实很明显。科研工作也是一样。一位老教师曾经告诉我，MIT 和多数其他院校有一点非常不一样：MIT 教师贡献的考核标准更看重学生的发展，而不一定是老师们最近发表过多少论文。论文当然也很重要，但是，我们教育出了什么样的学生？他们形成了怎样的影响力，这一点同样重要。这是一个鼓励人们探索新思想的环境，它会对人做出投入，帮助他们培育新的思想，并让这些思想真正地开花结果。MIT 对你我和每一位教师的事后评估标准是：你的工作带来了什么成果？你影响了哪些人、哪些事[8]？

我完全同意斯科特的说法，并以创业教师队伍取得的成绩为荣，为他们的研究、教学和指导为所有毕业生带来的影响感到骄傲。学生的成就令我自豪，无论他们身处哪个行业、政府部门或者学术机构。

参考文献及注释

1. 来自米歇尔·乔特（Michelle Choate）的采访，2016 年 5 月 2 日。
2. 来自个人谈话。
3. 来自米歇尔·乔特（Michelle Choate）的采访，2016 年 5 月 2 日。
4. 来自米歇尔·乔特（Michelle Choate）的采访，2016 年 7 月 28 日。
5. 来自米歇尔·乔特（Michelle Choate）的采访，2016 年 7 月 21 日。

6. Edward Roberts, I. MacMillan, V. Livada & A. Wang, *Corporate Venture Capital* （*CVC*）: *Seeking Innovation and Strategic Growth, National Institute of Standards & Technology Special Report GCR 08916*, June 2008.

7. 访问日期：2018 年 3 月 26 日。

8. 来自斯科特·斯特恩在 2016 年 11 月 12 日"MIT 创业五十周年庆典"上的讲话。作者在编辑时做了一些改动。

第四章

领导创业中心、打造新项目

历任行政主任和团队关键成员

MIT 创业中心刚成立时，我的办公室就是整个中心！在后来的几十年里，我们先是搬进了一个狭小的办公场地，后来有了大一点的地方。2011 年，创业中心更名为 MIT 马丁·特拉斯特创业中心（Martin Trust Center for MIT Entrepreneurship）——这是为了纪念为我们慷慨捐赠的马丁和迪娜·特拉斯特夫妇。在这之后，我们终于有了宽敞的地方，一个更适合开展工作的地方。无论办公条件如何，我们最庆幸的是中心有两位杰出的行政主任，他们先后领导中心走过了 20 多年，直到如今。他们是**肯尼思·莫尔斯**（**KENNETH MORSE**，即肯·莫尔斯）和**威廉·奥莱特**（**WILLIAM AULET**，即比尔·奥莱特）。他们为 MIT 创业事业的发展和成功做出了巨大贡献，我对他们充满了深深的感激之情。

肯尼思·莫尔斯
（Kenneth Morse）

1996 年，**肯·莫尔斯**（**KEN MORSE**）（1968 届）走马上任，成了 MIT 创业中心第一位全职行政主任。肯是一名高级讲师，共同讲授"创办新企业"（New Enterprises）和"创业实验室：（E-Lab）课程。这两门课都是双学期课程，这是为了满足学生日益增长的选课需求。肯在几个新项目的启动中帮了大忙，还在创业实验室的募资工作中发挥了重要作用。到他 2009 年离开 MIT 时，MIT 的创业项目取得了长足的进步，每年注册创业课堂的学生总数从最初的 220 人增加到了 1600 个"学生座席"（student seats）。

刚到 MIT 时，肯加入了约翰·普雷斯顿（John Preston）的"创业实验室"（E-Lab）课程，成为普雷斯顿的一位共同教师。后来，在我的推动下，院长办公室调整了这门课的"选修课投分流程"，为工程系的学生留出了 1/4 的座席。这带来了我们渴望已久的混合团队。肯联系了当地的法律事务所和风险投资企业，向它们推荐了"微实习"（mini-internship）的合作模式。我们很快就收到了越来越多企业和学生的申请。另外，我们还接收了一些哈佛商学院（HBS）跨校选课的学生。哈佛商学院当时还没有开展创业活动，而且很多跨校选课的学生都是MIT 的研究生校友。最好的时候，每支学生团队每个星期可以在"客户企业"里工作一天，帮助解决实际问题。他们解决最多的是新产品未来的上市问题。我们会在每个春季学期举办一次鸡尾酒会，招待创业实验室企业的领导者，并向所有早年间参加过这个项目的首席执行官们发出邀请，还有大波士顿区法律事务所和风投领域的关键领导者们。这很快就让我们声名远扬，帮我们与外部世界建立了以创业为焦点的关系网络。后来，随着新的 MIT 机构不断成立，例如**创业指导服务中心**（**VENTURE MENTORING SERVICE**）、**戴施潘德中心**（**DESHPANDE CENTER**）、**列格坦中心**（**LEGATUM CENTER**）和**媒体实验室**（**MEDIA LAB**）等创业项目，我们也会邀请这些机构的领导者出席鸡尾酒会，与他们建立定期会议机制，促成全校范围的合作。

MIT 创业中心股东合影（摄于 2000 年）

前排（由左至右）： 达莫达尔·拉塔（Damodar Ratha）、戴维·莫根塔勒（David Morgenthaler）、罗纳德·库尔茨（Ronald Kurtz）、亚历克斯·德阿博洛夫（Alex d'Arbeloff）、比尔·波特（Bill Porter）和艾伦·威尔（Allan Will）。

后排（由左至右）： 罗恩·托曼（Ron Thomann）、玛丽·谢弗（Mary Shaefer）、肯·莫尔斯（Ken Morse）、查尔斯·海德（Charles Head）、理查德·施马兰西院长（Dean Richard Schmalensee）、罗纳德·库尔茨的孙女（或外孙女）、艾德·罗伯茨（Ed Roberts）、莱昂·利布曼（Leon Liebman）、劳拉·莫尔斯（Laura Morse）、西蒙·约翰逊（Simon Johnson）、马特·厄特拜克（Matt Utterback）。

肯积极承担起了募资工作，他的主要筹款对象是成功的校友创业家，也包括对我们培养的年轻创业者感兴趣的企业。他组织成立了**"MIT 创业中心股东团队"**（**MIT E-CENTER SHAREHOLDERS GROUP**）。它由一群慷慨好施的 MIT 校友组成。小组定期聚会，为中心的发展方向和重点工作出谋划策。他们愿意看到中心的发展，乐于为此做出贡献。他们积极参与对话和讨论，彼此形成了良好的关系。

肯最重要的举措包括 1999 年 **"创业发展项目"**（**ENTREPRENEURSHIP DEVELOPMENT PROGRAM，EDP**）的成立。这是一个为期一周的高管培训项目，旨在把全球初创企业家、学术界和主管经济发展的官员们结合起来，帮助他们更好地建设本地区或本国的创业经济。EDP 项目很快变成了 MIT 很多全球项目不可或缺的非正式组成部分。MIT 希望通过这些项目帮助其他国家，让它们变得更具创新力，例如英国的 **"剑桥－麻省理工行动计划"**（**CAMBRIDGE-MIT INITIATIVE，CMI**）。我们会在第七章详细介绍这个项目。澳大利亚和苏格兰等许多国家很早就尝试过 MIT 这个项目，随后开启了本国的招募、遴选和赞助活动。有几个国家这些年派到 MITEDP 项目的学员超过了 100 人。通常情况下，一个班级约有 120 名学员。他们会使用 MIT 最大的教室，很多 MIT 创业教师都会参与到课堂讲授和研讨中来。

肯还积极帮助 MIT 创业项目招聘教师。有时他会飞遍全美各地，说服我们希望招募的教师和他们的家人。肯告诉他们，MIT 会为教师配偶提供额外的就业机会，这里的学校欢迎他们年幼的孩子们。后来，相关的课程越来越多，新教师只要在 MIT 开设新课，肯和我就会为他们排好课，避免出现时间冲突的情况，帮助他们向 MIT 其他院系的学生宣传斯隆管理学院的创业新知。一开始，组织架构方面的问题相对简单。教学组里几乎所有教师都是我领导的创业中心的老师、员工或者志愿者。后来，随着中心日益发展壮大，越来越多来自斯隆管理学院和 MIT 其他院系的老师加入进来，流程也变得越来越复杂起来。

后来，创业中心获得了马路对面的东 40 号楼，终于有了更宽敞的办公场所。可是肯似乎有些黯然神伤。这真让人出乎意料。他告诉我们，他即将搬出的这间小小的办公室曾经属于他父亲——理查德·莫尔斯（Richard Morse），国家研究公司（National Research Corporation）的创始人和首席执行官。纪念大道 70 号的原址建筑就是理查德·莫尔斯修建的。肯甚至把自己的办公桌放在了他父亲原来办公的那个位置上！

奥黛丽·多贝克-贝尔
（Audrey Dobek-Bell）

帕特丽夏·富利尼
（Patricia Fuligni）

东 40 号楼的新办公室位于斯隆大楼（Sloan Building）和唐氏管理教育中心（Tang Center）的正对面。这里很快就填满了工作格子间、办公桌和文件柜。这座办公楼里还有一些 MIT 的跨学科实验室。这为我们带来了更旺的人气，吸引全校学生从主校区走过来。这里成了各种各样的新创业俱乐部和创业活动的大本营，为它们提供了容身和发展的空间。肯还为他们提供了经验丰富的指导和培训。这些学生俱乐部很快就形成了一个传统，它们把 MIT 创业中心当成了自己的大本营。行政方面的支持逐渐发展扩大，为从事创业的学生个人和团队带来了越来越多的辅导。为此做过重要贡献的职员有**奥黛丽·多贝克-贝尔（AUDREY DOBEK-BELL）**和**帕特丽夏·富利尼（PATRICIA FULIGNI）**，以及后来的助理主任马特·厄特拜克（Matt Utterback）和**约瑟·帕切科（JOSE PACHECO）**（1994 届）等人。他们在创业中心的运营工作中发挥着日益重要的作用。

第三章提到过，2006 年，理查德·施马兰西（Richard Schmalensee）院长（1965 届）批准建立了**创新与创业方向**（即 **E&I 方向**）。忽然之间，除了"常规"的、对创业感兴趣的学生之外，我们每年又多出了 100 ～ 120 名来自斯隆管理学院的研究生，他们大多立志创办自己的企业、谋求个人事业的进步。这又是一项非比寻常的工作任务。创新创业方向要求快速增设新课，同时需要在正规教学之外直接提供更多的指导和辅导。往来创业中心的人流也在急剧增加。肯对这些发展需求给予大力支持。他还为创新创业方向的学生们设计了每年一度的**"硅谷访学之旅"（SILICON VALLEY STUDY TOUR）**，并且亲自担任领队。身在硅谷风投企业的 MIT 校友非常支持访学项目。他们每年为访学团队讲课，很多时候，他们还会开放分享本企业的投资组合——包括处于"隐身模式"（Stealth Mode）中的信息——帮助学生更好地了解西海岸创业领域正在发生的一切。

2006 年，**比尔·奥莱特（BILL AULET）**（1994 届）作为驻校企业家加入了创业中心。他当时刚刚卖掉自己从 MIT 斯隆学者项目毕业后创办的第三家公司。他问我们："我想多在这里转转，有空的时候帮帮忙。这样可以吗？"他的"帮忙"很快就来了。当时恰逢 MIT 校长苏珊·霍克菲尔德（Susan Hockfield）宣布

比尔·奥莱特（Bill Aulet）

启动"MIT 能源行动计划"（MIT Energy Initiative）。这项计划在整个 MIT 促成了很多新的研究和教学活动。比尔建议我们开设一门"能源创业"（Energy Ventures）课程，效仿"创新团队"（iTeams）的模式。同时，比尔会从全校挖掘和招募研究能源的教师项目，作为商业化评估的基础。刚一开始推动此事，比尔就发现，除了为学生提供更多的创业机会之外，还应该帮助他们了解基本的能源政策、认识能源市场。于是，比尔请来了**唐纳德·拉萨德（DONALD LESSARD）**教授。拉萨德教授是斯隆管理学院在能源领域的泰山北斗。他和高级讲师**亨利·韦伊（HENRY WEIL）**（1964 届）共同开设了"能源政策与管理"（Energy Policy and Management）这门课。亨利·韦伊如今仍然活跃在这门课程的衍生课堂上。在这些新课的落实过程中，为了保证成功，比尔还采取了很多行动。他说服了化学工程系的**查尔斯·库尼（CHARLES COONEY）**教授（1967 届）共同支持两门课程，并把它们变成了可以跨系选报的化学工程（ChemE）课，这就吸引了更多工程专业学生的注意力。接下来，比尔和查理（即查尔斯·库尼）调整了这两门课程的安排，把它们变成了工程学院同一课堂的两门背靠背课程（这一经验后来成了模版，我们如此安排了很多课程，提高了从管理学院和其他院系招募混合课堂的效果）。只要愿意，一位 MIT 的学生可以坐在同一个座位上，连续 3 个小时全面了解能源创业机会的全貌，从概念讲到实践。而且每个星期有两次这样的机会。比尔还招募了哈佛大学肯尼迪政府学院（Harvard Kennedy School of Government）的研究生，为专注能源行业的团队带来了更多关于政策和法规方面的知识。

这些工作还未告一段落，比尔又在几位 MIT 研究生的帮助下为 MIT 十万美元商业计划大赛搭建了能源赛道。比尔后来又把它独立出来，单独组织了"**MIT 清洁能源大赛**"（**MIT CLEAN ENERGY PRIZE**）活动。他还从马萨诸塞州政府和一些大型机构募集了数目可观的资金，作为这项赛事的奖金。接下来，这项赛事发展到了全国范围，得到了国会在全美的 6 个中心的资金支持。时至今日，这项赛事的决赛每年举办一次，地点就在 MIT。比尔仍在共同讲授"能源创业"（Energy Ventures）课程。与他合作的是高级讲师**托德·海因斯（TOD HYNES）**（2002 届）和**弗朗西斯·奥沙利文（FRANCIS O'SULLIVAN）**（2004 届）。海因斯是这个课堂的早期校友，如今是一位能源创业家；奥沙利文是"MIT 能源研究行动计划"（Research of the MIT Energy Initiative）的带头人。

2009 年，比尔正式成为高级讲师和创业中心行政主任。随着我们教育活动和学生"商业拓展"活动日渐增多，协调这些活动的担子落在了比尔肩上。学生团队把中心当作自己的办公场所（他们可以随时在这里找到导师，获得指导），他们喜欢和志同道合的人们在这里逗留，所以，中心的物理空间显得日益局促、拥挤不堪。尽管存在这些限制，比尔还是为新课程、新项目和帮助学生的新方法提出了源源不断的创意。他最感兴趣的是扩大中心的能力、超越对创业者和创业团队在导入阶段的简单指导。他为此找到了很多方法。首先，他着手加入一些新课程，为这些课程引入了高绩效创业者、担任共同教师。前文提到的例子包括"打造创业型企业：前沿工具与技能"（Building the Entrepreneurial Firm: Advanced Tools and Techniques）、"创业型企业规模化"（Scaling Entrepreneurial Ventures）和"创业销售"（Entrepreneurial Sales）等。接下来，他还推出了"**t=0**"等多项设计，让学生在实施创业项目的一年里过得更充实、更丰富多彩。"**t=0**"^{译者注}活动从秋季学期的第一个周末开始。他还鼓励加入了多种多样的"**黑客马拉松**"（**HACKATHONS**，或称"**黑客松**"）（医学、艺术、MIT！），鼓励学生在短时间内组成团队、完成各种挑战。他还把潜在创业者每年一月份的"独立活动月"（即 IAP）变成了"**MIT 熔合**"（**MIT FUSE**）活动。这项迷你加速活动让学生投身于长达三周半的"辛勤工作"（hardwork）之中——而不是"家庭作业"（homework）之中。

【译者注】"t=0"是麻省理工学院的一项创新及创业庆祝活动，为期一周。来自全校的学生组织、院系和创业团队在这里展示自己的创新创业成果。"t=0"的含义是"The Time Is Now"，即"无须等待，最好的时机就是现在"。

比尔还建立了真正意义的加速器。它征集创业团队初创阶段前夕的各项创意，精心挑选出一部分团队进入加速器，用一个夏天的时间来推动、教育和辅导它们。2010 年和 2011 年，比尔启动了 MIT 首个创业加速器试点项目，并在 2012 年正式成立了"**创始人技能加速器**"（**FOUNDERS' SKILLS ACCELERATOR**，**FSA**）。尽管当时的空间只能容纳 8 支团队，可是比尔收到了 100 多支团队的申请。高级副院长**科塔里**（**S. P. KOTHARI**）在最后一刻帮我们找到了更多的场地，容纳了 40 多支没能进入 FSA 项目的创业团队。后来，这些团队在东 52 号楼（Building E52）一个空闲楼层里组建了"**蜂巢合作社**"（**BEEHIVE COOPERATIVE**）。当时那座楼正在进行彻底的翻新改造。比尔会定期来到蜂巢合作社，有时会为他们带来嘉宾，有时还会组织蜂巢团队和 FSA 的联合课堂。2013 年，在"MIT- 斯科尔科沃"项目和其他几支俄罗斯学生团队的支持下，FSA 加速器更名为"**全球 FSA**"（GLOBAL FSA）。从 2014 年开始，"杰克与安妮·戈斯基金会"（Jack Goss and the Anne Goss Foundation）成了 MIT 夏季加速器项目的主要赞助人。2016 年，这个项目正式更名为"**德尔塔 V**"（**DELTA V**），共有 17 支团队，比四年前刚起步时的容量翻了一番。我会在本章后半部分指出，从加速器最初建立时起，很多校友就通过捐赠的形式支持着它的成长、发展和工作成果。

展示日（Demo Day）活动上的 Delta V 团队，2017 年 9 月

　　尽管经过了多年的不断改善，deltav 的基本模式始终没有改变。创业团队会在这里接受创业培训和导师、教练的直接辅导，包括模拟评估在内。达到里程碑的团队最多可以"赚到"2 万美元。这笔创业资金不会造成团队股权的稀释（Equity-free）。团队还能获得办公场所和制作产品原型所需的工具和实验室。创业团队的 MIT 学生（我们还接收一些非 MIT 学生加入这些团队）如今每个月可以从戈斯基金会收到 2000 美元的奖学金，连续 3 个月。每年 9 月的第一个星期，我们会组织"展示日"（Demo Day）活动。这场盛大的活动设在 MIT 的克莱斯格礼堂（Kresge Auditorium）。面对来自 MIT 全校的学生以及来自创业界和风险投资界的众多来宾，创业团队轮番登场、"各显神通"（show their wares）。2016 年，"展示日"团队来到了纽约和旧金山，与校友和社会群体见面。现在负责 delta v 加速器和"展示日"活动的是我们的中心副主任**翠西·科特**（**TRISH COTTER**，即帕特里西娅·科特）。

我们的加速器项目还为全校教师带来了特别的机会，帮助他们参与到最出众的学生发起的创业活动中来。很多工程学院的教师——来自理学院的教师也越来越多——来到这里，关心在校生和毕业生团队的创业项目。这些项目往往能建立一种重要的桥梁机制，帮助教师把自己的科研成果带入市场。为了培育这种联系、加强这种关系，为了让创业中心为全校所用、为全校师生带来实效，比尔·奥莱特投入了大量的时间和精力。

最近加入我们加速计划的项目是"**MIT 纽约夏季初创工场**"（**MIT NYC SUMMER STARTUP STUDIO**）。2017 年，这个项目招收了 7 支由 MIT 学生领导的创业团队，培育期为 3 个月。这个项目聚焦纽约市最精专的 4 个领域：传媒、创意艺术、房地产和"金融科技"（FinTech）。很多身在纽约的校友和友好人士被聘为项目团队导师、支持试点活动、合作开展"**MIT 纽约创业论坛**"（**MIT ENTERPRISE FORUM OF NEW YORK**）。在这个额外项目的支持下，"delta v"项目在 2017 年 9 月一共出炉了 21 支创业团队，创造了历史最高纪录。

比尔继续管理着"**创业发展项目**"（**ENTREPRENEURIAL DEVELOPMENT PROGRAM**），并在"**区域创业加速项目**"（**REAP**）的创办和持续运营中发挥着关键作用。我们会在第七章详细讨论这个项目。

2014 年，我和比尔还提出了一个新的项目创意，把创业教育和实践扩展到 MIT 的更多的领域里去。我们把它命名为"**实践领军项目**"（**PRACTICE LEADERS PROGRAM**）。该项目前三年的资金来自我们与"西利娅·利普顿·法里斯与维克多·法里斯基金会"（Celia Lipton Farris and Victor W. Farris Foundation）的合作伙伴关系。我们在 MIT 全校招募研究生研究助理，协助"实践领军者"在多个创业潜力巨大的领域中亮相，激发项目。他们会请来演讲嘉宾、协助组织黑客松活动、帮助教师开发与创意艺术、医疗卫生、能源与水资源、金融科技和教育科技有关的新课程。这些努力成功地帮助了之前从未接触过创业的师生，成功地为 MIT 的创业领域带来了更多的、更长期的新发展。

在我们的计划中，最新加入的项目是"**暑期创业实习项目**"（**SUMMER ENTREPRENEURSHIP INTERNSHIP PROGRAM**）。这个项目得到了斯隆管理学院高级讲师**鲍勃·波曾**（**BOB POZEN**）极为慷慨的资金支持。它为那些想在初创企业完成暑期实习的 MIT 学生提供津贴，帮助初创企业招聘才华横溢的年轻人，为学生提供在新企业的工作经验。我们在 2015 年的研究数据（详见第六章）表明，在初创企业的早期工作经历会极大提高 MIT 学生随后走上创业道路的可能性。

　　比尔当然不是单枪匹马做到这一切的，他得到了很多支持和帮助。数量众多的斯隆管理学院教师和工程学院、媒体实验室教师都在支持他。比尔招募了很多位驻校企业家（Entrepreneurs-in-Residence），比尔谦虚地指出："他们恰如其分地拉高了我 2006 年入职时的标准。"比尔招募的驻校企业家拥有丰富的行业经验，其中最重要的代表包括**陈尔兰（ELAINE CHEN）**、**翠西·科特（TRISH COTTER）**（现任特拉斯特创业中心副主任）、**唐娜·莱文（DONNA LEVIN）**和**尼克·迈耶（NICK MEYER）**等人。我们在第三章已经提到过他们。此外还有**索林·格拉玛（SORIN GRAMA）**。格拉玛现在 MIT 列格坦中心（MIT Legatum Center）工作。我们会在第五章讲到这个中心。这些驻校企业家极大地增强了我们的教学资源。他们在学生咨询和辅导中担当重任，还在中心承担起各项管理职责。比尔还引入了**波士顿大学法律诊所（BOSTON UNIVERSITY LAW CLINIC）**，为创业学生提供一般性和针对性法律咨询服务——完全免费。

　　比尔还为创业教育和实践做出了另外一项重要贡献，他撰写了《自律性创业》（*Disciplined Entrepreneurship*），还在最近推出了配套的《自律性创业工作手册》（*Disciplined Entrepreneurship Workbook*）。这两本书一时间洛阳纸贵，尤其受到了很多大学创业项目的重视——它们把我们当作竞争对手。比尔的著作被翻译成二十多种语言，帮助很多国家和市场解决了建立创新驱动型经济的需要。在很多教职员工的帮助下，比尔还打造了大型创业教育系列视频，通过 edX 和 MITx（麻省理工学院两大在线视频教育平台）向全球免费开放。截至 2017 年 9 月，包括**MIT 全球创业训练营（MIT GLOBAL ENTREPRENEURSHIP BOOTCAMP）**学员在内，这些视频的观看者已经突破了 50 万人。

　　成为创业中心行政主任之后，比尔很快推出了新的中心标识。它是一艘海盗船的形象，下面是乔布斯说过的一句话："宁为海盗，毋做海军！"（I'd rather be a pirate than join the British Navy!）谈到这个标识的含义，比尔是这样解读的：

比尔为创业中心设计的标识

　　有人说："哦，创业确实要把自己搞得像海盗一样！"我说："啊，不对，不对！创业不是成为海盗，而是具备海盗精神！同时还要有海豹六队（Navy Seal Team 6）一样的严明纪律！"虽然创业者打造的是全新的事物，但是创业的过程是前人做过的。这个过程正是纪律的用武之地。纪律严明的创业过程当然是可以教授的，也是学生可以学会的。

2017 年，MIT 擢升比尔·奥莱特为 MIT **实践教授**（**PROFESSOR OF THE PRACTICE**），以此表彰他为 MIT 创业事业做出的贡献和一直以来的杰出领导。

MIT 马丁·特拉斯特创业中心

2011 年，得益于 MIT 斯隆管理学院校友**马丁·特拉斯特**（**MARTIN TRUST**）（1958 届）和他的夫人**迪娜·特拉斯特**（**DINATRUST**）的慷慨捐赠，创业中心的办公场所得到了极大的扩展，并且修缮一新。同时，中心更名为"MIT 马丁·特拉斯特创业中心"（Martin Trust Center for MIT Entrepreneurship）。从此以后，中心在全校发挥着更有力、更丰富的作用。新中心的落成典礼堪称盛况空前。焕然一新的特拉斯特中心从此为 MIT 创业事业带来了更多的机会、推动它向前迈出了至关重要的几大步。MIT 斯隆管理学院院长（John C Head III Dean）**大卫·施密特雷恩**（**DAVID SCHMITTLEIN**）把特拉斯特中心称为麻省理工学院的"创业心脏和大本营"（the heart and home of entrepreneurship）。

马丁与迪娜·特拉斯特夫妇（居中两位），与大卫·施米特雷恩院长和 MIT 校长苏珊·霍克菲尔德

谈到自己和妻子为什么把慈善目标锁定在 MIT 的创业事业上，马丁·特拉斯特提出了精彩绝伦的看法：

在 MIT 斯隆管理学院的求学经历让我学会了挖掘各种可能性、点燃了我的创业精神。走出 MIT 之后，我进入了服装行业。我当时对它一无所知，但是很快就摸到了门道。我走访了很多工厂，学习关于原材料和生产工艺的专业知识。我走遍了全世界，建立了一个极富价值的网络。我甚至发明了新技术并获得了专利。

最重要的是永远不要自我设限，阻断学习和成长的大好机会。这个道理是 MIT 教会我的。母校让我领悟了新技术的力量，让我懂得了通过深思熟虑的、直截了当的方式发挥新技术优势的重要意义。这一点我始终牢记在心。1970 年前后，我创办了一家规模不大的公司，为美国的服装企业供应原材料。这些原材料是我从远东地区进口来的。就像人们常说的，之后的故事大家都知道了。

　　我之所以成为特拉斯特中心的捐赠人，是因为来到这里学习创业的年轻人素质极高，这让我印象深刻。如果因为我们的一份绵薄之力，能让来到这里的年轻人在不具备工程专业背景的情况下创办自己的企业，我会感到由衷的欣慰。他们有人来自艺术院系，提出了与艺术领域相关的创业想法；有些学生从慈善事业的角度出发，走上创业道路。他们看到这个世界需要某种事物，于是，他们希望通过创办企业、设计产品来满足这种需求[1]。

　　比尔·奥莱特和 MIT 设计与建筑团队紧密合作，"为学生创造了一个堪称完美的场所，供他们探索和提升创业能力……它的目标是为学生提供一个'独一无二的所在'，供他们开展不同类型的活动，促进对话、团队合作、辩论、交流创意。这一切都是以创业为目标的创新必不可少的。[2]"新建的特拉斯特中

马丁·特拉斯特出席特拉斯特中心盛大的重启仪式

心总面积 7200 平方英尺，包括 10 间餐厅，足以容纳 1000 人用餐。在工作日来到这里办公的约有 1000 人（周末大约 300 人），新中心可以绰绰有余地接待他们！

　　有了更宽敞的空间，我们建立了自己的创客空间——"原型工坊"（**PROTO WORKS**）。它也是 MIT "工匠项目"（*Project Manus*）的一部分，这个项目由机械工程系的马丁·卡尔佩珀（Martin Culpepper）教授牵头。他还和比尔·奥莱特共同讲授"创客绪论"（Introduction to Making）这门课。

没有捐赠人，就没有 MIT 创业项目

　　每一位经营企业的人都知道，一切活动都离不开资金。一所大学的财务状况往往比很多企业还要复杂，这一点体现在大学诸多的发展之中，建立新的教授岗位就是其中的一项。只有具备充足的资本，教授职位才能长久地存在下去。因此，大学都会寻求建立各种"捐赠基金"（Endowment Funds），而且这些基金会被用于投资，产生收益。接下来，大学通常会从这些收入中释放出极小的一部分，用于支付运营成本，例如教师工资和保障费用等。剩余部分的收入会被用于再投

资，产生更多收入，扩大可用资金的规模。MIT 所有新设教授席位和项目都离不开捐赠基金的支持。它们的长久存在有赖于捐赠基金。

虽然运营活动并不属于"资本投资"，但是它们照样离不开资金的支持。大学和企业不同，几乎没有哪所大学的项目能产生收入、保障自身运转所需。所以，这些项目必须每年或者定期开展筹款活动，确保一个院系或者中心能够维系它们持续不断的运转和日益增多的活动。

每一位企业创始人都很清楚，募集资金是一件艰难繁重、没完没了的苦差事。我要感谢 1990 年以来的历任院长、系主任和职员同事，他们为 MIT 斯隆管理学院规模庞大的筹款事业做出了极大的贡献；同时感谢 MIT 其他院系、其他项目的同事对筹款工作的贡献。

尤其要感谢众多捐赠人。他们为特拉斯特中心捐赠基金和我们每年一度的筹款活动慷慨解囊，令我充满深深的感激之情。在过去的半个多世纪里，MIT 的创业事业蒸蒸日上。这一切进步的生命线正是中心的捐赠基金和募集款项。以下诸位都曾对创业教授席位、创业项目和奖项惠予资金支持。

多年以来，MIT 的创业事业得到了诸多贤达的重要支持。笔者愚钝，无意的疏漏在所难免。需要特别说明的是，此处还有意略去了几百位个人和企业的名字，他们都曾对我们的成长和进步做出贡献。无论是哪一种情况，都请宽宥谅解为盼。

创业教授讲席捐赠人（按姓氏英文字母顺序排列）

迈克尔·柯尔纳（**MICHAEL KOERNER**）（1949 届），创业金融教授席位

罗纳德·库尔茨（**RONALD KURTZ**）（1954 届），教授席位

戴维·麦格拉斯（**DAVID MCGRATH**）（1959 届），教授席位（由乔安妮·麦格拉斯（JoAnne McGrath）捐赠）

比尔·波特（**BILL PORTER**）（1967 届），教授席位

阿尔文·赛特曼（**ALVIN SITEMAN**）（1948 届），教授席位

弗雷德·凯耶（**FRED KAYNE**）（1960 届），职业发展教授席位

理查德·莱格霍恩（**RICHARD LEGHORN**）（1939 届），职业发展教授席位

莫里斯·斯特朗（**MAURICE STRONG**），职业发展教授席位

曾农·赞内托斯（**ZENON ZANNETOS**）（1955 届），职业发展教授席位

中心项目资金及无限制使用资金捐赠人

（除非特殊说明，以下捐赠均为无限制使用；姓名按照英文字母顺序排列）

加里·伯格斯特龙（**GARY BERGSTROM**）（1968 届），全球创业（Global Entrepreneurship）项目基金

温德尔·库克（**WENDELL COOK**）（1968 届），创业基金

让-雅克·蒂格鲁夫（**JEAN-JACQUES DeGROOF**）（1993 届）、瓦莱里娅·蒂格鲁夫（**VALERIA DeGROOF**）夫妇，"MIT 黑客艺术"（MIT Hacking Arts）项目基金

道格拉斯·德雷恩（**DOUGLAS DRANE**）（1985 届），创新中心基金（E-CenterFund）

创新中心基金（E-Center Fund，该基金来自多位校友和朋友的捐赠）

布拉德利·菲尔德（**BRADLEY FELD**）（1987 届），特拉斯特中心周年基金（Trust Center Anniversary Fund）（即前文提到的布拉德·菲尔德）

杰克与安妮·戈斯基金会（**JACK GOSS and ANNE GOSS Foundation**）（大额捐赠，主要用于支持 delta v 项目）

简·哈蒙德（**JEAN HAMMOND**）（1986 届）和迈克尔·克拉斯纳（**MICHAEL KRASNER**）（1974 届），创业科研基金（Fund for Entrepreneurship Research）

查尔斯·哈里斯（**CHARLES HARRIS**）（1980 届）MIT 创业基金

黄德慈（**ROBERT HUANG**）（1979 届），创业中心运营基金

迈克尔·柯尔纳（**MICHAEL KOERNER**）（1949 届），乔治斯·多里奥特（Georges Doriot）纪念讲师基金

罗纳德·库尔茨（**RONALD KURTZ**）（1954 届），特拉斯特中心基金

MIT 发展基金会（MIT Development Foundation）资金

戴维·莫根塔勒（**DAVID MORGENTHALER**）（1940 届），资金捐赠

理查德·莫里斯（**RICHARD MORSE**）（1933 届），纪念基金（Memorial Fund）

拉塞尔·奥列佛（**RUSSELL OLIVE**）（1954 届）和辛西娅·奥列佛（**CYNTHIA OLIVE**）夫妇，资金捐赠

埃默里·奥尔科特（**EMERY OLCOTT**）（1963 届），资金捐赠

比尔·波特（**BILL PORTER**）（1967 届），资金捐赠

罗伯特·波曾（**ROBERT POZEN**），暑期创业实习项目（Summer Entrepreneurship Internship Program）基金（即前文提到的鲍勃·波曾）

爱德华·罗伯茨（**EDWARD ROBERTS**）（1957 届），创业科研项目基金

爱德华·罗伯茨，MIT 创业基金（Fund for MIT Entrepreneurship）（该基金来自多位校友和朋友的捐赠）

罗伯特·斯旺森（**ROBERT SWANSON**）（1969 届），纪念讲师基金（来自朱迪思·斯旺森（Judith Swanson）的捐赠）

拉杰·塔西勒（**RAJ TAHIL**）（1981 届），资金捐赠

帕尔维斯·塔伊巴迪（**PARVIS TAYEBATI**），创新基金

马丁·特拉斯特（**MARTIN TRUST**）（1958 届）和迪娜·特拉斯特（**DINA TRUST**）夫妇，资金捐助

艾伦·威尔（**ALLAN WILL**）（1981 届），资金捐助（通过独特的股权捐赠方式，这些股权来自他创办和经营的多家企业）

弗朗西斯·泽尼（**FRANCIS ZENIE**）（1956 届），创业中心基金（E-Center Fund）

我们的加速器项目发展迅猛，从最初的 FSA（创始人技能加速器）到后来的 GFSA（全球创始人技能加速器），一路发展到如今的 delta v（德尔塔 V）。为了满足这个项目每年大量的资金需求，很多捐赠人做出了极为慷慨的贡献。我们对加速器项目的每一位捐赠人充满了感激之情，他们包括：

约翰·卡明（**JOHN CUMMING**）（1984 届）

黛安·麦琪（**DIANE MACKIE**）（1979 届）

帕特里克·里韦利（**PATRICK RIVELLI**）（1991 届）

理查德·黄（**RICHARD WONG**）（1991 届）

保罗·杨（**PAUL YANG**）（1991 届）

还要感谢众多为我们关键项目提供捐赠，并对我们多项年度活动提供支持的基金会、企业和个人：

考夫曼基金会（**KAUFFMAN FOUNDATION**），为中心、教师和众多创业方向博士生提供多笔捐赠

西利娅·利普顿·法里斯与维克多·法里斯基金会（**CELIA LIPTON FARRIS and VICTOR W. FARRIS Foundation**），多年支持"实践领军项目"

沃尔夫格林菲尔德事务所（**WOLF GREENFIELD LLC**），多年以来，这

家律师事务所一直慷慨而真挚地支持着创业中心的各个项目。

此外还要感谢许许多多的人——主要是校友，还包括那些相信我们工作重要意义的人们——他们用自己的慷慨帮助我们达成了目标，获得了现在的成绩。感谢你们所有人！

各种创业奖项的捐赠基金主要用来表彰在创业活动的发展进步中做出优异贡献的学生和个人，主要捐赠者包括：

罗伯特·戈德堡（ROBERT GOLDBERG）（1965 届），资金捐赠，用于支持创业大奖赛（Entrepreneurship Competition）奖金（由朱迪思·戈德堡（Judith Goldberg）捐赠）；

小帕特里克·麦戈文（PATRICK McGOVERN JR.）（1960 届），创业奖金，颁发给全校对创业事业形成重要影响力的个人或团队；

阿道夫·莫诺松（ADOLF F. MONOSSON）（1948 届），用于创业导师奖（该项奖金是由威廉·格林克（William Grinker）（1956 届）与艾琳·格林克（Ilene Grinker）夫妇和莫诺松家族共同捐赠的），这一奖项用于表彰在培养和指导年轻创业者的工作中做出过，或者正在做出重要工作的人们[3]；

戴维·莫根塔勒（DAVID MORGENTHALER）（1940 届）与**琳赛·莫根塔勒（LINDSAY MORGENTHALER）**夫妇，奖学金。

此外还有一项**"艾迪奖"（THE "EDDIE" AWARDS）**（不设奖金），这是比尔·奥莱特构思的一个奖项，颁给 MIT 校友创办的新企业（顺带每年一次地公开挪揄他的上司）。颁奖典礼每年举办一次。在众声欢笑中，一个名叫"艾迪"（Eddie，也就是本人）的摇头娃娃被当作奖杯颁发给获奖者。获奖理由包括：（1）"最有可能为 MIT 捐一座大楼"公司奖；（2）"这家公司居然走出了 MIT，我简直不敢相信"奖；（3）"人民万岁"奖（People's Champion Award）。

上述捐赠人是 MIT 创业中心、MIT 马丁·特拉斯特创业中心以及创业中心众多项目得以建立和运行的主要支持者。另外还有几位校友企业家出资支持了本书的出版，我在前言中提到过他们。

在整个 MIT 创业生态系统中，最主要的联合机构支持者将在第五章讨论这些组织时详细说明。

参考文献及注释

1. 来自米歇尔·乔特（Michelle Choate）的采访，2016 年 5 月 6 日。

2. 出自特拉斯特中心 2016 年年报，第 4–7 页。

3. 2005 年至今，莫诺松创业导师奖的获得者包括：亚伦·克莱纳（Aaron Kleiner）、约瑟夫·哈兹玛（Joseph Hadzima）、MIT 创业指导服务中心及其领导者、爱德华·罗伯茨（Edward Roberts）、MIT 创业论坛（MIT Enterprise Forum）、霍华德·安德森（Howard Anderson）、MIT 戴施潘德中心及其捐赠人和领导者、比尔·奥莱特、Zen Chu、乔纳森·弗莱明（Jonathan Fleming）、Elaine Chu、莎丽·罗斯伯格（Shari Loessberg）和翠西·科特（Trish Cotter）。

第五章

MIT 创业生态系统的不断发展

　　人们常说的"MIT 创业生态系统"（MIT Entrepreneurial Ecosystem）其实是一份名满天下的尊重——和不断复制的努力。来自其他国家的代表们不远万里地来到 MIT，向这里的智囊团求教，发现创新、合作与商业化最高典范背后的秘诀。在创业中心成立后的十年里，这个生态系统其实相当精简。它的主体只有 **MIT 创业中心**（**MIT ENTREPRENEURSHIP CENTER**），加上 **MIT 创业论坛**（**MIT ENTERPRISE FORUM**）和**技术许可办公室**（**TECHNOLOGY LICENSING OFFICE**），后两者的作用是帮助和支持学生和校友的创业事业。从 1990 年开始，这一生态系统又加入了"**MIT 一万美元商业计划大赛**"（**MIT $10K BUSINESS PLAN COMPETITION**）。到了 1996 年，随着人们对新的创业培育机构讨论的升温，这个生态系统开始发生变化。但这些机构直到 2000 年才开始真正成型。很多行动都是在那一年涌现出来的，并且形成了潮流。

　　MIT 成立了一批以创业为中心的新机构，我们会在下文按照创办的先后逐一介绍。还有一些与此相关的学生俱乐部。它们是在创业中心成立时或者紧随其后建立的。我会在本章后半部分介绍这些俱乐部和它们的作用。

创业指导服务中心

　　创业指导服务中心（**VENTURE MENTORING SERVICE，VMS**）成立于 2000 年。在此之前，关于这一概念的热烈讨论最晚从 1996 年 11 月就开始了。这些讨论主要是电子工程系已故教授**大卫·施特林**（**DAVID STAELIN**）（1960 届）推动的（在我的创业中心档案里，有个一英寸厚的文件夹，里面装满了笔记、会议纪要和各种记录，全部来自 2000 年创业指导服务中心成立之前。我就是通过这些档案重建这一段历史背景信息的）。施特林和当时 MIT 的许多关键人物讨论过此事，他还为此组织过几次小型团组会议。最后终于获得了查尔斯·维斯特（Charles Vest）（时任 MIT 校长）、乔尔·莫西斯（Joel Moses）（时任 MIT 教务长）以

大卫·施特林
（David Staelin）

及工程学院和斯隆管理学院很多其他人的默许，成立了创业指导服务中心。当时奉命推进这个方案的是**肯·莫尔斯（KEN MORSE）**，他当时担任创业中心行政主任，还有**爱德华·克劳利（EDWARD CRAWLEY）**（1976 届），一位航空航天学教授。肯和爱德华曾在"剑桥—麻省理工行动计划"（Cambridge-MIT Initiative，CMI）中有过紧密合作。克劳利教授是计划的总负责人（关于 CMI 的更多详细信息，请参考本书第七章）。在 1997 年 2 月 6 日的备忘录里，施特林为 MIT 创业中心（以及后来的 MIT 马丁·特拉斯特创业中心）写下了非常明确的指导原则：

我相信……MIT 有能力增加更多的导师支持。这些优质的、不计回报的指导会创造更多的、更成功的初创衍生企业……而且 MIT 对初创企业做出投入的唯一正确形式应是传统的、通过技术许可办公室完成的技术所有权转让。如果 MIT 选择提供资金支持，可能产生四大隐忧：（1）那些没有得到资金支持的 MIT 创业者会很懊恼；（2）对于得到资金支持的创业者来说，作为他们竞争对手的 MIT 校友会很懊恼；（3）投资质量如何保障；（4）这种做法在本质上可能引发"是投资赚钱还是教书育人"式的冲突。

如何规避导师的投资或者初创企业为帮助它们的导师提供补贴带来的利益冲突？施特林教授对此不无担忧。再后来，到 1998 年时，会议备忘录由施特林、克劳利和莫尔斯共同撰写，努力把工作向前进一步推进。

【作者注】我不确定施特林的看法有没有受到 MIT 短暂试验项目"MIT 发展基金会"（MIT Development Foundation，MDF）的影响。1972 年，MDF 项目开始接收企业捐赠，作为其资本基础。但它仅仅投资过两家与 MIT 教师相关的初创企业，均以失败告终。经历一番波折之后，剩余的资金最终转为一笔小型捐赠款，转入 MIT 创业中心。

后来更详细的讨论和进一步的会议为创业指导服务中心的组织形式提出了具体建议：开设在创业中心之内、设立独立主任等。创业指导服务中心主任直接向教务长汇报工作，教务长负责为中心提供——或者帮助筹措——运营资金。到 1999 年春天，启动资金已经全部到位——主要来自施特林教授和校友**亚历山大·迪丹吉（ALEXANDER DINGEE）**（1952 届）。他们本身都是成功的创业家（后来，雷蒙德·斯泰塔（Raymond Stata）和玛丽亚·斯泰塔（Maria Stata）

夫妇为 VMS 提供了一大笔捐赠款。另外还有人为 VMS 提供捐助，例如罗曼·鲁比恩斯基（Roman Lubynsky）（1989 届）等）。迪丹吉被任命为创业指导服务中心首位主任。随着讨论的继续深入，我开始有些担忧，因为指导过程往往会把导师和他们的主要学生"客户"带入融资环节，他们需要频繁地和外部天使投资人和风险投资企业打交道。我担心 VMS 在创业中心之内的运行让我们距离"滚滚财源"（themoney flow）太近，可能冲淡我们专心致志、置身于利益之外的教育者身份。因此，我和肯一致认为，创业指导服务中心应该搬出创业中心。最后，教务长在 MIT 主楼为它找到了一处办公场所。

亚历山大·迪丹吉
（Alexander Dingee）

迪丹吉在 VMS 成立的前三年里担任主任，成功地为 MIT 学生、员工和本地校友提供了导师服务。他还着手打造 VMS 导师群，其中大部分是 MIT 校友，但很多人并没有创业经验。这是一项艰难繁重的任务。2002 年，**舍温·格林布拉特（SHERWIN GREENBLATT）**（1962 届）加入 VMS，担任

舍温·格林布拉特
（Sherwin Greenblatt）

导师，并在一年之后成为 VMS 主任。舍温是阿玛尔·博士（Amar Bose）的研究生，他和阿玛尔一起创办了博士公司（Bose Corporation）。在博士公司耕耘几年之后，舍温成了这家杰出企业的总裁。他临时出任过 MIT 执行副校长，成功地领导了 VMS 成长和发展至今。舍温指出："有些人想出了绝妙的创意，热忱地把它变成自己的企业。只要他们的想法不违背自然规律、不违反美国法律，就是 VMS 的潜在服务对象，我们就会为他们提供帮助。"（他还补充指出，有很多原始创意要么违背自然规律，要么不大合法）。

为了阐明 VMS 的工作方式，舍温解释说：

我们的想法是，一位创业者和他的导师相处的时间长度和频次应该与实际需求相匹配，要尽可能地做到有所帮助。这并不一定发生在教室里，它可以发生在 MIT 的其他地方……我们开发了自己的模式，其中一项重要的变化是，我们采用了导师团的方式，为一位创业者匹配两位，甚至 3 位导师，无论这位创业者有没有自己的队友……现在，我们有将近 250 个活跃"项目"，有将近 160 位导师为这些项目服务。这样一来，我们就变成了大家常说的"MIT 创业生态系统"的一个关键组成部分[1]。

2007 年，MIT 创业中心把莫诺松创业导师奖（Adolf F. Monosson Award for Venture Mentoring）颁发给了大卫·施特林、舍温·格林布拉特、亚历克谢·迪丹吉（即亚历山大·迪丹吉）和创业指导服务中心（VMS）的全体员工，以此表彰他们对 MIT 创业者的杰出支持。

媒体实验室（Media Lab）创业项目

2000 年，**阿莱克斯·（桑迪）·彭特兰（ALEXANDER "SANDY" PENTLAND）**（1982 届）教授开设了"创业发展"（Development Ventures）课程，为后来很多覆盖"传媒技术"的系列创业课程开了先河。大约六年之后，桑迪开办了他的第二门课程"媒体实验室创业"（Media Lab Ventures）。目前，在一些 MIT 老师的共同讲授和支持下，桑迪推出了最新的创业课程，包括"影像新企业"（Imaging Ventures）和"革新性企业"（Revolutionary Ventures）等。桑迪指出：

我们如今为这一课程搭建了完整的序列……这些课堂的学员来自广泛的技术领域、带来了各种各样的信息。来到这里的还有过去的学生，他们几年前就坐在相同的座位上听课。

我们没有为任何一门创业课堂编写过教学大纲，也不会教他们什么。就是这样。我们做的仅仅是为人们创造机会，帮助他们相互学习、相互交流，发现机会、演练宣讲、进一步磨合创意。它更多的是一种"融入和学习"（jump-in-and-learn）的过程。在我看来，没有哪一个商业计划是完全按计划实施的。因此，我不会帮助学生把自己的创意转化为计划，相反地，我会鼓励他们找到自己想要的总体方向，找到自己的激发点，和自己的同学或者其他人多交往，找到自己最合适的合作伙伴。只要投入足够多的气力和周全的考虑，他们中很多人最终都能创办出值得为之奋斗的新企业[2]。

我们在第三章关于工程学院教师的章节提到过彭特兰教授和他多年合作的"得力干将"**约斯特·邦森（JOOST BONSEN）**（1990 届）。

生物医学企业项目（BEP）

2001 年，几位 MIT 生物医学教师和斯隆管理学院教师开始合作研究一个重要问题：生物科学工作者如何帮助那些足以救人性命、改善生活的创意走出实验室、实现商业化？在他们看来，这不啻为一次良机。**玛莎·格雷（MARTHA GRAY）**教授、**安东尼·辛斯基（ANTHONY SINSKEY）**教授和另外几位生物学院的同事与斯隆管理学院的**汤姆·艾伦（TOM ALLEN）**教授、**吉姆·厄特拜克（JIM UTTERBACK）**教授等人组成团队，在 MIT 高级研究员**斯坦·芬克尔斯坦（STAN FINKELSTEIN）**的帮助下，提出了成立"哈佛 - 麻省理工医疗科技学院生物医学企业项目"（**MIT-HARVARD HEALTH SCIENCES & TECHNOLOGY（HST）BIOMEDICAL ENTERPRISE PROGRAM**）的方案。这个为期两年的联合学位项目要求学生提前连读两个硕士学位：一个来自"**MIT 技术管理项目**"（**MIT MANAGEMENT OF TECHNOLOGY PROGRAM，MOT**），另一个来自加速筹建的生物科技教学项目。尽管 BEP 项目完成了几个班级的录取和毕业工作，而且它的一些核心课程至今仍在授课，但这个项目本身已经不复存在了。这主要是因为主导该项目的两种文化——MIT 文化和哈佛大学医学院（Harvard Medical School）的文化——差异过大，不易调和。

戴施潘德中心

2002 年，MIT 校长查尔斯·维斯特（Charles Vest）宣布成立"**戴施潘德技术创新中心**"（**DESHPANDE CENTER FOR TECHNOLOGICAL INNOVATION**）。该中心的资金来自贾伊斯里·戴施潘德（**JAISHREE DESHPANDE**）和古鲁拉吉·"戴施"·戴施潘德夫妇（**GURARAJ "DESH" DESHPANDE**）一笔 2000 万美元的慷慨捐赠。他们一直用自己积累的财富回馈社会。他们的捐赠为 MIT 教师的科研工作打下了内在基础——只要教师的科研方案通过评估，证明自己具备足够的商业化潜力，即可获得资金支持（戴施潘德中心成立至今，还有很多其他捐赠人为这个中心做出过贡献，例如布里特·德阿博洛夫（Brit d'Arbeloff）（1961 届）和马克·戈伦伯格（Mark Gorenberg）（1976 届）等）。

亚历克斯·德阿博洛夫（ALEX D'ARBELOFF）（1949 届）是 MIT 校董会主席、

贾伊斯里·戴施潘德与古鲁拉吉·"戴施"·戴施潘德夫妇

泰瑞达公司（**TERADYNE CORPORATION**）联合创始人兼首席执行官。他在说服戴施·戴施潘德这位系列创业家和他的夫人贾伊斯、推动想法逐渐成形的过程中发挥了关键作用。**查尔斯·库尼**（**CHARLES COONEY**）（1967 届）教授担任中心的创始学术主任。他为戴施潘德中心的使命带来了新视野——"增进学术界与市场之间的联系，这会带来令人振奋的良机，有望加速促进技术创新走出 MIT、进入社会生活的广阔天地。"

实际上，早在维斯特校长宣布中心成立的 6 个星期前，德阿博洛夫教授——他当时还担任着 MIT 斯隆管理学院的实践教授——就安排我和库尼教授见面，讨论创业中心怎样和戴施潘德中心合作，帮助它更好地完成使命。我和库尼教授一拍即合，相谈甚欢。我们当时提出的想法后来变成了"创新团队"（iTeams）项目。它从工程学院和斯隆管理学院招募学生，组成团队，完成 MIT 真实科研项目中的商业化评估问题。这些科研项目都是在戴施潘德中心的支持下进行的。在每个小组的最终报告中，学生要为所在项目提出关于行动方案的建议（也可以提出新公司成立方案、通过"技术许可办公室"完成相关产业的技术转让、进一步的实验室研究，或者终止等），并且提出关键的后续技术、市场及商业里程碑。"创新团队"（iTeams）的课堂设在 MIT 校园正中央的斯泰塔中心（Stata Center）。这样做也是为了方便理学院和工程学院的学生们，他们可以像斯隆管理学院的学生们一样方便地上课。我们最终把它变成了一门极其均衡的课程。这样的均衡促使学生们开展一种极为不同的对话。它不仅能帮助技术专业的学生学习管理，还能帮助管理专业的学生学会尊重技术，而不是敬而远之："十多年过去了，我们这个项目毕业了 600 多位同学。无论是对戴施潘德中心来说，还是对学生们来说，这都是极为成功的"（创业中心目前的一些课程，例如"能源创业"（Energy Ventures）、"医疗创业"（Healthcare Ventures）、"互联数据创业"（Linked-Data Ventures）和类似课程都沿袭了"创新团队"的模式）。在戴施潘德中心成立那天，新闻稿同时官方宣布了创业中心与戴施潘德中心的合作。

库尼教授发现：

我的上司是工程学院院长，艾德的创业中心要向斯隆管理学院院长汇报工作，尽管如此，我们两个人对待各自机构的工作态度和思路却是面向整个学校的。而且，我们都对 MIT 培养更多创业人才充满热情，这一点在我们 MIT 的同事中并不多见。我还记得 20 世纪 80 年代的一次晚餐会，出席那次会议的 7 个人都创办过自己的公司：戴维·施特林（Dave Staelin，即大卫·施特林）、菲尔·夏普（Phil Sharp）、鲍勃·兰格（Bob Langer，即罗伯特·兰格）、来自土木工程系的约西·谢菲尔（Yossi Sheffie）和另外几人。我们谈到，多数教师通常都会对自己的创业工作三缄其口。MIT 和其他地方一样，不鼓励教师创业这件事；社会的认可程度也很低。我们感觉自己应当做些什么，以此认可和激励教师创业行为。MIT 创业中心的建立为此奠定了良好的基础，而戴施潘德中心的建立帮助我们朝着这个方向又迈出了一大步。

关于库尼教授、兰格教授和夏普教授创业活动的更多详细信息，请参考本书第八章的生命科学与生物技术章节。

我聘请**克里斯蒂娜·霍利（KRISZTINA HOLLY）**（1989 届）作第一任行政主任。她是一位精明强干的 MIT 校友。此前成功创办过好几家企业。我们确定了两种类型的教师补助金：一种是"燎原基金"（Ignition Grants），金额为 5 万美元，用来支持教师探索相关概念；另一种是数额更高的"创新基金"（Innovation Grants）。这项基金后来增加到了 25 万美元，主要用来支持科研，帮助那些被认定为有利于概念转化、足以进入高阶发展的研究项目。我们的资金都是短期的，这样做是为了消除后续的外部投资可能成为新企业开端的风险。我们希望把教师的科研项目带入特定阶段，引起外部风险投资者的兴趣。我们并没有资助过某一家企业。我和克里斯蒂娜都没有参与过这些项目走出的任何一家公司……我们只是推荐友善的创业者和风险投资人，配合常规 MIT 教师科研评估者、评判各个科研项目的商业化潜力。必要时，他们还会帮助辅导教师调整科研方向、提高科研项目的成功概率[3]。

后来，**利昂·桑德勒（LEON SANDLER）**接过了克里斯蒂娜·霍利的担子，成了戴施潘德中心第二位行政主任。他明确提出了中心的第二项使命：培育 MIT 师生，教会他们如何实现技术的商业化。利昂解释说："只要让师生积极投入到这种商业化工作中，教育目的就自然完成了。"

利昂·桑德勒
（Leon Sandler）

我们会积极辅导每一个项目，频繁地与"创业指导服务中心"（VMS）和特拉斯特中心合作提供相关的支持……我把自己推进科研的工作称为"产品验证"（proof of product），而不是通常所说的"概念验证"（proof of concept）。我们的资金期限为 1 到 3 年，在此期间，我们的一部分工作是把学术研究者与市场、潜在顾客以及真正理解市场需求的专家联结起来。无论哪个市场都有现成的产品或者解决方案，基本上，我们非要拿出好得多的东西才行……实际上，我们的工作就是促进项目的成熟度，把它们送出学校大门！

当一个项目瓜熟蒂落，其中的博士生、博士后或者学生团队就会变成新企业的工作人员。指导教授可能继续投身其中，每个星期拿出一天时间为企业出谋划策。不过，在 MIT，几乎没有教授会选择离开学校，全职从事这类工作[4]。

在前商业化研究阶段，利昂会与很多教师紧密合作。这也扩大了他和中心在学生中的作用。他为学生带来了很多指导和洞见。他还为学生牵线搭桥，引荐了全校上下的很多人。在他看来，这些人能与学生建立起非常有用的关系。2016 年和 2017 年，利昂和我紧密合作，建立并实施了"学生黑客松"（*Student Hackathon*）课堂。利昂每一年都会招募十几位志愿教师。这些教师会提出一些他们认为能够吸引学生兴趣的创意。接下来，来自全校各个院系的学生会组成混合团队，围绕这些创意开展"黑客行动"，解决他们认为值得解决的问题，或者值得探究的机会。这些迷你黑客松活动成了"创新团队"模式有效的短期拓展。

谈到"MIT 创业生态系统"的不断演进，查理·库尼指出：

戴施潘德中心的一项重要贡献超过了我最初的预料：我们填补了技术与创业之间的鸿沟，有利地把各部分工作串联在了一起。我们立志实现戴施·戴施潘德和亚历克斯·德阿博洛夫的抱负，不断挖掘和促进早期阶段的技术，实现其商业影响力。与此同时，通过这项工作的展开，我们还把学校各个院系联结在了一起[5]。

在戴施潘德中心成立后的短短几年里，"MIT 创业生态系统"的提法日益增多。它把 MIT 的正式机构与多个不同的学生俱乐部联系在了一起。下文会详细介绍这些学生俱乐部。

接替查理·库尼担任戴施潘德中心学术主任的是**蒂莫西·斯瓦格**（TIMOTHY SWAGER）教授。这家中心一以贯之的合作传统在蒂莫西手中得到了延续。

列格坦中心

　　列格坦发展与创业中心（**LEGATUM CENTER FOR DEVELOPMENT AND ENTREPRENEURSHIP**）成立于 2007 年，始终鼓励 MIT 学生在低收入国家创办企业。它的最终目标是减缓贫困、促进经济加速发展。列格坦中心是**伊克巴尔·卡迪尔**（**IQBAL QADIR**）筹划发起的，资金主要来自**列格坦基金会**（**LEGATUM FOUNDATION**）。这家基金会是列格坦集团的发展机构，其宗旨是"为那些位于'繁荣阶梯'（Prosperity Ladder）底端的项目、群体和创意配置资金，帮助它们开辟可持续的经济繁荣。"卡迪尔后来还邀请"万事达卡基金会"（Mastercard Foundation）加入了列格坦中心，成为主要捐赠人。

　　目前担任列格坦中心学术主任的是**菲奥娜·莫瑞**（**FIONA MURRAY**）教授，担任行政主任的是**乔治娜·坎贝尔·福莱特**（**GEORGINA CAMPBELL FLATTER**）（2011 届）。她们两位为列格坦中心的各项活动带来了重要的变革。乔治娜曾经对此做过简单的介绍 [6]：

乔治娜·坎贝尔·福莱特
（Georgina Campbell Flatter）

　　实际上，列格坦中心的工作就是把 MIT 的创业精神延展到新兴市场和前沿市场中去。我们的服务对象是 MIT 学生，尤其是立志探索发展中国家市场的学生。我们会帮助他们获取在这些国家战胜更复杂的特别挑战、开展良好运营所需的特有资源、资金、社群和教育。

　　列格坦学者是中心的基石项目。我们每年接收大约 20 名学生，为他们提供教学指导和最高 5 万美元的津贴。除此之外，我们还会提供每人 1 万美元的资金，用于差旅和原型产品制作，支持他们建立和扩大自己的事业。我们还会帮助他们获得在非洲、印度和拉丁美洲等地创业必需的专门技能。列格坦中心与特拉斯特中心紧密合作，拓宽了我们的项目组合，更好地服务于正在发展中地区创业的学生，包括正在探索和寻找类似机会的学生们。

　　我们最近还启动了"拓展与学习"（Branch and Learn）系列：我们通过"联合国可持续发展目标"（United Nations Sustainable Development Goals，SDGs）提出了一些期待解决的关键挑战。然后召集 MIT 的创业者、教师等组成社群，探讨当前的创业对联合国可持续发展目标的贡献情况，发现新创业者——尤其是学生创业者——在其中的用武之地。我们希望通过种子基金和其他机会尽快地把他们与现实需求对接起来，验证他们的假设、检验他们的创意。

乔治娜说得太好了，它准确捕捉到了列格坦中心使命的本质。这家中心的使命是，"成为全球创业领袖枢纽，专注发展中地区，把创意转化为影响力。"

苏珊·霍克菲尔德校长的几项行动计划

尽管临近任期（2004—2012 年）末尾，苏珊·霍克菲尔德校长仍然积极地向全世界传播 MIT 的创业影响力。与此同时，她也很清楚，为了加速实现 MIT 的创业成果，我们还有很多工作要做。霍克菲尔德校长发起了一系列教师小组会议，更好地了解哪些举措能激发 MIT 这一方面的工作，甚至激发全球类似MIT 的、以科学技术为立足之本的大学。MIT 创业中心的成立就是这些会议的成果之一。此外，MIT 主管科研的副校长**克劳德·卡尼萨雷斯**（**CLAUDE CANIZARES**）还共同发起了系列教师讲堂"**从创意到影响力：商业化课堂**"（**FROM IDEAS TO IMPACT: LESSONS FOR COMMERCIALIZATION**），旨在扩大 MIT 创业生态系统的基础。2011 年 3 月到 5 月，我和菲奥娜·莫瑞教授组织和领导了 8 次周讲堂。霍克菲尔德校长向全校教师发出了邀请。她在邀请信里提到，这些讲堂的主题覆盖了 MIT 教师可能感兴趣的全部关键问题。授课人包括 MIT 生态系统关键项目的负责人和广受敬重的 MIT 教师创业家。尽管如此，这些课堂最多一次只来了 30 位教师听众。虽然听课的老师给出了积极的评价。但是，对组织者来说，教师群体的整体反应令人失望。从此以后，我们没有组织过这类面向教师群体的专门项目。

2011 年下半年，霍克菲尔德校长成立了一个面向创业的 MIT 教师委员会。它是学校历史上第一个这样的委员会。霍克菲尔德校长一贯重视创业对 MIT 的重要意义，我把这个举措看作她重视创业的一种延续。"**创新与创业委员会**"（**THE COMMITTEE ON INNOVATION AND ENTREPRENEURSHIP**）规格极高，由来自全校的资深教师组成，直接汇报给工程学院院长和管理学院院长。委员会的职责是报告创业与创业生态系统各方面的情况，包括 MIT 内部情况，也包括外部情况在内，并就很多具体领域提出委员会的建议方案。我负责这个委员会下属的教育分会，主要工作是调查所有讲授与创新创业（E&I）存在关联的授课教师，收集全校的选课信息，还包括其他一些工作。我们邀请一些 MIT 校友创业者和其他有关的外部人士为委员会成员讲课。这个委员会还搜集了一些令人欣喜的财务信息。这些信息显示，校友创业群体对 MIT 每年的筹款与融资活动带来了良好的影响——很显然，捐赠者们对 MIT 在自己的人生道路与事业成功中的作用心存感激，希望反哺母校。这个委员会的最终建议包括开设与创业相关的研究生辅修课、增加各个实验室和原型工坊的学生接纳人数等，促进学生创业项目的加速发展。

2012 年初，霍克菲尔德校长又任命了第二个委员会：**学生创业指导委员会**（**COMMITTEE ON STUDENT ENTREPRENEURSHIP**）。这个委员会共有 9 名教师成员和 2 名学生代表，向 MIT 研究生院院长汇报工作。这个委员会主要解决学校的创业政策问题，尤其是影响教师利益冲突的问题，以及学生与教师在实现 MIT 技术商业化过程中的关系问题。

我同时服务于这两个委员会。这一经历让我看到，这是一个重要的转折点：从此以后，MIT 正式认可了创新创业（E&I）对学校整体使命的重要意义。等到这些包罗万象的讨论和建议出现时，距离 MIT 最早开设"创办新企业"（New Enterprises）课程已经悠悠然过去了 50 个春秋。

生态系统的其他附属机构

随着 1990 年 MIT 创业中心的成立，学校其他院系也开始通过不同方式推出了创业项目。其中最早的一个项目是开始于 1994 年的**"勒梅尔森－MIT 项目"**（**THE LEMELSON-MIT PROGRAM**）。该项目的第一位主任是当时的 MIT 斯隆管理学院院长莱斯特·瑟罗（Lester Thurow）。勒梅尔森项目如今还在，由工程学院负责管理。

"勒梅尔森 -MIT 项目"通过年度竞赛和奖项促进个人发明者的工作。项目每年颁发"勒梅尔森 -MIT 奖金"，金额高达 50 万美元，此外还包括一系列面向的研究生和本科生的"勒梅尔森 -MIT 全国高校学生奖金"（Lemelson-MIT National Collegiate Student Prizes），金额分别为 1 万美元和 1.5 万美元。项目还资助"勒梅尔森 -MIT 发明团队"（Lemelson-MIT Inven Teams），为高中团队的小发明家们直接提供支持。此外，它还资助 MIT 师生在发展中地区从事发明创造[7]。

不过，勒梅尔森 -MIT 项目对创业本身关注不够。杰罗姆·勒梅尔森（Jerome

Lemelson）是一位热心发明创造的律师，他在整个职业生涯始终以此为关注焦点，他的基金会在全球范围延续了这一焦点。

其他项目则从最初的焦点逐渐演化，把创业变成了实现机构目标的主要方式。一个很好的例子就是 **MIT D-LAB**。这个项目是机械工程系的讲师**艾米·史密斯**（**AMY SMITH**）发起的。它的宗旨是推动工程人才解决欠发达国家的各种难题。近年来，D-Lab 的学生积极寻求创业，通过这样的方式发挥他们在课堂和项目中获得的创意，带来实效。其中一家初创企业最近还赢得了"MIT 十万美元大奖赛"（MIT $100K Competition）。D-Lab 获得过很多国家政府和基金会的资金支持，另外还有很多个人捐赠者为它慷慨解囊，其中一位突出的代表是穆罕默德·贾米勒（Mohammed Jameel）（1978 届）。

另一项新进展是来自"**MIT 可持续发展行动计划**"（**MIT SUSTAINABILITY INITIATIVE**）的积极活动。这个项目的牵头人是斯隆管理学院的讲师**杰森·杰伊**（**JASON JAY**）（2010 届）。项目主要通过创业方式（包括其 **S-LAB** 项目在内）完成内容广泛的社会事业。S-Lab 和特拉斯特中心的合作非常紧密，包括在"德尔塔 V"（delta v）和"十万美元大奖赛"等多个方面的合作。

"**MIT 全球产业联盟项目**"（**MIT INDUSTRIAL LIAISON PROGRAM，ILP**）推出了"**MIT 初创企业交换计划**"（**MIT STARTUP EXCHANGE**），在 MIT 校友企业、教师创办的企业、获得 MIT 技术许可的企业和 200 家 ILP 会员企业之间建立联系与合作。ILP 项目为可能出现共同兴趣的各个领域举办研讨会，一对一地促成企业之间的联络。截至目前，已有很多 ILP 会员企业成为 MIT 衍生企业的客户，有些会员企业还成了投资人，或者建立了联盟 / 合作伙伴关系。

2012 年，**塔塔基金会**（**TATA FOUNDATION**）提供了一大笔捐赠，促成了"**MIT- 塔塔技术与设计中心**"（**MIT TATA CENTER FOR TECHNOLOGY AND DESIGN**）的建立。这家中心的负责人是**查理·法恩**（**CHARLIE FINE**，即前文提到的查尔斯·法恩）教授和**罗布·斯托纳**（**ROB STONER**）。这个项目每年在全校范围资助大约 60 位研究生，支持他们建立技术及创业型企业，帮助新兴国家人民。有些项目由社会创业者牵头，以建立非营利组织为目的；有些项目寻求建立营利性企业。2013 年，法恩教授开设了新课"创业运营"（Operations for Entrepreneurs），他在印度海得拉巴讲完了课程的第一部分，第二年在 MIT 讲完了课程的其余部分。

2015 年，校友**李德义**（**SAMUEL TAK LEE**）（1962 届）捐赠了一笔极为

慷慨的款项，创办了"麻省理工学院地产创业实验室"（**MIT REAL ESTATE ENTREPRENEURSHIP LAB**）。这个实验室的使命是"在建筑业、建筑规划及地产行业培育新一代的、富有社会责任感的创业者和学者"。最近，特拉斯特中心与该实验室合作，把地产行业加入了中心规划，成为其兴趣领域之一。这一点在2017 年的"纽约夏季初创工场"（NYC Summer Startup Studio）项目中体现得尤为突出。

伊恩·魏兹（Ian Waitz）
院长

2016 年，时任工程学院院长的**伊恩·魏兹**（**IAN WAITZ**）教授发起了"**MIT 沙箱创新基金项目**"（**MIT SANDBOX INNOVATION FUND PROGRAM**）。他目前仍担任该项目的学术主任。MIT 学生只要提出一项富有吸引力的创意，期望有朝一日把这项创意变成一家初创企业，这项基金都会为他提供 5000 美

珍妮·阿布纳迪
（Jinane Abounadi）

元的暑期种子基金。项目成立了由创业家、风险投资人和赞助企业代表组成的评选委员会，入选学生可以获得最高 2.5 万美元的种子资金。委员会的部分委员还担任学生的创业导师。沙箱创新基金的行政主任是**珍妮·阿布纳迪**（**JINANE ABOUNADI**）（1990 届）。为了更好地帮助沙箱基金获得者，她与特拉斯特中心和创业指导服务中心（VMS）建立了紧密的合作关系。

阿纳色·钱德卡桑（**ANANTHA CHANDRAKASAN**）教授曾是电子工程与计算机科学（EECS）系主任，如今担任工程学院院长。从 2014 年开始，他与特拉斯特中心的比尔·奥莱特等人合作，设计并试运行了"**SMART6**"项目。这个训练营面向"科目六"（Course 6，即电子工程与计算机科学）学生，每年一月的"独立活动月"（IAP）期间举办，为期一个月。训练营的重点是如何创办一家新企业。该项目如今被称为"**SMARTMIT**"，向 MIT 所有工程专业学生开放。2017 年，这个项目加入了嘉宾讲座环节，有很多 MIT 教师和校友创业家加入其中。除了常规的 MIT 创业教师"讲授"（input）环节，学生还通过这个项目走访了多家本地 MIT 校友初创企业。为了鼓励女性的参与，这个项目还开设了一个特别专题研讨环节。研讨小组由 6 位女性创业者组成。两个月之后，25 名 SmartMIT 学生走进硅谷，通过走访特定企业、会见创始人 / 首席执行官的形式扩大他们对创业的接触和认识。这个项目如今在"**MIT 创新行动计划**"（**MIT INNOVATION INITIATIVE**）项目（详见

阿纳色·钱德卡桑（Anantha Chandrakasan），现任 MIT 工程学院院长

下文）的联合支持下开展。

同建筑规划学院和 EECS 的做法一样，MIT 其他院系也不出所料地推出了类似项目、激发各自专业领域和学生的创业作为。随着这些新项目的不断增加，它们都会在某些方面成为 MIT 创业生态系统的一部分。

MIT 创新行动计划（MIT Ⅱ）

2015 年，拉斐尔·莱夫（**RAFAEL REIF**）校长宣布成立"MIT 创新行动计划"（**MIT INNOVATION INITIATIVE，MIT Ⅱ**）。这项覆盖全校的项目由**弗拉基米尔·布洛维克**（**VLADIMIR BULOVIĆ**）教授和**菲奥娜·莫瑞**（**FIONA MURRAY**）教授共同负责。他们还被分别任命为工程学院和斯隆管理学院主管创新的副院长。这就把创新和创业工作提升到了 MIT 校长办公室的高度，同时提升到了 MIT 两大学院院长办公室的高度，标志着学校对创新创业工作的重视进入了新的高度，同时标志着创新创业工作对实现 MIT 使命的重要意义

弗拉基米尔·布洛维克（Vladimer Bulović）（上）与菲奥娜·莫瑞（Fiona Murray）（下），"MIT 创新行动计划"（MIT Ⅱ）的两位主任

上升到了新高度。与"MIT 创新行动计划"（MIT Ⅱ）有关的活动稳步增加，包括新的"**创新科学与政策实验室**"（**LABORATORY FOR INNOVATION SCIENCE AND POLICY**）的成立和发展。"**区域创业加速项目**"（**REGIONAL ENTREPRENEURSHIP ACCELERATION PROGRAM，REAP**）也从最初的诞生地——特拉斯特中心——转出，并入"MIT 创新行动计划"（MIT Ⅱ）（关于 REAP 和 MIT Ⅱ 其他全球工作，我们会在第七章里详细讨论）。

在我看来，"MIT 创新行动计划"最重要的一项工作是管理最近获批的"**MIT 创业与创业本科辅修课**"项目（**MIT UNDERGRADUATE MINOR IN ENTREPRENEURSHIP AND INNOVATION**）。这是一门向所有 MIT 本科生开放的课程。2011 年 12 月，菲奥娜·莫瑞教授和我还有斯科特·斯特恩教授共同提议，开设一门有关创业的本科生辅修课。我们提交了一份初步的整合培养方案，提议成立一个工作小组，成员来自全校各个院系。

并由这个小组负责推进这项方案。由此成立的工作小组由布洛维克教授和莫瑞教授牵头，成员包括多位来自工程学院和斯隆管理学院的教师，以及来自 MIT 其他院系的教师代表。在这项方案提出的五年之后，MIT 教师委员会批准通过了这门创新与创业（E&I）辅修课。2016 年，辅修课程正式推出，同时面向低年级和高年级同学。这门课程要求学生事先完成两门基础课程："创新：从创意到影响力"（Innovation: Moving Ideas to Impact）和"创业工程"（Venture Engineering）。它还要求每位选课的学生从以下三个指定创新及创业（E&I）领域中选择一门选修课：环境、领导力和体验。

在此之前，MIT 已经有些不定期的创业研讨会和短期课程面向本科生开放了（尽管满足其先决条件的 MIT 本科生总是有能力进修各项研究生课程）。如今，我们创造了一条成熟的、高度清晰的道路，帮助有兴趣的本科生学习更多关于创业的知识，同时顺利完成主修专业的学习。

成为 MIT 创业生态系统的一部分

随着 MIT 创业生态系统各个正式组织机构的不断发展演变，我们每个人为协调沟通工作投入了更多时间。几位负责人频繁开会，讨论共同面对的问题，加强对各自项目或异或同的理解。举一个例子，为了更好地规避职工、顾问和导师可能出现的利益冲突，各个项目基本做到了政策的统一（有个别例外）。同时，协同合作早已超过了它本身的意义，因为在推进项目时、在面对具体的学生或者学生团队时，我们会频繁地相互推荐，还会毫不犹豫地要求彼此之间的支持。

我们从中得到了一条非常重要的经验：无论今天从 MIT 涌现多少创业者，他们实际上都是全校"联合出品"的。对任何一家由 MIT 教师、职工或者学生创办的企业来说，它们都是这个杰出体系的整体产物。任何一个单独的组成部分想要独擅全功都是不可理喻的。有些创业者也许参加过德尔塔 V（delta v）项目或者特拉斯特中心的其他项目，或者从我们的众多课堂中获得了最关键的经验，还有的人从创业指导服务中心（VMS）的导师那里得到了极大的帮助。很多企业赖以建立的思想基础也许得到过戴施潘德中心（Deshpande Center）或者"创新团队"（iTeams）项目的部分资助和支持，或者得益于技术许可办公室（TLO）的帮助和指导。还有些初创企业在几个发展阶段都得到了 MIT 十万美元大奖赛项目的加强和提升，甚至赢得过这个项目或者"清洁能源大奖赛"（Clean

Energy Prize Competition）的奖金。我们会在下文详细介绍这两项赛事。

MIT 这一系统的力量在于，它涵盖了如此众多的组成部分，它们的作用和贡献彼此交织，以至于任何一个独立组成部分想要独占全部功劳的做法都会显得幼稚可笑——我们的功劳就是培养了 MIT 的创业者和他们的新企业。

学生俱乐部对 MIT 创业事业发展贡献良多

多年以来，越来越多的 MIT 学生俱乐部带来了日益增加的创业相关活动，这也成了 MIT 创业生态系统的一大关键特征。在它们的众多联系中，有一点非常重要：所有在创业活动中表现出重要作用的学生俱乐部都落户在特拉斯特中心，得到了中心的支持。我们为这些俱乐部提供了一个共同的、友好的大本营。这里有触手可及的驻校企业家（EIR）和经验丰富的工作人员回答他们的众多问题，有会议室和工作空间供他们使用。很多学生领导者常在中心"盘桓"，他们不仅会与本俱乐部的成员，还会与其他学生团体联络和沟通。

【作者注】本章有意略去了关于 MIT "引擎"（MIT Engine）的讨论。它是 MIT 第一个把创业视为解决当前世界重大问题关键要素的、自上而下的有组织项目。该项目成立于 2016 年末，并在几个月后开始初始筹资和人员队伍的建设。我把"引擎"项目的讨论放在第十二章，它主要聚焦 MIT 创业事业的未来成长和发展走向。

如今的俱乐部活动蓬勃发展，欣欣向荣。这一切开始于 MIT 的"一千美元大奖赛"（**MIT $1K**）。这是一项带有试点性质的商业计划比赛，首次举办于 1989 年，也就是 MIT 创业中心成立的前夜。一年之后，这项比赛升级为"**MIT 一万美元大奖赛**"（**MIT $10K**）。当年有 54 支学生团队参与角逐。它堪称所有大学商业计划比赛的"太祖高宗"（grand-daddy），它的组织模式和由各类私营及政府组织资助的形式得到了全世界学术界的效仿。在此之后，一万美元项目变成了学生俱乐部，在学生的不断领导下，参与项目的团队数以百计地增长。一等奖的奖金数目也在不断增加，一开始增加到了 5 万美元；2016 年，奖金数目增加到了 10 万美元。这项比赛也同步更名为"**MIT 十万美元创业大赛**"（**MIT $100K ENTREPRENEURSHIP COMPETITION**）。在过去的 30 年间，参赛者通过这项活动收获了知识和曝光度。这帮助他们中的很多人建立了自己的企业，带来了许许多多的成功故事，当然也有更多失败的故事！这项赛事的一等奖曾在几年的时间里被冠名为"戴维·莫根塔勒（1940 届）与琳赛·莫根塔勒夫妇一万美元奖金"（David and Lindsay Morgenthaler $10K）。再后来，这项比赛收到了一笔丰厚的捐赠，它来自罗伯特·戈德堡（Robert Goldberg）（1965 届）的遗孀和家人。它把一等奖奖金提高到了 5 万美元。

经过多年的发展，整体赛事下的具体"方向"和阶段分期始终处于变化之中。2017 年，项目被分为"展示"（Pitch）、"加速"（Accelerate）和"发布"（Launch）三个阶段，每个阶段各设评委和奖项。随着 MIT 全校参赛者的快速增加，2005 年，赛事设两位负责人，分别来自斯隆管理学院和工程学院。这是历史上的第一次。这种协同合作的领导体制一直延续到了今天。每个阶段的评委通常由风险投资人和成功的创业家担任。他们总是慷慨地为学生团队奉献自己的宝贵时间、为他们提供建议和鼓励。即使从最早的时代算起，赛事评委的总体水平也是极高的。以 1998 年的评委为例，他们是**比尔·波特（BILL PORTER）**（E*TRADE 金融公司）、**米奇·卡普尔（MITCH KAPOR）**（莲花软件）、**比尔·波杜斯卡（BILL PODUSKA）**（PRIME 电脑公司和阿波罗电脑公司）以及**戴维·莫根塔勒（DAVID MORGENTHALER）**（莫根塔勒公司）。2017 年的"十万美元大奖赛"总计颁出了 30 万美元的奖金。非常重要的一点是，"十万美元大奖赛"和很多 MIT 创业俱乐部一样，它们完全是由学生管理和运作的，没有教师或职员的监督和管理。我们对自己的学生负责任地、成功地推进这些活动的能力怀有充分的信心。这一信心也通过了实践的检验。

"十万美元大奖赛"（包括之前的一千美元、一万美元和五万美元大奖赛）的影响力极其巨大。我们不会把"孕育"一家具体新企业的功劳归于任何一个单独的 MIT 机构，但是，尤其在发展初期的那些年，当时 MIT 并不存在其他能够吸引和帮助学生创办新企业的机构，因此，这项"商业计划大赛"曾经激励了很多 MIT 学生（还包括一些非 MIT 共同创办者的附加贡献），帮助他们形成了自己的创意和团队，一家全新的企业就此初露峥嵘。**布拉德·菲尔德（BRAD FELD**，即布拉德利·菲尔德）（1987 届）是一位杰出的创业家和风险投资人，也是 TechStars 加速器的共同创始人和一位创业作家。他曾经指出：

当我还在"十万美元大奖赛"担任评委时（1993—1997 年），这项赛事已经涌现出了数量惊人的、极度成功的企业了。后来，我成了一些决赛团队的后期天使投资人，包括软件公司 NetGenesis（那是我的第一笔天使投资）、技术公司 Abuzz、Thinkfish 和游戏企业 Harmonix 等。我不再担任评委那一年，进入决赛的两支团队是 Direct Hit 和阿卡迈（Akamai）（天啊！瞧我错过了什么！）……多年以来，"十万美元大奖赛"创造了数量众多的企业。我不清楚这些企业的货币价值是多少，我猜至少能达到 250 亿美元……对一项商业计划赛事来说，这个数字相当喜人[8]。

而且，不要忘了，这些都是学生的初创企业，不包括校友创办的企业！

2017 年"十万美元大奖赛"冠军和他的朋友们

"**MIT 全球初创工场**"（**MIT GLOBAL STARTUP WORKSHOP**）是"十万美元大奖赛"的一项重要衍生成果。它由学生创办于 1998 年，旨在教会其他学生如何组织和运营类似赛事。它的工作重点是把 MIT 式的创业工作传播到全球每个角落。我会在第七章详细讨论这个项目。

"**清洁能源大奖赛**"（**CLEAN ENERGY PRIZE COMPETITION**）与"十万美元大奖赛"风格类似。它是由比尔·奥莱特和几位学生共同创办的。我们在第四章提到过，比尔当时还在创业中心担任驻校企业家。它最早是"十万美元大奖赛"的一个赛道，后来变成了一个独立组织，由学生负责管理。项目发展到现在，一个覆盖全校的学生俱乐部负责管理和支持它的日常运行，同时参与清洁能源相关的学生活动。这项赛事获得了政府和主要能源企业的资金支持。在美国能源部的帮助下，它很快就变成了一项全国赛事：全国清洁能源大奖赛（National Clean Energy Prize Competition）。进入决赛圈的团队每年在 MIT 共聚一堂。它的奖金覆盖全国，总金额超过 100 万美元。

十万美元大奖赛最近的衍生成果是"**MIT 金融科技商业计划大奖赛**"（**MIT FINTECH BUSINESS PLAN COMPETITION**）。它在 2015 年成为一项独立赛事。

多年以来，MIT 还涌现了很多比较聚焦的创业比赛。这些赛事的奖金规模通常不大，但是导师指导和评委打分流程非常相似。其中一个例子就是"**MIT 军用纳米技术中心'士兵设计大赛'**"（**MIT INSTITUTE FOR SOLDIER NANOTECHNOLOGIES "SOLDIER DESIGN COMPETITION"**）。这项比赛开始于 2003 年，一等奖奖金一万美元。

"**MIT 风险投资与私募股权俱乐部**"（**THE MIT VENTURE CAPITAL AND PRIVATE EQUITY CLUB**）最初仅仅局限于学生对风险投资的兴趣，后来逐渐扩大了范围。这家俱乐部全年组织系列嘉宾讲座；安排学生走访波士顿、纽约和旧金山的风险投资（VC）和私募股权（PE）企业。俱乐部每年举办两次全国闻名、广受好评的大型活动：风险投资大会在秋天召开，私募股权大会在春天召开。

学生们有时会走在俱乐部的前面，开辟全新的创业领域。**凯瑟琳·哈拉比**（**CATHERINE HALABY**）和**凯思琳·斯特森**（**KATHLEEN STETSON**）都是 2014 届的 MBA 学生。她们在读二年级时组织实施了"**黑客艺术**"（**HACKING ARTS**）活动。这项系列活动为期一个周末，吸引了 200 多名来自 MIT 和波士顿其他院校对艺术感兴趣的学生。他们在这些活动中聆听各界艺术领袖和创业人士的演讲。接下来，学生们组成多支团队，提出自己的想法和初步计划，筹备成立以艺术为旨趣的新企业。这个项目促使"十万美元大奖赛"在 2015 年的活动中增设了"创意艺术"（Creative Arts）赛道。学生、相关工作人员和支持他们的校友们积极筹款，把"黑客艺术"办成了一项由学生主导的长期活动。比尔·奥莱特还为它指派了一位研究生"实践领袖"，帮助学生培养创意艺术的创业精神。这项由学生发起的行动计划还推动创意艺术团队首次赢得了"十万美元大奖赛"的一等奖！2017 年，已经成为校友的凯思琳·斯特森带着"黑客艺术"走遍了美国，帮助洛杉矶爱乐乐团制作了"洛杉矶黑客音乐"（Hack Music LA）活动。

与学生创业者有关的俱乐部如今已覆盖多个主题领域（例如国际发展、粮食与农业、金融科技、创新创业等）。其中的一个俱乐部建立了一个非常广泛的项目，关注在 MIT 求学的中国学生，它甚至为此组织了自己的商业计划比赛：中国创业与创业论坛（China Innovation and Entrepreneurship Forum，MIT-CHIEF）！每个学生俱乐部都发挥着必不可少的独特作用。MIT 马丁·特拉斯特创业中心 2017 年年报（第 29 页）完整列出了与 MIT 创业生态系统有关的所有学生俱乐部。

无论是在课堂、实验室、学生活动还是他们自己创办的企业里，学生的直接参与始终是 MIT 创业事业获得成功的基础，也是浑然一体的"MIT 创业生态系统"的真正源泉。

周边社区：互动与融合

随着 MIT 创业生态系统的不断进化，学校的周边环境也发生了明显变化。这些变化又反过来促进了 MIT 创业生态系统的加速发展。也许只有两耳不闻窗外事的人们才会对这一切视而不见。我们在第一章简略提到过，2001 年，初创企业开始搬进**剑桥创新中心（CIC）**。这是一处位于宽街一号（One Broadway）的私营共享式办公场地，位于肯德尔广场（Kendall Square）后面、MIT 斯隆管理学院对面。剑桥创新中心的先驱创业者兼首席执行官是**蒂姆·罗维（TIM ROWE）**（MIT 斯隆管理学院，1995 届）。一开始，他在这座 MIT 的建筑里单独开辟了一个楼层，向外出租小型办公室。租金按使用人数收取。后来他逐渐扩展出新的简单服务，比如增加会议室、安装无线网络、开放带有冰箱的小型房间，供人们存放午饭便当，很快又增加了免费小食品和水果等。蒂姆慢慢提高这处办公场地的吸引力，例如夜间开放的咖啡厅、定期举办社交聚会活动，有时还会邀请演讲嘉宾。慢慢地，一些律师、风险投资人和其他服务提供商发现，他们应该来到自己客户和潜在客户所在的地方办公，这样对自己的业务大有裨益。这样一来，剑桥创新中心变成了一个大磁场，吸引了众多的初创企业，甚至包括一些大型企业的创业部门，例如亚马逊、脸书、谷歌、微软，甚至包括诺华和辉瑞等制药巨头。

蒂姆·罗维（Tim Rowe）

MIT 教授汤姆·艾伦（Tom Allen）发现，空间的近便会极大地加强人们的沟通与交流。这座大楼里的创业者们低头不见抬头见：在电梯里、夜间的咖啡馆里……彼此建立了协同关系。志在创业的 MIT 学生可以在自己位于宽街一号的公司里埋头工作，然后随时走回校园去上课。在这里工作的风险投资人发现，他们可以更方便地到 MIT 听讲座、安排午餐会见。剑桥创新中心因此成了整个生态系统反馈网络的一个关键节点，在 MIT 及其周边飞速成长起来。如今，在剑桥创新中心最早的场地和周边建筑里办公的企业有 1000 多家。

各类创业者同样形成了越来越高的密集度，这也吸引了更大型的企业来到这里，而且不仅限于宽街一号和它周边的小型办公室。大型 IT 企业和制药企业纷纷入驻肯德尔广场，它们向上发展、向外扩张，把这个区域变成了全世界最富创业精神的一平方英里。这一切都融入了 MIT 的创业生态系统之中。

小结：MIT 半个世纪以来的创业发展

MIT 如今的创业密集环境并不是降临在剑桥小城的奇迹。它源于 150 年前的建校愿景和一套完整的基本态度，它们把学术世界和现实世界联结起来，让思想变得更重要。它的发展得益于这所充满卓越科研与教育的高等学府对思想实用性的不懈投入。她在过去的 50 年间——尤其是过去的 25 年间——打造了配套完整的基础设施、毫无保留地支持新企业的建立和成长。如今，她的教师和各级学生——无论是在校学习期间，还是毕业之后——都会致力于创业活动，并且达到了令人叹为观止的程度。

本书的第一部分记述了以下几个方面：

- MIT 创业研究的发端；
- 早期校友对创办新企业活动的大力支持；
- 多个中心的建立，及其对学生创业活动的培育和支持；
- 全面教育项目缓慢而笃定的发展，它们为全校各级学生带来了与创业相关的理论和实践知识；
- 这一支持性环境面向更大学生群体的扩展，支持他们有效地追寻自己的创业梦想；
- 周边社区的同步发展。这为"MIT 创业生态系统"带来了新生企业、发展中的企业，甚至是大型创新企业。

需要特别强调的是。我们拥有一支专门致力于创业教育的教师和职员队伍。他们投身科研工作、积极把研究成果转化为行动、指导学生、成为学生的榜样、用坚定的决心激励学生。如果没有他们，这一切成绩都不可能存在。同样地，如果没有第四章提到的众多捐赠人至关重要的支持，这一切也不可能存在。

本书第二部分讲述了 MIT 的组织、学生和教师是怎样多年如一日地把他们对创业文化的热情和成果扩展到学校以外的。他们极大地影响了美国和全球经济，也为 MIT 热爱的、依靠创新驱动的创业事业造就了全球地位。

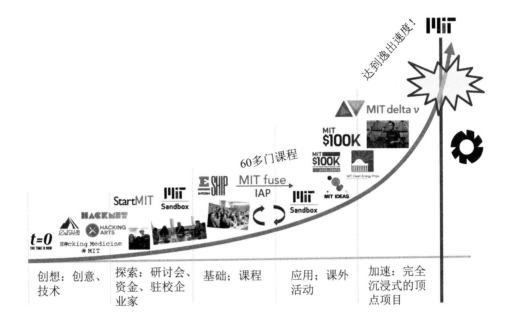

MIT 马丁·特拉斯特创业中心创业坡面图

参考文献及注释

1. 来自米歇尔·乔特（Michelle Choate）的采访，2016 年 5 月 2 日。

2. 来自米歇尔·乔特（Michelle Choate）的采访，彭特兰教授的讲话略有改动。

3. 来自米歇尔·乔特（Michelle Choate）的采访，2016 年 5 月 9 日。

4. 来自米歇尔·乔特（Michelle Choate）的采访，2016 年 5 月 6 日。

5. Katherine Dunn，"The Entrepreneurial Ecosystem"，*Technology Review*, September 2005.

6. 来自她在 2016 年 11 月 12 日 "MIT 创业五十周年庆典" 活动上的讲话。

7. 来自维基百科 "Lemelson Foundation" 词条。访问日期：2018 年 2 月 21 日。

8. 个人谈话，2017 年 11 月 10 日。

左上：

马萨诸塞州州长查理·贝克（Charlie Baker，即前文提到的查尔斯·贝克）在2016 年"展示日"（Demo Day）活动上讲话

右上：

2018 年"MIT 全球初创工场"团队成员在 MIT 穹顶前留影

右下：

"复旦 -MIT 中国实验室"（Fudan-MIT ChinaLab）项目团队成员合影

左下：

"MIT 区域创业加速项目"（REAP）2017 年第 3 期结课留影。参加合影的还有 REAP 项目的全体教师：比尔·奥莱特、斯科特·斯特恩、菲尔·巴登（Phil Budden）、菲奥娜·莫瑞，以及 MIT REAP 项目执行主任莎拉·简·马克斯蒂德（Sarah Jane Maxted）。

第二部分

把 MIT 创业推向全世界

本书第一部分深入呈现了 MIT 半个世纪以来完成的工作和取得的组织成就。在第二部分里，第六章讲述了 MIT 创业者通过成立和建设新企业为美国和全世界带来的巨大影响。接下来，我会探讨 MIT 创业人群和组织是如何以令人惊叹的数量迅速地把自身影响力扩展开来，传遍全美国（第六章后半部分）和整个世界的（第七章）。

第六章

MIT 创业事业的影响力

在 2001 年之前，一些流传于坊间的讨论证明了 MIT 的教师和校友创业者的影响力——人们讨论的是我们的创业者们如何开辟新产业、建立卓越企业、创造令人瞩目的优异产品和服务、工作机会和经济效益。我们自己对 MIT 各个实验室和院系的研究只是这些数据中的一部分。尽管这些数据都经过了精心收集和分析，但它们终归受限于这些实验室和组织机构所能容纳的，以及我们所能接触的总人数的限制。

波士顿银行（Bank Boston，现为美国银行（Bank of America）的一部分）的经济部门在 1989 年和 1996 年发布过两份报告，主题均为"MIT 关联企业"（MIT-related Companies）[1]。这家银行指出，这两份报告都是建立在 MIT 提供的企业名单基础之上的。但是，"与 MIT 有关的"（MIT-related）创始人是一个颇为宽泛的概念："这些创始人包括 MIT 毕业生，或者教师职工成员……或者来自 MIT 某个重要实验室的衍生机构……或者来自以 MIT 转让技术为基础的企业等"[2]，此外，只要企业仍在运营，无论创始人是否在世，都会被计算在内。尽管有着如此宽广的包容性，波士顿银行 1996 年报告的基础仅仅包括 3998 家当时活跃在市场上的企业，员工总数为 110 万人，全球年收入总额为 2320 亿美元。其中有 220 家位于美国以外，员工总人数为 2.8 万人。至于那份来自 MIT 的原始清单是怎么来的，这份报告并没有提供任何信息。我会在下文提到，这些数字非常不符合实际，严重低估了 MIT 创业者的影响力。

对 MIT 创业影响力的首次研究

MIT 校友会每隔 10 年开展一次校友普查，更新每个人的地址和工作信息。2001 年，调查中增加了这样一个问题："您是否创办过公司？"调查问卷收到了几千份有效回复，其中 23.5% 的人给出了答案。到了 2003 年，MIT 决定对所有回复者进一步开展深入调查，并邀请我帮助他们开发调查工具。当时，许慧猷（David Hsu）是我春季学期和夏季学期的博士后，即将成为宾夕法尼亚大学沃顿商学院的创业教师。他现在已经是沃顿商学院的长聘全职创业教授了。我们当时可以在很大程度上影响 MIT 的调查问卷，但是无法控制它的内容。调查结果即将出炉时，查尔斯·埃斯利（Charles Eesley）加入我们，和我们一起完成了数据分析工作。他当时还是一名进修创业的博士生，现在已经是斯坦福大学讲授创业的长聘副教授了。我们的做法很保守——我们的研究只包括仍然活跃在市场上的企业，而且创办这些公司的 MIT 校友至少要有一位在世。我们把校友创始人全部离世的企业全部排除在外，例如**基因泰克（GENENTECH）**、**吉列公司（GILLETTE）**、**惠普、英特尔和雷神公司（RAYTHEON）**等，这样的企业为数不少。那些由 MIT 校友创办，但是被其他公司收购的企业也没有计算在内，例如 **DEC** 公司，即使创办这家企业的校友**肯·奥尔森（KEN OLSEN）**仍然健在。另外，关于人们常说的"与 MIT 有关的企业"，即由 MIT 教师、职员、衍生企业或者技术受让人创办的企业。只要创始人不是 MIT 校友，也会被我们排除在外。

埃斯利教授与北京的清华大学合作，延续了我们在 MIT 开始的校友衍生企业对比研究，他还在智利完成了类似的研究，并与几家美国大学合作完成了类似的研究。在斯坦福工作期间，查克（即查尔斯·埃斯利）做过很多 MIT 数据库研究工作，发表了多篇关于创业发现和成功因素的论文。他有这样一项成功的发现：在所有 MIT 校友创业者中，42% 的人指出，在他们决心走上创业道路的过程中，至少有一位 MIT 教师发挥过关键的帮助作用。

调查收到了 2002—2003 年的企业员工人数和销售收入数据。2006 年，我们通过 Compustat 标普数据库和邓白氏（Dun & Bradstreet）完成了这些数据的验证和升级工作，前者主要针对上市企业，后者主要针对私营企业。尽管做出了极大的舍弃，我们得出的估算结果与波士顿银行的数据之间仍然出现了惊人的差异。

按照我们的估算，截至 2006 年，约有 2.58 万家活跃在市场上的企业是由仍然健在的 MIT 校友创办的。这些企业的员工总数约为 330 万，全球年收入总和接近 2 万亿美元，体量相当于全球第 11 大经济体[3]。除了披露这一巨大的经济影响之外，这份报告还指出了许多之前未被记录的趋势。它们包括：在过去五十年里，校友创办的"第一家企业"快速增长、首次创业者的中值年龄稳步下降、创办一家以上企业的人数（即"连续创业者"）占比明显上升等许多新发现。这是所有高校中第一份针对所有创业校友及其经济影响的全面研究报告（我要在这里感谢 MIT 驻华盛顿特区代表威廉·邦维利安（William Bonvilian），感谢他推动我开展这些经济分析，感谢他对苏珊·霍克菲尔德校长的大力协助，还帮助我与考夫曼基金会（Kauffman Foundation）建立了联系）。被人们广泛称为"创业基金会"的考夫曼基金会出版了我们的研究报告。很快地，这份报告变成了发行量最高的出版物，其他的院校纷纷效仿。其中跟进最快、质量最高的是斯坦福大学。在斯坦福负责这项研究工作的不是别人，正是刚刚登上斯坦福讲台的查尔斯·埃斯利[4]。

新近研究

面向 MIT 校友创业者的甄别调查工作早在 2001 年就开始了，最终发表的时间是 2009 年。这次漫长的迟到告诉我们：必须加快 MIT 的研究工作，取得更多更新的信息。2014 年，在博士生丹尼尔·金（Daniel Kim）的协助下，菲奥娜·莫瑞教授和我重新设计发起了新一轮研究。这一次的数据收集和分析工作更细致透彻。针对那些在电话调查中未做回复的校友，我们还特别增加了在线问卷环节。这次的研究成果很快就在次年公开发表了[5]。

根据我们的估计，最关键的经济影响如下：截至 2014 年，约有 3.02 万家活跃企业是由 MIT 校友创办的，且创始人在世（这个数字不包括由非校友教师、职员、实验室衍生企业人士或者技术受让企业人士！）。这些企业共计聘用了 460 万名员工，全球年销售收入总和约为 1.9 万亿美元，GDP 水平约等于当年全球第十大经济体。

图 6-1（来自我们的研究报告）展示了 MIT 校友创办的新企业在过去 60 年间的增长情况。其中，在前 40 年里，每 10 年的增长率达到了 50%，包括 21 世纪第一个 10 年的预计完全增长率（这十年的前四年甚至达到了更高的增长速度！[6]）该图还表明，进入 21 世纪之后，MIT 校友平均每年创办 1200 家新企业。这一指数式增长与美国新企业持续低迷的整体产生速度形成了鲜明的对比。绝大多数全国企业都不属于增长导向的创新型企业，而是安托瓦内特·肖尔（Antoinette Schoar）所说的"生存型创业"（Subsistence Entrepreneurship）[7]。

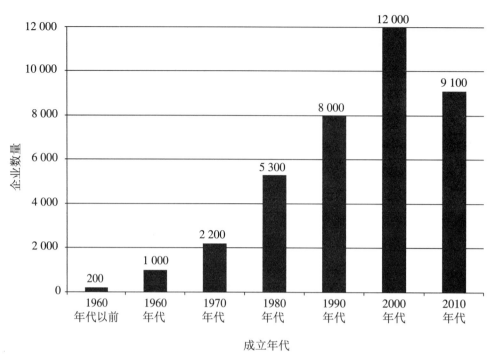

图 6-1　MIT 校友创办企业的预计数量（按成立年代划分）

注：21 世纪 10 年代的数据仅到 2014 年 4 月。

我们还发现了更多的证据，可以证明 MIT 创业令人惊叹的巨大增长。例如，在 20 世纪 60 年代，每 100 位 MIT 校友中有 6 位创办了新企业；到了 21 世纪 10 年代，这个数字达到了先前的 3 倍：每 100 位校友中有 18 位成为创业者。总体而言，有 25% 的调查对象属于创始人或者联合创始人，他们创办了属于自己的营利性企业。男性校友成为创业者的比例远远高于女性校友。为了确保估算的合理性，我们还开展了后备电话调查。这一调查取得的实际结果显示，成为创始人的校友比例为 35%。这也从另一个侧面说明了，我们对 MIT 创业影响力的衡量手段可能是更偏向保守的，因为我们所有的估算都是建立在相对较低的线上回复基础之上的。

经济学家们认为，创办技术型企业的成本正在大幅下降。这项因素极大地影响了走出 MIT 的创业者们，造成其数量几何级数的增长。他们拥有可以快速制造产品原型的工具，享受着中国的低廉生产成本；激增的软件平台简化了应用开发工作；他们还可以享受日益增加的共享办公场地、甚至共享式实验室——这一切都表明，一支团队也许只需要较少的资本就可以走上创业之路。也许这些说得都没错。但是我认为,根本性的驱动因素在于:成功的创业者获得了越来越高的声誉,他们追求自身事业的抱负日益增强;大学和在线教育平台提供了越来越好的创业教育,人们获得指导和鼓励的机会越来越多——一切就像我们在 MIT 做的那样。

在我们的数据中,唯独有一点令人失望:走上创业道路的男性校友和女性校友之间始终存在较大差距,两个群体创办企业的平均规模也存着不小差距。从MIT 走出的女性创业者正在增加,同时,我们也在不断努力缩小这一差距。

MIT 校友创办的企业遍布世界各地,其中有 23% 的企业位于美国以外。尽管 MIT 的本科生中只有 8% 来自马萨诸塞州,但是 31% 的 MIT 校友把企业总部设在了这里,仅仅剑桥小城就拥有 MIT 校友企业总量的 8%。加利福尼亚州紧随马萨诸塞州的脚步,拥有 21% 的 MIT 校友企业。当然,很多 MIT 校友也是其他大学的毕业生,其中无疑有很多来自加利福尼亚。

马萨诸塞联邦州长查理·贝克这样称颂 MIT 的贡献:

尽管马萨诸塞人杰地灵,俊秀的组织层出不穷,但我们依然庆幸自己拥有MIT。它是我们社会和生态系统的一部分。MIT 的同仁们——那些潜心研究、那些与私营部门建立合作伙伴关系的人们是麻省最富有创造力和创新能力的人才。年复一年,MIT 人用他们的能力不断地为我们带来令人欣喜的事物、为我们的国家和全世界做出贡献。这一点当真令人敬佩不已[8]。

贝克州长还举出了几家 MIT 校友企业的例子,包括**阿卡迈(AKAMAI)**、**HUBSPOT**、**MEDITECH** 和 **PILLPACK** 等。

创业者永远年轻,而且越来越年轻。图 6-2 来自我们 2015 年的研究报告。该图显示,MIT 人开始创业的年龄一直在变低[9]。20 世纪 60 年代,MIT 首次创业者的中位年龄是 38 岁。到本世纪的前 10 年,这个年龄已经降到了 27 岁,这也部分反映了我们所说的"右侧统计偏差"(right-side statistical bias)。也就是说,对这十年中的多数毕业生来说,当它们中的一部分创办自己的第一家企业时,肯定要比现在的年龄大。反过来说,由于我们仅仅统计校友,如今的许多在校生,无论他们是本科生还是研究生,都比图中所示的中位年龄低得多。他们在 MIT 就读期间就创办了自己的企业。这些人还未出现在 MIT 的校友名录上。这种做法可能存在的缺点在于,更年轻的创业者经营企业的实际工作经验欠缺得多。关于这一点,我们还没有充足的数据,证明这是否妨碍了最终的成功(或者是否对成功有利，因为它也可能解放创业者心智，让人变得更富有创造力、更大胆？）

更年轻的中位年龄说明，人们更早地确立了创办和经营独立组织的决心；它同时也表明，完成初次创业的人们会有更多的时间创办第二家、第三家或者更多的企业。我们关于"系列创业者"（serial entrepreneurs）的数据已经证明了这一点。在线调查显示，约有 40% 的 MIT 校友创业者创办过两家或更多的企业（备用电话调查得到的这一数据为 49%）。就这一点而言，右侧偏差造成的是对最终成为系列创始人人数的低估。在我看来，如果把人们毕业后创办企业的数量当作他们获得 MIT 学位之后年数的函数，那么，趋势数据告诉我们，大约 60% 的新近（首次）创业者最终会创办多家企业。这一变化的经济影响极其重要，因为每一位创业者更有可能投身多种机会、创造工作机会和收入成果，形成高得多的人均累积效应。顺便提一句，我们关于企业存续的数据表明，MIT 校友企业的平均寿命显著高于美国新企业的全国平均水平。

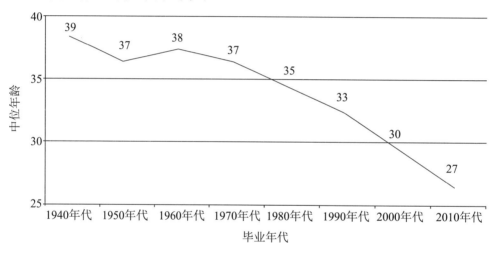

图 6-2　首次创业 MIT 校友创始人的中位年龄（按照毕业年代划分，从 20 世纪 40 年代至 2014 年 4 月）

注：这些数字可能反映了"右截断偏差"（right-censoring bias），造成对新近毕业生中位年龄极值的低估。

我们研究中的更多发现扩大了 MIT 创业工作中涌现的影响形式。其中最引人入胜的一点是，在所有做出回复的校友中，有 22% 曾在初创企业从事过非创始人岗位的工作（这里的初创企业指成立不到 2 年，员工不足 10 人的企业）。在最近几十年里，这个数字的增长表现得更加明显。他们中的 38% 后来创办了自己的企业。这个比例远远高于那些从未在初创企业工作过的人群。这一点很好地预示了创业率未来进一步增加的可能性。也许在初创企业"高质量"的工作经验足以抵消全职工作时间较短的不足。

除了创业之外，该研究还记录了我们对创新和企业发展更多的巨大贡献：在所有做出回复的校友中，有31%的人获得了专利，一半以上的人指出，他们在（非自创的）企业中负责产品开发工作。这些调查结果甚至没有把 MIT 科学工作者和工程师们的总体贡献纳入考量。无论是在校期间，还是离开 MIT 之后，他们都为所在领域的发展做出了贡献。这些贡献为全世界带来了经济及社会方面的进步。我们的调查并未把这些贡献包括在内。

> **提示：**
> 我们的创业数据不包括那些由 MIT 校友创办，但已被收购或是已经停业的企业。该数据也不包括创始人已离世，而企业仍然活跃的情况。这样的情况很多。对于非校友 MIT 教师或员工创办的企业，以及 MIT 主要实验室离职人员创办的企业，数据中均未包含。最后，这一数据也没有包含那些非校友创办的、从 MIT 技术许可办公室取得技术转让的企业。因此，我们可以说，MIT 创业企业的真正影响力是极其巨大的，此处并未尽述。

MIT 开始尝试其他创业机会

我们这两项研究的每一位参与者都撰写了论文、发表过演讲，并从总体上推进了对 MIT 校友在创办企业、推动区域及国家经济增长与发展等方面巨大贡献的记录。2009 年的报告最早在华盛顿特区发布，考夫曼基金会为此安排了系列讲座。我的时段被放在上午，向国家科学基金会（National Science Foundation）的一个小组做报告，题目是如何加强大学研发工作的商业化；下午在一间国会听证室里安排了一场闭门会议，所有与科学技术相关的国会议员的助理们都参加了。考夫曼大力游说，强调了创业在驱动经济方面的作用，提高人们对创业的关注和支持力度。报告发布时，MIT 校长苏珊·霍克菲尔德不断地在公开会议上，以及与其他大学的学术同侪开会时，引用 MIT 的数据，说明科研型大学扩大社会贡献的可能性。几年之后，MIT 教授菲利普·夏普（Philip Sharp）即将卸任美国科学促进会（American Association for the Advancement of Science）会长，他同样在会长演讲中引用了报告中的数据，敦促台下众多的学术领袖拓宽传统的"科研、教育、公共服务"铁三角，把发明和创新的商业化当作重点工作。这样一来，MIT 和兄弟院校都开始更多地重视创业，谈起创业也说得"头头是道"（talking the talk）了。

MIT 创业论坛的外展

实际上，早期的 MIT 创业机构这时早已"步步为营"（walking the walk）了！1978 年，"**MIT 创业论坛**"（**MIT ENTERPRISE FORUM**）在剑桥和纽约成立。论坛章程明确规定，欢迎非 MIT 校友加入地区分部。全美的 MIT 校友会纷纷效仿这一模式，创办了遍布各地的 MIT 创业论坛分部。每个分部都是一个培育型组织。它们鼓励年轻的创始人向志同道合的听众表达自己，讲出自己的想法和面对的挑战，从来自 MIT 内外的人们身上获得意见和帮助。到 1985 年时，这一发展带来了覆盖全国的 MIT 创业论坛公司（MIT Enterprise Forum, Inc.）。这家公司随后拓展到了全球范围。截至 2011 年，公司共计发展了 28 个分部，其中 10 个位于美国以外。它还在 MIT 成立了一个全国范围的协调中心，为各个分部提供指导。对那些热爱创业的人来说，鼓舞他人的创业热情是一件再自然不过的事——无论他们是不是 MIT 校友。

文森特·富尔默
（Vincent Fulmer）

凡尔纳·哈尼什
（Verne Harnish）

1990 年，**文森特·富尔默**（**VINCENT FULMER**）（1953 届）刚从 MIT 副校长和 MIT 校董会总裁的位子上退下来。他打电话给我，急切地提出了一个要求。文斯（即文森特·富尔默）曾经是校领导中最支持创业工作的一位，也是 MIT 创业论坛的创始人之一。他邀请我立即和他，还有**凡尔纳·哈尼什**（**VERNE HARNISH**），见上一面。几年之前，凡尔纳创办了"高校创业者协会"（Association of Collegiate Entrepreneurs）。早在 1984 年，这家协会的第一次大会就是在 MIT 召开的。当时，凡尔纳提议由 MIT、《公司》杂志（*INC.*，由 MIT 校友**伯尼·哥德赫许**（**BERNIE GOLDHIRSCH**）（1961 届）创办和管理）和他当时刚刚创办的"青年创业家协会"（Young Entrepreneurs Organization，YEO）（现称"创业家协会"，简称 EO）联合成立一家合资企业。当时，"青年创业家协会"即将推出"巨人的诞生"（**BIRTHING OF GIANTS**）项目。这是一个专门面向 30 岁以下企业创始人 / 首席执行官群体的教育项目。我们立即达成了一致，决定迅速推进。紧接着的第二年，我们推出了第一个年度项目，授课地点设在马萨诸塞州戴德姆 MIT 恩迪科特大厦的会议中心，由剑桥 MIT 创业论坛、《公司》杂志和"青年创业家协会"共同主办。几位 MIT 老师担任学术教师，多名成功的创业者和风险投资人担任实践教师，我担任教学负责人。在此之后的很多年里，文斯·富尔默从未缺席过一次课堂。在这个项目的前 15 年里，凡尔纳·哈尼什一直担任项目主任和牵头人。

在第一年（和接下来几年的绝大多数时间里），我跟随凡尔纳完成了这个项目的启动工作。多年以来，很多 MIT 教师走上过这个项目的讲台，包括埃德加·沙因（Edgar Schein）、约翰·万·曼伦（John Van Maanen）、迈克尔·库苏玛诺（Michael Cusumano）、黛博拉·安科纳（Deborah Ancona）和杰克·罗卡特（Jack Rockart）等多位教授。这个项目第一年就收到了将近 800 位创业者的申请，限于恩迪科特大厦的空间，我们从中挑选了 48 人。第一年的课程为后续年份树立了标杆。一批杰出的创业者走出了这个课堂，尽管他们当时都还很年轻、创业的征途也才刚刚开始。他们包括：**布拉德·菲尔德（BRAD FELD）**（1987 届，他后来创办了 **TECHSTARS** 等多家企业）、艾伦·特雷弗勒（Alan Trefler）（Pegasystems 公司）、泰德·列奥西斯（Ted Leonsis）（他后来当上了美国在线（AOL）的副董事长），还有很多人后来都取得了巨大的成功。**国际数据集团（INTERNATIONAL DATA GROUP，IDG）**的创始人兼首席执行官**帕特·麦戈文（PAT MCGOVERN）**（1959 届）是我们的嘉宾实践教师之一。

凡尔纳始终对此心存感激。他发现：

现在回头来看，我可以笃定地说，这一切只能发生在 MIT。因为这所大学处处充满了整体一致的支持、适宜的文化和创业的精神。当时的"青年创业家协会"只有 156 名会员，可是 MIT 依然向我们敞开了大门，和我们一道培养年轻创业者。她完全没有担心自己的声誉会因此蒙受风险。如今，我们的会员已经超过了 1.2 万人，"巨人的诞生"成了一个关键组成部分。这个项目已经培养了将近 1500 名创业者。

我们在第四章提到过，MIT 创业中心在 1999 年首次推出了为期一周的高管培训项目"**MIT 创业发展项目**"（**MIT ENTREPRENEURSHIP DEVELOPMENT PROGRAM，EDP**）。而"巨人的诞生"比 EDP 早了足足 9 年时间。EDP 项目是 MIT 走向外部的初期努力。学校的目标还包括帮助其他高校、地区和国家，把创业事业推向前进、帮助个人创业者和即将走上创业道路的人们。很多国家，包括澳大利亚和苏格兰在内，都是 MIT EDP 项目总体发展战略不可分割的组成部分。教室空间扩大之后，EDP 课堂每年可以容纳将近 120 人。EDP 启动之后，我和其他 MIT 教师不再参与"巨人的诞生"的教学工作，但是 MIT 剑桥创业论坛始终保持着这个项目的联合主办关系。这项课程如今仍在继续，地点还在 MIT 恩迪科特大厦。从 1999 年到现在，"青年创业家协会"一直与 MIT 创业高管培训项目共存，从未有过明显的混淆。2016 年，我和凡尔纳、文斯一同在 MIT 庆祝"巨人的诞生"项目二十五周年。布拉德·菲尔德和艾伦·特雷弗勒也出席了这场庆祝活动。在 1991 年"巨人的诞生"的首期班上，他们是恩迪科特大厦的室友。

打造孵化器和加速器，拓宽和提升创业事业

在 MIT 校园里，班级体系、俱乐部和创业中心不断发展，生态系统不断进化。这构成了坚实的基础，不断鼓励和支持着年轻创业者。但是，绝大多数的新企业发展比较缓慢。它们需要在实现规模化的路上获得更多帮助。而且这些企业通常失败率很高。早期提升可以在内部完成：这项工作可以部分地通过提高对全校创业指导服务的重视实现。提供更多的高阶课程训练也很有帮助。但是，无论在美国还是在其他国家，这一类依托大学的支持项目几乎难得一见。当然，极少数的例外还是有的，比如斯坦福大学。

一些所谓的"孵化器"并不少见，尤其是在互联网泡沫时期。但是它们基本上只是为寥寥几家初创企业提供共享办公场地，间或提供一些现成的指导。私营孵化器偶尔会提供零星的启动资金。这些孵化器给我的感觉是以小搏大，目的是换取新企业的大量股权！我当时的看法比较尖刻：我认为当时多数早期私营孵化器是在剥削创业者——那些比较天真的年轻人们。而各级政府资助的公共孵化器基本没有"孵化"，只有"器"。在互联网浪潮兴起初期，我精心挑选了两家不同类型的孵化器，担任义务顾问，以此帮助初创企业。我拒绝了其他几家孵化器的邀请，因为我们觉得它们对初创企业帮助不大。

后来，各种"孵化器"一夜转型，纷纷换上了"加速器"的招牌。我们要注意二者在术语上的区别。如果要通过行动为某个对象加速，我们是在努力提高它的速度，例如帮助一家初创企业发展壮大。一家加速器至少需要一套系统性的训

练流程，这是再明显不过的事。如今，大多数加速器采用 3 个月的加速周期，面向各个类型（per class）的新企业或 / 和年轻企业。下文会深入谈到 4 家加速器。它们的关注点和运行方式各不相同，但是它们都是 MIT 校友创办和领导的。加速器正在迅速发展为一种创办企业的新工具。可能有很多 MIT 校友建立的加速器是我尚未发现的，尤其是那些作为风险投资活动附带结果的加速器。

> **为什么叫德尔塔 V？**
>
> 因为 d/dt（velocity）= acceleration
>
> 或者更简单地表达为 delta v=a

比尔·奥莱特和 MIT "德尔塔 V"（delta v）加速器 [10]。如果加速器真能推动初期阶段的创业团队，那么，它们应当在致力于培育创业者的大学里发挥重要作用。我在本书的第四章提过，为了更高效地提升创业企业的规模，比尔·奥莱特做出过开创性的工作。他帮助 MIT 为这个问题找到了最新的解决之道。比尔把我们最早的内部加速器命名为"创始人技能加速器"，后来改称"全球创始人技能加速器"。再后来，2016 年暑期课堂上那群标新立异的学生们为它想出了一个新名字：德尔塔 V（delta v）。十足的 MIT 风格！为了设计 MIT 的项目，比尔调查了全美国已有的多家加速器，既包括私营加速器，也包括公共加速器。在此基础上，我们制定了自己的规则。我们选择一部分创业团队和企业加入夏季训练营，为期 3 个月。学校不谋求这些企业的股权，恰恰相反，所有入选团队中的 MIT 学生都会得到一定的资金补助。它来自捐赠基金，主要用来维持学生们整个夏天的生活所需。除此之外，如果团队在事先规定的 5 个领域里实现了预定工作目标，还有可能"赚到"最高 2 万美元的里程碑资金（这些工作目标是由团队和多位导师共同制定的。导师们会组成创业团队的虚拟董事会）。所有 delta v 学员都要完成每个星期的周课堂，紧随其后的是精心安排的教学项目；除此之外，每个星期还会有实践教师走进课堂。每一年，delta v 项目会结合自身的财务和人力资源实际情况从全校 100 多支申请团队中选出 10~12 支。2016 年，在项目收到戈斯基金会（Goss Foundation）慷慨资助之后，团队数量扩大到了 17 支左右。前文提到过，2017 年夏天，另外 7 支以纽约为中心的创业团队受邀参加了 **MIT 纽约夏季初创工场（MIT NYC SUMMER STARTUP STUDIO）**。这个项目是我们与 **MIT 纽约创业论坛（MIT ENTERPRISE FORUM OF NEW YORK）**合办的。

新学年开始的第一个星期，"展示日"（Demo Day）活动让克莱斯格礼堂变得热闹非凡，创业团队济济一堂，在这里分享和庆祝自己的学习收获。

布拉德·菲尔德和 Techstars。布拉德·菲尔德（**BRAD FELD**）（1987 届，我们在前文提到过他，并且会在第十一章再次提到他）。在发现并致力解决新企业增长缓慢和高失败率的问题上，布拉德是一位先行者。他在 MIT 完成了本科和研究生阶段的学习，兼修计算机科学和管理专业，主要关注软件领域。

布拉德·菲尔特（Brad Feld）

布拉德后来成了一位系列创业家和活跃的天使投资人，他管理着多家风险投资企业，同时也是多部创业专著的主要作者。1994 年，布拉德完成了自己的第一笔天使投资。获得投资的是由 4 位 MIT 本科生创办的软件企业 **NETGENESIS**。他的第四笔天使投资投向了两位 MIT 校友创办的企业——**HARMONIX**。这些投资都是他进入"加速"领域之前做出的！

布拉德还记得这场运动最初的样子：

我创办的第一家真正意义上的加速器是成立于 2005 年的 Y Combinator。这家先驱组织成立于肯德尔广场（Kendall Square），距离 MIT 只有一箭之地。Y Combinator 如今享誉整个技术创业领域，并把重心转到了硅谷。一年之后，我和我的共同创始人又在科罗拉多州的博尔德（Boulder）创办了第二家加速器：TECHSTARS。2007 年，我们先做了一个试验。因为我们当时完全不知道这个创意好不好。我们当时想：就算全盘失败，至少还能结交一些新朋友。我们当时有 10 家企业，25 位共同创始人和大约 50 位导师。这些导师大多是博尔德地区的创业家。结果完全出乎我们意料之外。这个项目进展得非常顺利，所以我们决定接着干。

顺便提一句，我们当时根本没有运营经费。我们第一家加速器的总成本是 23 万美元，包括我们向每家企业投资的 2 万美元。如今，我们为每家企业提供的金额变成了 12 万美元。第二年，我们在博尔德的工作和第一年一模一样，但是全国各地突然冒出了很多人，他们说："看呀，我们也想做那样的事。"

我们如今帮助全美国的企业发展壮大，并开始向国际进军——包括伦敦、柏林、开普敦、特拉维夫等。同时，在美国很多地方，我们也在帮助下一代初创人群，例如底特律、芝加哥和奥斯汀等，而不是仅仅关注波士顿、纽约和（旧金山）湾区的投资工作。对我来说，这样的工作既充满趣味，又催人奋进。我们已经资助了 1200 多家企业，它们的总资产超过了 100 亿美元。我们可以自豪地说：无论是对其他创业者，还是对整个社会，我们都带来了很不错的影响 [11]。

约翰·霍桑
（John Harthorne）

约翰·霍桑和 MassChallenge [12]。约翰·霍桑（**JOHN HARTHORNE**）（2007 届）也是加速器领域的先驱者。霍桑的特点体现在"规模"（Scale）二字上面。他创造了有史以来最大的加速器，如今已经发展到了全球规模。约翰从马萨诸塞州起步，随后在很多国家复制了最初的模式。刚进入 MIT 时，约翰不清楚自己想做什么：是成为一名咨询顾问，还是创业？后来他加入了"**MIT 全球初创工场**"（**MIT GLOBAL STARTUP WORKSHOP**，我们会在第七章详细讨论这个项目）。第二年，在他的领导下，初创工场帮助全球很多国家打造了卓有成效的商业计划赛事。约翰还和几位工程师组成团队，参加了 MIT "十万美元大奖赛"，并且赢得了冠军。这样一来，约翰做好了充分准备，他要在创业道路上大展一番身手。不过他先要解决一个问题：他还有 15 万美元的助学贷款要还。不仅如此，他当时已经结婚生子，所以约翰认为，为了负责任起见，在追求人生抱负之前，他必须先还清这笔贷款（还有很多立志创业的毕业生也有这个问题）。于是，约翰加入了一家声誉卓著的咨询公司。单从财务角度来说，他加入这家公司的时机差得不能再差了——那是 2008 年经济大崩溃的前夜。就在他咬牙忍受一份自己并不喜欢的工作时，约翰的第二个孩子即将出生。他和一位咨询公司的同事一起辞掉了工作，准备创办一家新公司。尽管他们自己也不清楚这家公司会是什么模样！

经过长期的思索和酝酿，约翰终于提出了自己的创意。这让约翰终于意识到：他拥有 MIT 的宝贵经验，懂得怎样吸引最优秀、最高明的人才加入类似 MIT "十万美元大奖赛"的商业计划赛事；他还懂得怎样把这样的创意推向全世界。于是，他和他的共同创始人和很多很多人建立关系，获得可能的指导。他们甚至很早就从**戴施·戴施潘德**（**DESH DESHPANDE**）那里得到了宝贵的指导意见。后者当时已经开始通过戴施潘德中心支持教师创业。约翰创办的 **MASSCHALLENGE** 是一个非营利组织。它每年向来自年轻企业的优胜者颁发 100 万美元的奖金（和价值几百万美元的相关服务），而且不限参赛者的州别或者国别、行业，甚至不限于是否营利。MassChallenge 的加速项目设在波士顿的海港区（Seaport District），为期四周。MassChallenge 不会谋求入选企业的任何股权。他们把自己从其他加速器项目学到的经验整合进了开发过程，帮助初创企业找到数量众多的顾问和潜在投资人。企业评选环节引入了大波士顿创业生态系统的众多专家。马萨诸塞州前州长德瓦尔·帕特里克（Deval Patrick）是 MassChallenge 的热情支持者，该州为 MassChallenge 提供了 10 万美元，作为早期支持资金。它还得到了很多资金雄厚的个人、慈善组织和大型企业的支持。

> 丹尼尔·菲德尔（**DANIAL FEHDER**）（2016 届）在他的 MIT 斯隆管理学院博士论文中研究了 MassChallenge，发现它为参与企业的业绩发展带来了极为有利的影响。

2010 年，MassChallenge 在波士顿推出了第一个项目，从此一发不可收拾。与此同时，这个机构还在不断推出类似的国际项目，例如"**MASSCHANGE 英国**"（**MASSCHALLENGE UK**）等。约翰的一段总结为我们带来了这个项目的最新发展情况：

"我们如今覆盖了波士顿、伦敦、以色列、瑞士和墨西哥等多个地区（每个地区的运行都达到了相当规模，每年大约接收 100 家企业。颁发给优胜者的奖金也达到了等量齐观的规模）。截至 2016 年底，我们共为 1200 多家企业提供了加速服务。我们刚刚完成了其中 1000 家企业的调查工作：这些企业共计筹集了 18 亿美元的外部资金，取得了超过 7 亿美元的销售收入，创造了 6 万多个工作岗位。我们会不断发展壮大，在全球版图上增加更多地点。到 2020 年时，我们会覆盖人类聚居的每个大洲，建立多个全球枢纽，让每个人都能获得免费的加速服务和支持……我们要打造 1 万家企业，把我们想要的影响力变成现实……只要这些企业能解决这个世界的种种问题，我甚至不关心它们能否带来盈利、是否值得投资[13]。"

简·哈蒙德和 LearnLaunch。在霍桑寻求影响力的规模化、无暇顾及具体领域时，其他人正在奋力解决各个领域具体而微的社会需求。多年以来，**简·哈蒙德（JEAN HAMMOND**）（1986 届）专注为教育领域带来各个层面的巨大提升，从幼儿园到老年教育，无所不包。她尤其重视技术在其中的能动作用。简是一位连续创业者，也是一位天使投资人。为了在教育技术领域发现更多充满希望的年轻企业，帮助它们加速发展壮大，简共同创办了 **LEARNLAUNCH** 公司。她还长期在

简·哈蒙德（Jean Hammond）

Techstars、MassChallenge 和现在的 MIT 德尔塔 V 加速器等很多项目中担任导师。她接触过大量的早期企业，深知它们的苦处和痛点。她要把这些心得体会分享给更多人。她的 LearnLaunch 公司覆盖了企业发展的多个阶段。

谈到 LearnLaunch 公司相对复杂的发展模式，简给出了这样的解释：

我们有两个支柱项目。一个是 Techstars，有些初创企业找到我们，寻求推动，为期大约三个半月。我们会在它们刚加入时投入少量股权。作为交易的一部分，我们还会树立以目标为基准的里程碑，3 个半月之后，这些企业完成初始项目时，如果达到里程碑要求，还可以通过可转换债券的形式获得额外的资金支持。

加速器组织的运营对人力资本要求极高，所以我们把加速企业的数量控制在很低的水平上：7 家。我们一直保持着这个数量，并为这些企业倾注了大量辅导和支持资源。实事求是地讲，我并不认为一家企业能在 3 个月里走出多远。如果真想帮助企业发展壮大，就要投身其中、和企业里的人建立关系、更多地和他们打交道。也许我们的加速器本身也需要更多地和企业同处。

我们为此成立了一个"突破项目"（breakthrough program），专门面向处于后期阶段的教育科技企业。这个项目关注的并不是产品与市场的匹配，而是通过寻找渠道合作伙伴加快公司规模的扩张。有些企业已有相当的收入规模，但始终无法更上一层楼、达到稳固的资本规模。我们是这一类企业的融资源泉。

简的观察总是一针见血：

在我们的合作中，加速器一侧的职责是让企业有能力在未来获得资金。放眼整个行业，我们实际提供的是一种非常不同的服务。我们帮助风险投资人分辨投资对象。很多聪明绝顶的人和他们的企业已经做过艰苦的努力，走在了时代的前面。在去年所有获得风险投资的企业里，大约有 30% 曾经接触过加速器组织。这些经历至少会让风险投资人产生一些偏好，他们也许会说："看看这家。这家更有趣一些！ [14]"

埃米莉·赖克特
（Emily Reichert）

埃米莉·赖克特和GreentownLabs。简·哈蒙德心系教育事业，**埃米莉·赖克特**（**EMILY REICHERT**）博士（2012 届）更关心环境问题。她要通过创业为环保事业做出自己的贡献。2011 年，来自四家环保企业的 MIT 校友创始人齐聚一堂，为自己和同道中人建立了一个共同的空间。这就是 **GREENTOWN LABS** 的由来。

赖克特博士坚持把它建成一个孵化器。实际上，Greentown Labs 是美国最大的清洁技术（Cleantech）孵化器——而不是加速器。赖克特博士出任首席执行官。我认为它是两个概念在清洁技术焦点之下的融合。这着实令人激动。

赖克特博士这样阐述自己的定位：

"我们为清洁技术硬件创业者提供急需的场地、资源和其他各种支持。我们的场地位于马萨诸塞州萨默维尔市一个仓库风格的建筑里，毗邻剑桥小城。找到我们的企业通常来自 MIT 之类的地方，它们通常完成了加速项目，例如 MassChallenge 和 Techstars 等。来到这里时，这些企业通常已经获得了种子资金，做好了开始原型工作的准备，即将开始关键的 A 轮融资——金额通常在 500 万到 1500 万美元之间。我们重点招募以硬件为基础的企业，由于这点特别的原因，这些企业不大可能在短短三个月里取得太大的成果。它们通常会在我们这里驻留两年左右。在此期间，它们会壮大自己的团队和企业规模，搞清楚如何把实验室里的硬件原型转化为产品，接受现实市场环境的考验。我们会选择相互不构成竞争的企业，这和我们的协同合作文化比较契合。我们的董事会相信，这样更能帮助清洁技术企业取得成功。这就是我们的使命。我们不会向这些企业投资，也不会谋求股权。我们的租金比周边可选的场所低出一大截。[15]"

听到这里，你一定觉得它是个优异的、目标明确的孵化器机构。

其实不然，赖克特紧接着提到了 Greentown Labs 的"网络效应"（network effects）。它的办公空间足有 4 万平方英尺，不设内墙。各种共同要素——清洁技术的推动、制造导向、机械与电子工程师、成群结队的企业赞助人（他们通常来自大型能源企业或者公共组织）和投资人（他们已经对一家或者多家 Greentown Labs 的常驻团队注入了初创资金）——相互作用、相互融合，为这些企业带来了巨大的益处。埃米莉这样评价 Greentown Labs 的导师服务：

我们在两个领域里建立了高度专业化的导师项目。一个用来帮助公司与企业战略合作伙伴建立联系，这是我们这种类型初创企业必需的。同时，我们还围绕制造问题提供导师服务，这同样是这种类型初创企业离不开的。我们大多数企业是带着顾问进入的，它们是通过"MIT 全球创始人技能加速器"（MIT Global Founders' Skills Accelerator）、"创业指导服务中心"（Venture Mentoring Service）、MassChallenge、Techstars 或者类似项目获得这些顾问的，所以，我们不会重复提供这项服务。

在我看来，这些网络营销和专业化的指导正是十足的加速服务！

截至目前，Greentown Labs 已经帮助过 110 多家企业，融资总额超过了 2 亿美元。当然还会有更多的企业加入进来，这是显而易见的。Greentown Labs 目前正在扩建，准备把隔壁建筑包容进来，更多地、更可持续地影响早期阶段的制造企业。

参考文献及注释

1. *MIT: The Impact of Innovation*, BankBoston, March 1997.
2. 同上。
3. Edward B. Roberts & Charles E. Eesley, *Entrepreneurial Impact: The Role of MIT*, Kauffman Foundation, February 2009.
4. Charles E. Eesley & William F. Miller, *Impact: Stanford University's Economic Impact via Innovationand Entrepreneurship*, Sequoia Capital and the Kauffman Foundation, October 2012.
5. Edward B. Roberts, Fiona Murray & J. Daniel Kim, *Entrepreneurship and Innovation at MIT:Continuing Global Growth and Impact*, MIT, December 2015.
6. 同上。
7. Antoinette Schoar, "The Divide Between Subsistence and Transformational Entrepreneurship", in *Innovation Policy and the Economy* 57–81, University of Chicago Press, 2010.
8. 2016 年 11 月 12 日，贝克州长做视频演讲《祝颂 MIT 半个世纪以来的创业工作》（Celebrating a Half-Century of MIT Entrepreneurship）。
9. Roberts et al., op. cit. at 15.
10. 如需更多详情，请参阅 MIT 马丁·特拉斯特创业中心 2017 年年报：entrepreneurship.mit. edu/annual-report/ 第 14~21 页。
11. 信息来自布拉德在 2016 年 11 月 12 日"MIT 创业五十周年庆典"活动上的发言，补充信息来自米歇尔·乔特 2016 年 7 月 25 日对布拉德的采访。这些信息还在 2017 年 11 月 10 日通过个人沟通的方式更新过。
12. 想要观看这段激动人心的视频，请参阅约翰·霍桑在 London Startup Grind 活动上的采访：https://www.youtube.com/watch?v=F9iiXMPttyU。访问日期：2018 年 2 月 23 日。
13. 来自约翰在 2016 年 11 月 12 日"MIT 创业五十周年庆典"活动上的发言。
14. 来自简在 2016 年 11 月 12 日"MIT 创业五十周年庆典"活动上的发言。
15. 埃米莉在 2016 年 11 月 12 日"MIT 创业五十周年庆典"活动上做出了这一评论。

第七章

走向全球的 MIT 创业

　　1959 年，我一边读研究生一边加入了杰伊·弗雷斯特（Jay Forrester）新建立的"系统动力学小组"（System Dynamics Group）。有一次，弗雷斯特教授召集全体员工开会。他告诉我们，几天之后会有一队重要的欧洲领导人来访。他要求（！！）我们把所有内部备忘录和计算机模型文档交给他们。这让我不禁有些慌乱。我问自己的老板：

　　艾德：弗雷斯特教授，我们把所有内部资料都给了他们，难道不怕他们追上我们吗？

　　弗雷斯特教授：艾德，你要明白，MIT 自强不息，厚德载物，所以在一些领域取得了领先地位。但是，在此之后，我们有责任帮助别人掌握我们知道的一切。如果他们真的赶上了我们，那只能说明我们不够努力！

　　很多年过去了，我早已发现，这样的态度渗透在 MIT 的每一个角落。如果我们在某个领域中取得领先，说明我们有责任与别人分享自己的发现。这样的做法主导着我们的行为，也渗透了整个 MIT 创业生态系统。我们一直在把自己耕耘的成果推向全世界。

把 MIT 项目推向世界

　　前文提到过，**MIT 创业论坛（MITEF）**最初是怎样扩展出多个全球分部、如何在服务全体会员的同时，通过卫星直播克莱斯格礼堂重要创业课程、服务 MIT 全球校友会组织的。这个论坛的管理团队还接待了来自全球各地的众多来访者——他们想学会 MIT 创业论坛的概念。MIT 创业论坛的领导者们还在很多国家发表演讲，宣传论坛的成果。和 MIT 创业论坛类似，从 1999 年开始，创业中心的"**MIT 创业发展项目**"（**MIT ENTREPRENEURSHIP DEVELOPMENT PROGRAM**，EDP）每年从海外吸收 100 多人注册。更重要的是，很多国家借鉴了 EDP 的集群参与形式，建立了自己的创业发展战略。比尔·奥莱特在 MITx

平台开设的"创业入门"（Entrepreneurship 101）系列视频课程在美国之外吸引了几十万名学员。很多人受到这门课程的激励，向 MIT 的本科和研究生项目提交了申请，走进了 MIT 大门。我们在第五章提到过"**列格坦中心**"（**MIT LEGATUM CENTER**）。就其接触的学生群体而言，这个中心完全是 MIT 的内向组织；同时，就其力图影响的国家范围而言，它又是纯粹外向的。列格坦中心成功激励了很多希望在美国以外，尤其是在新兴国家，创办企业的 MIT 学生，给予他们资金支持。此外还有 **MASSCHALLENGE**——"我们 MIT 的加速器衍生机构"。它真正走向了国际，获得了巨大的成功。MassChallenge 对新建企业（及其影响力）的加速工作已经扎根 4 个国家，还有更多国家正在推进中。

MIT 的创业俱乐部、课堂和项目都开展了多姿多彩的重要全球活动。我们很难全面及时地掌握这些活动的全貌。我会从覆盖全球的部分讲起，然后进入以个别国家为目标的部分。

MIT 全球初创工场（**MIT Global Startup Workshop**）。负责"MIT 五万美元商业计划大赛"的学生领导者坚定地认为，他们能够——并且应该——帮助别的学生和他们的院校在本地复制 MIT 学生体会到的兴奋和收获的学习成果。他们因此发起了"MIT 全球初创工场"活动。这项活动为期一个周末，可以在任何开放空间里举办。MIT 学生和受邀出席的演讲者们相互交流、学习如何组织和运营自己的学生创业赛事。1990 年，全球初创工场的第一场活动在 MIT 举办，在随后的四年里，这项活动陆续走进了新加坡、西班牙、澳大利亚和意大利。在随后的 15 年里，初创工场每年都会走进新的国家。可以说，它已经走遍了全世界。每年参加活动的人数为 250 人。它的参与者并不限于热情充沛的、即将成为主办者的学生，还包括大学教师和管理人员以及负责区域和国家经济发展的官员们。它毫无悬念地帮助 50 多个国家建立了学生初创赛事。这些比赛的组织模式直接取自 MIT 十万美元大奖赛。如前所述，约翰·霍桑在 2007 年主持"全球初创工场"的工作。这个学生俱乐部现在依然存在。后来，他把这一年在挪威开展的活动中取得的经验带入了 MassChallenge 的基础概念当中。由此可见，MIT 十万美元大奖赛（以及它更早的前身："一千美元大奖赛""一万美元大奖赛"和"五万美元大奖赛"）确实称得上全球大学创业赛事的"太祖高宗"（Grand daddy）。

"MIT 全球创业实验室"（**MIT Global Entrepreneurship Lab**，**G-Lab**）。我们在第三章提到过，西蒙·约翰逊教授和理查德·洛克教授是我们的团队项目课堂"**创业实验室**"（**ENTREPRENEURSHIP LAB**）的责任教师。他们实现了这个项目的蜕变，为数以千计的 MIT 学生带来了全球化创业工作经验。他们突破了 MIT 的重重传统和限制，创设了一门秋季开课的课程。每年一月"独立活动月"（IAP）期间，他们会把学生团队带到全球年轻企业中实习，并在春季学期完成项目和课程。多年以来，G-Lab 已经为斯隆管理学院将近一半的学生带来了国际化工作经历。它还产生了三个特定国家的后续项目：**中国实验室（CHINA LAB）、印度实验室（INDIA LAB）和以色列实验室（ISRAEL LAB）**。和 G-Lab 相比，这三个国家项目的日程安排比较紧凑，各有具体的国情学习、差旅安排和在年轻创业型企业的工作体验。这些国家项目后来居上，黄亚生教授和雅各布·科恩（Jacob Cohen）院长在这些项目的运营和发展中发挥了重要作用。

中国实验室的创办比较特别。黄亚生教授说："有一天，我突然想到。中国的中小型企业通常很难承担咨询费用，无法影响和改变自己所在的行业。而我们的学生可以帮助这些中小型企业创业者们。"[1] 有了这样的洞察力，加上黄教授对高盛公司颇具说服力的沟通，MIT 斯隆管理学院的中国实验室（ChinaLab）项目就这样和远在昆明的云南大学，以及高盛极富创新力的"巾帼圆梦"（10,000 Women）行动计划建立了关系，形成了全球影响。高盛的"巾帼圆梦"主要致力于为全球发展中地区的女性创业者带来商业计划方面的培训。2013 年的春天，首批 8 位斯隆管理学院的 MIT 学生抵达了位于中国边陲的云南，与这个国家最富有朝气的女性创业者们并肩工作。中国实验室通过这样特别的方式启动了。

"中国实验室"的工作产生了两方向的影响。一方面，MIT 学生大量参与，这至少能让他们对国家、文化、族群、工作和机会的认识变得更国际化；另一方面，我们的学生带来了知识和活力，帮助世界各地很多年轻企业发展壮大、走向繁荣。很多商学院和大学也在自己的课程中采用了这些模式，并向我们反馈了越来越高的满意度。

"区域创业加速项目"（The Regional Entrepreneurship Acceleration Program，REAP）。一开始，人们对 MIT 创业工作的兴趣来得比较平稳，后来迅速升温，为 MIT 带来了来自世界各地的考察团。他们纷纷来到 MIT 取经，学习怎样激发创业事业的发展，想从我们的经验中学到些什么。最忙的时候，MIT 的一些老师和创业中心的领导们一两天就要接待一批访团（由于缺乏场地和支持资源，我们不得不谢绝几乎所有来自其他高校的长期考察请求，每年只有一两个学校能在 MIT 考察学习一个学期或者一年）。在 2011 年的一次会议上，菲奥娜·莫瑞、斯科特·斯特恩、比尔·奥莱特和我认为，我们完全可以更好地、更高效地为日益增长的支持者们提供服务，办法就是建立一个项目，把我们的认识转播到世界各地。我们构思的结果就是"区域创业加速项目"（REAP）。这个项目为期两年，按地区（大型城市或者小型国家）团队划分。每支团队招募 5 个"利益相关方"（stakeholders），组成一个专门的工作小组：具体包括一所科技型大学，作为项目基础；一个负责经济发展的政府部门；一项风险资本来源，公有或者私营皆可；一家对驱动本地经济发展深感兴趣的大型企业；然后，当然还要有一位来自创业领域的代表——无论这个领域一开始表现得如何弱小（即使是召集这样一支工作小组、发起跨行业的讨论，很多地区就遇到了极大的困难！对这些现象的观察可以为我们带来很多信息）。人们会——我们希望人们会——"收获"（REAP）在当地建设创业型经济的种种益处！由于各种能力的限制，这个两年期进修班的各个单元最多只能容纳 8 支团队，在当时的情况下，我们能够设想的工作时段只有四个——两个放在 MIT，两个放在当地——用来共同学习、在各地完成项目。2016 年的"结业班"很好地说明了"区域创业加速项目"融汇兴趣的多样性：伦敦、摩洛哥、莫斯科、波多黎各、卡塔尔、新加坡、首尔和巴伦西亚等。我们还发现，投身创业事业可以带来令人意想不到的对话，例如，以色列团队和沙特阿拉伯的团队比邻而坐。

2012 年，我们四位共同创始人合作启动了第一个项目。斯特恩教授随后承担起了领导责任（他之前一直研究不同行业区域集群发展的影响因素，例如剑桥地区的生物技术集群等），菲奥娜·莫瑞和比尔·奥莱特成了重要的支持者，菲尔·巴登还为这个团队带来了海外服务经验。这里需要注意一点，我们实际上扩展了"加速器"的概念，把它从促进和提高个别初创团队的成功概率扩大开来，用在了全球多个地区，通过相似的工作帮助这些地区建立了越来越成功的创业社区。

完成"区域创业加速项目"之后，一些地区希望与本班或者其他班里的校友地区开展合作。为了"向上扩展"（scale-up），MIT 成立了**"全球创新网络"**（**GLOBAL INNOVATION NETWORK**）。与此同时，莫瑞和巴登还领导开设了一门新的 MIT 项目课程：**REAP LAB**。这门课以 G-Lab 模式为基础，邀请学生团队与"区域创业加速项目"地区开展合作。2016 年，"区域创业加速项目"在行政上脱离 MIT 特拉斯特创业研究中心，加入"MIT 创新行动计划"（MITII），成为后者全球网络的一部分。

还有一点非常重要，"区域创业加速项目"的成立并没有减少人们对 MIT

的考察。人们希望从这里获得信息和支持，帮助他们通过某种形式复制我们的"MIT 创业生态系统"。如果非要说有什么变化的话，那就是 REAP 项目提高了来访者的级别：原来是教师带队，现在是校长带队，还有来自美国和全球各地的市长和州（省）长。

"创业指导服务中心全球部门"（**The Venture Mentoring Service Global Outreach**）。MIT 创业指导服务中心（VMS）同样经历了类似的来访大潮的洗礼。人们想学习 VMS 为 MIT 学生、员工和教师与校友提供的广泛指导服务，并在可能的情况下复制这种服务。大约 10 年之前，考夫曼基金会主动联系创业指导服务中心，鼓励它走出 MIT，为美国和海外其他机构提供外展教育，并为此提供了非常有力的资金支持。如今，**"创业指导服务中心全球部门"**（**VMS GLOBAL OUTREACH**）在全球运营着 65 个项目。这些项目并不提供指导服务，而是教会人们如何结合自身需求采用 MIT 的既有做法。创业指导服务中心主任舍温·格林布拉特（Sherwin Greenblatt）笑着说："我们的足迹遍及每个大洲，除了南极洲之外——我们正在寻找机会进入那里！"

MIT 创业"国家项目"

从研究起步。早在 MIT 创业中心成立前很久、早在创业课程和学生俱乐部成立之前，MIT 教师已经开始了各种研究项目，旨在理解和提高世界各国的创新创业水平。这些研究极大程度地受到了**"MIT 政策选择中心"**（**MIT CENTER FOR POLICY ALTERNATIVES，CPA**）的影响。这个中心成立于 1972 年，由**赫伯特·霍洛蒙**（**HERBERT HOLLOMON**）教授发起。霍洛蒙教授是一位杰出的科学家，长期耕耘于工业领域。这让他成了约翰·肯尼迪（John F. Kennedy）政府技术商务处副秘书长（同样来自 MIT 的杰罗姆·威斯纳（Jerome Wiesner）教授是霍洛蒙在华盛顿特区最亲近的同事和朋友。威斯纳当时担任肯尼迪总统的科学顾问，后来成为 MIT 校长）。霍洛蒙还在"商业技术咨询委员会"（Commerce Technical Advisory Board，CTAB）担任主席。这个委员会把产业界、学术界和政府统合在一起，共同解决涉及重大科学和技术难关的全国性问题，例如去除汽油中的铅！ 1967 年至 1972 年，我曾担任商业技术咨询委员会委员，成了赫布（即赫伯特·霍洛蒙）的好朋友。到 MIT 政策选择中心成立时，我和赫布结成了工作搭档，他负责联络外国政府，向它们"兜售"我们的主要研究成果，同时，我的 MIT 教师团队在各院系教师的支持下与赫布合作，开展必要的政策研究、为国家高级官员准备政策建议。与我们合作的国家包括印度、巴西、瑞典和以色列等，其中后两个国家把创新创业当作重要的关注点。

赫伯特·霍洛蒙
（Herbert Hollomon）

1977 年至 1979 年，"MIT 政策选择中心"在以色列的项目得到了该国工业部首席科学家伊扎克·雅科夫（Yitzhak Yaacov）将军的大力支持。这个项目由赫布·霍洛蒙主要负责，我和吉姆·厄特拜克教授完成主体工作。我对以色列的高科技企业开展了有史以来的第一次研究，特拉维夫大学的巴鲁克·拉兹（Baruch Raz）教授为我提供了现场支持。

当时，以色列的创业还没有像样的发展。有一次，赫布在以色列完成了一次长时间考察。返回美国时，他对以色列人的创业态度大为光火。他描述说"来自学界的创业者太多了，他们只想把公司做到 100 万美元的收入规模，这样就可以顺利地卖掉它了。"这样的态度与一项针对英国剑桥地区创业者的详尽研究中的记录如出一辙。当地同样成立了很多公司，但是没有一家发展到相当规模、形成足够的影响力。赫布说，他那一次只遇到了 3 位"真正的创业者"：史蒂夫·韦特海默（Stef Wertheimer）、乌齐亚·加利尔（Uzia Galil）和埃菲·阿拉齐（Efi Arazi）。赫布的眼光和判断力堪称绝妙：几年之后，史蒂夫·韦特海默创办的刀具企业伊斯卡（Israel Carbide，ISCAR）成了巴菲特并购的第一家海外企业，成交价高达 70 亿美元；乌齐亚·加利尔把自己创办的科技集团 Elron Industries 建成了"黄埔军校"，培育了多家重要的以色列集团企业，包括埃尔比特（Elbit）和埃尔隆（Elscint）在内；**埃菲·阿拉齐（EFI ARAZI）** 是 MIT 电子工程专业的校友（1965 届）。他在平面设计和电子印刷领域创办了多家先驱企业，包括**赛天使（SCITEX）**（成立于 1968 年，被视为以色列第一家高科技企业）和 **ELECTRONICS FOR IMAGING（EFI）** 等。以色列官员非常尊重我们的研究和数据的严谨性。我们影响了以色列面向技术型创业发展的很多项早期政策。

接下来，从 1979 年到 1982 年，我们把工作重点转向了瑞典一个重大 CPA（政策选择中心）项目上。在多萝西·罗纳德（Dorothy Leonard）和吉姆·厄特拜克两位教授的配合下，我们对瑞典创业者开展了一次史无前例的研究。研究表明，瑞典当时的创业者数量尚少，这与瑞典的人口基数形成了很大的反差。我们的数据引起了支持这一研究瑞典官员的强烈抵触，因为它揭示了瑞典有很多企业创始人是移民——而我们的瑞典赞助者坚称自己的国家是一个真正意义上"没有移民的社会"！于是，我和多萝西针对当时波士顿地区计算机领域的创业者开展了一次比对研究，希望从中找到与瑞典研究的某些匹配之处。结果，这两个国家的样本群体在很多方面表现得近乎完全相反。比如说，瑞典创业者倾向于单打独斗，他们甚至不认识本国的其他创业者。而波士顿的创业者们会组成创始人团队，可以随口说出长长一串经常来往的创业者的名字。两个群体表现出了相当不同的想法和增长率。为了把我们的建议传达给瑞典最有影响力的人们，我们还在瑞典皇家科学院（Swedish Royal Academy）开办了一项为期三天的课程！

汤姆·艾伦和哈维·萨波尔斯（Harvey Sapolsky）教授等人也加入了霍洛蒙教授的团队，完成了更多的同类国别分析。当时，除了 MIT 创业论坛和校友研讨项目之外，我们还没有办法证明 MIT 的创业项目是行之有效的，也不知道该把哪些项目移植到那些国家去。

增加教育职能。在很长一段时期里，MIT 的"全球产业联盟项目"（Industrial Liaison Program，ILP）一直是世界上最大的产学研联盟组织，拥有 200 多家大型企业会员。在这一时期里，我们在 MIT 只有创新创业（E&I）方面的研究，而没有教学项目。相比之下，"全球产业联盟"积极为美国和全球企业会员组织研讨会、举办会议，表现得非常活跃。这些研讨和会议的一大特点就是 MIT 斯隆管理学院教师团队对科研、发展、技术创新和创业的研究。我们有很多研发中心的负责人都是"全球产业联盟"的常客，我们的研究对 ILP 的工作具有核心重要性，所以我们的"**技术创新管理团队**"（**MANAGEMENT OF TECHNOLOGICAL INNOVATION，MTI**）成了 MIT 校园里接待参访人数最多的单位。大多数情况下，他们乐于接受我们对研发组织及其管理的研究，但对创业研究的相关性表示怀疑，除了包括他们企业在内的企业内部投资项目之外。来自欧洲和亚洲的会员企业对技术创业显得更加迷茫，更多地视之为美国特有的现象，但它们当然也非常尊重 MIT 的研究结果。"全球产业联盟项目"积极地在伦敦、巴黎、布鲁塞尔和东京建立了多个研讨项目，向海外会员单位发布我们团队的研究成果和发现。美国之外的人们开始越来越多地发现美国的创业，尤其是与 MIT 密切相关的创业。与此同时，我们还在 MIT 斯隆管理学院建立了"**技术管理国际研究中心**"（**INTERNATIONAL CENTER FOR RESEARCH ON THE MANAGEMENT OF TECHNOLOGY**）。这个中心由"技术创新管理团队"和"营销小组"（Marketing Group）联合发起，后者拥有 9 家活跃的企业赞助人——美国、欧洲和日本各 3 家。随着我们管理和创新研究成果的日益增加，这些企业成了这些成果最重要的传播渠道。我们每年在一家赞助企业举办一次大会，所有成员都会出席。主办企业会安排工厂和实验室参观，我们也会邀请该企业的重要员工参加大会。

开始行动。当我们从科研、政策制定和教学转入行动时，项目开始变得更加复杂，目标成果和实际影响力也变得更不确定。接下来，我会回顾各个国别项目（基本按照开始时间的先后顺序），讲述它们是怎样把 MIT 创业文化和实践带入其他国家的。这些工作收效各不相同，有的更加有效，有的实际上以失败告终。这也说明了把变革带入其他国家和文化是一件多么困难的事。

以色列。紧随"政策选择中心"（CPA）项目之后的是我们在以色列的系列工作。这些连续不断的工作有的是个人的努力、有的属于机构的作为。1985 年，出于个人及工作方面的原因，我开始和从前的学生**沃尔特·文绍尔（WALTER WINSHALL）**（1964 届）（他后来成了一位创业家和举足轻重的风险投资人和投资顾问）创办了一家新的非营利组织：**以色列理工学院创业者协会（TECHNION ENTREPRENEURIAL ASSOCIATES，TEA）**。这个协会主要由波士顿地区的技术型创业者组成，大部分是 MIT 校友。这些人都对推动以色列的创业发展兴趣浓厚。实际上，以色列理工学院也被称为"以色列的 MIT"。这所学校有很多校友和教师与 MIT 关系密切。就使命而言，这两所学堪称天然的盟友。大卫·萨尔诺夫（David Sarnoff）和理查德·罗森布鲁姆（Richard Rosenbloom）教授来自哈佛商学院。我们是同上一堂课的教师同事。在他们的帮助下，我们收集了一批哈佛商学院的案例。这些案例或多或少都与创业相关，或者至少与年轻企业有关。接下来，有人向我们推荐了哈佛商学院的年轻教师丹·伊森伯格（Dan Isenberg），说他是一位"出色的案例教师"。于是，"以色列理工学院创业者协会"聘请了他。伊森伯格和他的家人一起搬到了以色列理工学院，成了以色列第一位创业讲师。实际上，伊森伯格一开始对如何创办和经营一家新企业一无所知！但是他确实是一位出色的"案例教师"。很多以色列学生第一次接触创业教育，充满了空前高涨的热情。伊森伯格为他们开设了大课堂。接下来，丹成了"以色列理工学院创业者协会"（TEA）在当地的"搜索"代理。他负责发现以色列的初创企业。我们会安排这些人飞到波士顿，为他们开办独立版本的 MIT 创业论坛课程。同时，我们还会为他们提供辅导，帮助他们找到融资。我们还帮助这些年轻的以色列企业找到了合作伙伴。后来，丹在以色列成立了一家孵化器。返回美国之后，他成了一位全球创业发展领域的著名讲师和作家。接下来，"以色列理工学院创业者协会"全力组织和实施了"如何创办新企业"（How to Start Your Own Company）这门课。它原本是我们为 MIT 校友开设的一门课。这个新的课程版本首次在以色列开办就受到了热烈的欢迎。接下来，在几家以色列领先风险投资人的支持下，我们组织了以色列历史上第一场风险投资大会，请来了很多美国的投资集团。返回波士顿之后，为了和艾德·姆拉夫斯基（Ed Mlavsky）开展合作，我们几个人与"新英格兰 – 以色列商会"（New England-Israel Chamber of Commerce）建立了密切的往来。姆拉夫斯基是以色列 – 美国双边工业研究与发展基金会（Israel-U.S. Binational Industrial Research and Development Foundation，BIRD）的秘书长，也是马萨诸塞州沃尔瑟姆市（Waltham）泰科实验室（Tyco Labs）的原共同创始人。我们和姆拉夫斯基的合作主要是为了帮助以色列的高科技初创企业在大波士顿地区的中型和大型美国企业中找到建立合资公司的合作伙伴。姆拉夫斯基从"以色列—美国双边工业研究与发展基金会"的运营中获得了深刻的洞察力。这为我们带来了第一批以色列双边企业。这些企业的技术团队常驻以色列，同时把市场营销团队，甚至总部设在美国（有时也会设在欧洲）。我们还有些人同一家新成立的以色列孵化器紧密合作。这家孵化器在波士顿海港区的一个小型场地里辅导 6～10 家以色列初创企业，帮助它们发展壮大、投身美国的商业市场。当时的海港区和现在判若两地，还远远没有成为迅猛发展的高新科技园区。

这些工作产生了各不相同（但又极其重要）的贡献。其中最重要的贡献是我们为以色列的创业事业打开了更高的关注度。整个以色列对创业发生了兴趣。随之而来是整个国家的文化嬗变。1982 年，史蒂夫·韦特海默（Stef Wertheimer）开始打造一系列的工业园区。他还为它们配套了创业培训项目，作为这些园区的立足之本。在史蒂夫 1987 年这些培训中，我和迪克·罗森布鲁姆（即理查德·罗森布鲁姆）成了主力教师。特别是在史蒂夫的

夏罗默·麦特尔
（Shlomo Maital）

故乡，加利利（Galilee）的泰丰（Tefen）地区。此后的 10 年间，我一直担任着这些项目的教师。1991 年，我和以色列理工学院的夏罗默·麦特尔教授（在长达 20 年的时间里，他一直是 MIT 技术管理项目的暑期教师成员）开始在以色列发起 MIT 创业论坛活动。这项工作得到了 MIT 校友**哈伊姆·阿尔克雷（HAIM ALCOLAY）**（1961 届）的巨大帮助。我们为此做过两次尝试，中间相隔几年时间，

终于完成了量变到质变的跨越。MIT 以色列创业论坛获得了足够数量的 MIT 校友，足以维系自身的可持续发展。第一次尝试在 1990 年到 1992 年，由以色列理工学院和 MIT 斯隆管理学院联合发起，并且得到了莱斯特·瑟罗院长的大力支持。项目的主要内容是合作推出一项针对职业中期高级管理人员的教育项目，重点目标人群是以色列高新科技管理者们。这个项目遭遇了失败，但它的后续产物——以色列技术管理学院（Technion Institute of Management，简称 TIM）获得了长足发展。瑟罗院长是这所学院的董事会主席和活跃的教师。我们的长期合作伙伴夏罗默·麦特尔担任学术主任。夏罗默后来成了以色列高科技创业领域的重要研究者和教师，在全球各地举办讲座。

2006 年，几位 MIT 学生（其中有以色列人，也有巴勒斯坦人）在以色列组织了一个全新的暑期项目，名叫"**技术串联中东教育项目**"（**MIDDLE EAST EDUCATION THROUGH TECHNOLOGY，MEET**）。这个项目从以色列和巴勒斯坦招募相同数量的优秀高中生，共同学习。在第一个暑假里，所有课程都是由来自世界各地的 MIT 研究生讲授的，重点是计算机科学和计算机编程。那个暑假结束时，学生们意犹未尽，纷纷要求第二年开办二期班，而且把关注点转到了运用计算机技术解决商业问题。到第三年时，这个项目的重点又变成了为新企业打造商业计划。在这三年时间里，一二期项目仍在继续，学生群体因此而不断增大，"教师"（仍然全部由 MIT 研究生担当）群体也变得日益壮大。结果，到 2017 年时，"技术串联中东教育项目"分在两个地点授课。一个设在耶路撒冷（建有孵化器，毗邻耶路撒冷基督教青年会（YMCA）），另一个在以色列北部的史蒂夫·韦特海默大厦（Stef Wertheimer Building）。两处均设三个年级的暑假班，共有 200 多名学生。近年来，"技术串联中东教育项目"不断扩充教师队伍，除了 MIT 教师之外，还增加了来自其他院校的新教师。项目课程已经完全转移到创业方面，项目名称随之改成了"**中东未来创业项目**"（**MIDDLE EAST ENTREPRENEURS OF TOMORROW，简称仍为 MEET**）！奥巴马总统在耶路撒冷发表讲话时还提到了 MEET 项目，称这一类型的组织正是这个国家未来所需要的。

【作者注】*我惊讶地从"以色列探索之旅"（Israel Trek）、"MIT 国际科技行动计划——以色列"（MISTI-Israel）和"以色列实验室"（IsraelLab）的项目负责人处获悉，为这三个项目远赴以色列的学生中几乎没有犹太人。很显然，*

参加者的多样性来自以色列经济增长与创业发展对学生的吸引力，他们希望更多地实地了解这个国家。

在长达几年的时间里，由 MIT 斯隆管理学院学生管理运营的**"以色列探索之旅"**（ISRAEL TREK）一直是每年年末学生海外访学活动中规模最大的。2017 年的访团足有 160 多名学生。在 MIT 所有的国际实习项目中，规模最大的就是**"MIT 国际科技行动计划"**（**MIT INTERNATIONAL SCIENCE AND TECHNOLOGY INITIATIVES，MISTI**）的以色列版块。它的覆盖范围超过了 25 个国家，很多年轻的创业企业都在它的实习单位名单上。近年来，MIT 斯隆管理学院副院长雅各布·科恩（Jacob Cohen）发起了广受欢迎的**以色列实验室**（**ISRAEL LAB**）项目，安排学生团队到年轻的以色列企业里实习。最后还有前文提到过的加速器机构 **MASSCHALLENGE**。它在以色列的分支机构（**MASSCHALLENGE ISRAEL**）已经完全步入正轨。每年有 100 多家企业进入这个加速器。毫无疑问，所有这些来自 MIT 的努力都对以色列如今在全球高科技创业领域中的领先地位做出了至关重要的贡献。

最近的一次相关活动发生在 2015 年 6 月。我协助组织 MIT 教师考察团前往以色列，调查该国在发展创新创业、将其作为国民经济主要基础的工作中取得的巨大成功。我们 10 个人在那里度过了令人激动的一个星期——会见创业领袖和大型企业首席执行官、走访以色列理工学院、探讨军队在激发创业方面的作用，还与以色列和巴勒斯坦政府的高级官员交流学习。

> 参加这次考察的教师包括来自 MIT 斯隆管理学院的高级副院长科塔里（S. P. Kothari）、迈克尔·库苏玛诺（Michael Cusumano）、史蒂夫·埃平格（Steve Eppinger）（1983 届）、黄亚生、雷瑟夫·利维（Retsev Levi）、詹姆斯·奥林（James Orlin）、尼尔·汤普森（Neil Thompson）和我，来自机械工程系的道格拉斯·哈特教授（1985 届）。此外还有伊斯雷尔·鲁伊斯（Israel Ruiz）（2001 届）。伊斯雷尔是 MIT 常务副校长兼任财务主管。

访问期间，最让我们兴奋的应该是在拉马拉的那一天，我们上午会见了巴勒斯坦首席谈判代表塞卜·埃雷卡特（Saab Ereket），下午又在耶路撒冷会见了以色列总理内塔尼亚胡（Benjamin Netanyahu）。内塔尼亚胡也是 MIT 校友，他在

1975 年获得 MIT 理学学士（S.B.）、1976 年获得理学硕士学位（S.M.）。总理邀请我们开展一项研究，探索在一家以色列大学和一家巴勒斯坦大学之间建立合作的可能性，更好地理解创业如何帮助解决失业问题，进而解决以色列和西岸地区（West Bank）的经济发展问题。我们还没有就这个机会开展后续的跟进工作。

英国。在 MIT 和剑桥大学之间建立联合项目的可行性"是由英国前财政大臣戈登·布朗（Gordon Brown）在 1998 年夏天提出的。布朗希望把 MIT 的创业精神带入英国的大学中[2]。"这被看作英国经济发展的一次重要机会。最初的设想是 MIT 斯隆管理学院首先与剑桥大学合作开发出原型计划，把重点锁定在本科生教育上，接下来，我们和 / 或他们再进一步扩大范围，加入更多的英国教育机构。当时担任 MIT 创业中心执行主任的肯·莫尔斯（Ken Morse）被任命为 MIT 斯隆项目的主管，汤姆·艾伦教授担任教师主管，**迈克尔·斯科特 - 莫顿**（**MICHAEL SCOTT-MORTON**）教授特别加入与苏格兰有关的活动中。肯指出，"剑桥—麻省理工行动计划"（CMI）项目的目标一共包括三个部分："加强创新、创业和全球竞争能力。"

这个项目迅速从最初的概念扩展到两个大方向。尽管它仍被称为"**剑桥—麻省理工行动计划**"（**CMI**），但是很快就加入了遍布英国的多家大学和科学中心。虽然这个项目的初始立意仅限于创业，但它的迅速发展很快就让 MIT 的工程学院和它在剑桥大学的合作伙伴——剑桥工程学院——加入到了项目中。"剑桥—麻省理工行动计划"扩大为价值一亿美元的大型项目，由英国政府和几家大型企业出资赞助。MIT 航空航天系的**埃德·克劳利**（**ED CRAWLEY**）（1976 届）教授被任命为项目总执行主任。到 2006 年底时，项目已结出累累硕果，其中既包括教育导向的要素，也包括研究和行动导向的要素。在五年的时间里，肯·莫尔斯每年都会多次造访这个项目，并且成功地在英国推出了一批类似项目。这些项目都带有 MIT 创业中心的鲜明特色。肯还在偏向保守的英国合作者中设计并帮助实施了几次大型的、热情高涨的"创业庆祝活动"。MIT 的"五千美元大奖赛"也被介绍到了英国。在决赛阶段，美国的五万美元大奖赛赢家会飞到英国，加入英国的决赛队伍。MIT 创业指导服务中心（VMS）同样努力在英国机构中建立自己的大不列颠版本。英国的 MIT 活动为 MIT"创业发展项目"（MIT Entrepreneurship Development Program）带来了数量众多、源源不断的生源。

请注意，不要把英国和爱尔兰混为一谈☺，一年之前，在罗里·奥谢（Rory O'Shea）的密切配合下，托马斯·艾伦（Thomas Allen）教授在都柏林大学发起了"爱尔兰技术管理项目"（Irish Management of Technology，简称 MOT）。这个项目极大地效仿了 MIT 的 MOT 项目模式。它后来成了把广泛的创业教育和活动带入都柏林大学的重要渠道。

菲奥娜·莫瑞（**FIONA MURRAY**）教授也是"剑桥—麻省理工行动计划"的积极参与者。除此之外，她本人也是英国首相科技委员会（U.K. Prime Minister's Council for Science and Technology）的成员之一。她把自己对创新和创业的研究与理解带入了那个委员会，影响着英国相关政策的形成和实施。

MIT 工程学院（**School of Engineering，SoE**）**"能力建设"系列项目**。在开始讲述 MIT 在其他多个国家相对有限的活动之前，让我们先来看看 MIT 工程学院各个项目的情况。这些项目的活动有时是在学校其他院系的积极参与和支持下完成的。在第五章介绍戴施潘德中心的建立和发展时，我提到过**查尔斯·库尼**（**CHARLES COONEY**）教授（查尔斯也是一位生物技术领域的先驱创业者，所以我们还会在第八章里再次讲到他）。他参与了工程学院几乎所有的"国别项目"。创业与创新在这些项目中发挥了至关重要的作用。提到这些工作，查理（即查尔斯·库尼）提出了下面的看法。这些看法涵盖了他立足工程学院（加上一些额外的支持☺）、影响全世界的整个历程：

MIT 非常著名的一点是把初期技术成功地转化为初创企业。人们都觉得我们非常幸运，因为我们所在的（马萨诸塞州）剑桥地区拥有非常雄厚的创新创业社群基础。这带来的一个结果是，在过去的大约 15 年间，有很多国家的政府找到我们。它们提出的问题是："怎样复制 MIT 在创新和技术型创业领域取得的成功？"

和很多声名卓著的大学不同，MIT 在很多年前就确立了一条原则，并且一直延续至今：我们既不愿，也不会，在世界任何其他地区建立学校的校区或者分校。我们的邮政编码永远不变，这里就是我们的家。我们不想向别的地方扩张。但是我们同时也意识到，我们体系中的一部分特征——包括我们的科研、教学和创新流程等——可以让其他组织受益。实际上，我们也具备足够的责任感，把这种益处切实带给全世界。因此，在很多情况下，我们所做的不仅仅是帮助其他国家的各种机构，我们有时会帮助它们完成设计工作。我们为自己界定的工作是帮助其他国家和组织完成"能力建设"（Capacity Building）。大学和政府无一例外地想把创新和创业作为这种新机构的核心。可以肯定地说，这正是它们找到我们的原因！我也因此亲身参与了绝大多数这一类新项目。我会举四个不同的例子，它们分别来自全球四个不同的地区：

我认为非常成功的第一个例子来自新加坡——它就是**新加坡科技设计大学**（**SINGAPORE UNIVERSITY OF TECHNOLOGY AND DESIGN**）的创办。这所学校是我们集中 MIT 全校最佳实践的一个实例。它并不仅限于戴施潘德中心或者特拉斯特创业中心的最佳实践，而是全校在激发创新和创业行为方面的所有最佳实践。我们把这些经验融入了这所大学的课程设置、日常运营和组织架构当中。

下一个例子是位于阿布扎比的**马斯达尔学院**（**MASDAR INSTITUTE**）。我从一开始就参与了这所学院的创办工作。学院的第六批学生将于本月毕业。他们开展的活动丰富多彩，因为他们并不是简单地照搬 MIT 经验，而是活学活用地把它与当地的具体环境、文化和行为方式结合在了一起。

第三个例子是"**斯科尔科沃**"（**SKOLTECH**）——位于莫斯科郊外的"斯科尔科沃科学技术学院"（Skolkovo Institute of Science and Technology）。从 2011 年这所学院初建时起，我就参与其中。现在说它成功还为时尚早。学院的愿景是打造一所教学、研究和创新立校的高等学府。三者相互交织、不可分割，类似三螺旋结构。

> 艾德教授曾是 MIT 航空航天系系主任。他是"斯科尔科沃"的创始校长。在他的领导下，MIT 全校为创办这所大学投入了大量的努力。这所大学的构思来自 2010 年斯隆管理学院的一次高管培训项目。这个项目的重点是创新创业及相关战略。在为期一周的课程上，一支由俄罗斯"寡头"（oligarch）率领的高管团队提出了这个想法。这位"寡头"被引荐给几位 MIT 校领导。当时，这几位领导恰好也在开展与俄罗斯有关的初期洽谈工作。和我们在葡萄牙和阿联酋的情况类似，斯隆管理学院和工程学院经常会在国别关系中开辟出各自不同的开端。
>
> 我们为"斯科尔科沃"项目成立了内部创新创业委员会，我和查理共同担任委员会主席。成立这个委员会的初衷是为整个大学奠定基石。还有很多

> MIT 斯隆管理学院教师也从一开始就参与了这个项目。他们包括：比尔·奥莱特，他代表 MIT 创业中心，此外还有莫瑞教授和斯特恩教授。加入"斯科尔科沃"项目的一位关键的高级领导者是毛里齐奥·索布雷诺（Maurizio Sobrero）教授（1997 届）。他曾在意大利博洛尼亚大学担任管理学院院长。我是他在 MIT 的博士生导师。毛里齐奥成了斯科尔科沃学院整体教学项目的重要顾问。

这所学院的模式与传统的主流俄罗斯大学几乎完全不同。在俄罗斯这样一个国家里，开办一所这样的学校尤为不易。从历史上看，俄罗斯文化对创新行为并不算热衷。我们究竟能否在那里实现成功的影响力，也许只有历史才能给出最终的答案。就目前而言，我们姑且称之为"一项正在推进的事业"。

最后一个例子来自葡萄牙。这个项目开始于 2006 年。MIT 收到的请求并不是帮助设计一所新的大学，而是开发一个跨学校的博士项目，覆盖葡萄牙所有重点大学。因此，我们的工作目标是打造一个多学科、多组织、多院校的组织架构，以创新创业活动为核心，完成课程和运行原则的组织设计[3]。

道格·哈特（DOUG HART，即前文提到的道格拉斯·哈特）教授后来接替库尼教授，继续领导工程学院多个项目的创新创业工作。他与我和路易斯·佩雷斯-布雷瓦（Luis Perez-Breva）一起为斯科尔科沃科学技术学院开设了首门创新创业课程。我们在 MIT 开展试点，把一组斯科尔科沃学生和 MIT 学生融合在一起。道格后来在莫斯科共同讲授过同一门课程，加入了自己不断增长的关于俄罗斯的经验：

伊利亚·杜宾斯基（ILIA DUBINSKY）（1998 届）是我们（在莫斯科）的对口教师。他在 MIT 获得博士学位，在美国成为一名连续创业者，后来与他的妻子一同返回了俄罗斯。伊利亚在斯科尔科沃科学技术学院担任创业工作小组负责人。我和伊利亚合作得非常愉快。我现在仍把斯科尔科沃看作一项令人着迷的试验。当然，它也是一项雄心万丈的事业。从某些方面来说，斯科尔科沃和阿联酋的马斯达尔学院相似，它们都在创办之初把创新创业置于核心与基础的地位，都把它们贯穿于项目的始终。但是，很多事情到了俄罗斯都会变得不大一样，一方面是由于经济的衰退，另一方面也与政治上的抵牾不无关系。尽管如此，当我身临其境地感受到当地学生们对接受这类教育的渴求与饥饿时，仍然感到极度震惊。他们的渴望程度远远高于我们的学生。MIT 学生可选的课程琳琅满目，他们就像生活在"糖果商店"里的孩子；他们接触创新创业活动与辅导的机会也多得多。我们可能在改变俄罗斯教师基本态度方面做得不大成功，但是，就学生而言，我们切实地填补了一项极其重要的空白。我认为，这一点的深远影响一定会延续到未来的很多年[4]。

道格·哈特还提到了他最近在葡萄牙的体会：

我们在葡萄牙开展了很多项目。那里的人们张开双臂欢迎我们，基本局面已经打开了。葡萄牙现在也有了类似十万美元大奖赛的活动，而且开展得非常成功。这项活动已经孕育出了一些企业。

通过这些工作，我发现很多国家存在一种根本性的领悟，它们努力按照 MIT 的模式建立属于自己风格的创业生态系统。我们可以这样理解这一点——没有创新的发明是毫无意义的。要知道，当我从加州理工学院（CalTech）取得博士学位、进入 MIT 工作时，我根本就想不到这一点！我们接触的这些国家都在努力做到 MIT 过去至少 50 年里稳步实现的一切。而且这些项目都是双向的：我们帮助这些国家不断进步，反过来，MIT 也从这些项目中发现了许多令人赞叹的好学生，他们后来都走进了 MIT，学习深造。同时，我们还从中学会了如何向每个人更好地讲授创新和创业课程。

MIT 斯隆管理学院"能力建设"（Capacity Building）项目。MIT 斯隆管理学院还努力在其他国家建立各种机构。工程学院和管理学院的做法相当近似，但有一点大不相同：斯隆管理学院很早就拥有了创业师资和相关的项目力量，所以它的很多行动计划都限定在创新创业领域以内。同时，斯隆管理学院在合作国家通常只提供最初的样板范例，把后续的跟进工作交给海外合作伙伴来做。

"炎黄视野"（The Chinas Vision）系列项目。1987 年，莱斯特·瑟罗刚刚成为斯隆管理学院院长不久。它提出了一项远景计划，认为学校可以成为"先进经济管理思想的一面旗帜，让所有愿意学习这些思想的华人聚集在一起"。他还明确指出，这里提到的华人包括来自中国内地、中国香港、中国台湾和新加坡的华人在内。到 1993 年任期结束时，莱斯特在这四个地区帮助斯隆管理学院完成了一批重要项目。在这些投身亚洲地区的努力中，有很大一部分植根于 MIT 的创业和创新事业。

以新加坡为例。1985 年，新加坡经济发展局局长杨烈国，一位 MIT 的老朋友——向 MIT 派遣了多位新加坡青年人才。这些新加坡的明日之星来到这里，参加为期 12 个月的"斯隆学者高管发展项目"（MIT Sloan Fellows Executive Development Program）。在首批的三位学员中，**张铭坚（MING-KIAN TEO）**（1986 届）在新加坡政府系统中快速升迁，成为新国立研究基金会（National Research Foundation）（类似美国的"国家科学基金会"，即 NSF）主席，随后成为新内阁财政部常委部长。张铭坚后来当上了新加坡经济发展局（EDB）局长，再后来执掌一家重要的全球风险投资企业：**祥峰投资（VERTEX VENTURE HOLDINGS）**。作为我们曾经的学生，铭坚很快向我们提出请求——帮助他把斯隆管理学院的师资和研究理念带给新加坡的高级管理者们。阿诺尔德·哈克斯（Arnoldo Hax）教授、迈克尔·库苏玛诺和我为新加坡带来了第一堂 MIT 讲座。这次讲座在名义上是由刚刚成立的 MIT 校友会（MIT Alumni Club）主办的。这个校友会包括许多斯隆管理学院的校友。铭坚很快跟进，努力为新加坡引入创业精神，这一精神与当地文化之间存在不少抵牾之处。我和他共同组织开办了新加坡第一场创业讲座。他还为这场讲座找来了一位名望卓越的新加坡创业家。

再后来，MIT 斯隆管理学院在新加坡开展了"能力建设"活动。主要通过一个由**唐纳德·拉萨德（DONALD LESSARD）**教授领导的项目团队帮助**南洋理工大学**实现管理学系的现代化。这所大学也被称为新加坡的"华人大学"。从覆盖范围上来说，这个项目不如 MIT 工程学院后来建立的新加坡科技设计大学那么大，但它带来了极其重要的改善和提高。顺便提一句，新加坡经济发展局在此后很多年里不断支持斯隆学者项目，不仅如此，该局每年还向"技术管理项目"（Management of Technology）选派学员，后来还定期参加理学硕士项目，再后来还包括了 MBA 学位项目等。曾几何时，斯隆管理学院的新加坡校友在该国政府高层中达到了相当多的人数。

我们与中国台湾的往来同样由来已久，但是相对平淡得多。为了支持 MIT 斯隆管理学院、为了把现代管理思想带给当地的二十几家大型赞助企业的首席执行官，台湾成立了**"时代基金会"（EPOCH FOUNDATION）**。1994 年，新任院长格伦·厄本（Glen Urban）和我，还有迈克·库苏玛诺（即迈克尔·库苏玛诺）在台湾为这些首席执行官举办了第一场 MIT 讲座，并走访了部分赞助企业。在这次讲座上，我们从不同角度谈到了战略变革问题，其中，我的演讲重点是 MIT 的创新创业活动。1998 年，MIT 开设了面向台湾首席执行官的首期研讨会，强调了企业内部创业问题。这次研讨会由**亚历克斯·德阿博洛夫**（**ALEX D'ARBELOFF**）（1949 届）主持。德阿博洛夫是**泰瑞达公司**（**TERADYNE**）的联合创始人和原首席执行官，当时还担任 MIT 校董会主席。在这些来自台湾的首席执行官里，课堂表现最积极的是**张忠谋**（**MORRIS CHANG**）（1952 届）。他是**台积电**（**TAIWAN SEMICONDUCTOR MANUFACTURING COMPANY**）的创始人兼首席执行官。台积电是泰瑞达的优质客户。2016 年，原来的阿尔弗雷德·斯隆大楼（东 52 号楼，E52）修缮一新，张忠谋正式成为这座大楼的署名捐赠人。这座建筑如今的名字是**"张忠谋和张淑芬楼"**（**MORRIS AND SOPHIE CHANG BUILDING**）。

MIT 斯隆管理学院切实推进能力建设项目。它和 MIT 工程学院的项目在有些方面比较近似，但又在另外一些方面有所不同。1996 年，我们开始与**清华大学**和**复旦大学**合作开展**"MIT 中国管理教育项目"**（**MIT-CHINA MANAGEMENT EDUCATION PROJECT**），帮助这两所中国最受尊重的大学参照斯隆管理学院的模式开发现代管理课程。这项任务是通过一项深入的长期项目完成的。来自中国的访问教师来到 MIT，按照他们希望掌握的课题选定 MIT 教师伙伴，在短短一年的时间充当后者的替代教师。时间紧、任务重。在 MIT 期间，他们会对课程进行再设计，使之更适合中国的教学。被选定的 MIT 教师仅发挥指导作用。这个项目后来进一步扩大，新增了三所中国大学。这个项目目前仍在进行当中。这样一来，在全中国最好的管理学院里，管理学课程都在参照 MIT 斯隆管理学院的蓝本。

2006 年，清华大学的杨德林教授以富布莱特学者（Fulbright Scholar）的身份来到 MIT，在我的指导下研究创业课题。第一次见面时，我简要罗列了 MIT 教师正在开展的研究项目，鼓励他与我们的老师面谈，更多地了解他们的研究工作。谈话快结束时，我提到自己当时正在开展的一项针对 MIT 校友创业的研究和它的数据分析工作。话说到半截，我停了下来，不无犹豫地问他："如果说，我们要对清华校友创业情况开展一次类似的研究，你会有兴趣吗？"接下来那个星期，我们热火朝天地讨论这项计划。杨教授很快飞回了北京，与院长和校长讨论合作研究的可行性。当时不开展这项研究的理由可能有很多、也很充分，但我们还是启动了这项研究。当时参与研究工作的有我的研究生**查尔斯·埃斯利**（**CHARLES EESLEY**）和 MIT 的一位中国博士**王砚波**（**YANBO WANG**）。我还说服了**张朝阳**（**CHARLES ZHANG**）为这项研究的清华部分提供经费。张朝阳既是清华校友，又是 MIT 校友。我们是搜狐公司的共同创始人，他是这家公司的首席执行官（我会在第九章"互联网"中详细介绍张朝阳）。这个项目是历史上第一次由海外机构针对一所中国大学创业情况开展的全面大型研究。埃斯利勇挑重担，负责大部分重点数据的分析工作，还把它用在了自己的博士毕业论文里 [5]。就这样，查克（即查尔斯·埃斯利）与清华结下了不解之缘，尤其在他进入斯坦福大学、成为新任助理教授之后。从此以后，他在关于中国创业的研究与教学工作中投入了大量时间（这也成就了一段佳话，查克在 2017 年 9 月成婚，这位年轻的女士就是他在中国工作期间结识的。查克的妻子后来在加州取得了博士学位）。

斯隆管理学院在葡萄牙的活动。 从 2007 年年初开始，学院在葡萄牙的活动开始聚焦于创业，旨在帮助葡萄牙完成课程开发和课外行动项目。菲奥娜·莫瑞和我担任 **MIT 斯隆管理学院葡萄牙项目**（**MIT SLOAN-PORTUGAL PROGRAM**）的联合创始主任。我在里斯本的第一堂课座无虚席。我向学员们阐明了工程专业学生和管理专业学生之间互动的重要意义，和我对这一点的坚定信念。我还展示了混合创始团队业绩优于单一专业团队的相关数据。听众中有一位同学非常有礼貌，他在下课之后找到了我。他对我说："您一定知道自己是在一所商学院里讲课，而且这所商学院与任何一所理工院校都没有联系！对吗？"这让我大吃一惊，于是我问他，附近有没有可能开展合作的理工院校。这位学生回答说，有一所理工院校离这里很近，只隔着一个街区。但是这两所学校不太可能合作。我的第一反应是：作为一名来自麻省理工学院的老师，即使面对的是一所葡萄牙的理工院校，我也应该有一定的信誉可言。我很乐意做个中间人，促成这两所高校的合作。那位提问的学生错愕地看着我，就像在看一个不懂事的傻孩子。他反复地告诉我，这两所学校绝不可能合作！

实际上，因为 MIT 工程学院在葡萄牙建立了独立项目，所以我和查理·库尼、菲奥娜·莫瑞有能力促成一大群学者的合作，他们来自一所卓越的商学院和两所理工院校。同时，我们的合作伙伴还包括一位重量级政府官员，很有可能成为资金来源，所以我们在葡萄牙的各项合作从一开始就驶上了快车道。葡萄牙举办了第一届十万美元大奖赛式的活动，参赛者全是本地人。比赛进行到决赛阶段时，我和查理坐在 MIT 特拉斯特中心的一间会议室里，通过 Skype 远程参与这项活动、与两座葡萄牙城市的本地评委互动。

阿联酋。 这是个很好的例子。它清楚地说明了，在其他国家开展"能力建设"

项目时，"成败都是常事"（sometimes you win and sometimes you lose）。2003年，阿联酋高等教育部部长助理和我见面，商讨阿联酋和 MIT 合作建立创业学位项目的可能性。我立即告诉他，MIT 不会在美国以外建立新的联合学位项目。于是，我们的对话迅速转到了建立联合创业项目上面。该项目仅授阿联酋学位。当时，MIT 在波斯湾地区还没有像样儿的活动。面对这个提议，我们既感兴趣，又觉得可能引发争议。这主要是因为 MIT 对当地由来已久的担忧，主要问题包括人权和妇女及少数教派的平等权利等。那一年的大部分时间里，我们都在 MIT 开展讨论。我们还前往迪拜，在那里讨论概念和细节问题——有没有可能用 5 到 7 年的时间帮助阿联酋开发自己的创业师资和课程？同时由 MIT 教务长任命一支覆盖全校的行动小组，评审这个项目的所有申请者。最后，双方通过了所有的内部审批。MIT 校长**查尔斯·维斯特**（**CHARLES VEST**）批准我们推进此事。先在迪拜举办一次实验性的创业大会，同时在那里开办一项与此相关的短期高管培训课程，面向整个中东地区招收企业和政府高层管理人员。

我们几位教师成员同时参与了迪拜这两个项目，由我和肯·莫尔斯牵头。人们普遍认为，2004 年 3 月的那场大会非常成功，随后那项战略和创新短期高管培训项目也是如此。阿联酋领导人出席了开幕式。在与 MIT 校务委员会主席**菲利普·克雷**（**PHILIP CLAY**）（1975 届）私人会见时，这位领导人还对即将开始的 MIT-阿联酋合作伙伴关系表达了热情洋溢的祝福，希望双方全力推进此事。但是，由于行政工作上出现了争议，MIT 内部没有在收到我们方案之后迅速推进。这次争议的焦点是：这个方案应当被视为教育活动，还是一种"承揽"（work for hire）项目合同。如果是前者，它的营运费用会非常低；如果是后者，鉴于我们的方案提出了很高的预算，所以对营运费用回收的要求势必极高。不出所料，等到 MIT 的治理审计人员终于解决这个争议时，我们向阿联酋提交的方案早已错过了约定时间，这让对方非常失望。长时间的拖延惹恼了阿联酋的政府官员。他们回绝了我们的方案。

尽管如此，我们还是和阿联酋的高等教育部长和酋长们建立了良好的关系。他们的任期非常长，这对后来 MIT 工程学院在阿布扎比启动马斯达尔项目带来了很大的帮助。这个项目在课程设置和学生活动中包含了很多创新要素。

亚洲商学院。MIT 斯隆管理学院在马来西亚吉隆坡建立了亚洲商学院（Asia School of Business，ASB）。它也是一项重要的"能力建设"项目，主要以创新创业为主要教学内容。**查尔斯·法恩**（**CHARLES FINE**）教授身兼两职，担任这座新学院的院长和主席。这个项目开始于 2015 年初。它是在马来西亚中央银行——马来西亚国家银行（**BANK NEGARA MALAYSIA**）——的合作下建立的。洁蒂·阿兹（Zetti Akhtar Aziz）博士从 2000 年起担任这家银行的行长。她为这个项目树立的愿景是"通过产业、政府、教师和学生之间的积极互动培育创新创业，重视和加强实践学习。"双方的紧密合作包括我们与亚洲商学院第一梯队的教师合作开发课程，还包括 2017 年多位斯隆管理学院教师在 MIT 为亚洲商学院暑假班的首批学员讲授最早的核心课。此外还有更多斯隆管理学院教师不定期地到马来西亚授课。我们还成功地招募了更多的亚洲教师为这所学院授课。他们来自我们长久成功的"麻省理工中国管理教育项目"。我们在前文提到过这个项目。亚洲商学院的"创新与创业中心"（Innovation and Entrepreneurship Center）主任由 MIT 高级讲师**拉杰什·奈尔**（**RAJESH NAIR**）（2014 届）担任。拉杰什是 MIT 创业队伍里的一位多面手，曾经承担过不同职责，包括第三章提到过的印度塔塔基金会项目。他在亚洲商学院的第一个项目是 MIT 与亚洲商学院和印度理工学院（India Institute of Technology，IIT）合作开办的社会创业学生训练营。这个训练营面向三所学院的学生开放，为期一个星期。

东京理科大学（**The Tokyo University of Science**）。**迈克尔·库苏玛诺**（**MICHAEL CUSUMANO**）教授是日本东京理科大学商学院院长。他单枪匹马地推行了一项"能力建设"活动，极大地改变了该校本科生和研究生项目的面貌，最大限度地为这所学校带去了 MIT 的创业精神。东京理科大学还把创业模块列入了研究生的必修课程。在这项工作的实施过程中，巴布森学院（Babson College，又称百森商学院）为它提供了一些帮助。2016 年，这所学院的本科生规模翻了一番，从 250 人增加到了 500 人，如今已经装满了一座新楼。

这所大学也是 MIT"区域创业加速项目"东京分部的主管单位，它的主要任务是创新创业中心（Center for Innovation and Entrepreneurship）的发展。作为这项任务的一部分，迈克（即迈克尔·库苏玛诺）引进了几个新项目（主要来自 MIT），包括"创新团队"（iTeams），一项新的创业实验室课程、一个创新创业研讨项目，还有一套学生创业项目指导体系等。这所大学还建立了一项百万美元风险基金，以此弥补日本风险投资方面的严重不足。这项基金当时已经投资了一家教师主导的新企业。库苏玛诺教授注意到：

实际上，我在这个中心开展的活动是以 MIT 几项互为补充的活动为蓝本的，但是它们之间并不存在正式的联系。我在中心内部正式地把它们联系在了一起——我通过这个中心把 MIT 特拉斯特创业中心、戴施潘德创新中心、创业指导服务中心（VMS）和十万美元商业计划大赛联系在了一起……投资基金也将成为这个中心的一部分，我们还在与东京附近的一些私营孵化中心建立合作伙伴关系。它们同样在 MIT 创业生态系统中发挥了巨大的作用，尤其是剑桥创新中心（Cambridge Innovation Center）。

我还重新设计了这所大学的研究生院课程（仿照多年以前的"MIT 技术管理项目"（MITMOT）项目），让它在日本工程师的管理培训方面适当拓宽，同时强调企业的内部创业。我正在引入一门新的必修课——"企业内部创业"（Corporate Entrepreneurship）。这门课是艾德·罗伯茨在 MIT 创立的，其他来自战略、创业和设计思维的班级也会支持这门课……这样一来，我们势必为东京理科大学带来巨大的影响。这所大学有 2.1 万名学生，是日本最大的理工院校。日本政府，尤其是日本经济产业省（Ministry of the Economy, Trade, and Industry）表示，我们正在推进的事业可以成为日本其他大学效仿的典范[6]。

德巴克尔教授始终对 MIT 教授汤姆·艾伦、吉姆·厄特拜克，尤其是**迈克尔·拉帕（MICHAELRAPPA）**心存感激。他们的紧密合作，加上我们开展的多个创业项目，为德巴克尔教授带来了坚实的洞察力基础。

科恩拉德·德巴克尔
（Koenraad Debackere）

学术型校友的全球影响。在结束这一部分之前，我们还必须谈到一条非常不同的路径。走在这条路上的是我们的学术型校友——MIT 斯隆管理学院的博士毕业生、前教师和访问学者等。他们在 MIT 创业研究成果、课程、学生活动和很多其他项目的全球传播中发挥了重要作用。我们的学术型校友遍布全球各大重要机构。他们的工作主要是讲授和引领各种创业项目。以比利时为例。**让 - 雅克·蒂格鲁夫（JEAN-JACQUES DEGROOF）**——他的履历很特别，他既是斯隆学者（1993 届），又是斯隆管理学院的博士生（2002 届）——他在博士毕业论文中研究了所有比利时大学的创业型衍生企业，评估了它们面对的挑战和一部分战胜挑战的成功案例[7]。他发现，比利时大专院校的需要与我们在剑桥和美国的需要大相径庭：比利时的"外部支持性基础设施较弱"，而剑桥和美国拥有极大丰富的外部环境。截至目前，表现较好的比利时大学是鲁汶大学（Katholieke Universiteit Leuven，KU）。该校的**科恩拉德·德巴克尔（KOENRAAD DEBACKERE）**频繁地到 MIT 开展学术访问。他成了鲁汶大学日益壮大的、成功的创业项目的学术带头人。返回欧洲之后，德巴克尔教授敏锐地捕捉到了规模和内外部资源对学术场景下创业的影响。他创造性地在附近多个地区开展了多项合作，极大程度地缓解了这个问题：

> 如今，我们有四个紧密合作的城市：亚琛、埃因霍温、海德堡和鲁汶。每个地区都有几家核心机构，切实在本地重点大学努力推进创业和创业活动，协助建设更加广泛的高校社区生态系统……在鲁汶，有两家机构发挥着主要作用：鲁汶大学研究与发展中心（德巴克尔教授担任主任），该中心还负责鲁汶大学的技术转让活动；另一家机构是"校际微电子研究中心"（IMEC），它是一家比利时政府资助的大型纳米电子研究中心，与私营领域有很多合作。我们有不少成功的创业家楷模，但是我们需要更多地把重点放在辅导、启发和实现成功的创业上面，我们的方法就是耐心地与各个机构和行动者们互动和联结，他们会帮助我们建立生态系统，并且支持这一生态系统[8]。

MIT 创业生态系统是我们的"创新"。我们自己的（以及其他院校的）学术型校友在美国和全球各地众多院校社群里复制和采用了这个生态系统，带来了富有成效的融合和由此而来的影响力。

小结：MIT 的创业事业影响全世界

本书第二部分的开篇部分通过实证清晰地说明了 MIT 校友企业波澜壮阔的形成、发展和对全世界的经济影响，尤其是对美国的影响。过去六十年的数据表明，无论是它创造的企业数量、工作机会，还是经济产出都在以十年为单位的时期里呈现出指数式飞跃增长。仅就 MIT 在世校友而言，他们的经济实力之和已经相当于一个大型国家的水平。我还强调指出，这一实证发现不包括已过世校友创办的企业，不包括被并购的校友企业，不包括非校友背景的 MIT 教师职员创办的企业，也不包括接受 MIT 技术许可的非校友企业。这些分析甚至没有考虑过 MIT 毕业生创造的极富创新、但非创业事业的影响力，也没有考虑过 MIT 对全世界源源不断的科技贡献产生的广泛效益。

接下来，我谈到了 MIT 创业论坛的早期工作。它在全国范围的拓展中覆盖了广大非 MIT 校友群体；它不断地以共同创始人和合作者的身份参与了"巨人的诞生"（Birthing of Giants）项目、致力于培养年轻的创业人才，无论他们来自什么样的背景。

MIT 校友积极地通过多种形式的先驱加速器推动了初创企业的发展，取得了丰硕的成果。首开风气之先的是布拉德·菲尔德（Brad Feld）早期的 Techstars。这家机构在美国屡次搬家，如今更是投身于全球创业发展大潮之中。接下来，我提到了约翰·霍桑（John Harthorne）的 MassChallenge。这家全球最大的加速器每年仍在更多国家不断扩大发展着。我还讲到了更多的专业加速器，例如简·哈蒙德（Jean Hammond）的 LearnLaunch。这家加速器专门推进以教育事业为导向的创业工作；还有埃米莉·赖克特（Emily Reichert）的 Greentown Labs，一家专门面向清洁能源产业的加速器机构。当然，我们还讲述了比尔·奥莱特的 MIT 德尔塔 V（delta v）加速器取得的成绩。还谈到了 delta v 在去年增设的"MIT 纽约夏季初创工场"（NYC Summer Startup Studio）项目。

为了形成全球影响力、激发成功的创业，MIT 开展了各种各样的活动。这一切努力始于"创业论坛"（Enterprise Forum）、"创业开发项目"（Entrepreneurship Development Program）、列格坦中心（Legatum Center）和 MassChallenge 等项目的向外拓展。MIT 对海外地区的首次聚焦是通过学生开办的"MIT 全球初创工场"（MIT Global Startup Workshop）实现的。这个项目已经延续了 20 多年，每年培养数以百计的学生。初创工场的举办地每年更换，旨在教会人们如何创办类似 MIT "十万美元大奖赛"的商业计划赛事。它已在至少 50 个国家里成了各大创业赛事的策源地。这超出了很多人的预料。多年以来，我们内部的 MIT 全球创业实验室（MIT Global Entrepreneurship Lab，MIT G-Lab）项目每年输送半数以上的 MIT 斯隆管理学院 MBA 学生到全球各地的年轻企业实习。该项目在国际情境下完成教育目的，已经服务过数百家海外企业，激励数量众多的海外院校纷纷效仿。仅在 MIT 内部，"全球创业实验室"就带来了中国实验室（China Lab）、印度实验室（India Lab）和以色列实验室（Israel Lab），进一步扩大了我们在全球创业领域的影响力。紧随其后，我们从企业加速提升到了地区及国家创业加速领域，这是通过推出"区域创业加速项目"（REAP）实现的。这个项目主要致力于指导和帮助利益相关者团体。每个团队最多覆盖 8 个地区。发展到现在，这个项目还成立了"区域创业加速实验室"，按照"全球创业实验室"（G-Lab）

的模式帮助我们的学生获得地区实习机会。"创业指导服务中心"也走出校园，通过外部项目把 MIT 对新企业的辅导和支持方法传播到了 60 多个地区。

第七章的最后一部分主要讲述了数量众多的"国家项目"。这些项目或者是麻省理工学院举全校之力推进的，或者是由 MIT 工程学院和管理学院分别推进的。无论是哪一种形式，创新和创业的加强都是这些项目的主要目标之一。这些工作的起点是"MIT 政策选择中心"（MIT Center for Policy Alternatives，MIT CPA）的系列政策研究项目。其中比较突出的是以色列和瑞典的项目。"MIT 全球产业联盟项目"（MIT Industrial Liaison Program）在欧洲和亚洲各地开展企业培训讲座，进一步提升了人们对 MIT 创业项目及其成就的关注。很多国家的实践项目极大扩展了 MIT 教师的工作成果，有望产生关键的影响。按照（英文）字母顺序排列，开展上述实践项目的国家和地区包括：比利时、中国（包括台湾省）、以色列、日本、马来西亚、葡萄牙、新加坡、阿联酋和英国等。

这些工作旨在鼓励其他国家实质提高对创业型初创企业的关注，推动这些企业提高效率、发展壮大。在所有这些努力中，需要克服的一大普遍挑战通常是巨大的文化转变。这种转变同时又是必须做到的。只要回想一下前文提到的查尔斯·库尼教授和道格·哈特教授对俄罗斯斯科尔科沃科学技术学院的评价，我们就可以清晰地感受到这一点。科恩拉德·德巴克尔（Koenraad DeBackere）也相当中肯地提出了他对 MIT 的认识：

去年，我们在中东欧与当地的顶尖大学启动了创新创业合作项目。我们早与布拉格的查理大学（Charles University）建立了良好的关系，能够在那里找到富饶的土壤。但是，10 年之前的查理大学并没有做好这方面的准备。我们不得不考虑时间差的问题。如果组织环境没有为此准备就绪，这一时间差可能是巨大的[9]。

迈克尔·库苏玛诺亲身经历过日本企业的内部创业。他也做出了类似的评价：

总的来说，大型组织（包括大学在内）不喜欢做太新的事，也不愿意改变自身的业务模式。我们更愿意对日本内部创新所产生的新想法和新技术视而不见。日本早已陷入渐进创新之中，进退两难。在过去的几十年里，他们的日子过得太舒服了，所以才被中国和韩国在很多行业超越，甚至连印度也在某些方面超过了日本。日本的领导人深知自己应当提振经济、应该变得更加大胆，但是他们还需要很长的时间、还要走很长的路[10]。

　　第七章通过更多的例子说明了，尽管 MIT 把"知行合一"（mens et manus）作为自己的建校理念，但是，即使是在校内，我们的创业生态系统也是穷尽数十载之功方告建成的。

　　总体而言，把 MIT 的创业事业推向全世界是一项长期事业。我们取得了不错的平均成功率。我们始终在努力，努力扩大自己能为他人带来的帮助。

参考文献及注释

1. 在 2016 年 11 月 12 日 "MIT 创业五十周年庆典" 活动上的发言。

2. 维基百科，"Cambridge-MIT Institute" 词条。访问日期：2018 年 2 月 23 日。

3. 来自米歇尔·乔特（Michelle Choate）的采访，2016 年 5 月 9 日。

4. 来自米歇尔·乔特（Michelle Choate）的采访，2016 年 5 月 6 日。

5. Charles Eesley, Essays on Institutions and Prefounding Experience: *Effects for Technologybased Entrepreneurs in the US and China*, PhD Dissertation, MIT Sloan School of Management, 2009.

6. 来自米歇尔·乔特（Michelle Choate）的采访，2016 年 5 月 6 日。

7. Jean-Jacques DeGroof, *Spinning Off New Ventures from Research Institutions Outside High Tech Entrepreneurial Areas*, PhD Dissertation, MIT Sloan School of Management, 2002.

8. 来自科恩拉德·德巴克尔在 2016 年 11 月 12 日 "MIT 创业五十周年庆典" 活动上的发言。他现任比利时鲁汶大学 Algemeen Directeur 一职，相当于教务长和常务副校长。

9. DeBackere，同上。

10. Cusumano，同上。

左上：

海伦·格雷纳（Helen Greiner）、迈克尔·蒙兹（"米克"）（Michael "Mick" Mountz）、乔恩·赫斯切提克（Jon Hirschtick）和哈里·李（Harry Lee）在"从 CAD-CAM 到机器人科学"（From CAD-CAM to Robotics）圆桌讨论会上。这场讨论会是 2016 年 11 月 12 日"MIT 创业五十年庆典"（Celebrating A Half-Century of MIT Entrepreneurship）活动的一部分。

右上：

1931 年，罗伯特·范德格拉夫（Robert Van de Graaff）正在向卡尔·泰勒·康普顿（Karl Taylor Compton）讲解自己的发电机。

右下：

努巴·阿费扬（Noubar Afeyan）、罗伯特·兰格（Robert Langer）、查尔斯·库尼（Charles Cooney）、菲利普·夏普（Phillip Sharp）和苏珊·霍克菲尔德（Susan Hockfield）在"生命科学与生物技术"（Life Sciences and Biotechnology）圆桌讨论会上。这场讨论会是 2016 年 11 月 12 日"MIT 创业五十年庆典"（Celebrating A Half-Century of MIT Entrepreneurship）活动的一部分。

左下：

年轻的杰伊·弗雷斯特（Jay Forrester）在"旋风计算机"（Whirlwind Computer）前。身旁是他的好友鲍勃·埃弗雷特（Bob Everett），摄于 1951 年前后。

第三部分

献给 MIT 创业者的颂歌

走过半个世纪的 MIT 重要企业

建校至今，麻省理工学院诞生了数以万计的创业者。他们在全球绝大多数国家、在各个领域里创办和建设了各种各样的企业。本书献给他们每个人，赞颂他们的成就和他们对社会做出的贡献。本书讲述了 MIT 整个学校如何从创造与传播知识的优良传统出发，影响整个世界的全过程。尤其是在过去的五十年间，MIT 通过教学、研究、咨询和激励等多种形式，在提高组织能力、促进创业生产力发展等方面取得了令人瞩目的成绩。

本书的第三部分从记录和歌颂几位独一无二的 MIT 校友讲起。半个世纪前，他们创办了自己的企业，如今依然领导着这些企业，走向更高、更辉煌的成就。也许比较令人惊讶的是，符合这个条件的企业**只有**三家：科氏工业（Koch Industries）、亚德诺（Analog Devices）和 Meditech——当然，还有它们最初的创始人们。

这些企业和创始人们构成了本书第三部分的大背景。在这一部分的每一章里，我们会逐一地、细致地回顾四大领域。在过去的半个世纪里，了不起的 MIT 教师和校友开创了这些领域，成了这些领域的先驱者。它们是：生命科学与生物科技、互联网、从 CAD-CAM 到机器人科学的演进、"现代金融"世界。

科氏工业

科氏工业（KOCH INDUSTRIES）是两代 MIT 毕业生的杰出创业成果。他们充分发挥 MIT 的技术教育优势，创办了一家独步天下的成功企业。这家企业最新的年销售收入超过了 1150 亿美元。

这一切始于**弗雷德·科赫（FRED KOCH）**。1922 年，弗雷德毕业于 MIT 化学工程专业，获得学士学位。一开始，他在得克萨斯州从事石油冶炼工作。那里条件艰苦、混乱不堪。1925 年，他先是和自己的同届同学珀西瓦尔·"多比"·基斯（Percival "Dobie" Keith）合伙，后来创办了温克勒 - 科克工程公司（Winkler-Koch Engineering），一家专注开发炼油技术的企业。1927 年，他提出了一项突破性的热裂解工艺流程，把原油转化为汽油。这项工艺对小型石油生产商的帮助特别大。这使得大型石油企业竭尽所能地侵扰弗雷德·科赫和他的公司，一心除之而后快。在接下来长达几年的经济大萧条期间，弗雷德转向了俄国市场。他在那里协助开发了几家炼油厂，熬过了大萧条的难关。1940 年，弗雷德与人合办了伍德河石油及炼油公司（Wood River Oil and Refining）。这家公司后来改名为**洛克岛石油精炼公司（ROCK ISLAND OIL AND REFINING）**，并稳步发展成为一家中型石油企业——据估计，它在 20 世纪 60 年代初的销售收入已经达到了几千万美元的规模。

弗雷德和他的夫人养育了 4 个儿子。弗雷德夫妇目标明确地帮助孩子们树立了坚定的职业道德，包括暑假期间让他们在农场里捆干草、清理谷仓等。他们把两个儿子（查尔斯和比尔）送到了柯尔沃军事学校（Culver Military Academy），去那里"锻炼锻炼"！他们有 3 个儿子考上了 MIT，并且追随父亲的脚步进入了化学工程系。这显然为他们带来了强有力的技术背景。这 3 个孩子都获得了多个MIT 学位，都成了创业家和企业创始人。他们是查尔斯、大卫和威廉（查尔斯——工学学士，1957 届、机械工程硕士，1958 届、化学工程硕士，1960 届；大卫——化学工程学士，1962 届、化学工程实务硕士，1963 届；威廉——化学工程学士，1962 届、硕士 1963 届、化学工程实务硕士，1963 届、化学工程博士，1971 届）。

【作者注】在整个第三部分，我会在首次提到每位校友创业家时标明他们毕业的院系和获得的 MIT 学位。这样做并不意味着他们之前或之后在其他院校的教育，或者他们在其他企业或者政府机构中的工作经历，对他们的创业成就无足轻重。恰恰相反，这些 MIT 数据意在表达我们的自豪感——他们顺利地从 MIT毕业，通过在先驱行业中建立和经营重要企业为社会做出了巨大贡献。学校为他们骄傲和自豪。同时，为了说明这样的自豪感，我会在初次提到 MIT 创始人的名字和企业时使用加粗字体表示。

到了 20 世纪 60 年代，弗雷德的健康每况愈下。1966 年，他把公司领导权交给了儿子查尔斯。查尔斯当年只有 31 岁。第二年，弗雷德·科赫辞世。为了纪念他，孩子们把公司名字改成了科氏工业（Koch Industries）。在查尔斯和大卫的领导下（他们拥有公司的主要所有权），科氏工业并没有陷入所谓的"第二代陷阱"（Second Generation Pitfalls）。这种"陷阱"终结了很多企业，无论创办这些企业的第一代领导者多么睿智、多么高瞻远瞩。作为科氏工业的首席执行官，查尔斯并没有躺在过去的成绩上睡大觉。恰恰相反，他和弟弟大卫奋发图强，把科氏工业建设成了美国第二大的未上市企业。兄弟二人仿佛无师自通地发现了把创业概念融入公司内部、帮助科氏工业发展壮大的秘诀。他们先是融入了基础的炼油业务，随后实现了制造及服务等领域不计其数的多样化。事实证明，查尔斯·科赫特别擅长从其他公司吸引正处于事业上升期的高级管理人才。他会给他们创业的自由和丰厚的财务激励，帮助他们在科氏工业的大旗下开发全新的业务。

20 世纪 70 年代，威廉·科赫也加入了科氏工业。他在剑桥市成立了科赫风险投资公司（Koch Ventures）的创业投资分部，积极参与 MIT 创业论坛活动。后来，比尔（即威廉·科赫）离开了科氏工业，创办了自己的公司 **OXBOW GROUP**，继续聚焦能源开发领域。

查尔斯·科赫
（Charles Koch）

近年来，科氏工业的年销售收入已经超过了 1150 亿美元，全球员工总数超过了 12 万人。查尔斯在自己的著述中强烈支持创业式管理原则、赞同熊彼特提出的"创造性破坏"（Creative Destruction）、探讨"颠覆式创新"（Disruptive Innovation）、支持在所有组织中鼓励内部创业行为的战略和激励政策[1]。大卫成了美国（和 MIT）最慷慨乐施的慈善家之一。他的善举遍布科学技术和艺术等多个领域。大卫还是 MIT 公司治理委员会的名誉终身会员（Life Member Emeritus）。除了为"麻省理工学院科氏综合癌症研究所"（MIT Koch Institute for Integrative Cancer Research）和很多其他重大项目提供资金支持之外，大卫还冠名捐赠了大卫·科赫化学工程实践学院（David Koch School of Chemical Engineering Practice）。他的父亲、他本人还有他的双胞胎兄弟比尔都是从这所学院毕业并获得学位的。

> 熊彼特的"创造性破坏"（Creative Destruction）概念和它当下最简单的解读——"颠覆式创新"（Disruptive Innovation）——指的是一种新的创意或者发明，当它在新产品或者新企业中付诸实施时，会驱逐旧有的产品和企业，取代其原有的地位。

威廉建立并领导了美国帆船联合会。这是他最令人瞩目的创业成就之一。他还在 1992 年赢得过美洲杯帆船比赛的冠军。在这项赛事 140 年的历史中，威廉·科赫是第一位首次参赛即获得冠军的选手。他在船体设计等方面打破了帆船领域的多项传统。第二年，他还尝试过以全女性船员的阵容卫冕美洲杯，并且取得了亚军的好成绩。比尔的努力得到了杰瑞·米尔格拉姆（Jerry Milgram）教授和 MIT 船舶工程系其他同仁的大力支持。为了表示感谢，比尔捐赠了威廉·科赫船舶技术教授讲席（W. I. Koch Professorship in Marine Technology），目前担当这一讲席的正是米尔格拉姆教授。

亚德诺公司

亚德诺（ANALOG DEVICES）的案例充分证明了连续创业者的第二家企业通常远远好于第一家。我们的研究同样发现了这种趋势。虽然它并没有表现为一种确定性，而只是一种强烈的可能性。在查尔斯·斯塔克·德雷帕（Charles Stark Draper）教授的指导下，三位 MIT"科目六"（Course 6，即电子工程与计算机科学）毕业生在 MIT 的"仪器实验室"（Instrumentation Lab，I-Lab）里并肩工作。他们是**威廉·林克**（WILLIAM LINKO）、**马修·洛伯**（MATTHEW LORBER）和**雷蒙德·斯泰塔**（RAYMOND STATA）（威廉·林克——理学学士，1957 届、理学硕士，1958 届；他后来还在斯隆学者项目取得管理硕士学位，1966 届。林克当时的论文以创业为题，由我担任指导教师；马修·洛伯——理学学士，1956 届、理学硕士，1958 届；雷蒙德·斯泰塔——理学学士，1957届、理学硕士，1958 届）。德雷帕钟爱创业和创业者。在他的鼓励之下，仪器实验室走出了大批创业家。1962 年，这三位毕业生沿着众多先行者的脚步，创办了**固态仪器公司**（SOLID STATE INSTRUMENTS）。雷·斯泰塔（即雷蒙德·斯泰塔）描述了当时的情景："我们说：'咱们开始吧！'我们当时一没有战略，二没有资金，只有一股子冲劲儿。我们合计了一下，发现必须找到办法发挥我们共有的、关于仪器和控制系统的知识。[2]"不到两年之后，他们把这家公司卖给了科尔摩根集团（Kollmorgen Corporation）的内河控制公司（Inland Controls Division）。三个人各自得到了 5 万美元的股票和为期两年的聘用合同。这为他们带来了充足的时间，思考怎样更好地创办下一家公司。

【作者注】这一节的很大一部分是根据我与 MIT 电子工程专业同学雷·斯泰塔（Ray Stata）的长年通信内容写出的。在我第一项针对 MIT 仪器实验室衍生企业的创业研究中，固态仪器公司和亚德诺（Analog Devices）都包括在内。

1965 年，斯泰塔和洛伯创办了**亚德诺**公司（ANALOG DEVICES，ADI）。这家公司最初生产分立式晶体管运算放大器。公司的运营主要依靠他们离开科尔摩根时剩余的小笔资金。他们从第一年就开始盈利，公司的成长速度非常快，并在 1968 年正式上市。马特·洛伯（即马修·洛伯）在 IPO 期间卖掉了自己一半的股份。他在 1970 年离开了亚德诺，创办了技术公司 **PRINTER TECHNOLOGY**。这家新公司迅速遭遇了失败，洛伯又创办了**科普利**公司（**COPLEY CONTROLS**），并且成功地卖给了**安络杰**公司（**ANALOGIC CORP.**）（这家公司的创始人是**伯纳德·戈登**（**BERNARD GORDON**），电子工程专业理学学士和硕士，1949 届）。雷一直留在这家企业里，但是后来又加入了一位高管，担任首席执行官。雷一直负责业务拓展和市场营销工作。他指出：

我们能走到今天，（是因为）我们懂得凡事先向前看，再决定做什么。刚刚创办亚德诺不久，市场上出现了第一款集成电路半导体运算放大器。这让我看到了转机：我们应当向这种高度精密的技术形式进军。这可是一笔大买卖。我们能看到战略和变革的必要性，但是，最关键的是胆识和必需的资金与手段。公司里很多人对这一变革的必要性争吵不休……我的理念是"可以错，但不要举棋不定"，因为我认为，除了完成这次巨大的转型之外，我们别无选择[3]。

为了加快这次转型，雷想投资一家初创企业。公司董事会认为他失心疯了，但是雷提出用自己的股权担保这笔投资，董事会同意了他的计划。1971 年，雷成了公司总裁，他和那位引进的首席执行官由来已久的矛盾终于解决了。两年之后，他成了公司的董事长兼首席执行官。1971 年，ADI 收购了 **NOVA DEVICES**。后者也是一家校友企业，它的共同创始人是**莫德斯托·"米契"·麦迪克**（**MODESTO "MITCH" MAIDIQUE**）（电子工程专业理学学士，1962 届、理学硕士，1964 届、电子工程，1966 届、博士，1970 届）。这次收购成了 ADI 随后多年不断增长和成功的关键因素。

亚德诺早已成长为一家全球企业，专注数据转换和信号处理产品。它在 2017 年的销售收入是 46 亿美元，员工总数超过了 1 万人，公司市值超过了 300 亿美元[4]。雷仍然担任这家公司的董事长。雷和他的夫人玛丽亚已经携手走过了 55 年。他们养育的一对子女都是连续创业家（我的研究表明，在父母创业的示范下，子女创业的可能性要比别人高出很多）。他的儿子**雷米**（**RAYMIE**）

雷·斯泰塔（Ray Stata）

（电子工程专业工学学士，1991 届、理学硕士，1992 届、理学博士，1996 届）创办了**斯泰塔实验室**（**STATA LABS**），后来出售给了雅虎公司。他也因此成了雅虎的首席技术官。再后来，雷米创办了数据企业 **ALTISCALE** 并担任首席执行官。雷的女儿妮可是 Deploy SolutionsDeploy Solutions 公司的创始人兼首席执行官。这家公司后来被 **KRONOS** 公司（该公司的创始人是**马克·艾因（MARK AIN）**，电子工程专业理学学士，1964 届）收购。妮可后来成了波士顿种子资本（Boston Seed Capital）的创始人和领导者。与此同时，雷本人也创办并出售了**斯泰塔创投公司（STATA VENTURE PARTNERS）**。斯泰塔创投是一家重要早期投资企业，聚焦高科技初创企业。雷和他的夫人玛丽亚捐献了 MIT 斯泰塔中心（MIT Stata Center）的主要资金。电子工程与计算机科学系（EECS Department）的很大一部分就落户在这个中心里。雷还在多个行业和社区组织中担任领导职务。他也是 MIT 校董会的终身会员。在斯泰塔中心捐赠仪式上，雷表示："MIT 教给我一个道理：没有什么问题是无法解决的。正所谓'世上无难事，只怕有心人！'"

医疗信息技术公司（Meditech）

1968 年夏天，马萨诸塞州总医院（Massachusetts General Hospital，MGH）实验室的**尼尔·帕帕拉多（A. NEIL PAPPALARDO）**因为计算机医疗的问题对自己的上司大为光火。他说他要离开那里，用自己开发的计算机语言建立一家属于自己的医用编程企业。他给自己这套计算机语言起了个可爱的名字：MUMPS（马萨诸塞州总医院公用多程序系统，即 MGH Utility Multi-Programming System 的首字母缩略词。）结果它成了美国商务部采用的少数几种标准化计算机语言之一。

【译者注】mumps 还有"腮腺炎"的含义，故此，作者说这个程序名字"可爱"。

与此同时，我当时正在搜寻波士顿地区致力于医疗计算的开发团体。那时我刚成为 MIT 斯隆管理学院的副教授。在此之前的几年里，我一直在从事医疗领域的研究工作。我在这项工作中发现了专业医疗计算企业的缺失，并坚信这是个绝佳的创业良机。我接触了几位可能合作的研究者，其中一位是弗兰克·哈特（Frank Heart）（1951 届）。他当时在 BBN 公司牵头开发一项医用信息系统。但是我们的交谈没有任何成果（在本书第九章"互联网"部分，我还会提到哈特在阿帕网（ARPAnet）的开发工作中发挥的关键作用）。后来，在一位共同的 MIT 老友——史蒂夫·洛尔希（Steve Lorch）（1959 届）的建议下，我连个招呼都没打，直接打电话给帕帕拉多聊了起来。我甚至没发现，他很早就参加过一次我主持的早期 MIT 创业研讨会。尼尔邀请他在实验室的"左右手"**柯蒂斯·马布尔（CURTIS MARBLE）**和**杰罗姆·格罗斯曼（JEROME GROSSMAN）**参加了我们的第一次会议，地点在马萨诸塞州总医院（出席会议的有：尼尔·帕帕拉多——电子工程专业理学学士，1964 届；爱德华·罗伯茨——电子工程专业理学学士，1957 届、理学硕士，1958 届、管理硕士，1960 届、经济学博士，1962 届；柯蒂斯·马布尔——电子工程专业理学学士，1963 届；杰罗姆·格罗斯曼——人文社科专业学士，1961 届）。我们一边互相介绍，一边研究了他们正在麻省总医院部署的计算机项目情况，包括入院接待、记录管理、病历查阅和自动化医学实验室数据处理等。谈到准备成立什么类型的医用计算机公司时，我们很快就发生了分歧。在接下来几个月的会议上，我们这四位 MIT 校友完善确定了一项计划：建立一家医用信息系统软件企业，最终可能覆盖医院门诊和行政职能的每个方面。我们把这家公司命名为**医疗信息技术公司（MEDICAL INFORMATION TECHNOLOGY，简写为 MEDITECH）**（我还记得当时和尼尔开玩笑说："这家公司的缩写恰好也是 MIT，将来有一天上了市，我们的交易代码一定响亮得很。我们不用理会真正的 MIT 会怎样呼天抢地，也不管'马萨诸塞州投资者信托基金'（Massachusetts Investors Trust）怎样反对。很显然，它们的缩写和我们一模一样！"）。我们一致同意，为团队引入一位负责市场营销和销售工作的共同创始人。后来我们发现和聘用了莫顿·鲁德尔曼（Morton Ruderman）。他是东北大学（位于美国波士顿——译者注）电子工程专业的校友，在 DEC 公司（Digital Equipment Corporation）医疗销售部门担任交叉产品经理。我们还决定，初始团队再增加一位运营经理，主要为公司筹措资金。这样一来就完整了。我们为此招聘了劳伦斯·波利梅诺（Lawrence Polimeno）。拉里（即劳伦斯·波利梅诺）已经在 Meditech 工作将近 50 个年头了，现任公司副董事长。

【作者注】作为 Meditech 公司的共同创始人，我仍在该公司担任董事。因此，我使用第一人称撰写了这一部分"案例"！

成立这家初创企业的计划全面展开，尼尔辞掉了他在麻省总医院的工作。此后的八个月里，他一直处于"若有所得的失业"状态！在缺少资金的情况下，他想方设法地从 DEC 公司订购了一台 PDP-9 计算机，还和一位房东租下了一处5000 平方英尺的办公场地，就在 MIT 校园的正后方。那里位置绝佳，不过需要

尼尔·帕帕拉多
（Neil Pappalardo）

艾德·罗伯茨（Ed Roberts）

彻底修缮。我们希望办公室能在 1969 年 8 月准备妥当——那也是我们订购的计算机预计运达的日子。

我起草了公司的商业计划，包括一种与公司发展壮大配套的计算机型号，还说明了公司的投资前景。莫特·鲁德尔曼（即莫顿·鲁德尔曼）一再坚持，要为他的前老板、DEC 公司的共同创始人兼首席执行官肯·奥尔森（KEN OLSEN）（电子工程专业理学学士，1950 年、理学硕士，1952 年）提供投资 Meditech 的机会。就这样，莫特安排我们和奥尔森见面，推销 Meditech。我们的宣讲方向是 Meditech 可以成为 DEC 在软件领域里的分支机构。奥尔森当即回绝了这个方案。他声称软件根本是无足轻重的，"钢铁才是硬道理！"奥尔森大声疾呼。当时，类似的态度正充斥着包括 IBM 在内的早期计算机企业（哦，他们错得多么离谱！）幸运的是，两位 EG&G 公司风险团队成员参加过我在 BBN 牵头开办的一项技术创新高级管理课程。BBN 是一家成功的 MIT 衍生企业。EG&G 是一家成功的校友企业，它的班底是清一色的 MIT 毕业生，而且是清一色的电子工程专业背景（埃杰顿（Edgerton）——理学硕士，1927 届、理学博士，1931 届；杰姆斯豪森（Germeshausen）——理学学士，1931 届；格里尔（Grier）——理学学士，1933 届、理学硕士，1934 届；此外还包括共同创始人伯纳德·奥基夫（Bernard O'Keefe），未取得学位）。我在课上提出了 Meditech 的案例，说明有一类初创企业正在成为大型企业越来越感兴趣的潜在战略合作伙伴。结果，不出一个礼拜，Meditech 就走进了 EG&G 公司，为这家公司的最高管理团队宣讲。在那场气氛热烈的宣讲会上，首席执行官巴尼·奥基夫（BARNEY O'KEEFE，即伯纳德·奥基夫）要求休息 20 分钟。那两位推荐我们的员工后来告诉我，他们要在那 20 分钟里向公司高管们汇报软件企业是怎样赚钱的☺。就这样，EG&G "纵身一跃"，抓住了这次实现多样化的良机。这家公司为 Meditech 提供了初始资金和后续融资。在此之后的很多年里，奥基夫和其他重要高管还为 Meditech 提供过很多积极的、重要的参考意见。

Meditech 从一开始就为自己的 DEC PDP-9 计算机确定了分时共享销售模式。这种模式在当时独一无二（它和现在"云"的概念比较近似），它帮助医院客户以很低的价格"先试后买"——也就是说，医院不用事先购买软件，更用不着购置极其昂贵的计算机硬件。一开始，单台 PDP-9 计算机可以同时容纳 16 条线路或客户。慢慢地，人们开始越来越多地接受软件销售，Meditech 最终放弃了分时共享模式。在 Meditech 的早期岁月里，尼尔从首席技术官变成了首席执行官，成功地领导了公司的技术和战略发展。2010 年，他把公司总裁和首席执行官的接力棒交给了自己的老部下霍华德·梅辛（Howard Messing）（1973 届），保留了董事长的全职职务。经过了近半个世纪的经营，Meditech 始终全心全意地服务医疗组织，逐渐在业内积累了大量医院客户，足迹遍布美国、加拿大和海外市场。Meditech 南非公司是 Meditech 的非全资子公司。它为南非和中东地区的人民带去了先进的医疗信息技术。2017 年，Meditech 的销售收入将近 5 亿美元，在美国的员工总数超过 3700 人。

除了尼尔，我是 Meditech 唯一一位从 1969 年公司成立起一直服务至今的共同创始人。我始终发挥着一名董事会成员的积极作用，从未把自己看作普通员工。在这半个世纪里，尼尔和他的夫人成了波士顿地区众多艺术和文化组织的重要支持者。尼尔尤其重视回报母校，他是 MIT 的主要捐赠人之一。尼尔还是 MIT 校董会的终身会员。在过去的 10 年间，尼尔一直是校董会行政委员会的关键成员，并担任审计委员会主任。尼尔经历了 MIT 几任校长，他始终是 MIT 领导团队中非常重要的一位成员。

上述三段往事并不足以构成归纳的基础，但它们能吸引我们发现其中的共同之处：这些成功的、长期耕耘的校友创始人们都结成了合作伙伴关系（而不是单打独斗！），他们都招揽了一批 MIT 校友在自己身边工作；获得成功之后，他们都通过各种各样的方式回馈社会，尤其是感谢和回报母校 MIT——包括担任演讲嘉宾、积极参与学校治理工作和大笔的资金支持等。他们都把勤奋、热情和创业行为看作成功的关键，并把它们当作重要的价值观传播出去。

MIT 教师和校友开创的四大行业

很多 MIT 校友创办了卓越的企业，开创了全新的行业。他们值得被礼赞。囿于时间和篇幅的限制，本书显然不可能涵盖数量众多的所有创业者。我只能忍痛割爱，选择其中很小一部分行业、企业和创始人，讲讲他们的故事。

MIT 校友创办的软件行业，无论是成套软件、具体应用还是基础广泛的企业软件，显然都是值得大书特书的重点。实际上，2009 年和 2015 年针对校友创业情况的调查报告显示，软件行业是 MIT 创业者最热衷的选择（上文的 Meditech

就是个很好的例子）[5]。电子行业也是 MIT 校友最多的选择之一。这反映了 MIT 电子工程专业一直以来在业内的卓越地位和主导规模。计算机科学如今也并入了这个系，获得了类似的地位和影响力（例如上文提到的亚德诺公司）。

我要再次向本书未能提到的每一位 MIT 创业者和他们的企业致歉。本书第三部分仅选择了四个行业。尽管它们各不相同，但是它们的主要创始人和建设者都是敢为天下先的 MIT 教师和校友。这一点是我选择的关键标准。这四个行业是：生命科学与生物技术、互联网、从 CAD-CAM 到机器人科学的演进，以及"现代金融"世界。这些行业和它关键的 MIT 创始人及其企业都充分反映了"知行合一"（mens et manus）这一校训：源自科学研究的发现、来自工程发展的技术、由教学转化而来的知识和技能，这一切与 MIT 教师和毕业生的愿景、激情与力量融为一体，形成了并不断建设着杰出的企业、成为这些领域中的先行者。

讲到这里，我介绍了 MIT 在孕育和培养创业者方面的卓越成果。这项工作从校内起步，逐渐走向了全世界。在接下来的四章里，我还会讲述更多的故事。它们说的是 MIT 创业者怎样创办杰出企业、开辟全新行业。我会尽可能地让每一位创始人亲身讲述自己的故事。希望读者愿意听到他们的心声。

我为每一位创业者分配的笔墨并不平均，有的多一些，有的少一些。这并不是因为他们的成功高低有别。相反地，我在每个人的故事里发现有关创业的关键之处。这些关键点可能道出了我自己的心声，但是创业者们的表达显然好得多。他们的原话往往更清晰地说明了他们的经历和他们做出各种评判的原因。衷心希望这四章既能让人有所收获，又能令人读来津津有味。

第八章

生命科学与生物技术

生命科学与生物技术行业最有力地说明了以大学为基础的科学进步是如何通过创业成为产业演进基石的。MIT 人士是这个产业的奠基人。我会从生物技术最早第一家企业讲起，讲到 MIT 人士创办的另外几家关键早期企业，最后再讲几个距离现在较近的例子。

基因泰克与罗伯特·斯旺森

"1976 年，**罗伯特·斯旺森**（**ROBERT SWANSON**）和赫伯特·博耶（Herbert Boyer）在旧金山一家名叫丘吉尔的酒吧里一边喝啤酒一边开创了生物技术行业"[6]。1969 年，斯旺森获得了两个 MIT 学位（化学专业学士和管理学硕士学位）。在 MIT 期间，鲍勃（即罗伯特·斯旺森）选修了 MIT 当时唯一一门创业课——"创办新企业"（New Enterprises）。当时的任课教师是退休企业家理查德·莫里斯。毕业之后，鲍勃加入了花旗集团，后来又进入了**凯鹏华盈**（**KLEINER-PERKINS**），逐渐积累了一些风险投资经验。凯鹏华盈的掌门人是**托马斯·珀金斯**（**THOMAS PERKINS**）（1953 届）。29 岁时，鲍勃暂时离开了凯鹏华盈，走进了他刚刚听说的生物科学领域，探索可能的新发现。他的探索全凭一己之力。在事先没有联系的情况下，鲍勃打电话联系了赫伯特·博耶。博耶当时 40 岁，在加州大学旧金山分校担任生物化学与生物物理学教授。他当时刚与人合作发现了一种新方法，可以从一种生物体中移接 DNA，放入另一生物体的基因组中。这种方法被称为重组 DNA（Recombinant DNA）。结果，两人各投了 500 美元，建立了**基因泰克公司**（**GENENTECH INC.**）（公司名称的含义是"基因工程技术"，即 Genetic Engineering Technologies）。一个全新的行业就此诞生了！当时，斯旺森正在依靠每月 410 美元的失业救济金度日。

MIT 教授、1993 年诺贝尔生物医学奖得主菲利普·夏普（Phillip Sharp）还补充说明了当时的情况：

创业改变了我的人生。1977 年，我还是一名 33 岁的生物学助理教授。我坐在 MIT 的办公室里，阅读思考，享受着美好的午后时光。这时，电话响起，一位名叫雷蒙德·谢弗（Raymond Schaefer）的人邀请我飞到旧金山，为一笔投资生意提供参考意见。我当时并不认识雷·谢弗，也从来没给人做过顾问。一位 MIT 老师告诉我，雷是 MIT 校友，他在美国国际镍公司（International Nickel Company，INCO）成立了内部风险投资部门。这个人每天奔走在全美各地，寻找可能的投资机会。雷和凯鹏华盈（KLEINER-PERKINS）合作，主动向基因泰克抛出了橄榄枝。几天之后，斯旺森和博耶在旧金山宣讲了基因泰克公司初始计划的各项基本行动。我听完了他们的宣讲，走进隔壁房间对雷说："我不知道你能不能赚到钱，但是他们做的是真正的科学。他们会综合胰岛素 A 链和 B 链、合成生长激素基因。他们既有这个知识，也有这个关系。他们完全能办到。"

结果，凯鹏华盈投了 10 万美元，占比 25%。其余大部分的天使轮投资都是 INCO（美国国际镍公司）做出的。

赫伯特·博耶（左）和罗伯特·斯旺森（右）

基因泰克成立后，斯旺森担任首席执行官，托马斯·珀金斯担任董事长。从 1977—1990 年，这两位 MIT 校友共同管理着历史上第一家生物技术企业。共同创始人赫伯·博耶（即赫伯特·博耶）担任公司的首席技术官和副总裁。1979 年，基因泰克成了第一家实现盈利的生物技术企业。1980 年，公司上市。菲尔·夏普（即菲利普·夏普）还记得，基因泰克的 IPO 发行价是每股 35 美元，结果不到一小时就涨到了每股 88 美元，迅速把生物技术产业推到了投资人眼前，成为他们关注的新焦点。

【作者注】本章的叙述主要来自当事人在 2016 年 11 月 12 日 "MIT 创业五十年庆典"活动上的演讲，主要来自 MIT 荣休校长苏珊·霍克菲尔德主持的讨论环节。此外还包括米歇尔·乔特（Michelle Choate）的采访记录和其他渠道所得。

随着基因泰克的不断发展壮大，这家公司又和 MIT 建立了更多的紧密联系。查尔斯·库尼教授就是这些联系的一部分。库尼教授是一位药物生产工艺专家，我们还会在本章的后半部分更多地了解他。

　　帮助我最早深度接触现代生物技术世界的人是鲍勃·斯旺森。1980 年 1 月，基因泰克发展进步，员工达到 30 人。那天我一直待在鲍勃的办公室里。他回来之后，就在那里不停地会见。鲍勃在会议桌中间放了一大瓶白色粉末。要知道，在加利福尼亚，一大瓶白色粉末是要引起人们警觉的！瓶子里装满了人类生长激素，而且是当时世界上一次性存储量最大的人类生长激素。这让我禁不住激动万分。那是鲍勃带来的转折时刻，我立即对他说："好的，我这就签字！"就这样，我成了他的顾问，频繁地到南旧金山通勤，一跑就是 10 年。我再也不想坐旧金山机场的红眼航班了。

　　1990 年，罗氏（Hoffman-La Roche）以 21 亿美元的价格控股了基因泰克。合并之后，基因泰克成了罗氏的运营分公司。2009 年，罗氏斥资 470 亿美元彻底收购了剩余股份。2016 年，基因泰克的员工总数将近 1.7 万人。读者可以通过线上资料更详细地了解基因泰克的历史、成立之初的艰苦奋斗和后来取得的成功[7]。

　　1999 年，与脑癌奋战多年之后，鲍勃·斯旺森与世长辞，享年 52 岁。2016 年，汤姆·珀金斯在缠绵病榻多年后离世，享年 84 岁。他是硅谷最早的创建者和风险投资领域的先驱之一（本书第十一章"'现代金融'世界"还会更详细地介绍珀金斯）。珀金斯的很多投资都获得了巨大的成功，但他始终指出，自己最得意的一笔投资就是基因泰克。

渤健与菲利普·夏普

　　在创业领域，关系特别重要。就在菲利普·夏普（**PHILLIP SHARP**）和雷·谢弗（Ray Schaefer）合力把基因泰克送上轨道之后的几个月，他们就开始共同招募顶尖的科学工作者，准备成立另一家生物技术初创企业了。

　　菲尔（即菲利普·夏普）回忆起最初创业的日子：

菲利普·夏普（Phillip Sharp）

　　渤健是（美国）东岸和欧洲合并成立大型生物技术企业的结果。我们当时完全没想到，后来会有数以千计的生物技术企业涌现出来。当时每个人都在说，我们一定撑不过两年。因为此前几十年里从未出现过成功的大型综合制药企业。渤健日内瓦公司成立于 1978 年。一年之后，渤健集团在马萨诸塞州的剑桥市成立了。

渤健最重要的共同创始人是菲尔·夏普（他在渤健董事会服务了 29 年）和沃尔特·吉尔伯特（Walter Gilbert）。吉尔伯特是哈佛大学的顶尖生物化学家、1980 年诺贝尔化学奖得主（他成了这家新公司的首任董事长）。渤健的启动资金来自谢弗在 INCO（美国国际镍公司）的风险投资部门。和谢弗合作投资的还有波士顿私募基金 TA Associates 的凯文·兰德里（Kevin Landry）。这两位投资人还继续协助成立和建设了波士顿早期的生物技术产业。他们在 1981 年投资了 ImmunoGen 公司，后来还投资了不少别的初创企业。

在"生命科学与生物技术"圆桌会议上。由右至左依次为：苏珊·霍克菲尔德（MIT 荣休校长、会议主持人）、菲利普·夏普教授、查尔斯·库尼教授、罗伯特·兰格教授、努巴·阿费扬博士

夏普表示：

在选择剑桥的办公场地时，我们走遍了 MIT 周边各个地方。校园东边不行，过了几个街区就空空如也了。想走出剑桥改造区（Cambridge Redevelopment zone），我们得绕到宾尼街（Binney Street）。我们要招聘刚走出大学校门的年轻人，最好能在大学附近办公。这样才能方便他们和同学保持联系。年轻人就喜欢选择这样的公司。我们想离 MIT 近些，我们感觉自己非这样做不可。就这样，渤健在宾尼街建立了第一个实验室。如今的肯德尔广场令人瞩目，堪称世界生物技术和制药行业的宇宙中心。而渤健当年的那座实验室就是为它奠基的第一块砖。那家实验室也是我们在剑桥市取得第一份重组基因许可证的风水宝地。

渤健全新的实验室大楼也建在这里，这个地区如今早已修葺一新。为了纪念菲尔·夏普，这座大楼就是用他的名字命名的。

> 2014 年之后没来过宾尼街的人们肯定认不出它现在的样貌。如今这里满是鳞次栉比的高层写字楼，钢筋铁骨的大楼贴满了令人目眩的玻璃幕墙。在这里办公的都是 IT 和生物技术企业。

夏普指出：

我们这些书呆子分子生物学家们有一天突然想到，我们都学过分子生物学，要用它做些什么产品出来才好。于是，我们立即联系了**王义翘（DANNY WANG）**。邀请他加入了我们的科学顾问委员会。这样一来，我们就有熟悉发酵技术的专家了（王义翘，MIT 化学工程专业理学学士，1959 届、生物化学专业理学硕士，1961 届、MIT 教授、MIT 生物技术过程工程中心主任，并在几家企业任职）。这进一步加强了 MIT 工程学科与生物学科之间的对话。从这里开始，加上全校历任领导的卓越领导，MIT 这两大领域越来越多地融合和彼此欣赏、不断演进，最终为我们所有人、为全世界带来了巨大的福祉。

夏普教授总结指出：

有一点要注意：这一切全部来自以基础科学进步为己任的研究工作——搞懂基因的原理。哈佛大学聘请了因双螺旋著称于世的吉姆·沃森（Jim Watson），MIT 聘请了萨尔瓦多·卢里亚（Salvador Luria）（这是 MIT 在 20 世纪 60 年代做出的一项学术投入。这项投入是单纯出于对科学的好奇心做出的）。他们由此开创的科学是我们后来成立渤健等所有创业故事最初的原点。让人倍感幸运的是，这样的基础科学实现了与 MIT 精神之间的融合：解决实际问题、把事做成、影响全世界。

2017 年，渤健的销售收入达到了 122 亿美元，公司市值高达 600 亿美元。渤健的股票在上市首日从每股 3 美元迅速飙升到每股 18 美元。势头之强，完全不输基因泰克当年的风采☺。2002 年，夏普教授还和 MIT 同事**保罗·希梅尔（PAUL SCHIMMEL）**（生物学专业博士，1967 届）共同创办了**阿尔尼拉姆制药公司（ALNYLAM PHARMACEUTICALS）**（这家公司 2018 年 4 月 6 日的市值为 95 亿美元）。保罗·希梅尔也是另外几家生物技术企业的共同创始人，

1971 年的肯德尔广场地区

包括阿尔凯默斯（**ALKERMES**）、**CUBIST** 和瑞普利金（**REPLIGEN**）等。

BIA、健赞与查尔斯·库尼

1966 年，查尔斯·库尼（**CHARLES COONEY**）（营养学专业理学硕士，1967 届、博士，1970 届）来到 MIT，成为生物化学工程专业的一名研究生。这个专业是化学工程与生物学两个学科联合创办的。上课地点在当年的营养学与食品科学系。查尔斯指出：

读完这个专业的博士和博士后，我又回到了 MIT。大好的机会摆在眼前，让我激动不已。我要帮助人们把生物领域的科学发现带入实践当中。

在我加入 MIT 教师队伍的第十个年头，一群专业相关的 MIT 教师（这个群体集合的科学界和创业界成功人士之多，足以令人惊叹）组成了一家咨询公司，取名为 **BIO INFORMATION ASSOCIATES**（意为"生物信息联合公司"，简称 **BIA**）。这家公司是一系列紧密合作关系的产物，包括我们在国家科学基金会（NSF）的各个项目、在 MIT 生物技术过程工程中心的合作，此外还有我们与渤健和基因泰克等公司开展的咨询工作，以及遍布全校的其他各种关系。

查尔斯·库尼
（Charles Cooney）

由此"联合"在一起的人物可谓众星云集：查理·库尼（即查尔斯·库尼）、**哈维·罗迪什**（**HARVEY LODISH**）（1968 年加入 MIT 教师队伍，数家公司的共同创始人）、托尼·辛斯基（**TONY SINSKEY**，即前文提到的安东尼·辛斯基）（1968 年加入 MIT 教师队伍，他联合创办了生物科技公司 Metabolix 和其他很多家企业；本书第三章提到过他在"哈佛 - 麻省理工医疗科技学院生物医学企业项目"中所起的作用）、**乔治·怀特塞德**（**GEORGE WHITESIDES**）（1963—1982 年在 MIT 任教，后在哈佛大学任教；他还是健赞（Genzyme）等大约 12 家企业的共同创始人）、**CHOKYUN RHA**（韩裔教授，1969 年加入 MIT 教师队伍）、**比尔·劳什**（**BILL ROUSH**）（1978 年至 1986 年在 MIT 任教）、**格雷厄姆·沃克**（**GRAHAM WALKER**）（1975 年开始在 MIT 任教），还有已经过世的克里斯·沃尔什（Chris Walsh）（他曾担任哈佛大学—麻省理工联合医学博士项目（Harvard-MIT MD-PhD Program）主任）。查理发现：

生物技术究竟为何物？我们 8 个人各有各的看法。我们活像寓言故事里摸象的盲人，每个人都在努力参详大象的模样。

我们的使命是帮助人和企业确定工作目标。这些初创企业有很多科学工作者，他们整天疲于奔命地面对这样一个挑战：怎样把科学理论转化为实践？这一情况在 1982 年促成了我们与一群风险投资人的合作。当时他们正在创办健赞公司，整天忙于筹措资产，为公司奠定基础。这里提到的资产包括在英国生产生物化学制品的能力，加上一项设在塔夫斯新英格兰医疗中心（Tufts New England Medical Center）的葡萄糖核糖苷酶研究项目。我们意识到，这是一次具有转折意义的良机，足以把这些资产集中在一处，把 BIA（生物信息联合公司）变成健赞公司创始团队的一部分。最终，BIA 在健赞公司的董事会中取得了一个创始席位。我有幸在这个董事会服务了 30 个春秋，我代表的是 BIA 的初始利益。我还为健赞出谋划策，帮助它建起了成为伟大企业必不可少的愿景。在很长一段时间里，BIA 实质上发挥着健赞公司科学顾问委员会的作用。可以说，BIA 是从我们教室和科研实验室中走出来的公司。年复一年，BIA 始终发挥着新企业促成者的作用。因此，我们中的多数人，包括其他一些 MIT 同事们，最后都成了一家或者多家生物企业的共同创始人。这些企业有的是 BIA 的一部分，有的是老师们独立创办的。

健赞公司有两位最主要的共同创始人：谢里登·斯奈德（Sheridan Snyder）和乔治·怀特塞德（George Whitesides）。怀特塞德在 1982 年之前在 MIT 任教，他也是 BIA 的创始成员之一。亨利·布莱尔（Henry Blair）也是健赞公司的学术创始人之一。他当时是塔夫茨大学医学院的一名技术专家。健赞公司的第一个办公场所就设在塔夫茨大学医学院隔壁一间破旧的服装厂里，坐落在波士顿"红灯区"的正中央！1983 年，亨利·特米尔（Henri Termeer）成为健赞公司的首席执行官。他把公司的重点放在罕见病的解决方案上。在随后的 30 年间，他领导公司取得了令人惊叹的巨大发展。2011 年，赛诺菲公司（Sanofi）斥资 200 亿美元收购了健赞，后者正式成为前者的全资子公司。在收购的前一年，健赞集团是全球第三大生物技术企业，当时的全球员工总数为 1.1 万人，销售收入达到了 40 亿美元。

查理的另一段话有助于我们理解 MIT 在生物技术和生命科学创业方面的发展历程：

在 MIT 工作期间，我一直在博士生委员会服务。这份工作让我倍感自豪。这里的很多毕业生最后都成了卓越的成功人士，例如鲍勃·兰格（即前文提到的罗伯特·兰格）和努巴·阿费扬等。这一点经历，加上其他方面的学术和智识联系，为我们、为 MIT、为整个生物科技领域带来了上佳的帮助。我们都创办和建设了杰出的企业，我们都是这段奇妙旅程上的探险者。

兰格实验室：几十家生命科学新企业的摇篮

罗伯特·兰格（**ROBERT LANGER**），化学工程专业理学博士，MIT"校级教授"（Institute Professor）^{译者注}，供职于麻省理工学院科氏综合癌症研究所。兰格教授荣誉等身、成就卓著。他是有史以来拥有专利最多的个人，也是有史以来被引用次数最多的工程专家。在曾经的学生与实验室科技人员的支持下，鲍勃共同创办过大约 40 家生物技术和材料科学初创企业，而且这个数量还在不断增加。鲍勃指出：

【译者注】麻省理工学院的"校级教授"（Institute Professor）是该校教师能得到的最高荣誉，相当于其他院校的"杰出教授"（Distinguished Professor、University Professor 或 Regents Professor）。主要表彰教师在教学、科研、学术及社会贡献方面的突出成就。"校级教授"不受所在院系节制，直接向校教务长汇报工作，享有极高的荣誉和极大的学术/行政自由度。目前，MIT 全校只有 12 位"校级教授"，本书提到的菲利普·夏普也是其中之一。

罗伯特·兰格（Robert Langer）

请允许我讲讲自己的过去，讲讲剑桥城的历史。1970 年，我来到这里，当时 MIT 周边的环境差极了。不仅一家公司都没有，就连招待所和正经餐厅都没有一家——我可是个食不厌精的人！当时只有一家三明治餐厅、FT 餐厅（F&T Diner）和很多酒吧，但是晚上光顾那些地方很不安全。过了下午 5 点就很不安全了！

虽然剑桥小城拥有哈佛大学和 MIT，但是仍有不少破败不堪的地方。我一边写论文一边投入了很多气力，想让这里变得更好。我帮助创办了 Group School，让本地贫困社区的孩子们有中学可上；我还花了很多时间为这所学校设计化学和数学课程。这些工作促使我思考一个问题：怎样用化学工程来帮助别人？ 1974 年，我完成了博士学业。大部分同学选择加入了石油行业：工作很好、工资也高。我收到了大约 20 份工作邀约，但我对这些工作没什么兴趣。

后来我到朱达·福克曼（Judah Folkman）在波士顿儿童医院的实验室做了博士后。我是那所医院当时唯一一名工程师。那是我所有机会中工资最低的一份工作，但是我很喜欢，因为我可以在那里做些对他人有帮助的事。当时生物学术期刊上的文章艰深难懂，但是我读得津津有味。我还取得了从塑料中提取分子的新发现。那项研究在学术界获得了很好的认可和反响。但我真正希望的是，有朝一日，我能用它做出真正对社会有益的产品。

有一天，我接到了一家大型动物卫生公司的电话。他们想请我帮助做动物生长激素的递送研究。我回答说："你们对授权我的专利感兴趣吗？"打电话的人说："很感兴趣。我们想邀请您做我们的顾问。我们会为你发工资，还会拨一笔 20 万美元的资金，推进你的研究工作。我们会真正把你的工作推向前进。"我觉得这好极了。一年之后，一家大型制药公司发来了类似的邀请。这真是太好了。我那辆福特平托（Ford Pinto）终于可以升级换代了。

然而这一切的结局令人非常失望！我确实获得了资金和更好的汽车，但这些公司并没有为我的工作带来太大的提升。一两次试验之后，它们基本就放弃了。几年之后，**亚历山大·克利巴诺夫（ALEX KLIBANOV）**（他从 1979 年开始在 MIT 任教，是我的好友兼同事）对我说："鲍勃，我们应该成立一家自己的公司。"于是我们成立了自己的公司。儿童医院拥有我们最初的专利，并且要求归还！我们创办了 **ENZYTECH** 公司，从儿童医院取得了 IP 授权，然后进一步开发了这一技术。Enzytech 的办公室设在剑桥附近一座大楼的五层，楼下就是阿尔凯默斯（Alkermes）公司。我很快就发现，我们有很好的技术，但是没有足够好的首席执行官。与此相反，阿尔凯默斯的技术不太灵光，但它有一位非常优秀的首席执行官：里奇·波普斯（Rich Pops）。于是，我们合并了这两家公司。阿尔凯默斯负责开发和销售我们的微球产品（microspheres）。如今，我们有很多微球产品用于全世界数量众多各种临床应用中。我从中学到了第一课：一家成功的企业不仅需要了不起的科技，还需要优秀的投资人。他们要足够耐心、思虑周全；它还需要杰出的管理人员来引领和管理。我认为最重要的是这几项的结合，缺一不可。

我全面认同鲍勃的这一观察。

Enzytech 最早的四位员工都是我的学生，就在那座实验室里工作。他们的工作热情和我之前打交道的两家公司的员工截然不同。我们的员工会登堂入室，把我们的研究成果公诸于众。这是我平生第一次创业，通过这一经历，我发现创办新企业能真正地影响世界——它会把科学发现带入市场，最终带到患者身边。

鲍勃如今把精力集中在实验室不断孕育的新公司上面：

慢慢地，人们跑来问我和我的学生："我可以用这项技术建立一家公司吗？或者那一项也可以。"就这样，我们开始成立各种公司。随着我们在 MIT 实验室的不断发展壮大，这些公司的数量也在不断增长。每当有人问我，自己应该在工作生涯中做些什么时——是从事学术事业、进入产业界还是自己创业时，我的答案永远不变：你的追求一定源于自己的热爱，它会让你永远激情澎湃；不要追求钱多活少离家近，也不要为父母的期望而选择未来。我的建议就是这么简单——发现自己的热爱。

有人问我，这些公司成功的秘诀是什么？我告诉他们，具体的诀窍我是不知道的。我只能分享一些放之四海而皆准的准则和道理，比如知识产权、领导力，以及审慎周全地选择工作目标，等等。每家公司、每个人各不相同，不同的情况都会不同的挑战，不应该一概而论。

艾莉西亚·曼恩（Elicia Maine）（1997 届）如今是西蒙菲莎大学（Simon Fraser University）的一名教授。她曾对兰格实验室做过一次"深潜式"（deep dive）研究：这所实验室发表论文计 1476 篇、取得了 363 项美国专利，截至研究进行时，出自实验室的创业公司共计 30 家。她发现了兰格的"成功秘诀"！

我们首先发现的是它在技术—市场匹配方面的卓越表现。鲍勃·兰格堪称这方面的杰出典范：他既可以从技术入手，也可以从市场做起，一切显得游刃有余。众所周知，兰格在他的实验室里指导学生们解决尚未满足的市场需求。但是，也许没那么多人知道的是，他经常会为一个技术平台建立多家初创企业。就以控释高分子聚合物为例，这是他最知名的平台技术。兰格为此成立了 10 家新公司。他会把每家公司按照使用领域和应用类型分类。从本质上说，这种做法是在为自己创造多重的成功机会[8]。

鲍勃接着提到：

对我个人来说，我最大的工作动力是做好科研、提出解决方案，用它们为全人类造福。我的第二大目标是帮助我的学生们实现梦想。这本身并不是我创办公司的初衷。但是，过了一段时间，它理所当然地变成了我的奋斗目标。我一开始天真得很。我认为，只要论文一发表，就会自动产生影响力。但是并没有。后来我觉得，如果能和大公司合作，就会带来足够的影响力。结果也没有。再后来，我参与了一些初创企业的工作，发现这些企业和身在其中的人们和我的想法几乎一拍即合，仿佛它们就是为此而存在的。这太棒了！我非常幸运，能和 MIT 的同事、朋友还有从前的学生们共同创办这么多家企业。我们从中收获了很多乐趣，也取得了不小的成功。

特里·麦奎尔（Terry McGuire）是北极星创投（Polaris Venture Partners）的联合创始人和普通合伙人。他是兰格实验室很多衍生企业最重要的风险投资人。麦奎尔常用的一页幻灯片上画着两棵大树：兰格实验室和北极星创投。树枝和树叶代表各项底层技术和 16 家企业。这些企业都是兰格实和他的同事们创办的，而且都是北极星投资的。这页幻灯片还显示了超过 33 个医疗领域。他们对其中每个领域都有所贡献。麦奎尔指出，这些领域的进步可能惠及 25 亿人。确实，在医疗健康领域，全球影响力的成功标尺就是可以达到这样惊人的量级。

鲍勃·兰格总结指出："如今，当我再次放眼剑桥和 MIT 周边的环境时，我发现苏珊·霍克菲尔德说得太对的：'这是我平生见过的最富创业精神的一平方英里。这里有全球最高的生物技术企业密集度。'"

旗舰风险投资公司：一家创造伟大企业的企业

努巴·阿费扬（NOUBAR AFEYAN）是**旗舰风险投资公司（FLAGSHIP VENTURES）**的共同创始人和首席执行官。阿费扬出生于黎巴嫩，父母都是美国人。他在 13 岁时和父母从黎巴嫩逃到了加拿大，并在那里上了大学。1987 年，24 岁的阿费扬获得了 MIT 首个生物技术处理专业博士学位。毕业之后，他同时成了创业家、风险投资人和大型生物制药企业创始人。2000 年以来，他还一直在 MIT 担任创业课程的高级讲师。阿费扬的主要身份是旗舰风险投资公司的共同创始人和首席执行官，他还是旗舰公司下属的"创业实验室"（Venture Labs）主任。这家实验室培育了大批重要的新企业。最近，阿费扬还被任命为

MIT 校董会成员。

努巴·阿费扬
（Noubar Afeyan）

在我的研究生科研生涯里，有一次偶然的机会，王义翘教授派我去参加一场会议。我在那里遇见了彻底改变我人生轨迹的人。他讲了自己和另一位 MIT 校友怎样在 30 年前创办过一家公司，他们当时所在的领域如今被称为电子工程。我对他的故事深深地着了迷。回来之后，我禁不住地琢磨：也许我也应该在生物工程领域做些同样的事。那个人就是**惠普公司**的戴维·帕卡德（David Packard）（和他一起创办惠普公司的是**比尔·休利特**（**BILL HEWLETT**），MIT 电子工程专业理学硕士，1936 届）。

临近毕业时，我愈发清楚地意识到自己不想一辈子做学术。我耐不住性子、不够安分守己，这是我选择不做学术的两点原因。当时（1986 年），生物技术行业急需粗通生物学和生物技术的工程师。大公司急切地想把我招入麾下。默克公司甚至提出，要为我单独开设一个实验室，出资支持我想做的任何研究——因为他们想为公司注入创业精神☺。

机缘巧合之间，我决定自己创业（我们会发现，这些机缘有很多会让我们联想到鲍勃·兰格怎样拒绝大公司的邀请、选择自己真正想做的事业）。我选择创业和艾德·罗伯茨有很大的关系。我曾"溜到"斯隆管理学院蹭过课，艾德的"企业内部创业"（Corporate Entrepreneurship）。那是我在 MIT 能找到的最接近创新型创业的课程了。他对我提出了要求：我要先掌握一些必需的管理知识，这样才能做好他的大型项目作业。我坚持要上，他同意接收我，但也提醒我可能会挂科。当然，最后他给了我一个 A$^+$ 的高分！10~15 年之后，我成了同一个课堂的嘉宾讲师。艾德也很喜欢讲这个故事。那是我们 30 多年交情的美好开端。

我确实也喜欢讲这个故事，但是从他的老师角度来讲的！虽然努巴没有任何管理背景，但是凭借无穷的聪明才智和全身心的投入，他在我的课堂上交出了一篇堪称杰作的学期论文。这篇论文研究了多家大型化工及制药企业在进军生物技术领域时采用的战略。在他成为创业家、企业战略家，包括后来成为投资人的前进道路，这堂课无疑为他带来了不小的帮助。

努巴继续指出：

王义翘老师、查理·库尼和鲍勃·兰格都是无与伦比的学者和连续创业家。

他们都是我们学位委员会（Dissertation Committee）的成员。艾德不是，但是在我刚刚创办公司时，他是论文委员会（Thesis Committee）成员。毕业之后的那个夏天，我去找他，给他看了我的商业计划。这个计划后来产生了我的第一家公司：**PERSEPTIVE BIOSYSTEMS**。这家公司的主要产品是生物科技仪器仪表。第一次修改我的商业计划时，艾德做了很多的标记。他告诉我，这份商业计划堪比垃圾，满是糟糕的逻辑。6 个月之后，我又向他提交了第二份商业计划。这一次，艾德给了我很多鼓励。他的种子基金 **ZERO STAGE CAPITAL** 是我们第一家投资人。我不仅对艾德深怀谢意，而且对母校 MIT 充满感激。

【作者注】我在 Zero Stage 公司的主要合作伙伴包括保罗·凯利（Paul Kelley）、戈登·巴蒂（Gordon Baty）和杰里·戈德斯坦（Jerry Goldstein）。本书第十一章“'现代金融'世界”还会更详细地介绍 Zero Stage 公司。

作为对努巴溢美之词的回应，我要说明一点：成为他第一家企业的第一位投资人这件事也反映了我对初创企业投资的整体态度。初创企业创始人的思路和计划包含着极大的不确定性，这甚至表现在努巴半年之后第二版商业计划书中种种行动计划的转变之中。我总是在寻找创业者个人态度中更大的确定性——他们对成功的渴望、对批评意见的包容度、对必要变革的适应能力、他们的可信任程度，当然，还有他们的个人才华。努巴给我留下了极其深刻的印象。短短三年之后，也就是 1991 年，拙著《高新技术创业者：MIT 的创业经验及其他》（*Entrepreneurs in High Technology: Lessons from MIT and Beyond*）（牛津大学出版社，1991 年）出版。在那本书的最后一章里，我把努巴作为技术创业的未来代表，加以讨论——一位努力拼搏的黎巴嫩裔移民、一名学生，同时也是生物技术领域的先行者、一位敢想敢拼的年轻人，在即将完成 MIT 学业时创办了自己的公司。正如我当时写到的，尽管 PerSeptive Biosystems 公司当时只有 26 名员工，但是这一讨论似乎准确地预言了创业领域的未来。

让我们回到努巴的叙述：

每一位创业者都会告诉你，MIT 不仅教会了学生在技术上勇猛精进——走在每个领域的最前沿——而且鼓励他们具备勇气和信心。其实他们还遗漏了一条：纪律（discipline）。也许纪律这个词不太准确，但是，MIT 严密的思维方式为我和我的思想带来了巨大的影响。这一点不仅表现在解决问题和工程技术方面，还表现在管理、组织、目标，甚至人事方面。在毕业之后的十年里，我投身于 PerSeptive Biosystems 公司的建设，还参与了几家另外几家公司的工作。它们是我在 20 世纪 90 年代共同创办的。2000 年，我发现自己正在思考的问题是："如果一位创业者不以高薪为目标，他会做些什么？"我发现大部分创业者倾向于成为连续创业者。他们会全情投入地做好一件事，等到大势已成，或者新公司走上正轨，他们就会开始下一次创业。如此这般、连续不断地向前推进。我感兴趣的是"并行式创业"（Parallel Entrepreneurship），它是和连续创业（Serial Entrepreneurship）相对而论的。

我经常认为，如果一个人把创办公司看作一种创新的过程——它不是一个"有始有终"的过程，而是一种连续不断的"流"（Stream）；把它看作一种自律，而不是一段旅程——他就会采用截然不同的行事方法。

2000 年，查克·维斯特（Chuck Vest，即查尔斯·维斯特）（MIT 时任校长）对我说："努巴，你真应该在有能力把思想推向前进的领域里多和学校建立联系！"就这样，在艾德·罗伯茨的邀请下，我开始共同讲授"创办新企业"这门课。说到创业这件事，这门课教给我的远远大于我所讲授的。接下来，我深度参与了"创新团队"（iTeams）这门课程的开办和共同讲授。它把工程专业的学生和管理专业的学生们结合起来，组成多支混合团队，专研 MIT 教师的科研创意。当然，这些创意已经发展到了可以走向商业化和创业评估的阶段。这门课多数项目得到了戴施潘德中心的资金支持。这个中心始终致力于推动（MIT）教师的思想，进而影响世界。"创新团队"的教师会为我们的团队开放实验室，他们和他们的博士后也会为这些团队专门留出时间。但是，总体而言，课堂上的学生们会独立完成工作。

顺便提一句。学生们一开始通常不太了解这些发明。他们甚至对发明领域一无所知。但是，我发现，想要成为一位发明家，我们可能要成为专家；但是，想要成为一名创新者，我们不需要首先成为专家。我认为，我们可能更多地要成为杂家、成为各个部分的联结者。高度精深的专业化可能让我们沦为思维狭隘的人，对有些不太明显的应用前景视而不见——而这些应用恰恰是极富价值的。

"创新团队"课程的学生们系统推进教授的研究项目，他们会考虑到知识产权、可能的替代应用、财务问题、生产问题、公司的成立等，最后对该项研究的后续步骤提出详尽的建议，包括可能的新企业的创办。我用过去 16 年做了这样一件事：系统地、独辟蹊径地对创业工作做出思考。它成了旗舰风险投资公司内部"创业实验室"（Venture Labs）的工作基石。在那里，我有一支规模不小的团队。他们做的正是我过去在 MIT 课堂上讲的！

接下来，努巴把话题转到了自己的公司和它创造卓越新企业的独特方式上来：

几年前，我们拿出一部分旗舰风险投资公司的资本建立了投资基金，在组织内部挖掘和组织拥有巨大下游商业化潜力的种子项目。我们的网站对此做出了解释："旗舰创投实验室培育了 200 多项专利和 40 余家企业。部分引人注目的创业成功案例包括莫德纳（Moderna Therapeutics）、赛里斯（Seres Therapeutics）、医疗企业 Axcella Health、农业企业 Indigo Agriculture 和生物制药企业 Adnexus 等。[9]"我们创业实验室的员工经常会提出这些企业的原始创意。来自 MIT 和众多其他院校的科学工作者们也会为我们带来这类创意。创业实验室员工会组成这些新企业的最初团队，我们还会从外部招聘更多人才。我们会为新公司提供启动资金，同时也经常从集团外部寻求用于公司早期发展的资金，尤其会引入有利于公司早期发展的人才，包括领导人才。接下来，我们通常会和众多大型制药企业建立合作伙伴关系，帮助这些新公司实现飞跃式发展、扩大它们的规模。创业实验室尽可能地实现我们对于系统化自律创业的最佳认识，但是，很显然，我们要学的东西还有很多。

说到这一点，为了凸显对创办新企业和践行发展事业的重视，旗舰风险投资公司最近更名为**旗舰先锋（FLAGSHIP PIONEERING）**。到 2015 年时，在马萨诸塞州走出的所有企业中，旗舰已经成为规模最大的创业投资公司。

我在"创新团队"课堂上讲授的基本原则和我们在旗舰风投实验室中奉行的基本原则高度相似。这种相似性让我不禁地从几个方面对我们在 MIT 开展的创业教育稍做评论。

第一点，我对利益冲突这件事抱有自己的道德准则。它和 MIT 创业中心（现为特拉斯特中心）的运行方式高度契合。我决不允许自己沾染这一类事情，包括从"创新团队"课堂出走的众多初创企业。这并不是因为我不懂得怎样做，而是因为我不要自己在与学生的交往中出现任何令人质疑的问题。我很清楚，就这一点看法和做法而言，我们和其他很多卓有名望的机构截然不同。

第二点，我也是学习工程专业的，但是我不要成为"工程家"（engineership），我只是个"干工程的"（engineering）——重点并不是我这个人怎么样，而是工程本身会涉及怎样的行动。因此，我对"创业"（entrepreneurship）这个词意见很大，我更偏爱"创业"（entrepreneuring）这一说法，因为它更强调创造企业的行为本身，而不是创业者本人的身份。大家喜欢怎么讲都可以，我努力寻求的其实是一种心智模式。有了这种心智模式，我们会把创业当作一项事业、一门学科。在我看来，"职业创业者"群体正在发生翻天覆地的转变。他们不再把自己仅仅看作创办新企业的人，而是把创业的科学、艺术和技能运用于现实世界的实干家。

最后一点。我非常高兴地看到 MIT 出现在了这项合作中。目前主要是工程学院和斯隆管理学院之间的合作。理学院也逐渐认识和接受这一点，负责任地促使学生认真思考新企业的创办和经营。就整个 MIT 而言，我们应当转变对创业工作的看法，它并不是一种风险极高的游戏，而是一项困难的、长期的、充满挑战的活动。只有最顶尖的、最聪明的学生才能做好它。

其他 MIT 生命科学创业者

保罗·希梅尔（PAUL SCHIMMEL）是原 MIT 生物化学与生物物理学麦克阿瑟讲席教授（MIT MacArthur Professor of Biochemistry and Biophysics），也是几家生物技术企业的共同创始人。他从最低标准的角度提出了自己的看法：

> MIT 的生命科学教育遍布五大院系。假如没有这个专业，这些繁花似锦的商业及住宅地产、餐厅、酒店都不会存在……那些大型生物制药企业也不可能在这里成立，并且落地生根……更不会为我们的经济带来蓬勃向上的积极影响 [10]。

一切方兴未艾！ MIT 新一代生命科学带头人正走在拓荒的路上。他们不断地取得科学突破，并通过创业迅速地把科学突破推向市场。他们越来越多地跨越性别和种族的界限——这些界限曾被视为阻碍创业成功的重大障碍。**凯伦·格里森（KAREN GLEASON）**和**桑吉塔·巴蒂亚（SANGEETA BHATIA）**教授（格里森——化学专业学士，1982 届、化学工程专业硕士，1982 届；巴蒂亚——机械工程专业硕士，1993 届、健康科学技术专业博士，1997 届）都是连续创业的楷模，她们通过创办和建设重要的创新企业展现了 MIT 教师生涯的多面性，也为年轻教师和学生树立了令人向往的榜样。

MIT 在生命科学和生物技术创业领域前途无量。以 2017 年 11 月旗舰先锋公司年会为例，努巴·阿费扬在会上展示了一张庞大的项目列表，覆盖了农业、能源和医学等多个领域。其中提出的新企业概念不仅关注微生物领域，还涉及基因领域尚未开发的很多部分。

生命科学和生物技术产业与接下来三章要讨论的领域颇有不同。前者说明了 MIT 教师在成为新企业创始人之后表现出来的强有力的主导地位，同时，它也是"知行合一"校训在 MIT 发挥作用的绝佳例证。在这里，杰出的创业者可以同时成为诺贝尔奖得主、可以在 MIT 管理最大的实验室，也可以在一个又一个国家拓展合作关系、传播 MIT 创业精神和创新事业。在很多其他大学里，这种教师创业的做法尚属禁区，至少是不被鼓励的，或者，干脆就不会发生！

第九章到第十一章讲述的是更通常的情况。在这些案例中，教师也许主要奠定科学或者技术基础，他们的实验室同事和学生更多地在创办新企业的过程中成为主要推动者。当然，在这四个行业中，很多例子都说明了，创办企业的最初想法实际上来自学生和校友。

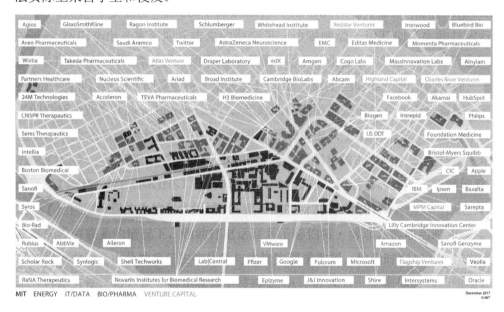

肯德尔广场高新科技企业集群示意图（截至 2017 年 12 月）

参考文献及注释

1. Charles G. Koch, *Good Profit: How Creating Value for Others Built One of the World's Most Successful Companies*, Crown Publishing, 2015.

2. Christopher Vaughan, "Interview with Ray Stata", *Kaizen*, February 8, 2010.

3. 来自对卡维塔·希伯（Kavita Chhibber）的采访。

4. 访问日期：2017 年 9 月 13 日。

5. Edward Roberts and Charles Eesley, *Entrepreneurial Impact: The Role of MIT*, Kauffman Foundation,2009; Edward Roberts, Fiona Murray, and Daniel Kim, *Entrepreneurship and Innovation at MIT:Continuing Global Growth and Impact*, MIT, 2015.

6. Arlene Weintraub, *BloombergBusinessWeek*, October 18, 2004.

7. Funding Universe, http://www.fundinguniverse.com/company-histories/genentech-inc-history/，访问日期：2018 年 3 月 29 日。

8. 来自艾莉西亚·曼恩在 2016 年 11 月 12 日 "MIT 创业五十周年庆典" 活动科研部分的演讲。

9. 旗舰先锋（Flagship Pioneering），http://flagshippioneering.com/about-us/，访问日期：2018 年 3 月 29 日。

10. Elizabeth Chadis, *Science at MIT*, 11, Spring 2015, science.mit.edu ，访问日期：2017 年 2 月 20 日。

第九章

互联网

有人说："MIT 是互联网最早的创造者。"怎么说呢，这个说法有些言过其实。但是，实际上，我们认识的互联网最早确实主要由 MIT 教师职工和校友构思、完成技术开发、率先部署。他们有些人还成了先驱新企业的开拓者、创始人。或者像**鲍勃·梅特卡夫（BOB METCALFE）**（1968 届）说的那样："常言说，'成功有很多父亲，而失败是个孤儿'。

名为"互联网"的圆桌会议，2016 年 11 月 12 日（从右至左：鲍勃·梅特卡夫（主持人）、汤姆·莱顿、张朝阳和弗雷德里克·克雷斯特）

MIT 不大一样，从 MIT 走出的互联网有很多个'父亲'！"他的说法当然也不无夸张。这一章讲述的是 MIT 教师和校友怎样开发了互联网的各个关键组成部分、成立他们的第一家公司；如何把互联网带入中国（中国是如今全球最大的互联网市场），又如何让互联网惊人的流量增速成为可能。在这一章的结尾，我还会特别讲述一家企业的故事。它率先开启了互联网走向云端的潮流。

互联网发展简史

互联网的建立和早期发展主要得益于**利奥·贝拉尼克（LEO BERANEK）**和他 1948 年共同创办（并担任首席执行官）的 **BBN 公司（BOLT BERANEK & NEWMAN, INC.）**的多位重要员工（当然还包括 BBN 除了贝拉尼克之外其他的联合创始人：理查德·波尔特（Richard Bolt），MIT 声学教授；罗伯特·纽曼（Robert Newman）（1949 届硕士），他是波尔特的学生）。范内瓦·布什（Vannevar Bush）（电子工程专业博士，1916 届）的贡献可能更多地限于概念层面，这里暂且不论。1947 年至 1958 年，贝拉尼克在 MIT 担任教授。第一份勾勒出互联网思想的备忘录来自 20 世纪 50 年代的 MIT 教师**约瑟夫·利克莱德（J.C.R. LICKLIDER）**。他后来又在 1968 年再次提出了这一思想。这些备忘录的作者就是利克莱德，它们来自利克莱德 1960—1962 年担任 BBN 副总裁时期。他在 MIT 林肯实验室的旋风计算机和 SAGE 系统上进一步推进这些想法。

1962 年 10 月，利克莱德被任命为信息处理处（Information Processing Techniques Office，IPTO）负责人。这个办公室隶属美国国防部高级研究计划局（Department of Defense Advanced Research Projects Agency，DARPA）。他随后又被任命为 DARPA 行为科学指挥控制研究中心（Behavioral Sciences Command & Control ResearchBehavioral Sciences Command & Control Research）主任。他在 1963 年 4 月的一份备忘录里概述了利用现有硬件和软件建立计算机分时网络面临的诸多挑战。他的愿景最终带来了"阿帕"网络（ARPAnet）。它就是今天互联网的前身[1]。后来接替利克莱德掌管 IPTO 的是伊万·萨瑟兰（Ivan Sutherland）（1963 届）。萨瑟兰是计算机图形领域一位了不起的先驱人物。

【作者注】本章引述的言论主要来自当事人在 2016 年 11 月 12 日"MIT 创业五十周年庆典"活动分论坛上的发言。这个分论坛由罗伯特·梅特卡夫（即鲍勃·梅特卡夫）主持。此外还包括米歇尔·乔特（Michelle Choate）的采访和来自补充渠道的信息。鲍勃·梅特卡夫和拉里·罗伯茨（Larry Roberts）是两位健在的专家、MIT 校友。他们为本章的很多细节信息提供了尤为重要的帮助。还有很多历史细节来自史蒂文·哈特利（Steven Hartley）撰写的《互联网史》（*History of the Internet*），1996 年 12 月（www.securenet.net/members/shartley/history/），访问时间：2017 年 2 月 21 日。

从 MIT 到互联网，站在这个链条下一环节的是劳伦斯·"拉里"·罗伯茨（电子工程专业学士，1961 届、博士，1963 届）（在此声明，我和他没有亲属关系！）。拉里提道："和利克莱德聊过之后，我认为计算机网络拥有深不可测的潜力。于是我来到了林肯实验室，开始动手试验。1964 年，五角大楼（指美国国防部）征召我加入了 IPTO。尽管我很不情愿，还是当上了阿帕网络的项目负责人。"后来，由于建立并领导了阿帕网络的总体开发项目，拉里被称为"互联网的开山鼻祖"之一。韦斯利·克拉克（Wesley Clark）（1955 届）同样来自林肯实验室，与旋风计算机关系密切。他把目标计算机网络称为接口信息处理器（Interface Message Processors，IMPs），还提出了把小型"主机"计算机用于每个 IMPs 的思想。他还发现了**弗兰克·哈特（FRANK HEART）**（电子工程专业理学学士，1951 届、硕士，1952 届）。哈特当时在 BBN 工作，此前在林肯实验室工作。克拉克认为，哈特是有能力造出 IMPs 的"不二人选"。保罗·巴兰（Paul Baran）和唐纳德·戴维斯（Donald Davies）都不是 MIT 校友，彼此也没有来往。但他们都很担心可能的核打击会严重中断军方的通信，因此提出了分组交换（Packet Switching）的思想，并把它作为多线路通信中更稳妥可靠的交换方式。拉里·罗伯茨同这些人的关系非常密切。1968 年，他把 IMPs 和分组交换概念融为一体，放入报价邀请函（Request for Quotation，RFQ），发给了 140 家企业。结果共有 12 家企业做出了回应，BBN 最终赢得了阿帕（即高级研究计划局）的合同。BBN 厚达 200 页的标书提交到了杰里·埃尔金德（Jerry Elkind）（1951 届）的手上。这份标书最主要的作者是弗兰克·哈特和另外几个人。弗兰克后来成了这个项目的负责人，管理 BBN 阿帕网络系统的整体开发工作。弗兰克评价了自己 MIT 背景的重要作用："杰伊·福瑞斯特（Jay Forrester）极其重视可靠性问题……这给我上了很好的一课。多年以后……我对可靠性的强调成了决定阿帕网络成败的关键因素。[2]"

这支合作紧密的 BBN 团队被人们称为"搞 IMP 的"（The IMP guys），罗伯特·卡恩（Robert Kahn）（1958 届）也是其中的一员。他最早是 MIT 电子工程专业的一位助理教授，之后来到 BBN 工作。拉里·罗伯茨后来聘请卡恩加入了 IPTO 团队。再后来，卡恩成了至今广泛使用的 TCP/IP 协议的共同开发者之一。另一位成员是伦纳德·克莱因罗克（Leonard Kleinrock）（1959 届）。在攻读 MIT 博士学位期间，克莱因罗克和罗伯茨是同一间办公室的伙伴。他后来和卡恩一同开发了TCP/IP 协议。

1969 年 10 月，这个网络通过 BBN 通信线路连接了四所大学，并发出了第一条信息。阿帕网络由此诞生了。1970 年夏天，MIT、兰德公司（RAND）、系统开发公司（System Development Corporation）和哈佛大学建成了自己的 IMPs。BBN 到兰德建成了第二条贯穿全州的高速线路（在那个时代！）（在下文关于鲍勃·梅特卡夫的章节中，我们还会详细谈到此事）。在阿帕网络投入运行后的几年间，BBN 公司开发了名为"美国军用网络"（Milnet）的国防数据网络，并在 Milnet 与四节点阿帕网络之间建立了网关。这两个网络的连接部分被称为"互联网"（the Internet）。BBN 还开发了第一款路由器、TCP/IP 协议、第一套

杰伊·福瑞斯特（JAY FORRESTER）（电子工程专业理学硕士，1945 届）开发了 MIT 的旋风计算机，并在 MIT 林肯实验室的 SAGE 系统项目中担任计算机及系统部分负责人。他后来在 MIT 斯隆管理学院开设了"系统动力学"（System Dynamics）课程。

人对人电子邮件系统等，进一步巩固了此前对这个领域的巨大贡献[3]。

鲍勃·梅特卡夫在这个时期极其活跃。回忆起互联网的最初模样，他指出：

　　一开始，高级研究计划局（即"阿帕"）认为，我们会使用互联网登录计算机，这些计算机会连接全球的电传打字机。在 1972 年的国际计算机通信大会（International Conference on Computer Communications）上，我们演示了这个版本的互联网。当时我已经去了 MIT 斯隆管理学院，并在那里学会了怎么穿正装。所以，尽管我留着一大把红胡子，他们还是把陪同 AT&T（美国电话电报公司）高管参观展位、讲解各种远程登录（Telnet）应用的任务交给了我。结果，在为 AT&T 高管演示的半中间，它（当时的互联网）当场崩溃了。我清楚地、痛苦地记得他们当时的讪笑。我们非常清楚地意识到，在登录他人站点时，我们必须保证自己的数据对他们的计算过程可用。因此，我们提出了 FTP（文件传输协议）概念，并用它来传输数据。

　　鲍勃继续谈道："这几项运行启动之后，大概一年左右，我们又开发了电子邮件。它成了一项热门应用。这是'阿帕'始料未及的。就这样，我们很快地从 Telnet 式的互联网转向了使用电子邮件的互联网。"同样是在 1973 年，BBN 公司的雷·汤姆林森（Ray Tomlinson）创造了"@"符号，把每个电子邮件地址中的用户名和计算机名隔开。它本来是汤姆林森那款型号为 Model 33 的电传打字机上一个很少用到的符号！

BBN 和拉里·罗伯茨的更多故事

　　美国政府刚刚确定"增值运营商"（Value-added Carriers）的合法地位，BBN 立即着手建立了民用版本的阿帕网络。1972 年，BBN 成立了 **TELENET 公司**（注意不是 Telnet），为公众带来了史上首个可用的分组交换网络服务。1973 年和 1974 年间，作为 Telenet 的创始投资人，BBN 投入了 55 万美元的自有资金。这家公司的联合创始人是担任总裁的**拉里·罗伯茨（LARRY ROBERTS）**和同样来自高级研究计划局（APAR）的**巴里·韦斯勒（BARRY WESSLER）**（电子工程专业学士，1965 届、硕士，1967 届）。AT&T 回绝了 BBN 的投资方案。这反映了它对这种未来成为互联网的新生事物重要性的怀疑态度。AT&T 还指出，就算 BBN 新公司这一开发拥有任何商业潜力，贝尔实验室同样能提供必要的技术！当时，BBN 在筹措创业资金时费尽了周折，终于在 1975 年至 1976 年从多个渠道筹得了 480 万美元。这家公司还为此投入了 140 万美

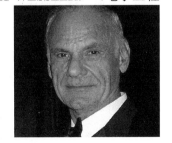

劳伦斯·罗伯茨（Lawrence Roberts）（即拉里·罗伯茨）

元自有资金。1979 年，GTE 公司并购了 Telenet，随后把它出售给了 Sprint。后者把 Telenet 改名为 Sprintnet，把它变成了 Sprintlink IP 网络。它仍是今日互联网的一部分。

为什么要创办 Telenet 公司？拉里指出：

我要改变这个世界的面貌。这是我始终不渝的目标。我不想做个教书匠。这是我最初加入林肯实验室的原因，这也是我离开那里、加入阿帕的原因。我这条路子选得很对，我突然间有了资金，可以真正改变计算领域的很多东西，包括为语音识别和人工智能技术提供资金支持。阿帕网络上线之后，我真正下定了决心——我应当继续前进，走出去，创办和管理新的企业。Telenet 获得了极大的成功，人们如今仍在使用它。因为它比互联网其余部分安全得多，所以金融行业也在使用它。

接下来，我又成了几家公司的管理者，还创办了几家别的企业——它们有的很成功，有的没那么成功。我成了 DHL 公司的首席执行官，还成立了一家航空公司。航空公司和分组交换网络还挺像的！再后来，我成立了几家新的公司：先是 **NETEXPRESS**，然后是 **ATMSYSTEMS**，再后来是 **CASPIAN NETWORKS**，这家公司不大成功，因为它没能获得必要的融资。2004 年，我成立了 **ANAGRAN**。我最近创办的公司是 **FSA TECHNOLOGIES**。它主要致力于开发新产品，提高互联网速度。这一切都因为我领导了阿帕网络的开发和部署工作。

这个世纪涌现的创新多如牛毛。在我看来，MIT 显然是这些创新的总核心。因为有如此众多的 MIT 人参与其中，所以说，MIT 就是互联网的主要发明者。我有幸成为其中的一分子，发挥了重要的作用。这是最令我自豪的事。互联网也许是这个世界最大规模的整体变革。

罗伯特·梅特卡夫与 3COM 公司

罗伯特·梅特卡夫
（Robert Metcalfe）

罗伯特·梅特卡夫（ROBERT METCALFE）本科毕业于 MIT（电子工程与计算机科学专业及管理专业双学士学位，1969 届），后来取得了哈佛大学的博士学位。但他还是和 MIT 更亲密些。梅特卡夫这样回忆起早年（和其后）那段岁月：

1964 年的秋天，我成了一名 MIT 新生。第二年，我在雷神公司谋了一份工作。从此以后，我就一边读书一边全职工作了，每天从半夜工作到第二天早上 8 点。在接下来的 4 年里，我创办了 3 家咨询公司，还把我在电子工程和管理学领域的研究融入其中。它们是 **MANAGEMENT SYSTEMS CONSULTING**、**DATA CONCEPTS DESIGN** 和 **PROFESSIONAL DATA SERVICES**。每家公司都成功维持了一两年，帮我付清了 MIT 的学费。我在 MIT 一共学习了 5 年时间。我用额外的一年取得了电子工程学位。

我在第五年选修了唐·特罗克塞（Don Troxel）（1960 届）教授的几门课。他教我们怎样用集成电路造东西。这在当时是全新的知识。我还记得自己造了个存储器，还和同学合作建造了一台电脑。之所以提到这件事，是因为那台电脑后来变成了 3COM 公司。那次课堂作业上使用的存储器属于声延迟线（Acoustic-delay）类型。它把比特位元下载到一条长长的线缆上，实现存储功能。信息会沿着这条线缆反复游走，稍后回到最初的原点。我们让它不断地往复运动，这样就实现了存储的作用。

梅特卡夫还提到了自己是怎样成为互联网先驱的：

从 MIT 一毕业，我就开始攻读哈佛大学的博士学位。接着就遇到了一次意想不到的机会。（美国）国防部成立了一个名叫阿帕网络（ARPAnet）的新项目。国防部高级研究计划局（DARPA）把这次机会交给了哈佛大学和 MIT，委托两校打造阿帕网络的连接设备。我一腔热血地向哈佛大学提出了申请：由我来打造这款设备，并以此作为我的博士毕业项目。但是哈佛大学告诉我，这个项目太重要了，不能由我来牵头。这让我懊恼不已，因为我当时刚刚取得 MIT 电子工程学位，而且对这件事满怀热情。我只好调转方向，沿着宽街（Broadway）一路走回了科技广场（Tech Square）。尽管我当时还在哈佛读博士，MIT 还是聘用了我，做一名兼职研究人员，参与建造阿帕网络的连接设备。后来我再次找到哈佛大学，我对他们说："你们看，MIT 同意由我来建造两台这样的设备，我可以把其中一台拿给你们。"哈佛再次拒绝了我。当时的校领导们告诉我："这是个至关重要的项目，我们不能把它交给一名研究生来负责。"哈佛大学把这个合同交给了BBN，由它们来建造这台设备。这台设备会把比特位元连续不断地输入一条极长的线缆里。这听上去是不是很耳熟？这件事对我的影响极大。MIT 给我的全是鼓励和支持，这所学校支持我追求自己想做的事。这里不会有人劝阻我，说我不够格、经验不足。MIT 从不给人设限。

我用一年时间建成了 MIT 的阿帕网连接器。担任我项目导师的是 MIT 的约瑟夫·利克莱德教授！我现在还保留着这台名叫 IMP（接口信息处理器）的设备。1972 年，我终于离开了哈佛大学，也离开了 MIT。我加入了施乐公司的帕洛阿尔托研究中心（Palo Alto Research Center，PARC），在那里建造了另一台类似的设备，把施乐的计算机接入当时正在快速成长的阿帕网络。

鲍勃的机会越来越多，他是这样描述的：

帮助施乐连上阿帕网络之后，我们决定打造世界上第一台个人电脑，让它成为每个人必备的办公工具。这在当时绝对是一种极其激进的想法。那时候，就连每座大楼里一台电脑都没做到，何谈人手一台呢？因为我是搞网络的，所以我得到的工作是建造网络，把每台计算机连接起来。而且我们的工作速度必须尽可能地快。当时，第一个以太网（Ethernet）已经设计完成。它用巨大的线缆连接所有计算机。当时的人们一次只能发送一个比特。而在这个（当时的）新世界里，人们可以发送比特信息包，一次一个包！

我和戴维·博格斯（David Boggs）共同发明和建造了第一个以太网，它的运行速度是 2.94 兆位 / 秒，比我之前的桌面宽带快出一万倍。有了半导体的支持，网络达到了我们能做到的最快速度。一天之内，网速就从每秒 300 比特提高到了每秒 300 万比特。接下来，我和戴维用连接了互联网的个人电脑填满了施乐公司，还建立了名为以太网的专用网络。我们用遍布全球的路由器把电脑连接起来。这就是施乐以太网（Xerox Ethernet）的由来。它的开发时间略早于外部世界使用的大型互联网，二者的时间大体重叠。虽然我们略微领先，但是施乐公司的高层管理者不断压制我们内部开发成果商业化的努力。

接下来，他谈到了创业：

1978 年，我读到了一则消息：帕洛阿尔托的明苑（Ming's Restaurant）餐厅即将举办一场 MIT 校友午餐会。那是当地校友组织的一场后续活动，呼应艾德·罗伯茨在全美举办的 MIT 校友创业研讨活动。**杜博斯·蒙哥马利（DUBOSE MONTGOMERY）**（电子工程专业理学学士、博士；管理专业学士，1972 届；本书第十一章"现代金融"世界中还会更详细地提到杜博斯的故事）出席了这场活动的圆桌讨论环节。他在 1976 年创办了**门罗风险投资公司**（**MENLO VENTURES**）。出席那场圆桌讨论的嘉宾还有戴维·安德森（Dave Anderson）（1966 届）等几位风险投资界的 MIT 校友。安德森是萨特希尔风险投资公司（Sutter Hill Ventures）的合伙人。我也参加了那场活动。这主要因为杜博斯曾在 1968 年到 1969 年担任 MIT 校网球队的主管，而我当时是 MIT 网球队的队长。我们彼此相当熟悉。而那一天，我的老朋友杜博斯正在侃侃而谈地教导 MIT 校友怎样开办公司。

在这场活动的影响下，我很快就在 1979 年离开了施乐，准备创办自己的公司。但我当时还没有完全想清楚自己想做些什么、怎么做。所以我又回到了 MIT，为**迈克尔·德图佐斯**（**MICHAEL DERTOUZOS**）教授（1964 届）工作了几个星期。德图佐斯教授当时正在建立 MIT 计算机科学实验室（MIT Laboratory for Computer Science）。迈克（即迈克尔·德图佐斯）当时已经是一名成功的创业者了，他的指导对我帮助特别大。我又返回了帕洛阿尔托。我决定继续创业。基本上，我的计划就是重新打造我在施乐开始的以太网和相关的组网工作。我为这家公司取名为 **3COM**。它是 **COM**PUTER **COM**MUNICATION **COM**PATIBILITY，即"计算机通信兼容性"的简称。

公司刚成立不久，我就遇到了一件神奇的事：史蒂夫·乔布斯想招聘我，加入他的初创公司。我对他说："史蒂夫，我上个礼拜刚注册成立了自己的公司。所以我不得不拒绝你的美意。恕我冒昧地再问一遍，你的公司叫个啥？苹果？你觉得一家公司叫苹果会不会太不严肃了？"史蒂夫后来的做法超出了我的意料。他没把我的拒绝放在心上，恰恰相反，他决定为我的新公司提供帮助。史蒂夫为我引荐了几个人，包括鲍勃·诺伊斯（Bob Noyce）。大家可能都以为，我早就认识**罗伯特·诺伊斯**（**ROBERT NOYCE**，即鲍勃·诺伊斯）（MIT 校友，物理专业博士，1953 届；**英特尔公司**创始人），其实不然，我是通过史蒂夫·乔布斯认识诺伊斯的。他后来成了 3Com 公司的天使投资人。史蒂夫·乔布斯后来也成了 3Com 的客户，从我们这里采购网络产品。1979 年，在我拒绝他之后，乔布斯聘请了我在 PARC 工作时的一位同事，担任麦金塔电脑（Macintosh）项目总工程师。我认为，史蒂夫一直希望这些网络产品获得成功，因为他的个人电脑产品有一天会用到这些网络。

公司成立几个星期之后，**格雷格·肖**（**GREG SHAW**）（电子工程专业理学学士，1977 届）加入了我们，成为公司的共同创始人。紧随其后，更多的

MIT 的同窗好友也加入了我们。

我们一起打造了一系列的高速网络接口。它们先是用于小型机，然后用于 IBM 的个人电脑和苹果的 Mac 电脑等产品。我们的成长速度特别快，1984 年就上市了。1999 年，我们的收入达到了 58 亿美元的峰值，公司员工超过了 1.3 万人。

> **他们包括**（按照梅特卡夫的复述顺序排列）：罗恩·克兰（Ron Crane）、霍华德·查尼（Howard Charney）、J. "皮特"贾维斯（J. "Pitt" Jarvis）、肯·莫尔斯（他后来成了 MIT 创业中心的首任执行主任）。

2010 年，惠普公司收购了 3Com。

鲍勃指出：

回到波士顿之后，我有幸在每一年的五万美元大奖赛决赛前夜赞助一次"社交晚会"（Soiree）。这项比赛后来改名叫"MIT 十万美元商业计划大奖赛"。所有进入决赛圈的选手都会来到我家。他们会支起小台子，和来自大波士顿地区的众多创业家、风险投资人和老朋友们把酒言欢。那是一种很好的社交方式，它围绕年轻的 MIT 创业之星建立起了更大的创业圈子。

我在鲍勃的一次社交晚会上遇到了霍华德·安德森。他在下一年加入了 MIT 创业中心，并在那里工作了 10 年（详见本书第三章）。

鲍勃最后指出：

我是 MIT 的荣休校董，我有各种机会回报学校。我捐赠了一个教授讲席，以此纪念杰伊·福瑞斯特教授在本科系统项目（Undergraduate Systems Program）中对我的教诲。担任这一讲席（3Com 创始人讲席教授）的是蒂姆·伯纳斯-李（Tim Berners-Lee），这让我们感到非常荣幸。我正在召集所有以太网的发明者，以此为名再捐赠一个讲席！

其他互联网企业，以及互联网的蓬勃发展

不同配置的"互联网"（Internet）方案开始大量涌现，一时百花齐放，争奇斗艳。就其基础而言，国防部高级研究计划局（DARPA）的互联网严重依赖 BBN 公司。

为了实现这一基础的多样化，DARPA 招聘了更多 MIT 校友从事互联网开发工作，用于多种军事组织。艾文·雅各布斯（**IRWIN JACOBS**）（1957 届）和**安德鲁·维特比**（**ANDREW VITERBI**）（1956 届）共同创办了 **LINKABIT** 公司。这家大量聘用 MIT 毕业生的公司得到了 DARPA 的合同，帮助它解决一部分开发需求（Linkabit 公司最重要的衍生企业是**高通公司**（**QUALCOMM**）。这家公司也是雅各布斯和维特比共同创办的，还加入了 5 位来自 Linkabit 公司的同事。本书第十二章还会详细讨论这两家企业）。

美国政府允许互联网私有化的监管政策甫一出台，包括 Telenet 公司在内的众多企业纷纷成立，包括前文提到的拉里·罗伯茨的多家企业在内。**昆腾电脑服务公司**（**QUANTUM COMPUTER SERVICES**）就是这些早期企业中的一家。这家公司成立于 1985 年，它的联合创始人是首席执行官吉姆·金西（Jim Kimsey）和首席技术官**马克·舍里夫**（**MARC SERIFF**）（电子工程专业硕士，1973 届）。史蒂夫·凯斯（Steve Case）很快加入了这家公司，成了新的首席执行官。1989 年，他们把公司改名为**美国在线**（**AMERICA ONLINE**）。这家公司获得了极快的发展，并把自己的名字改成了更简洁明快的 **AOL, INC.**。这里要特别提到的是，创办这家公司时，马克还是一名 MIT 的一年级新生。有些早期 MIT 校友也许还记得这件事。

尽管如此，因为班里女生很少，MIT 也没什么像样的聚会，舍里夫把这一年称为"凄惨的一年"。于是他回到了奥斯汀，成了得克萨斯大学的一名本科生。感受了真正的大学体验之后，他又返回 MIT 攻读研究生。这让他和学校重新建立了联系，获得了激励。他的技术生涯重新回到了正轨 [4]。

马克毕业的时间恰逢其时，凭借刚刚获得的电子工程硕士文凭，他立即加入了 Telenet 公司，成了最早的几十名员工之一。他说，无论是这个决定，还是后来的创业工作，他都受到了 MIT 导师利克莱德（Licklider）教授和他在 Telenet 的老板兼朋友拉里·罗伯茨的极大影响。合作创办美国在线是舍里夫加入 Telenet 公司之后的事了。

另一位加入美国在线、投身互联网事业的关键人物是一位特殊类型的 MIT "校友"：**泰德·列奥西斯**（**TED LEONSIS**）。泰德是 1991 年首期"巨人的诞生"高管培训课程的学员（我们在第六章详细介绍过这个为期一周的培训项目）。多年以来，这个项目一直扎根戴德姆 MIT 恩迪科特大厦会议中心。联合主办这个项目的是剑桥市 MIT 创业论坛、《**公司**》杂志（INC. MAGAZINE）（该杂志的创始人和管理者是**伯纳德·戈德赫谢**（BERNARD GOLDHIRSH），机械工程专业理学学士，1963 届）和"青年创业家协会"（Young Entrepreneurs Organization）。我一度担任这门课程的教师牵头人（还有几位 MIT 斯隆管理学院教师参与其中）。这个项目最初启动的第一课也是我讲的。在那场讲座的茶歇时，泰德·列奥西斯心情迫切地找到我。当时，他正在为自己的 Redgate 通信公司筹措资金。有家名叫美国在线的年轻企业向他发出了邀约，想要收购他的公司。随后，我们两人一边吃午餐一边讨论，泰德究竟应该自己经营这家企业，还是应该出售，二者的利弊得失是什么。课程一结束，泰德很快把公司卖给了美国在线，他自己也加入了这家公司。多年的工作之后，泰德成了美国在线的副董事长，公司的二号高管。如今，泰德在华盛顿特区拥有多支运动队，他还是一位风险投资人和慈善家。他现在还饶有兴味地记得自己那段短暂而不失收获的 MIT"学生"生涯！

1985 年，也就是高通 / 美国在线成立的同一年，尼克·内格罗蓬特（Nick Negroponte）（1966 届）和 MIT 时任校长杰罗姆·威斯纳（Jerome Wiesner）创办了 MIT 媒体实验室（Media Lab）。媒体实验室后来成了大批互联网应用和衍生企业的诞生地。

搜狐，中国第一家互联网企业

中国的全球互联网转型发生在 1994 年，也就是将近十年之后。这场转型发生在斯坦福大学和清华大学，清华大学还被人们称为"中国的麻省理工学院"。**张朝阳**（CHARLES ZHANG）是清华大学的高材生。1993 年，他刚刚获得 MIT 的物理学博士学位，随后在美国短暂居住。在此期间，张朝阳在 MIT 全球产业联盟兼职工作，帮助接待日益增多的中国访团，带领他们参观 MIT、会见教师、考察 MIT 正在探索的科学和技术前沿。他还带领访团来过几次我的办公室。他和很多中国来访者一样，也对我的创业研究和 MIT 创业中心在中国的发展深感兴趣。

【*作者注*】作者是搜狐公司的共同创始人和董事会成员，至今已有 20 年。

下面这段记述来自作者本人。

爱德华·罗伯茨与张朝阳

1996 年 9 月的一天，张朝阳来到我的办公室。他把头探进门，问我有没有时间聊聊。我把他请进来，问他有什么可以效劳的。张朝阳对我说："我想回中国，回去创办一家互联网公司。"在当时，回中国和在中国创办互联网企业都是非比寻常的想法。我们聊了两个多小时。我仔细考量了他的想法。他的真诚和热情深深地打动了我。这两项品质是我一直希望——甚至要求——未来创业者必须具备的。我一再追问他，为什么要回中国？张朝阳告诉我："中国即将崛起。我想为这个伟大国家的崛起贡献一份力量！"经过 4 个月的争论和探讨，我们两个人在 1996 年 12 月成立了**爱特信公司**（INTERNET TECHNOLOGIES CHINA, INC.，ITC）。这家公司获得的天使投资并不算多，只有 22.5 万美元。这笔钱被存入了波士顿第一国民银行。尼克·内格罗蓬特和另一位 MIT 人士也在这时不无犹疑地加入了我们。我把爱特信的注册地址选在了特拉华州，希望这样能在某种意义上提高这家公司的资信度——毕竟，在 1996 年，在大多数美国人看来，在中国成立任何类型的企业都是一种冒险的，甚至愚不可及的想法。

张朝阳启程回国。公司在中国银行的账户里有 2.5 万美元，那是他在中国的启动资金。剩下的 20 万美元留在波士顿，需要他和我共同签字才能动用！我们那时还没想好在中国建立什么类型的互联网企业——在我看来，这是创业的根本大忌——但是，坦率地讲，成为中国互联网市场先驱这件事太令人着迷了，它压倒了我的理智发出的反对声音。

张朝阳在美国度过了 8 年的学习岁月，这让他成了一名快速学习者。他回忆说：

我们是中国第一家真正意义的互联网企业。中国当时没人明白互联网是什么（正如前文提到的，当时距离中美发送第一条互联网信息只有短短两年时间！）。当时还没有什么能定义我们的业务，也没有什么限制我们能做什么、不能做什么。甚至连互联网归口哪个部委管理都还没有界定——究竟是电子部，还是当时刚刚成立的信息产业部？所以我们向这两个部门同时提交了申请。

我开始四处奔走，希望能帮忙找到业务重点。同时，公司的一部分基础设施也建立起来了。我发现我们要先建立一个网站。我试着在网站上放了一些内容。

这时，中国已经开始出现 ISP（网络服务提供商）了。我在网站上放了一些来自传统数据供应商的信息，我还收集了各种各样的信息——其中一些来自报纸和杂志。把这些内容敲进网站要花很多力气。即使通过电子邮件来输入这些内容，依然要耗费不少的精力。整个 1997 年，我努力钻研的问题是互联网到底是什么。接下来，当我真正创建一个网站时，我发现，互联网其实是开放的。我当时每天收获的点击量只有 500 次，其中一半流向了网站的外部链接列表和 ISP，而不是阅读那些耗费了我大量力气的新闻和其他内容。看起来，只要我列出那些链接，就能收获一半的流量。于是我决定把这种方式当作前进的方向。

后来我读到了一本关于互联网初生 1000 天的书，其中一章提到了雅虎和它相当初级的搜索引擎。它实际上是个"链接引擎"（Connection Engine）。我当时的反应是："这就是我正在做的事。"我飞到了美国，请艾德和尼克·内格罗蓬特帮忙引见了雅虎的杨致远（Jerry Yang）。第一次见到杨致远时，我对他说："我正在中国做目录业务。它和你在雅虎做的一样。或许我们可以合并起来。兵合一处，将打一家。"他并没有给我明确的答复！一年之后，杨致远来到中国，他想收购爱特信。但是那时的我已经决定单干了，所以我拒绝了他。怎么说呢，我们没谈拢。

接下来，新闻和信息的竞争出现了：1997 年，网易成立；1998 年，新浪成立。随后，中国迅速涌现了一大批崭新的互联网企业。群贤毕至、各显神通！1999 年初，我们获得了一笔重大投资。投资人包括香港晨兴集团的陈乐宗、英特尔公司创投基金（艾德和尼克都为我引见了英特尔公司的最高层管理者）、道琼斯，还有 **IDG**（**国际数据集团**）中国公司的直接风险投资（**帕特·麦戈文**（**PAT MCGOVERN**）（生物学学士，1960 届）是艾德的好友。他们从研究生时代就是好友）。这为我们带来了一个完全西方风格的董事会。在这个董事会里，除了我一人之外，其他所有人的母语都是英语。这也让我们在很多年里不断地帮助他们认识中国，认识中国的道路。与此同时，我们在中国这个飞速发展的互联网新大陆取得了重要的经验。就此过程中，中国的媒体和杂志开始注意到我们。作为一个把美国先进技术带回中国的年轻人，我像电影明星一样频繁地接受采访。我的照片出现在各种杂志的封面上。每次公开露面时，我都会提到自己和 MIT 的故事，总会提到自己的共同创始人艾德·罗伯茨。我很快就变得很有名，艾德也变得广为人知。很多人都知道，他就是那位"中国互联网教父"！

随着公司逐步壮大，我们进入了一个又一个的应用领域，而且通常是中国第一个吃螃蟹的人。在纯新闻和纯资讯之后，我们又追寻雅虎的脚步，从链接引擎转向了真正的搜索引擎。我们在内部开发完成了这个至关重要的项目，把它命名为 Sohu。它的汉语意义是"搜狐"——我们选择了狐狸这个形象，因为它代表着聪慧和敏捷！搜狐引擎第一天上线，我们的网站就因为巨大的点击量崩溃了。值得庆幸的是，我们只需要给英特尔的投资者打一通电话，第二天，一支小队就从美国西海岸飞到了中国，安装好了我们需要的所有软件和硬件，足以迎接新的庞大流量！过了一段时间，我们发现，公司没有必要同时推广两个名字：爱特信和搜狐。于是，我们把公司的名字也改成了搜狐（**SOHU.COM**）。

2000 年 7 月，公司上市。事实表明，我们选择了一个特别糟糕的时机。那是互联网泡沫彻底破裂的日子——不到 3 个星期，我们的股价就从每股 13 美元的发行价跌掉了一大半。此后，股价一路下跌。到 2001 年 4 月时，我们的股价一度跌到了每股 50 美分，并且长时间保持在极低的水平上。在旷日持久的市场崩溃中，我们极力避免自己的股票因为交易规则的变化而被纳斯达克摘牌。我们的业务和整个股市用了差不多两年时间才恢复元气。在接下来的 2002 年和 2003年，搜狐成了纳斯达克价格增速最快的股票，公司终于回到了正常轨道。在搜狐公司成立 10 周年那一天，纳斯达克特地邀请我们开市。这份特别的荣誉值得一提。那天的照片现在还贴在艾德 MIT 办公室的墙上！

我和张朝阳的视角有所不同。面对搜狐的历史，我显然会从管理学院教授的角度来看；不同的是，从搜狐成立的第一天起，这位教授就成了它的共同创始人和董事会成员。张朝阳非常聪明、见地深刻、勇于冒险，这让我们在一个又一个互联网市场上成为最早的行动者和创新者。我们是中国第一个开展在线购物的公司：我们在北京用自行车送货，客户向我们支付现金。因为中国当时既没有成型的配送系统，也没人使用信用卡。我们是提供在线股票交易的第一人，但是我们要和每一家支行分别谈判、建立合作关系。不仅如此，在合同条款和条件方面也存在诸多限制，包括我们可以提供什么、人们可以购买什么，等等。我们很早就进入了个人电脑在线游戏市场。这个市场如今已经濒临消亡了，我们很幸运地及时转向了手游市场——这个市场如今正在中国大行其道！畅游（Changyou）出自搜狐，它最早是搜狐公司的游戏部门。这家公司已经在多年前上市了，搜狐依然保持对它的控股（2017 年 10 月 16 日，畅游公司的市值为 20 亿美元）。我们也是在线视频娱乐业务的早期拓荒者，包括高效制作自有视频内容。这首先要符合政府的政策。作为外资企业，我们在制作电视节目方面要满足很多条件。在所有这些领域里，由于中国互联网市场的极大增长，比我们晚得多进入市场的企业仍然有机会后发制人（截至目前，中国是全球最大的互联网市场。联合国 2016 年 7 月 1 日的统计显示，中国共有 7.21 亿互联网用户，而美国这一数字只有 2.87 亿）。这些后来者从私人投资和股票市场获得了海量资金，例如阿里巴巴、百度、腾讯和优酷（这家公司的创始人是古永锵。他曾担任搜狐公司总裁，仅次于搜狐首席执行官兼董事长张朝阳）等。这些企业都专注单一市场，而我们仍然坚守大而全的门户战略、兼顾多个领域——我们把自己摊得太薄了！

作为一位创业型高管，张朝阳已经在中国摸爬滚打了 20 余年。他也注意到了这个现象：

这些年以来，尤其是在最初的十年里，我没什么经商的经验，艾德对我的帮助很大。他还在管理董事会方面发挥了特别重要的作用，让董事们为公司的建设做出了重要贡献。他们都是西方人，我和他们的交流无法保证时时处处顺畅无阻。公司上市之后，董事会开始逐渐转向中国班底，艾德是唯一的例外。不过我们的董事会全球电话会议仍然使用英语交流。直到今天，公司总是要面对和解决层出不穷的新情况、新问题，成功和失败都要面对。过去的三年间，中国经济增速放缓，这对我们收入和盈利能力的影响都很大。尽管如此，我们仍然保持着自己的竞争力，并在传统的在线新闻资讯领域保持着领先地位，同时在游戏和视频市场保持相当重要的竞争地位。在线搜索市场仍在发展，我们凭借新技术的优势赢得了第二的位置，并且不断前进。2017 年 11 月 9 日，我们的搜索部门——搜狗（Sogou）——登陆纳斯达克（交易代码为 SOGO）。搜狗上市之后，我们仍然保持着对它的控制权（2016 年，搜狗的收入为 6.6 亿美元。这家公司在 IPO 时的估值约为 50 亿美元）。搜狐与清华大学的联合实验室帮助我们在人工智能和语音识别领域取得了显而易见的领先优势，对我们帮助很大。我们在中国的员工约有 1 万人，2016 年的收入为 16.5 亿美元（截至 2017 年 10 月 16 日，搜狐的市值为 27 亿美元）。

张朝阳最后指出："艾德说过，MIT 创造了美国最初的互联网。我们同样可以说，MIT 也创造了中国最初的互联网。这样的说法没有问题。"

阿卡迈的成立与发展

托马斯·莱顿（**THOMAS LEIGHTON**）教授（1981 届）是阿卡迈公司的联合创始人兼首席执行官。他介绍了自己的背景和其他一些情况：

托马斯·莱顿
（Thomas Leighton）

1981 年，我获得了 MIT 博士学位。从此以后，我再也没离开过这里。我先是读了博士后，之后成了应用数学教师。我的背景特别偏重理论，基本都是为解决计算机科学和网络问题提出的数学模型、分析和论证，诸如此类。

1995 年时，互联网早已算不上新鲜事物了。电子邮件好像是一件亘古长有的东西，但是 Web 还是比较新的。1989 年，蒂姆·伯纳斯 - 李（他后来成了"李爵士"）创造了万维网、打造了第一款网络浏览器，还打造了第一台服务器。当时他在瑞士的欧洲核子研究中心（CERN）工作。伯纳斯 - 李打造了第一个服务器。迈克·德图佐斯（Mike Dertouzos）教授是 MIT 计算机科学系主任。他凭借精确的判断和不懈的毅力说服伯纳斯 - 李在 1994 年加入了 MIT。后者在 MIT 继续着自己在互联网领域的领导地位。伯纳斯 - 李教授在 CSAIL（计算机科学与人工智能实验室）的办公室离我的办公室很近，过了走廊就是。他在我们的研讨会上发表了一次谈话，提出了他认为即将出现的重大问题。蒂姆问他："我们建好一个网站之后，接下来会发生什么？我们会加入一些广受欢迎的内容，然后，会不会有很多人在同一时间突然涌入？那样会造成'突发访问'（Flash Crowd）或者'热点'（Hotspot），造成互联网熔断"（张朝阳也在上文提到过，搜狐公司在推出新搜索引擎的第一天就遇到了这个问题）。

莱顿认为，热点来得正是时候。他和团队的机会到了。

我们开始思考，怎样把内容分发到互联网上，才能保证安全、可靠、可扩展？我们开始攻关这个难题。到了第二年，**丹尼尔·莱文**（**DANIEL LEWIN**）（电子工程专业硕士，1998 届）来到 MIT 攻读研究生。丹尼尔绝顶聪明，来自以色列理工学院（号称"以色列的 MIT"）。他针对这个问题写出了一篇获奖论文，取得了 MIT 硕士学位。并由此发展出了"一致性哈希"（Consistent Hashing）方法。它帮助人们决定，把什么内容储存在互联网的什么位置、把哪些部分放在哪一台服务器上。从而实现了快速获取。

我们研究了各种更好的内容分发方式，发表了一系列论文。如果丹尼没有在 1997 年和他的公寓邻居**普里提什·奈哈万**（**PREETISH NIJHAWAN**）（管理学院 MBA，1998 届）喝那顿啤酒的话，这些论文也许只能停留在科研理论阶段。丹尼当时濒临破产，心烦意乱。他那时还在读研究生，收入微薄，又要供两个孩子上私立学校，这让他债台高筑。普里提什对他说："你知不知道，有个 MIT 五万美元商业计划大赛（如今已经升级为十万美元）？你的互联网研究做得那么酷，为什么不拿它去参赛？我可以帮你。万一我们赢了，你就有钱还贷款了。"

丹尼尔·莱文（Daniel Lewin）

【作者注】这和另一个人的故事何其相似！DEC 公司的创始 CEO 肯·奥尔森讲过，他用了一个晚上写完了 DEC 的商业计划书——他从保罗·萨缪尔森第一版《经济学》教材上照抄了一个牙膏公司的案例，简单更换了里面的数字，让它们看上去更像一家电脑公司，而不是牙膏公司。他就这样把计划书提交给了美国研究与发展公司（American Research & Development Corporation，ARD）。结果，ARD 的办公人员对他说，那是他们见过的最好的商业计划书，于是投资了 DEC 公司——这真是 ARD 最美丽的一次失误！☺

莱顿说：

其实，丹尼和普里提什当时都不知道，就算他们赢了，也不会得到 5 万美元。冠军奖金只有 3.5 万美元，其余获奖者会分走剩下的 1.5 万美元。而且他们也不能用这笔钱偿还助学贷款，只能用它来开办公司。我们当时都不知道这些。当时，丹尼和普里提什需要资深人士的指导，最好是头发花白的导师。我当时还不算特别白，只有一点奶奶灰。虽然我觉得自己才疏学浅，但我真的很想为丹尼提供一些支持。就这样，我们三个组队参加了五万美元大赛。那真是一次美好的经历。我们从图书馆借来了商业计划方面的书籍。我们向这个领域里的泰斗求教，他们真的懂得怎样创办公司，知道自己在做什么。而我们不明白。我们开始撰写真正的商业计划，并通过它把论文和报告里的理论用于现实、改变世界。

当然了，对这群彻头彻尾的新人来说，要真正把阿卡迈推上正轨，紧跟着就是巨大的困难。莱顿接着回忆说：

坊间传说我们赢得了那场比赛的冠军，其实我们只打进了决赛。但这已经很酷了。在所有参与展示的团队中，我们大概取得第六名，毕竟我们都毫无商业经验可言。我们通过那场比赛学到了很多东西，也结识了很多人，包括一些风险投资人。他们对我们很感兴趣。我们还扩大了团队。公司刚一成立，**乔纳森·西利格**（**JONATHAN SEELIG**）（管理学院，2001 届，未获学位）（他从 MIT 斯隆管理学院辍学，成为阿卡迈主管战略的副总裁）做出了非常关键的贡献，找到了启动和发展公司业务的好办法。兰德尔·卡普兰（Randall Kaplan）也加入了我们。

实际上，我们把技术用于现实的办法就是把它交给运营商。我们拜会了美国在线——它那时比现在大得多。我们想让他们相信，这种技术能帮助他们做好内容分发。我们的努力失败了——美国在线认为，分布式计算——也就是我们的业务基础——是一种"象牙塔"式的概念，永远无法用于现实。他们说："请回到你们的象牙塔里去吧。"我们真的回到了象牙塔里，我们就是这么做的。

我们又和内容提供商谈、和大型网站谈。他们说，"如果你们能把它做成一项业务，我们可以向你们购买——我们也许会购买。我们可能通过你们来分发内容，因为你们做得更快、成本也更低。"这意味着我们必须成立一家公司。我们当时很不愿意开公司，因为我们都没有经营企业的经验。一点儿经验都没有。

我们喜欢待在 MIT。我喜欢在 MIT 当老师。丹尼也想当一名教授，——就算进不了 MIT，去别的院校当教授也不错。所以，成立公司是个非常艰难的决定，我们最后一致认为，这是一次千载难逢的良机，终其一生，我们也许只有一次机会通过数学真正影响这个世界。于是，我们咬紧牙关，决定放手一搏。1998 年 8 月，我们 5 个人（莱顿、莱文、奈哈万、西利格、卡普兰）注册成立了**阿卡迈公司**（**AKAMAI TECHNOLOGIES**）。阿卡迈（Akamai）这个词来自夏威夷语，意思是"机智"或者"聪慧"！我们从 MIT 技术许可办公室取得了一项知识产权的独家许可，在此基础上，我们在 1998 年秋天开始进一步研发。我们的早期员工都是投身这个项目的 MIT 学生。

公司刚成立不久，就有几位经验丰富的高级管理人员加入了阿卡迈，帮助推动公司发展，尤其值得一提的有：

保罗·萨根（**PAUL SAGAN**），曾任**时代公司**（**TIME INC.**）新媒体总裁；**乔治·康拉德斯**（**GEORGE CONRADES**），原 BBN 董事长兼首席执行官、

IBM 美国高级副总裁。1999 年 4 月，康拉德斯成了阿卡迈首席执行官。他带领这家初创公司一路前进。到 2005 年萨根接任时，阿卡迈已经实现了可持续盈利能力，公司的自由现金流也已转负为正 [5]。

汤姆·莱顿继续谈到了阿卡迈早期发展的关键因素，有些简直令人称奇：

我们的第一次重大突破其实间接来自苹果公司。1999 年初，在《星球大战》（Star Wars）电影上映之前，史蒂夫·乔布斯买断了首支预告片的独家发行权。此举在当时堪称大手笔。他想通过互联网发行这支预告片，借此奠定苹果在流媒体领域的声誉。我们对这一切一无所知，但是有家名叫"今宵娱乐"（Entertainment Tonight）的公司找到了我们，请我们帮忙在网上发布同一支星战预告片。我们当时哪里知道它在盗版。而且当时还有很多很多人在盗版这支预告片，苹果也不知道！我们按时拿到了预告片，开始在网上分发。紧接着，我们通过头条新闻得知，苹果的网站崩溃了。他们取得了官方授权，却没能如愿上线那支预告片！盗版这支预告片的公司也纷纷崩溃。除了我们。唯一一家成功分发这支预告片而没有崩溃的就是我们——一个名不见经传的、为今宵娱乐提供服务的、名叫阿卡迈的小公司。CNN 有一位精通技术的记者深挖了这则新闻，发现了阿卡迈，大张旗鼓地报道了这件事。这让很多人认识了我们。

真正让我们一举成名的是紧随其后的一次网站崩溃事件。1999 年 2 月 4 日，"维多利亚的秘密"（Victoria's Secret）加入了世界第一批开办自有电商网站的企业行列。今天的人们都很熟悉电子商务，很多公司的业务都是通过电商渠道完成的，但当时不然。维多利亚的秘密希望人们知道，他们可以访问维密的网站，在那里购买维密的服装。于是，她们在 1999 年的超级碗上播放了一段广告——身穿内衣的超模在 T 台上走秀，但是只有 30 秒。广告说，想看完整表演，可以在星期二晚上 9 点整访问维密的新网站：www.victoriassecret.com。

超级碗拥有海量观众。可以想象，星期二晚上 9 点会发生什么。那天晚上崩溃的不单单是维密网站，整个达拉斯和得克萨斯州的大部分互联网都陷入了瘫痪——太多人想要点击"维密"的网站。这件事登上了第二天报纸的头条。人们突然发现，建立一个网站和招揽一大群人访问网站的想法是不成比例的。

从那时起，我们开始实现极快的增长。当时正值互联网泡沫期，所以我们得到了融资。就在我们成功发布星战预告片（不是为苹果公司）之后不久，史蒂夫·乔布斯注意到了我们。他联系我们，想买下阿卡迈。我们没同意，但是我们和苹果公司建立了战略合作关系。

苹果把那支预告片的第二轮发行交给了阿卡迈。理查德·特仑霍姆（Richard Trenholm）称，这一次的工作获得了极大的改善：

三个星期，640 万次下载。史蒂夫·乔布斯把它称为"互联网历史上最大规模的一次下载"……这支预告片的成功证明了一种新技术的必要性，那就是如何更高效地处理庞大的流量。在此之前，假如很多人突然访问一个网站，很有可能因为流量过载而引发崩溃。但是，一家名叫阿卡迈的公司提出了一种解决办法，可以更高效地分散这些负载。而且这种办法非常有效：从今宵娱乐发行《星球大战：幽灵的威胁》预告片到 ESPN "疯狂的三月"（March Madness）^{译者注}报道，阿卡迈成功地处理了这两家网站上高达 2.5 亿次的点击量——每秒高达 3000 次——与此形成鲜明对比的是，其他报道相同内容的网站都在如此巨大的压力下崩溃了（这两次报道发生在同一天：1999 年 3 月 11 日）[6]。

【译者注】"疯狂的三月"（March Madness）：指美国大学生男子篮球全国冠军赛。因为大部分比赛在三月进行，所以也被称为疯狂的三月。作者这里指的是"疯狂的三月"的揭幕战。

莱顿指出："苹果成了我们第一个战略投资人，两家企业从此建立了紧密的合作关系。这对我们的帮助很大。"巧合的是，这和鲍勃·梅特卡夫的 3Com 公司与史蒂夫·乔布斯和苹果公司的关系何其相似！

这些成功带来了收益和公众的褒扬。1999 年 10 月 29 日，阿卡迈上市。在 IPO 之前的几个星期里，这家公司的公开发行价格一共上调了三次，最后定为每股 26 美元。尽管如此，因为人们对这只股票的需求量极大，它的开盘交易价格变成了每股 110 美元，首日收盘价格涨到了每股 145 美元。然而，就在取得这些重大成就之后，就在公司一路高歌猛进时，阿卡迈和整个世界意外地失去了丹尼·莱文。2001 年 9 月 11 日，丹尼乘坐的美国航空 11 次航班遭到劫持，飞机撞进了纽约世贸中心大楼。丹尼享年 31 岁，留下了一妻二子。他被视为这家公司的奠基人和永垂不朽的精神航标。

那次危机发生之后，莱顿立即请假离开了 MIT。他回到了阿卡迈，重新挑起了首席技术官的重担，抚慰公司的同事。他再次担任阿卡迈的首席执行官。汤姆说："公司发展到现在，我们成长了不少……"

我们去年的营业收入达到了 23 亿美元，今年的现金收入可以达到 50 亿美元（截至 2018 年 2 月 23 日，阿卡迈的市值超过了 110 亿美元）。互联网上的大型企业都是我们的客户。我们让这些企业的网站变得更快、更可靠、更安全。这在今天是一件很重要的事。没人知道我们是谁。有人开玩笑说，我们才是互联网上最大的企业，但是没人听说过我们，因为我们站在幕后。每一天，当你访问大型网站时，其实都在和我们打交道。你的浏览器会访问离你最近的阿卡迈服务器，我们把你想看的发给你，并且是快速地发给你。你会因此获得愉快的访问体验。

如需进一步了解，可以参阅托德·利奥波特（Todd Leopold）在 CNN 的报道《丹尼·莱文的遗产：丧生于 9·11 事件的第一人》（*The Legacy of Danny Lewin, the First Man to Die on 9·11*）（www.cnn.com/2013/09/09/tech/ innovation/danny-lewin-9-11-akamai，最近访问时间：2018 年 3 月 29 日）。为表纪念，在莱文过世后不久，MIT 用他的名字命名了"丹尼·莱文广场"（Danny Lewin Square）。它就坐落在主街（Main Street）和瓦萨大街（Vassar Street）的交界处、CSAIL 的大门口。阿卡迈公司修建了一处附近的公园，并以他的名字命名。莫利·奈特·拉斯金（Molly Knight Raskin）撰写了一部全面详尽、引人入胜的传记：《最好的时光》（*No Better Time*）（De Capo Press, Boston 2013）。这本书不仅记述了丹尼的生平，还记录了阿卡迈的创办、成长和它日新月异的历史。

放眼当下、展望未来，我认为安全问题是互联网面临的最大挑战之一。它也是我们增速最快的业务。虽然"物联网"（Internet of Things）带来了诸多妙不可言的益处，但它同时也给攻击者可乘之机，让极大规模的作恶成为可能。话就说到这里吧，留个喜忧参半的结尾也好。

把互联网（和其他一切！）转向"云端"：OKTA 公司和弗雷德里克·克雷斯特

谈到 MIT 的互联网创业，最后还要向新一辈的 MIT 学生和校友们致敬。他们生长在计算机时代，口袋里和指尖上几乎离不开智能手机。他们生活的方方面面都离不开互联网，他们通过数不胜数的应用程序（App）追求自己感兴趣的一切！这极大得益于"云"技术的发展。它帮助人们存储了海量信息，而且无须拥有大规模的个人存储，也无须承担个人存储的成本。

> 从概念上来说，"云"（the Cloud）和"时分"（time-sharing）非常相似。MIT 是时分技术的先行者之一。详见本章前文关于 MIT 林肯实验室时分技术对互联网早期创建所做贡献的讨论、第三部分绪论关于 Meditech 公司对时分技术的早期采用以及第十章关于林肯实验室对 Applicon 创始团队吸引力的记述等。

正如汤姆·莱顿在前文指出的，对今天蓬勃发展的计算机应用来说，最大的挑战莫过于安全问题。OKTA 是一家出自 MIT 的、快速增长的"独角兽"企业。谈到如何应对今天诸多的安全问题，OKTA 联合创始人兼首席运营官**弗雷德里克·克雷斯特**（**J. FREDERIC KERREST**）（MIT 斯隆管理学院 MBA，2009 届）为我们带来了更有见地的看法：

> 《财富》（Fortune）杂志把"独角兽"企业定义为估值达到或超过 10 亿美元的未上市企业。出处：fortune.com/unicorns，列表更新截至 2016 年 1 月 19 日。

弗雷德里克·克雷斯特
（Frederic Kerrest）

弗雷迪（即弗雷德里克·克雷斯特）从本人的历史讲起：

在 MIT 创业者中，我算是从硬科学起步的。尽管我在 MIT 获得的是管理学学位，但我一直对这一点理直气壮。我在斯坦福大学计算机科学专业取得了工程本科学位。随后写了几年企业软件，然后创办和管理我的第一家企业，一家高科技咨询公司。后来我加入了 Salesforce.com 公司，当时它的规模还很小，只有 100 名员工。它把自己定位为一家软件企业。在那 5 年里，我从这家公司的迅猛增长和极大成功中经历了很多、也学到了很多。当我离开那里，去 MIT 读书时，Salesforce 的员工数量已经增加到了 3000 人。

我想创业，我一直很清楚这一点。在过去的 20 年里，我一直专注于企业软件领域。这一点不言而喻。我热爱这份工作，也算比较擅长。但我认为自己应当多掌握一些东西。后来，我第一家公司的联合创始人，也是我的一位好朋友，去了 MIT 斯隆管理学院，成为 2005 级新生。他特别喜欢 MIT 的经历。他对我说：

"真的太棒了。你也应该去试试。"我当时只申请了 MIT 和斯坦福两所学校，因为它们拥有全世界最好的创业硕士项目。

我在 MIT 读了两年 MBA，比较集中地专注创业与创新方向。这让我对 MIT 和斯隆管理学院深深着了迷。艾德·罗伯茨、比尔·奥莱特、在比尔之前的肯·莫尔斯，还有所有的重量级教师，他们都成了我的英雄。他们培育了 MIT 的创业事业、培养了像我这样的人。MIT 为我带来了职业生涯的最大改变。

在两年的 MIT 生涯里，我干了很多很酷的事。我在二年级时成为 MIT 十万美元大奖赛的常务总监。它让我学会了怎样鼓励和管理年轻创业者。说到管理 MIT 十万美元大赛这件事，最有趣的是怎样在不提供任何酬劳的情况下领导数量众多的同龄人。那么多支团队，成员如此多样化，怎样激励他们？学院那么多学习任务、每个人那么多个人事务，怎样鼓励大家积极完成各项工作？没问题，这里是 MIT！很多教授向我们分享了自己的研究——斯科特·斯特恩教授讲到了怎样激励人们在工作中付出远超薪酬的努力；埃里克·冯·希贝尔谈到，有很多创新者不计报酬地默默奉献、解决重大问题，是因为他们勇于面对挑战，因为他们认为这项工作意义重大，甚至因为他们乐在其中！十万美元大奖赛的管理工作给了我很多时间，让我把这些思想融会贯通，运用到了实际工作中。

在那一年里，由于主办方财政状况不佳，我们花了大量的时间筹款。此前一年，他们一共筹集了 15 万美元。到我担任常务总监那一年，我们一共筹集了 85 万美元，所以最后结余了很多钱。这些经历让我受益匪浅。其实它和经营一家初创公司没有太大区别，主要都是人和钱的问题。可以确定地说，领导十万美元大奖赛是我后来获得"MIT 帕特里克·麦戈文创业奖"（Patrick McGovern MIT Entrepreneurship Award）（第四章提到过这一奖项）的一个关键原因。

一年级结束的那个暑假，我为 MIT 校董会成员**马克·戈伦伯格**（**MARK GORENBERG**）（1970 届）打工。他是旧金山 Hummer-Winblad 风险投资公司的早期合伙人之一（他近年还创办了一家新的风险投资公司 **ZETTA VENTURE PARTNERS**）。Hummer-Winblad 只投资早期阶段的企业软件公司。我在那里学会了很多关于早期风险资本运作流程和运营的知识。这些知识最早来自 MIT 的课堂，后来也得益于那个暑假的工作。这些知识显然为我和 Okta 带来了巨大的裨益。我们在前 7 年募得的风险资金达到了 2.3 亿美元。由此可见，MIT 的学习和那个夏天的工作对我们帮助太大了。

这一切让我清楚地看到，通过各种方式投身 MIT 创业事业和生态系统的人们是怎样紧密地相互联系的。他们会回到校园或者出席校友活动；他们乐于指导MIT 学生，或者在各种活动中担任评委和演讲嘉宾。这是一个非常团结的大家庭——海内存知己，天涯若比邻。我还记得艾德·罗伯茨对我们班说过："请记住，创业者惺惺相惜。欢迎加入创业者大家庭！"在过去的八年里，我在加利福尼亚遇到并结交了很多 MIT 校友。他们都是创业和风险投资领域里的佼佼者，例如道格·莱昂内（Doug Leone）（1988 届）。他是我的投资人之一，来自红杉资本（Sequoia Capital）；还有 Accel 公司的 Rich Wong（1991 届）；等等。他们让旧金山的 MIT 校友感到了回到母校一般的温暖！

弗雷迪谈到了 Okta 的成立：

2009 年春天，毕业前夕，我和托德·麦金农（Todd McKinnon）谈到了一起创业的可能性。托德是我在 Salesforce.com 的一位非常要好的同事。他当时在 Salesforce 担任首席技术官，而且他能在销售和销售管理方面极大地弥补我的不足。一走出学校大门，我们就发现，由于财务、技术和业务等很多方面的原因，有很多公司渴望和需要云技术。企业 IT 技术急需在自身基础设施中更智能地整合云应用和移动应用，它们在这方面需要帮助。这里存在一个重大问题：身份管理（Identity Management）。它能保证企业需要的云计算能力是安全可靠的。它们是远程实现的，通常来说，不同组织的云能力可能是各自独立的。当然，我们当时开展的业务，以及我们建造的复杂软件产品都是建立在我们对旺市的预期和客户洞察的基础之上的。它们来自我们之前的工作经验。但是，考虑到云市场在2009 年尚处于初期阶段，所以说，我们其实是在赌博——赌企业云应用会极大地加速发展。后来的事实证明我们赌对了。作为未来的联合创始人，我们非常享受在 Salesforce 工作时长达数年的紧密合作和彼此之间的信任。就这样，我们决定放手一搏！

我们给这家公司取名叫 Okta。它是用于衡量天空云量的气象学单位（即"八分量"）。我们采用了软件即服务的方式。用户主要通过订阅获得服务。

很多公司都为自己想出了非常讨喜的名字。这些名字往往包含"深意"：Genentech、Meditech、3Com、阿卡迈、搜狐、Okta 等——每个名字都隐藏着自己的秘密。

在公司成立的第 8 个年头，Okta 向美国证券交易委员会（SEC）提交了 S-1 申请，准备上市。申请文件表明，Okta 拥有 750 名员工，共有 200 万人正在使用它的产品访问云应用、网站、移动应用和多种设备提供的各类服务。2016 年，公司的营业收入为 1.6 亿美元。在此之前的三年间，这家公司的收入每年翻了一番[7]。弗雷迪解释说：“我们是一家企业软件公司，主要提供安全产品，帮助大型企业安全发挥新型云技术和移动技术的优势。”

2017 年 4 月 7 日，Okta 公司在纳斯达克上市。首次发行价为每股 17 美元，当日收市时，这只股票涨到了每股 23.51 美元，让这家年轻企业的估值达到了 21 亿美元。短短一年之后，Okta 的股票市场估值就达到了 40 亿美元！

小结：MIT 互联网的建成

在总结 MIT 教师和校友创业者对互联网的贡献，以及他们通过互联网对整个世界的贡献时，我想接着鲍勃·梅特卡夫的话说下去：“按照市值衡量，全美最大的五家企业是苹果公司、微软、亚马逊、Alphabet（谷歌母公司）和 Facebook。它们都可以被称为互联网公司。互联网对我们每个人的影响都是巨大的，它的创造者们当然担得起上文提出的所有歌颂！”

互联网和云技术带来的应用浩如烟海、数不胜数。其中一个突出的例子是 **PATIENTSLIKEME**。这家公司的创始人是**杰米·海伍德（JAMIE HEYWOOD）**（机械工程专业，1991 届）和**本·海伍德（BEN HEYWOOD）**（机械工程专业，1993 届）。他们是 MIT 教授约翰·海伍德（John Heywood）（机械工程专业，1962 届）的儿子。杰米和本成立公司的初衷是为了帮助自己的弟弟斯蒂芬。斯蒂芬很小就患上了肌萎缩性侧索硬化症（ALS，也被称为渐冻症）。如今，有 60 万人通过这家公司的系统分享自己的经历，一共涉及 2800 多种病例。这些用户相互帮助、改善彼此的情况，同时为医疗科研和临床试验贡献了海量数据。很显然，我们也许需要独辟一章，专门讲述 MIT 校友创办的互联网应用企业。

注释及参考文献

1. 维基百科，“J.C.R. Licklider”词条：https://en.wikipedia.org/wiki/J._C._R._Licklider（最近访问时间：2018 年 3 月 29 日）

2. *A Culture of Innovation: Insider Accounts of Computing and Life at BBN 120*, Waterside Publishing, 2011.

3. "Levy Led Internet Creator BBN Through its Heyday", http://www.bizjournals.com/boston/blog/mass-high-tech/2002/06/levy-led-internet-creator-bbn-through.html（最近访问时间：2018年3月29日）

4. *Austin*（*Texas*）*Business Journal*, April 12, 2016.

5. 维基百科，"Akamai Technologies"词条：https://en.wikipedia.org/wiki/Akamai_Technologies（最近访问时间：2018年2月25日）

6. Richard Trenholm, "How the 'Star Wars: The Phantom Menace' Trailer Made Web History", *CNET*, November 28, 2014.

7. 出自 Okta 公司向美国证券交易委员会提交的 S-1 文件，2017年3月20日。

第十章

从 CAD-CAM 到机器人技术

从工业算起，直到日常消费活动，计算机对人类生活的影响无处不在。从计算机辅助设计、开发与制造（CAD-CAM）到机器人技术的演进正是这一传奇的重要组成部分。它上承之前自动化的方方面面，下启机器人技术以外的种种发展。我们已经看到，简单的陆基"步行"机器人正在不断地延伸到多个领域——包括被称为"无人机"（Drone）的飞行机器人、汽车和卡车等"自动驾驶车辆"在内的机动机器人，当然还有水下"游泳"机器人和地下"隧道"机器人等。我们在第九章提到过伊万·萨瑟兰（Ivan Sutherland）和他领导的国防部高级研究计划局（DRAPA）。1960 年，萨瑟兰在 MIT 林肯实验室开发出了 SketchPad（意为"绘图板"）程序。他因此被称为计算机辅助设计的"开山鼻祖"，也是成了本章述及的所有企业的前辈先驱者。本章仍延续第三部分的叙事结构，由几家先驱企业MIT 校友创始人讲述自己的故事。这些企业在从CAD-CAM 到机器人技术的演进历程中发挥了特别重要的作用。

在"从 CAD-CAM 到机器人技术"圆桌会议上（从左至右：哈利·李（Harry Lee）、乔恩·赫斯切提克（Jon Hirschtick）、迈克尔·"米克"·蒙兹（Michael"Mick"Mountz）和主持人海伦·格雷纳（Helen Greiner））

CAD-CAM 先驱：Applicon 和 ComputerVision[1]

哈里·李（Harry Lee）（电子工程专业学士，1957 届、硕士，1959 届、博士，1962 届）从他的视角介绍了 CAD-CAM 行业的发端：

1969 年，MIT 诞生了两家从事计算机辅助设计的先驱企业，一家是 **APPLICON**，另一家是 **COMPUTERVISION**。我们共同革新了电子电路和很多其他产品的设计方式。我这里只讲 Applicon 的故事。1969 年 5 月，我和另外 3 个人在 MIT 林肯实验室礼堂听艾德·罗伯茨教授的讲座。我们 4 个都是这座实验室数字计算机设计课题小组的博士生。罗伯茨教授当天谈到了他对 MIT 各大实验室衍生企业的研究。他通过一张幻灯片讲到，80% 的实验室衍生企业在成立 5 年后仍在运营。这时，我们四人相互看了一眼。如果为我们当时的心理活动配上字幕，那就是"我们还等什么呢？这可是大好的成功概率！"说干就干，我们立即离开了林肯实验室，在附近的（马萨诸塞州）贝德福德成立了后来的 Applicon 公司，主要制造计算机辅助电子设计工具（我们为公司起了 Applicon 这个名字。它由"应用"（application）一词减字缩编而来）。加里·霍恩巴克（Gary Hornbuckle）（来自加州大学伯克利分校）担任公司总裁，**理查德·斯潘**（**RICHARD SPANN**）（电子工程专业：学士，1961 届、硕士，1962 届、博士，1966 届）担任主管销售和市场营销的副总裁（遗憾的是他没有这方面的经验！），方丹·理查森（Fontaine Richardson）（来自伊利诺伊大学）担任负责产品开发的副总裁，我担任这家初创公司的董事长。当时，迪克·斯潘（即理查德·斯潘）和我已经是 MIT 电子工程系的助理教授了。

哈里·李（Harry Lee）

林肯实验室拥有超乎寻常的计算机资源，这正是我们此前加入这所实验室的原因。这些资源当时都是围绕 TX2 计算机展开的。TX2 最具革命性的特点是它几乎完全实现了晶体管化，这让它变得非常快、非常强大。它还具备时分功能，这意味着多个用户可以在同一时间处理不同任务。这些用户的操作可以交互，也就是说，为了用上这台计算机，你用不着凌晨三点起床。你可以随时打开一台终端，调出你的程序，开始工作。与此同时，其他用户可以处理他们自己的问题。这在今天当然平平无奇，但它在当时是革命性的。这座实验室的第三个重要方面是它的视觉输入 / 输出图形能力。林肯实验室在这个领域里真正走在了最前沿。它能实现用户与目标问题之间的图形化交互。

【作者注】本章的引用主要来自当事人在 2016 年 11 月 12 日 "MIT 创业五十周年庆典"分论坛上的发言。该分论坛的主持人是海伦·格雷纳。格雷纳是一位连续创业家、iRobot 和 GyPhy 等企业的创始人。此外还包括米歇尔·乔特（Michelle Choate）的采访内容和来自其他渠道的补充信息。

我们四人的研究彼此独立，分别涉及计算机设计、电路设计和微芯片设计等多个方面。因为微芯片的爆发式发展，我们的工作目标变得难上加难。我们都在同一个小组里工作，探索的课题既彼此独立，又紧密相关。时间长了，我们就变成了好朋友。当时我们都刚刚成家，都住在马萨诸塞州的莱克星顿（Lexington），所以会一起出去玩儿。我们经常在午餐时谈到一起开公司的想法，谈到《华尔街日报》（*Wall Street Journal*）似乎对初创企业极度痴迷——创业的事情就是这么开始的。

哈里谈到了 Applicon 公司的起步：

在我们离开林肯实验室时，MIT 的创业企业还算是凤毛麟角。少数几家都被视为随机事件，而且它们既没有经过学校的培养，也没有得到过学校任何形式的支持。MIT 当时还没有创业培养机制，所以我们只能摸着石头过河。打起十二分精神，边干边建（这是我成立 MIT 创业中心 20 多年之前的老故事了☺）。那次讲座之后，我们很快就辞去了实验室的工作，撰写了一份类似商业计划书的东西，然后神奇地找到了几家风险投资公司，筹集到了启动资金。这在当时是很难的，因为人们几乎没有听说过风险投资这回事。另一大障碍是我们当时的兴趣主要集中于软件，而当时的风险投资人不大懂软件，所以不想为它出资。他们认为软件太短暂了（在本书第三部分开篇的绪论中，我们曾经讨论过 Meditech 公司的成立。它和 Applicon 成立于同一年，即 1969 年。我们可以在其中看到人们对 EG&G 公司的管理和软件做出过同样的评论）。

我们幸运地通过熟人说服格雷斯公司（W.R. Grace Chemicals）为我们的第一笔银行贷款提供了担保。不久之后，这家公司又投资了 40 万美元，占公司股份的 1/6。这是一笔分散风险的投资，格雷斯的首席执行官觉得这个想法堪称绝妙，可是他公司里的其他人不大认同！有了资金，我们招聘了 6 位优秀的 MIT 毕业生。他们都是我们指导过的学生。公司就这样运转起来了。我们对自己的事业非常满意，对新的团队成员同样满意。MIT 的教师和学生都是非比寻常的成就者（achievers），他们对技术和未来趋势有着最前沿的理解。他们是最聪慧睿智的人——初创企业最想要这样的人，因为它们面对的竞争对手都是这样的人。

和很多纯粹依靠技术型人才的初创企业一样，成立伊始的 Applicon 公司毫无管理可言。哈里说：

我们四个人完全没有商业经验，这个错误几乎断送了公司。这也反映在了公司的第一个里程碑上。身为工程师，我们完全专注于产品的打造，忽略了确保收入的产品销售和营销工作。我们只知道埋头打造完美的产品。

作为公司的第一个里程碑，我们提出了四种产品的最初版本。我们认为这四种产品具备了颠覆性潜力。其中前三种是我们今天所说的"基于云计算的程序"（cloud-based programs），用来进行各种高级电路设计。它们实际上属于时分软件程序，通过连接电话线的计算机远程接入。它们可以帮助用户获取自己无法创建的设计程序，帮助没有资源创造这类程序的企业用上它们。前面说过，我们在林肯实验室用的就是这种时分系统，但是外界几乎没人懂得它，更不用说使用它了。

第四项产品是一种独立运行的自主工作站。它通过计算机图形实现电脑输入输出，为微芯片设计提供辅助支持。我们把这项产品命名为"设计助手"（Design Assistant）。它由一台显示器、一块平板和一副键盘组成，用户可以通过它们进入一套巨大的、多层的虚拟绘图板，通过交互方式完成高级芯片的设计工作。有了它，用户可以更快、更精确地完成工程设计任务，远远胜过此前的手工方法。我们本身就是颇具才华的工程师，而且充满了干劲。我们不知疲倦地工作，终于在我们期待的时间完成了这些产品。

紧接着，第一次危机发生了：

我们提出了第二个里程碑——完成第二轮风险融资，把开发完成的产品卖出去。我们当时以为这会很容易，因为风险投资人可以亲眼看到我们的产品。不幸的是，1970 年的经济大萧条卷地而来，影响巨大。本来就少得可怜的风险投资公司全部转入休眠状态，不进行任何投资。不仅如此，我们的目标客户企业也大量裁撤工程师，而他们本来是我们的目标用户。我们的资金已然耗尽，获得新风险融资、继续运营下去的希望非常渺茫。从财务角度来看，我们已经处于中流折桨、万分危急的绝境了。

我们迅速树立了新目标——"活下去"。我们必须彻底重塑 Applicon 公司。虽然销售经验非常有限，但我们仍然意识到当时最有希望的机会来自半导体市场。为了满足更大、更快芯片的制造需求，半导体市场当时正在经历迅猛的增长。在此之前，微芯片的设计主要依赖手工绘图，但它早已过时、不堪重负。人们需要计算机的辅助。我们看到，Applicon 的交互式图形设计工作站——也就是"设计助手"——正是这个半导体行业急需的解决方案。于是，我们搁置了前三项产品，把全公司的力量集中在最有希望的"设计助手"上面。

我们在销售和营销工作中投入了空前力量。两位同事离开了莱克星顿的家，用差不多两年的时间走遍了美国和全世界，销售公司的产品。资金耗尽的那一年，我们过着捉襟见肘的日子。好不容易发了这个月的工资，却不知道下个月的工资从何而来。令人惊喜的是，整个那一年，我们的核心团队接二连三地创造技术和销售奇迹。这让我们坚持活了下来。

公司又熬过了第二年。这首先是因为我们押对了"设计助手"这款产品，全力以赴。其次，同样重要的是，公司全体成员的决心和毅力。我们从中学到了非常重要的一课：想成为创业者，非要付出极大的努力才行。创业不是闲庭信步，也不是请客吃饭。你必须做出转变，还要咬定青山地长期坚持。除此之外，还要掌握一些必备的技能——虽然你可能从未认为它是必备的，例如营销和销售技能！

过了第二年，我们开始慢慢发展。半导体行业开始为我们的设计助手工作站带来收益。公司的销售额开始大幅攀升。风险投资企业也看见了我们的进步。1970 年的经济萧条刚一结束，我们就获得了新的风险融资。风投的参与非常重要——不仅因为它们提供了资金，而且因为它们帮助公司获得真正的经营知识。有些通用电气（GE）的用户使用了 Applicon 的产品。在他们的鼓励下，通用电气公司在 1972 年和 1973 年向我们投资。在此之后，公司的里程碑目标变得越来越规范，我们实现这些里程碑的方式也越来越规范，例如打造大型企业客户、加强用户功能、升级硬件、向 3D 制图等毗邻市场拓展、防备那些已经开始涌现的未来竞争对手。到此为止，我们终于可以和状况百出的前三年说再见了。

我们终于领悟"专注"二字的含义，彻底放弃了之前构思的前三项产品。未来在于"设计助手"这项产品，我们摩拳擦掌，充满了干劲。我们的用户可以继续使用其他产品，但是我们几乎不会为它们提供支持，也没有进一步销售这些产品。我们在 1980 年上市，随后一路快速增长。1981 年，我们的队伍扩大到了 800 人，营业收入达到了 1 亿美元。接下来，我们把公司以 2.32 亿美元的价格卖给了斯伦贝谢（Schlumberger）公司。

MIT 还在另一件事上帮了我们大忙。早些年间，我们急需一款足够好、又不太贵的显示器，用在我们的明星产品"设计助手"上。IBM 有一款非常时髦的显示器，价格高达 2.5 万美元。而我们需要价格更低的显示器。**COMPUTEK** 公司及时提供了我们需要的产品。这家 MIT 初创公司是**迈克·德图佐斯（MIKE DERTOUZOS）**教授（电子工程专业，博士，1964 届）在 1968 年创办的。多亏了 MIT 的关系，不然我们当时不可能找到这款显示器。Computek 公司的团队和我们一起夜以继日地工作。就算是在晚上八点遇到显示器问题，只要打个电话，他们一定有值班人员帮我们解决问题。

关于 MIT，我最后还想提到它广阔的关系网络。Applicon 是我合作创办的第一家企业。我后来还创办了两家公司，同样获得了成功。在这三家公司里，至少一部分共同创始人是我在 MIT 结识和共事过的朋友。如果没有这些关系，这几家公司根本不可能出现。

在 Applicon 故事的末尾，哈里做出了这样的总结：

我们一开始就遭遇了巨大的挫败，这是因为我们太过迷恋自己的产品，反而对真实的市场知之甚少。在引入风险投资、为目标市场开发产品之前，假如我们能投入更多精力评估这些市场、让自己尽可能地匹配这些市场，也许能获得极大的收益。我们最后熬了过来，这是因为我们通过四种产品做到了多样化，而且其中一项产品幸运地取得了巨大成功这一事实。如今，我想任何一个认真思考创业的人应该都会听上几门商务课程。如果他们对创业——而不是纯粹的业务本身——深感兴趣的话，这一定会特别有帮助。

菲利普·维勒斯
（Philippe Villers）

菲利普·维勒斯（PHILIPPE VILLERS）（机械工程专业理学硕士，1960 届）本人正是"从 CAD-CAM 到机器人技术"这一演进历程的绝佳写照。1969 年，就在 Applicon 成立的同一时间、同一地点（马萨诸塞州的贝德福德），菲尔·维勒斯（即菲利普·维勒斯）成立了 **COMPUTERVISION** 公司！从成立到步入正轨，这家公司走过了一条不同寻常的道路。菲尔还记得：

我出生在巴黎。20 世纪 40 年代初，为了躲避纳粹，我逃离了家乡。这显然对我造成了巨大的影响。我最后在美国落脚，并在哈佛大学取得了文科学士学位。可以说，早在进入 MIT 之前，我已经树立了终生的志向，要真正成为建设更好世界的变革促进者。1968 年，马丁·路德·金（Martin Luther King）遇刺身亡。此后的那个星期日，我来到住所附近的康科德教堂，牧师的布道慷慨激昂，他追忆了马丁·路德·金的一生。直到那时我才发觉，金只比我年长几岁。我那年 33 岁。我告诉自己，如果真想追求自己的人生梦想，必须立即行动起来，做些什么。

就在那天，我真的坐下来，在一张纸上勾勒自己实现梦想的方法。我发现，抛弃专业训练，在不具备资源、培训和经验的情况下进入非营利领域（我称之为

"直接路线")是不切实际的。于是我选择了"间接路线"——成立一家商业企业,为世界提供缺失的要素。没过多久,我就真的这样做起来了!

我拥有机械工程背景,当时在一家名叫**康科德自控**(**CONCORD CONTROLS**)的小型企业担任高级产品主管。这份工作让我对自己未来的公司有了一个基本概念,但我还欠缺最高管理者的经验(值得注意的是,哈里·李和 Applicon 公司曾经同样深受其苦)。为了让成功的机会变得最大,我邀请马蒂·艾伦(Marty Allen)和我共同创业。我曾在胜家通用精密仪表公司(Singer-General Precision)的子公司 Link 工作过一段时间,艾伦当时是我的上司。按照我当时给艾伦的提议,他将出任新公司的总裁,我担任高级副总裁。我们平分公司的股权和领导权。我们就是这么做的。

> **康科德自控**(**CONCORD CONTROLS**)也是一家出自 MIT 的企业。该公司成立于1956年,它的绝大部分工程师都来自 MIT 数字计算机实验室(MIT Digital Computer Laboratory)。这座实验室主要开发机床数控系统,还开发出了用于自动编程的 APT 语言。这些工作大部分是在 MIT 第一代旋风计算机(Whirlwind I)上完成的。

后来加入 MIT 斯隆学者项目(1987 届)的大卫·弗里德曼(David Friedman)还记得菲利普和马蒂邀请他成为 ComputerVision 第三位联合创始人时的情景:

> 当时我已经成家了,孩子们还小,不能冒险让自己长期没有工资收入。所以我对他们说:"实在对不起,只要你们的资金能到位,我很乐意立刻加入你们。"结果他们只用了几个月就做到了。于是,我成了这家公司主管工程的副总裁和"一号员工"。看看我得到的股权数量,我发现自己在有机会成为共同创始人时的犹疑不定是这辈子代价最大的一次失误!

> 我们本书第三部分篇的序言中提到过**拉里·波利梅诺**(**LARRY POLIMENO**),他是医疗信息技术公司(Meditech)的首任运营总监。他错过加入 Meditech 创始人团队的良机,曾经发出过同样的感慨。

维勒斯继续说：

公司的技术理念来自我在 MIT 机械工程专业的研究生生涯。当时还在攻读博士的伊万·萨瑟兰用那时最大的计算机完成了一篇名为《绘图板》（Sketchpad）的论文。它向人们展示了计算机可以怎样用于工程设计，并且着重强调了实用工程绘图功能。刚刚创办 ComputerVision 时，我们尝试从萨瑟兰用过的大型计算机转向时分计算机，结果发现它不够用。于是，我们在上半年转向了当时刚刚兴起的小型机。我们选定了 Data General 公司的 Nova 小型机，还围绕它建立了一套商用系统。我们为它配备了交互界面，用作输入和输出设备。

> **DATA GENERAL 公司**是从 **DEC 公司**分离出来的。DEC 的创始人是 MIT 校友肯·奥尔森和他在林肯实验室的同事哈伦·安德森（Harlan Anderson）。

这个行业当时还没有正式名称。我们为它创造了一个名字：CAD，也就是计算机辅助设计（Computer-Aided Design）的意思。但是我们很担心这种新技术一开始会发展得比较慢，无法长久地存在下去。于是我们想出了一个办法：专门打造一款产品，让它成为半导体行业不可或缺的基本工具。我当时完全确信一点：集成电路的制作过程需要达到微米级的对准，这一工艺完全可以实现自动化。有些大型企业，例如 IBM，已经做过了尝试，但是遭遇了失败。但是我相信，我们能做到它们做不到的事。我们奋战了四个月，抛开了"眼前的设计电路必须对准"这一成见。终于成功实现了自动化。我是"自动对准"（Auto Align）专利的原始持有者之一。它通过显微操作器实现了微米级精度。在公司成立的前三四年里，这项专利帮助我们活了下来。

这个行业终于迎来了腾飞。我们决定适当简化这种实际上被过分赞美的绘图工具，它就是最初的 CAD 概念。我们为它逐步加入了工程特色功能。到 1975 年时，我们造出了自己版本的 Nova 小型机，并开始生产专门为图形能力优化的计算机硬件和软件系统。面向几个领域的专门应用开始发展，并被大规模采用。

举例来说，"1981 年（就在维勒斯离开 ComputerVision，创办 **AUTOMATIX 公司**之后），美国海军与 ComputerVision 签订了一份价值 6300 万美元的合同。这份合同不设确定数量和交期，专为海军量身定制'V 硬件'（Designer

V Hardware），"广泛应用于越来越多的海军要务[2]。

1980 年初，我们增加了改进版本的 3D 设计。我们很快就明确地发现，自己面对的是两个不同的行业：CAD 和 CAM。我们为此提出了"CAD-CAM"这个名词。因为我们很快就发现自己可以把计算机控制的机床（也就是 CAM 最早的组成部分）相互连接起来。人们可以从屏幕设计向前一步，真正地驱使 CNC（计算机数控）可用设备。对于后者，公司赖以生存的基本产品帮助我们向下渗透，进入了一个截然不同的集成电路制造领域。

维勒斯即将离开这家他亲手创办的公司：

从这一认识出发，在我邀请马蒂·艾伦加入公司、全权负责管理的十年之后，我把主要精力聚焦在先进产品——也就是新概念上。我提出了一项计划，准备进军机器人领域。这也是我们在 CAD-CAM 领域中深耕 CAM 的自然延伸。我相信，只要把日本主导的机器人技术与另外两点结合起来——小型机编程和人工视觉——就能让机器人在工业领域呈现出更稳健的表现。机器人并不一定非要像人们常说的那样，有一条长长的手臂。它也可以有眼睛，通过计算机赋予的能力满足各种专门需求。但是，我的前合作伙伴马蒂无法接受进军智能机器人领域的想法，因此，我在 1980 年离开了 ComputerVision，创办了 Automatix 公司。

和我一同创办这家新公司的人有维克多·沙因曼（Victor Scheinman），还有几位和我一道离开 ComputerVision 公司的关键人物，此外还有一些来自 Data General 等地的朋友。Automatix 造出了历史上第一套能够完成焊接作业的、基于视觉的系统。做到这一点非常不容易，因为焊接会产生灼目的电弧，这需要大量的滤光。我们的机器人内置了机器视觉，所以我们也可以通过它们来检验。不过，最关键的并不技术问题，而是市场问题。因为美国的制造业没有像我们希望的那样迅速复苏。幸亏很多其他人怀着同样的希望和兴奋之情，所以我们仍然获得了很多风险投资，并在 1983 年成功上市。我一直担任这家公司的总裁，直到 1986 年。我离开了那里，创办了我的第三家公司：**COGNITION CORPORATION**。在我离开之后，Automatix 经历了一系列的合并，但它的一部分开创性产品直到今天仍在销售。

同样的事也发生在 ComputerVision 公司身上。1988 年，这家公司并购了 **PRIME COMPUTER** 公司（比尔·波杜斯卡（Bill Poduska）（1959 届）是这

家公司的联合创始人和首席技术官），它自己反过来又在 1998 年被 Parametric 技术集团并购。后者的创始人是山姆·盖斯伯格（Sam Geisberg）。山姆曾是 ComputerVision 公司最有才华的员工，在此之前，他还在 Applicon 工作过。无论这家公司的能力和产品归谁所有，现在仍有很多行业正在使用 ComputerVision 公司很多的早期软件 - 硬件包。

我在 Cognition 当了 3 年总裁，1988 年卸任。我们当时的目标是打造一种真正的工程工具，只要使用者给出草图、修改某项尺寸或数值，它就能在整个设计中完成相应的修改。从那时起，一些其他的公司超过了我们，交出了更加精妙的答卷。这些企业和它们的领导者包括我们之前在 ComputerVision 公司的同事山姆·盖斯伯格，还有 **SOLID WORKS** 公司的**乔恩·赫斯切提克**（**JON HIRSCHTICK**）（1983 届）（本章后半部分会讲述他的故事）。

我的工作也说得过去。ComputerVision 的出售为我带来了一笔收入。我很轻松地从中拿出一部分资金，创办了今天的 **FAMILIES USA FOUNDATION** 基金会。30 年以来，这家基金会始终致力于推动医疗改革、为每一位美国人带来高质量的医疗服务。我还在非营利机构 **GRAINPRO** 担任领导职务，帮助发展中国家的农民把自己的产品推向市场、避免作物病害和霉烂造成的大规模农产品损失。这家组织的总部和工厂设在菲律宾。工厂主要生产用于农产品的超密封（Ultra-hermetic）包装，为农民带来了很大帮助。所以我认为，我对社会事业的关心与我对产品创新的投入可以说是旗鼓相当的，它们同样充实了我的生活。

乔恩·赫斯切提克：转向实体造型，再走向云端

乔恩·赫斯切提克（**JON HIRSCHTICK**）（机械工程专业学士、硕士，1983 届）已在 CAD 领域耕耘了超过 35 年。他的成绩主要来自连续不断的创业。他从

乔恩·赫斯切提克
（Jon Hirschtick）

MIT 的 CADLab 起步，曾在 ComputerVision 实习。在 MIT 学习期间，他就创办了自己的第一家 CAD 企业。他后来成了 ComputerVision 的工程总监、创办了 **SOLIDWORKS** 公司并担任首席执行官。后来他把这家公司卖给了达索系统公司（Dassault Systems），成了这家公司的集团高管。除此之外，乔恩还创办了 **ONSHAPE** 公司，目前担任这家公司的董事长。在 MIT 读书期间，乔恩不仅成功开启了自己的 CAD 生涯，还成为"MIT 二十一点"（Blackjack）代

表队的队员和指导员。MIT 二十一点代表队声名显赫，赢得过很多奖金！

我们在第九章提到过，1963 年，伊万·萨瑟兰凭借石破天惊的博士研究开启了整个计算机辅助设计的全新领域，开启了计算机设计长达半个世纪的漫长传奇。哈里·李和菲尔·维勒斯也与 CAD-CAM 产业的早期发展息息相关。乔恩·赫斯切提克从独一无二的视角纵观了 CAD 五十年的整个历史：

> 维基百科的词条"MIT 二十一点代表队"（The MIT Blackjack Team）仅提到了几位选手，而不是全部选手。它描述的活动立足于 MIT，表现出了极强的创业性质，并且集中在一个不同寻常、充满技术性的领域：二十一点。网址：https://en.wikipedia.org/wiki/MIT_Blackjack_Team，最近访问时间：2018 年 3 月 29 日。

这个行业融汇了 MIT 和其他地方的研究成果，我们几个来自 MIT 和其他各处的人成立了不同的公司，一代又一代的 CAD 技术和产品带来了层出不穷的研发成果。CAD 的工作成果改善了地球上每一件（制造）产品的设计方式，这并不是自吹自擂。50 年前，标准的产品设计方式是纸笔作图，如今每个人都在使用 CAD 3D 模型。

很多人并没有意识到，在 1963 年时，几乎没人见过电脑。伊万·萨瑟兰在他的博士论文中通过视觉化的方式提出了 CAD 的概念。他借助一段出色的视频短片确定无疑地说明了，他的论文远比我职业生涯中做过的任何工作更富有远见卓识[3]。得知他的论文导师是克劳德·香农（Claude Shannon）（1940 届），像我这样的 MIT 硬核技术迷一定会感到欣欣然。因为香农是真正的 MIT 传奇人物，是广为人知的"信息论之父"。

在 20 世纪 70 年代的 CAD 领域，Applicon 和 ComputerVision 这两家庞然大物堪称"绝代双骄"。它们使用的计算机极其昂贵，大得足以装满一个房间，一套系统也许要 20 万美元。但是它们主要产出的只是计算机辅助的草图和些许 3D 线框模型而已。1981 年，作为一名粗通计算机编程的机械工程二年级学生，我开始接触这个领域。我求助于学校的实习办公室，他们为我分配了 ComputerVision 的暑假实习工作。从此以后，我开始了打造 CAD 系统这项终生事业。

到 1982 年时，我已经在 ComputerVision 工作了好几个暑假。我的研究生导师、MIT CAD Lab 的戴维·戈萨德（David Gossard）教授（1975 届）是个目光长远的人。

他不仅洞察到了 3D 建模的未来——实体造型（Solid Modeling）——而且预见到计算机平台具有同等重要的作用。他说："未来的工程师一定会人手一台计算机。"人们都觉得他脑子进水了："什么意思？你会用这种叫鼠标的东西来作图吗？我们难道不用敲击指令吗？"我非常幸运，当时能在他的身边工作。关于这段历史，网上有一段很棒的视频——"1982 年的 MIT CAD Lab"（MIT CAD Lab '82）[4]。大家不妨找来看看。

> **拉塞尔·奥列佛**（**RUSSELL OLIVE**）高级讲师、MIT 创业中心团队成员，二十年如一日地讲授"创办新企业"等课程。他要求学生制订新企业的商业计划书，作为学期作业。在学生眼里，拉斯（即拉塞尔·奥列佛）是一位教学大师和出色的、全心投入的导师。为了纪念他，乔恩·赫斯切提克为 MIT 创业中心提供了一笔捐赠，并用拉斯的名字命名。

20 世纪 80 年代，我的生活里还发生了几件大事。我在斯隆管理学院上了一门名叫"创办新企业"（New Enterprises）的课、创办了我的第一家公司。拉斯·奥列佛教会了我很多东西，愿他在天国安息。拉斯是一位了不起的老师。他为我带来了很多激励和启发。假如没有他的课，我今天就不会坐在这里。

乔恩创办的这第一家公司名叫 **PREMISE**。它来自乔恩 1987 年在拉斯课堂上的作业，和他共同完成这项商业计划的是乔恩的同学阿克塞尔·比沙拉（**AXEL BICHARA**）（理学硕士，1988 届）（他后来成了 **BOLT INNOVATION** 公司的联合创始人）。哈佛管理公司（Harvard Management Company）向乔恩的新公司投资了 150 万美元，但这家公司主要产品的市场太小了，不足以支撑它的生存。1991 年，ComputerVision 收购了这家公司，同时把它的两位创始人收入麾下。乔恩在 ComputerVision 工作的时间不算长，他在 1993 年离开了那里[5]。

短短 4 个月之后，1994 年，乔恩和几个人共同创办了 **SOLIDWROKS 公司**。如今全球应用最广泛的 3D 造型工具就是这家公司的产品。提到这家公司的立足之本，乔恩说："SolidWorks 的基本思想是'为 Windows 个人电脑带来 3D 造型能力——完成平台转型'。人们对我说'Windows？这太扯了！你无法在 Windows 上运行 CAD。'但是我们做到了，如今有数以百万计的人使用我们的 SolidWorks 产品。"1997 年，公司成立短短 4 年之后，法国的达索系统公司（Dassault

Systems）以 3.1 亿美元的价格换股收购了 SolidWorks[6]。乔恩·赫斯切提克和他的核心团队留了下来，继续运营 SolidWorks 部门。在这家公司出售时，它的收入只有 2500 万美元。尽管如此，它拥有的是极高的用户接受度和显而易见的发展前景。

乔恩接着讲道：

我热爱这份工作，我在那里工作了整整 18 年。但是我后来发现，事情正在起变化。我看到了新的计算技术——包括云计算、Web 和移动计算技术等。我发现人们的工作方式正在改变。我们的用户越来越多地使用更敏捷的设计流程完成产品的设计。团队的工作方式也和从前不同了，团队分工变得更加全球化，团队成员的进进出出已经成了常态。工作时限也变得更短了。

2012 年 10 月，我和 5 位合作最紧密、经验最丰富的伙伴离开了 SolidWorks，创办了新公司 **ONSHAPE**。我们在这里再次重塑整个 CAD 系统，满足现代设计团队的新需求。我们采用了全云端架构，用户无须任何下载和安装，系统完全在移动设备上运行。我们相信，这种 CAD 架构会再一次帮助设计团队更好更快地完成产品设计工作，我们也将通过这种方式再一次改善地球上每一件产品的设计方式。虽然现在担任 OnShape 的首席执行官一职，但我仍然没有离开自己 35 年前开始的工作。而且我们搬回了剑桥，这是我们的老家。

> 20 世纪 80 年代，**彼得·莱文（PETER LEVINE）** 在 MIT 就读并参与 Mac 项目。在随后的 20 年里，莱文先后就职于几家高科技初创企业和风投机构。2010 年，他返回母校，成为 MIT 马丁·特拉斯特创业中心的一名高级讲师，主要讲授创业营销与销售课程。
>
> https://www.crunchbase.com/organization/onshape-inc-，访问时间：2018 年 3 月 29 日。

安德森·霍洛维茨（Andreessen Horowitz）公司的彼得·莱文展望了 OnShape 和整个 CAD-CAM 行业的未来图景（2015 年 9 月，安德森·霍洛维茨对 OnShape 公司领投 8000 万美元。这家公司恰好还领投过 Okta 公司，我们在第九章提到过这家企业）。莱文指出：“随着计算的代际变革，工具变得越来越简单易用，市场因此变得越来越大了。”莱文现在是 OnShape 公司董事会成员。

正如我们从大型机到 PC 再到移动化的变革中看到的，我们可以在 OnShape 身上看到完整的微型设计团队（Micro-designers）和微型生产团队（Micro-manufacturers）。得益于越来越易于获取的现成工具，这些人会承担起多得多的设计工作。如果说现有 CAD 市场的预计规模为 80 亿美元到 90 亿美元的话——坦率地讲，这个规模已经不算小了——那么它的未来规模至少是现在的两倍或者三倍。

海伦·格雷纳、iRobert 和 CyPhy Works

机器人技术革命始于 MIT 教授**罗德尼·布鲁克斯**（**RODNEY BROOKS**）。他是 MIT 人工智能实验室（MIT Artificial Intelligence Lab）主任，后来还担任了 MIT 计算机科学及人工智能实验室（SAIL）主任。**海伦·格雷纳**（**HELEN GREINER**）（电子工程专业理学学士，1989 届、硕士，1990 届）和她的同事**科林·安格尔**（**COLIN ANGLE**）（电子工程专业理学学士，1989 届、硕士，1991 届）也在这场

海伦·格雷纳（Helen Greiner）

革命中发挥了至关重要的作用。谈到自己的早年岁月，海伦说：

我是一名匈牙利难民的女儿，出生在伦敦，5 岁来到美国。11 岁时，我在电影院观看《星球大战》，那是我在机器人技术这条道路上的起点。我仿佛坠入了爱河。R2D2 就是我的缪斯，他有性格、有人性。他不只是一台机器。

一直以来，我总想建造一些超越机器的事物。MIT 有种让我说不清道不明的魅力，它吸引我来到这里。冥冥之中，我觉得这里才是教我圆梦的地方。我们在 MIT 学到了卓越的知识和许许多多了不起的东西。MIT 特别强调动手创造，鼓励学生锲而不舍地攻克难题，并从中收获乐趣。尽管如此，在 1989 年时，学校里没人真正懂得怎样建造商用机器人。如果你真想从事机器人工作，毕业之后只有两个选择：一是进入国家实验室，二是留下来搞学术研究。这两个选择都很理想，但是，我在喷气推进实验室（Jet Propulsion Laboratory）实习过好几个暑假——那确实是个很好的地方，但是我觉得它的官僚气息太浓重了。很明显，我有一副创业者的心智模式。

在罗德·布鲁克斯（Rod Brooks，即罗德尼·布鲁克斯）的指导下，凭着一股子蛮劲儿，我和科林·安格尔加入了布鲁克斯的行列。我们在 1990 年成立了

iROBOT 公司。一开始，我们唯一知道的就是自己想造机器人，其他什么都不懂。我们的想法是："你看，也许我们能造出历史上第一台登上月球的机器人。"那个计划有点儿太远大了。我们当时只有 20 岁，却领先了时代足有 30 年。后来，我们进入过娱乐行业，搞过科研用途机器人、执法机器人，还从事过军用机器人研究。我们甚至做过商用清洁机器人！人们也许会想："真够奇怪的！"我们还做过玩具和游戏。当时没人指导我们，告诉我们建设一家公司需要做些什么。我们当然也没有听说过，MIT 刚刚成立了一个覆盖全校的创业中心。它会尽其所能地帮助我们！

我们的收入似乎少得不值一提，但是一直在缓慢地增长。我们一直觉得自己干得还不错，感觉自己的事业很了不起——尤其当我们在市场上推出一款玩具，或者把机器人送入石油钻井一英里以下的地底时。在整个过程中，我们始终勒紧腰带，用最少的资金维持公司的运营。这样的日子一直持续到了 1998 年。那一年，我们开始募集风险投资。接下来的几年里，我们一共获得了 3800 万美元的风险投资。这并不是因为我们之前无力融资，而是我们根本没去融资。我们也听说过一些关于风险投资人的负面说法。但是，就算真的早早募资，如果拿不出一些足以示人的成功，也不可能获得投资。接下来，我们在市场上推出了 Roombat 真空吸尘器机器人和一款名叫 PackBot 的军用机器人。实际上，对 iRobot 的成功来说，这两款产品缺一不可，因为 Roomba 有时发挥不稳定，我们的军用机器人有时也会出问题。它们共同带来了成功，为公司带来了非比寻常的增长。

从公司成立起，科林·安格尔担任首席执行官和董事长，海伦担任总裁。2014 年，海伦接替科林，成为公司董事长。海伦指出：

我说的是公司截至 2008 年时的收入。那一年，我卸任公司董事长，投入无人机工作当中。此后，公司的强势发展仍在继续。我负责管理军队业务，在美国多家军事单位的多项行动中一共部署了 6000 多台 PackBots，还有若干 SUGV（Small Unmanned Ground Vehicles，小型无人地面车辆）机器人。数量众多的机器人帮助人们远离危险，保持安全距离！

下面的例子非常经典，它说明了客户对我们极高的满意度。当时我正在驻阿富汗美军部队回访，了解 PackBots 的实战表现。一名巴格拉姆基地的海军陆战队员找到了我，这位身形高大、孔武有力的军人拿着一台损毁严重的机器人问我："你能修好它吗？"他快哭出来了。我的回答是："不能，它超出保修范围了。"

他真的很想修好那台机器人，因为它完成了很多次 IED（Improvised Explosive Device，简易爆炸装置）任务、一次 UXO（Unexploded Ordinance，未爆炸弹）任务、一次汽车炸弹拆除任务。他们叫这台机器人"史酷比"（Scooby Doo）。他说，史酷比救过他的小队很多次。我在那里得到的都是类似这样的反馈。在 2000 年初的那场战争中，简易爆炸装置简直是一大杀手。在我的生活里，最令我自豪的也许就是这些机器人清理了简易爆炸装置，挽救了数以百计的士兵和数以千计的平民的宝贵生命。

PackBot 具备极强的适应能力，所以也被用于危险性很高的非军事场所，例如福岛核电站等。

2016 年 4 月，这家公司以大约 4500 万美元的价格把军用业务打包出售给了阿灵顿资本（Arlington Capital）。阿灵顿资本随后把这项业务独立出来，成立了机器人公司 Endeavor Robotics。iRobot 继续前进，专注日用消费产品。从 2002 年算起，在安格尔的领导下，公司在全球市场售出了 1000 多万台 Roomba 自动吸尘机器人。紧随其后，公司又推出了"Scooba"（一款地面清洁机器人）和"Braava"（一款拖地机器人），以及越来越壮大的整套机器人"家用电器"。海伦仍对最早的星战情结难以忘怀："只要家里有了 Roomba，人们就会把它看作自己的小小宠物——他们的小伙伴。佐治亚理工大学的一项研究发现，63% 的 Roomba 拥有者会为它取名。听着它发出的哔哔声、嘟嘟声，我想我们又朝着造出 R2D2 迈近了一步。"《时代》（*Time*）周刊刊登了一篇名为《我是怎样停止焦虑、爱上 Roomba 的》（*How I Learned to Stop Worrying and Love the Roomba*）的文章，这是海伦完全没有料到的。这篇文章的作者毫不吝惜溢美之词："我可以没完没了地和我的 Roomba 聊天。虽然我们的对话很短，但是它总是有意义的。我会告诉 Roomba，它是我生命中最宝贵的礼物，然后它会回答我：'错误编码 18，如需帮助，请打开 iRobot 应用程序。'[7]"同样出乎海伦意料之外的是，Roomba 还出现在了亚马逊的 Echo 音响广告里：Echo 呼叫 Roomba，把乱七八糟的地面清理得干干净净！

2005 年，我们万分欣喜地迎来了 iRobot 的上市，一共筹集了 7500 万美元，主要用于后续阶段的发展。如今，公司的市值已经达到了 18 亿美元。却顾所来径，我认为这一切来自我们的团队和团队的奉献精神。我们一路走过了太多的艰难险阻。我们经历的失败，无论是产品方面的还是市场方面的，远远多于为数不多，但是意义重大的成功。我们调整过公司战略。持续不断的讨论和新方案的提出都是必不可少的。我们时常需要转型，找到最好的出路，然后团结一心、奋勇向前。这就是最终帮助我们获得成功的秘诀。在我们的导师罗德·布鲁克斯的激励下，我和科林真的走过了所有起起落落、沉沉浮浮，一路坚持了下来。2016 年，iRobot 的收入达到了 6.6 亿美元 [8]。

我正在经营一家无人机公司：**CYPHY WORKS**。这家公司成立于 2008 年。无人机是一个让我激动万分的领域。天高任我飞，飞行机器人远比地面机器人容易得多！地面上总是有这样那样的东西。假如你是个机器人，总要注意避开人、椅子、可乐罐、书包……！但是，谈到开放空域里的自由飞翔，情况就完全不同了。在室外，仅仅是高于树顶的低空，就有着广阔无垠的空间。它就像一条超级高速公路，等待着无人机翱翔，供它们完成各种各样的运送任务。我们最近和联邦快递(UPS)在马萨诸塞州完成了一次测试，把包裹投递到临近海岸线的小岛上。虽然送货无人机目前还没有得到法律的正式认可，但我们希望这一情况能很快得到改变。我们把目前的旗舰产品称为"Persistent Drone"（字面含义为"巨能飞"）。这种系留式无人机具备侦查勘测、通信中继、化学探测和辐射探测等多项能力。一次升空可以连续工作很多天。我们与（美国）交通部合作部署了这种无人机，完成了多项前期测试。主要应用场景包括石油天然气、采矿和农业，以及人们无法随时方便到达的任何设施。当然，军队正在迅速参与到系留式无人机和无人机的开发之中，并为此提出构想、提供资金支持。这些无人机可以为先前的地面机器人提供补充，甚至有时可以取而代之。

最后我还想谈谈现在的 MIT。作为学校的理事，我服务于 MIT 的多个委员会，对目前的情况略知一二。这里真的是培养创业者的沃土！学校的创业活动盛况空前，还有许许多多的人、课程和组织帮助创业者成长。短短一年前，我刚见证了一家无人机企业摘得了十万美元大奖赛的桂冠。我看到一名年轻女性借助令人振奋的新技术发射卫星。这里甚至造出了拥有情绪的机器人。多么令人振奋！如今我多么想重返校园，再做一次 MIT 的学生。

关于机器人车辆的补记：MobilEye

显而易见，在机器人车辆领域里，发展最快的非汽车莫属（卡车也会很快迎来高速发展），这主要是因为高级驾驶辅助系统得到了日益广泛的应用，还有完全自动驾驶车辆越来越多的实际道路测试。以色列企业 **MOBILEYE** 就是推动这个领域发展的龙头企业之一。这家以色列企业成立于 1999 年，主要致力于相关人工智能和视觉系统研究。这家公司的创始人、董事长兼首席技术官是**阿姆侬·沙苏亚（AMNON SHASHUA）**（大脑与认知科学专业博士，1993 届）。公司的首款产品于 2007 年上市。2015 年 6 月，一个 MIT 教师访团来到以色列，考察当地的创新创业情况。沙苏亚博士为他们展示了 MobilEye 未来 3 年面向全球 27 家

汽车厂商的各种系统装备计划，他还播放了一段自己"驾驶"自动驾驶汽车驰骋以色列的短片。沙苏亚指出："当然了，在以色列开车和在洛杉矶高速公路开车完全不是一回事，但我们就快做到了！"

阿姆侬·沙苏亚
（Amnon Shashua）

2017 年 3 月，英特尔公司（该公司的创始人是**鲍勃·诺伊斯（BOB NOYCE）**，1953 届）以 153 亿美元的价格收购了 MobilEye。这是以色列技术行业有史以来最大的一笔并购交易。

"米克"蒙兹与 Kiva Systems，即如今的 Aamazon Robotics

迈克尔·"米克"·蒙兹（MICHAEL "MICK" MOUNTZ）在 1989 年取得 MIT 机械工程学士学位和哈佛大学 MBA 学位，持有 30 多项美国技术专利。他最初在摩托罗拉、苹果公司和 WebVan 等企业从事高科技产品开发工作。2003 年 1 月，米克创立了 **KIVA** 公司。

米克提道：

迈克尔·"米克"·蒙兹
（Michael "Mick" Mountz）

一开始，我只是想到了一些问题。对这些问题的思索最终让我在 1999 年创办了 KIVA SYSTEMS 公司。当时正值互联网泡沫期。我在湾区一家名叫 WebVan 的公司里上班。那是一家在线杂货商店。这家公司当时面临一个非常现实的问题：怎样用最低的成本地把所有杂货塞进一个手提袋里？我们当时要为每一件离开仓库的包裹补贴 20 美元，这还不算包装和运送补贴在内。这远远抵消了我们每一单的利润。因此，WebVan 很快就破产了。

WebVan 遭遇的多重危机成了我审视这一问题的根源。想建立一家成功的企业，就必须直面现实问题。而我们面对的情况是最典型的：我们从基础研究做起，

有一天，终于有人提出了"交叉授粉"的想法："噢！我们这一硬科学研究可以用来解决这个现实业务问题。"在这个想法的基础上，加上一些创业工作，一项崭新的市场解决方案迅速出现了。据我所知，MIT 的埃里克·冯·希贝尔教授把我们这种做法称为"以用户为基础的创新"（User-basedInnovation），也就是说，在动手解决它之前，我们自己也遇到过（或者至少感受到了）同样的问题。他说得非常对，在此基础之上，我们还集结了一支庞大的合作者团队，大家共同努力，争取把事情办好。

我先打电话给自己的哥们儿，我的 MIT 室友："嗨，皮特，我有个想法。"当然了，他已经听我说过这句话十万八千次了。只不过这一次我真的有个好点子，但是我不懂怎样造出移动机器人，也不懂软件。我同宿舍这位老朋友**彼得·沃尔曼（PETER WURMAN）**（机械工程专业理学学士，1987 届）当时即将取得博士学位，正在北卡罗来纳州立大学教授计算机科学课程。他的研究方向是基于代理的工作竞标系统。从计算机软件架构的方面来说，我们当时需要的，也是我们实际上在做的工作，正是建立在皮特（即彼得·沃尔曼）此前大量工作的基础之上的。

我向皮特描述了这个问题。我告诉他："我需要一台这样的机器：只要我一伸手，它就会把正确的产品递给我，然后我会把它装进购物袋里。"我们还运用了 MIT 出色的问题解决原则和头脑风暴方法，进一步提炼这个问题：装满购物袋的最简便方法是什么？接下来就是动手打造我们需要的支持性技术了。就这样，我和一位亲如兄弟的大学室友联合创办了这家公司，我们还拉来了六七个人，一起搭建公司业务。他们各有所长，我们共同组成了一道成功的方程式。接下来，我们的队伍日益壮大。其实创业的一大乐趣在于，我可以因此联系自己在 MIT 时代的老朋友们，还有毕业以来接触的形形色色的人们。

在 MIT 读书时，我们不仅学习了大量机械工程知识、学会了如何建造事物，让它们正常发挥作用；还学会了怎样跳出条条框框思考问题、用新的眼光审视和接近问题。说句不自谦的话，我和皮特从一开始就通过不同的方式做到了跳出条框想问题，我们的团队进一步扩大了我们的能力，把事情做到了更好。就这样，我们通过 Kiva System 这家公司颠覆了整个行业（和很多初创公司一样，Kiva 也有一个讨喜的名字。在霍皮（Hopi）土著语中，Kiva 是蚁群的意思！）

Kiva 最终在自己的仓库里部署了一支由移动式机器人组成的"迷你部队"。我们的想法非常简单：与其让工人走遍工厂，寻找顾客刚刚订购的那件红色 T 恤衫，不如派机器人把整架的 T 恤衫搬到仓库各处，放在分拣工人身边。作为一种生产力工具，它能帮助电子商务公司的履行中心（Fulfill Mentcenters）更快、更好、更低成本地处理订单。

从技术角度审视我们所做的一切，我发现它和互联网早期创建者们，以及把它推向前进的网络先驱们的工作何其相似。这些工作的基础都是一系列的关键工具。同样的道理，那些在我之前进入 CAD-CAM 领域的人们以及进入早期工业和军用机器人以及视觉系统领域的人们创造出了极其优异的工具。我的公司利用这些工具为电子商务行业创造了一种移动式机器人解决方案。这套方案的工作方式甚至和互联网的工作方式非常相像。我们的机器人在一套网格系统中移动。实际上，我们借鉴了以太网的"冲突退避重试算法"（collision back-off retry algorithm），也就是说："假如两台机器人看到彼此，它们会通过随机选择一个数字来规避冲撞。这很像石头剪刀布，一台机器人获胜走人，另一台认输让路。"虽然这会让一台机器人稍晚抵达目的地，但它非常管用。另外，我们的整体系统设计同样融入了大量计算机架构思想，例如位于操作器前端的高速缓存应该储存什么等。我们寻求操作器前端储存，而不是把它们放在操作现场。接下来，我们会据此完成存储信息的分页和交换。

【作者注】在一次 MIT 科技早餐会上，我听米克和他的联合创始人皮特·沃尔曼做过一次演讲。他们展示了自己和另外 7 位共同创业者的照片。当时，这 9 位"手足"都在 Kiva 公司工作，照片下面标着每个人在公司里的职务。

公司的同事都很优秀，很多这样的想法就来自他们。真正帮助一家公司走过高峰低谷，最终走向繁荣壮大的是我们招聘的人才，以及我们为公司灌输的文化。我始终强调，我们确实是一家以工程师为班底的企业，但是，Kiva 的秘密武器在于，我们 2/3 的工程师是从事软件的，1/3 是从事硬件的。我们并不是人们通常想象的那种机器人企业。

从很多方面来说，我仍然把自己看作一名工程师。我希望自己能为你讲解这些机器人的硬件工程。这是我们整个业务运营成功的关键所在。我还记得，当我走进公司的机械工程办公室时，人们正在专研下一代机器人的底盘框架。工程师们在 SolidWorks 上绘制出全部细节。他们完成了各个组件的有限元分析。他们很清楚，如果底盘上某个零件被紧固或扭转，压力和拉力会发生怎样的变化。我们可以通过颜色标识轻松地看到过热的风险区域。工程师们接下来就会按部就班地解决这些"过热点"问题。

这让我不禁想起自己从 MIT 毕业后的第一份工作：我加入了摩托罗拉公司，成了一名崭新的机械工程师。摩托罗拉公司当时拥有一套簇新的阿波罗计算机系统（MIT 校友比尔·波杜斯卡（电子工程专业理学学士、硕士，1960 届、博士，1962 届）是这家公司的联合创始人和首席执行官）。我会用它制作一些草图。当时办公室里的同事还会比赛，看谁能背诵最多的阶层式功能表。但是，如果想进行有限元分析，我们只能分批制作一个文件，送到位于伊利诺伊大学的（美国）国家超级计算应用中心（National Center for Super-Computing）去。两三天之后，文件会返回来。如果人家做的没问题，文件会显示出各个零件的热应力情况。如今，我们的工程师在自己的工位上就能完成这项工作，有了 MIT 校友、SolidWorks同事和其他人开发的工具，我们只需要按动几个按钮就够了。这一切帮助我们公司迅速成长壮大。它也证明了人的一切努力是如何在他人的一切努力之上累积叠加的。前人种树，后人乘凉。我指的不仅是我们曾经的同事，更多的是走在我们前面的先行者们。

最后，我们为美国很多电子商务企业部署了移动式机器人解决方案。Kiva在电商企业的"分拣—包装—运送"一体化履行中心安装了数以千计的移动式机器人。它们不仅把这些中心的工作效率提高了三倍，还同时提升了运营速度、准确性和灵活性。只需一个周末的时间，我们就能把一个小型运营中心扩容到大型仓储中心的规模，而且无须系统停机！等到亚马逊开始试用我们的产品时，Kiva早已把市场上众多的顶级厂商和销售商收入囊中了。亚马逊最终决定在全公司采用 Kiva 方案，并因此收购了我们。从此以后，Kiva 离开了市场，变成了亚马逊的一部分，也就是**亚马逊机器人公司（AMAZON ROBOTICS）**。我和绝大多数的关键员工留了下来，继续这一业务单位的运营工作。

最后，米克自豪地指出：

我们快速地、低成本地完成了 Kiva 的建设。仅仅凭借 3300 万美元的风险投资，我们就把这家公司发展到了 2009 年亚马逊收购时高达 7.75 亿美元的巨大规模（在我的 MIT 技术创业（创新与创业方向）课堂上，米克展示了他的一页融资计划。那是他构思 Kiva 公司发展和财务策略的基础！）。截至收购时，我们有 275 名员工，包括我的几位 MIT 好兄弟！（这和鲍勃·梅特卡夫为 3Com 招兵买马的情况何其相似）

非常荣幸,我如今是(MIT)工程学院顾问委员会委员,也是机械工程系的巡视委员会成员。我正在熟悉学校从 1989 年(我毕业离校)以来的种种变化。MIT 正在以更正式的姿态、更广阔的胸怀热情拥抱创业精神,这一点让我倍感振奋。实际上,如今的 MIT 学生真的可以认真考虑一走出校门就创业。在我的学生时代,几乎不会有人说:"是的,毕业了我会自己做些什么。"再看看现在,这样的情况比比皆是,随时都在发生。在我看来,MIT 正在完成一次令人欣喜的观念转变。

自强不息的 MIT CAD-CAM 与机器人技术创业者

得益于各项技术的巨大进步,尤其是人工智能和机器学习的进步,MIT 的先驱创业者一路高歌猛进,从早期的计算机数控和自动机床一路发展至今。最近的例子包括里克·菲勒普(**RIC FULOP**)(斯隆学者 MBA,2006 届)联合创办的**桌面金属**(**DESKTOP METAL**)公司。这家 3D 打印企业帮助全球的个体企业批量生产高度自动化的定制零件。机器人方面,MIT 媒体实验室的**辛西娅·布雷西亚**(**CYNTHIA BREAZEAL**)(1993 届)教授创办了 **JIBO 公司**(**JIBO, INC.**)。Jibo 机器人是一款家用社交机器人。根据这家公司的介绍,这款机器人"能看、会听、懂得学习"。布雷西亚教授也是 Personal Robots Group 的创始人。她还被《财富》杂志评为最有前途的女性创业者之一。当然,我们还会看到更多的新企业从这个领域不断涌现出来!

参考文献及注释

1. 大卫·韦斯伯格(David Weisberg)的著作《工程设计革命》(*The Engineering Design Revolution*)(Cyr Research,2008 年)可以提供更多有益的视角和更详细的信息。

2. 维基百科,"Computervision"词条:https://en.wikipedia.org/wiki/Computervision(最近访问日期:2018 年 3 月 29 日)

3. "SketchPad", YouTube, https://www.youtube.com/watch?v=57wj8diYpgY(最近观看日期:2018 年 3 月 29 日)

4. "MIT 1982 CADLab", *YouTube*, https://www.youtube.com/watch?v=d6SudJ-nHFE(最近观看日期:2018 年 3 月 29 日)

5. Weisberg,同上。

6. "*Dassault Systems Signs Definitive Agreement to Acquire SolidWorks*", 3ds.com, https://www.3ds.

com/press-releases/single/dassault-systemes-signs-definitive-agreement-to-acquire-solidworks/（last accessed March 29, 2018）.

7. Kristin van Ogtrop, "How I Learned to Stop Worrying and Love the Roomba", *Time*, April 10, 2017, p. 54.

8. 截至 2017 年 9 月 13 日，iRobot 公司的市值为 28 亿美元。

第十一章

"现代金融"世界

与生物科技、互联网、CAD-CAM 和机器人技术不同，金融并不是一项新产业。它的历史和贸易一样久远，它的史书卷帙浩繁、汗牛充栋。然而，"现代金融"（Modern Finance）——包括助力初创企业走过草创阶段和成长阶段的新方法，创造金融工具、在金融市场完成交易的新技术和新工具在内——是在"二战"之后方告诞生的。尽管如此，现代金融领域极大宽泛，我们甚至无法准确定义它，当然也不可能完全涵盖多年以在这些金融创新领域中做出重要贡献的 MIT 校友。因此，我要求自己在这一章中选择的故事必须足以说明 MIT 教师和校友在创新型金融企业的创办中发挥的作用。

和上文评述的三个行业一样，本章只能提及这些企业的创始人和联合创始人，无法论及创始人身后数以百计、甚至数以千计的 MIT 校友——尽管他们也为这些企业做出了重要的贡献。和上文提到的三个行业一样，在现代金融领域里，MIT 教师不仅发挥了新理论和新技能创造者的作用，在"知行合一"校训的激励下，他们常常与自己教过的学生合作创办和经营新企业。囿于篇幅的限制，我无力直接列举他们对现代金融理论与方法所做的、大放异彩的一系列突破贡献，我甚至有意忽略了很多获得全球关注的诺奖得主。我只能遗憾地把本章的叙述控制在几个"分支行业"（sub-industries）之内，包括国内与国际风险资本、量化投资与交易和电子化交易（electronic trading）等几个方面。

风险资本的诞生和早期发展：康普顿、多里奥特和 ARD

卡尔·泰勒·康普顿
（Karl Taylor Compton）

卡尔·泰勒·康普顿（KARL TAYLOR COMPTON），1930 年担任 MIT 校长，后来担任 MIT 主席。在几乎整个"二战"期间，康普顿都在华盛顿特区的美国科学研究与开发办公室（Office of Scientific Research and Development）担任要职（担任该办公室主任的是范内瓦·布什（Vannevar Bush）（电子工程专业，工程学博士，1916 届）。布什曾担任 MIT 副校长、工程学院院长），指导美国在雷达和合成橡胶等多个领域的探索工作。

乔治斯·多里奥特
（Georges F. Doriot）

早在战争尚未爆发时，康普顿已经强烈感觉到，科学和技术中蕴藏着极大的潜力。一旦得到开发，这些潜力势必会社会带来极大裨益。1939 年和 1940 年，他曾和哈佛商学院（Harvard Business School，HBS）院长**乔治斯·弗雷德里克·多里奥特**（**GEORGES FREDERIC DORIOT**）教授等几次讨论，他们想创办一个组织，帮助促进相关专业知识的市场转化。

当时有一个名叫"企业联盟"（Enterprise Associates）的团体，它后来在 1940 年投资了国家研究公司（National Research Corporation）（这家公司的创始人是理查德·莫尔斯（电子工程专业，学士，1933 届）。1961 年，理查德讲授了 MIT 历史上第一门创业课程）。这次会谈让多里奥特和康普顿相信，他们需要把用于投资的资金合并在一个组织当中，并由这个组织负责科技创业的规划和发展。然而，战争的爆发打断了这些探讨。

> 这里有一点非常重要，需要多加留意：到 20 世纪 50 年代时，MIT 只有一门面向本科生的"第十五门课程"（Course XV），也就是"工程管理"。1964 年，MIT 斯隆管理学院的建立带来了整套教师班底的逐步发展，覆盖了管理学各个主要领域，包括金融在内，也包括本书论及的创业领域。

【作者注】多里奥特的传记作者斯宾塞·安特（Spencer Ante）为我们带来了更多的细节。它有助于理清多里奥特的具体贡献，也有助于说明康普顿和 MIT 教师及校友在其中发挥的关键作用。详见斯宾塞·安特的著作《创意资本——乔治斯·多里奥特和风险资本的诞生》（*Creative Capital — Georges Doriot and the Birth of Venture Capital*）（哈佛商学院出版社，2008 年）。

战争刚一结束，康普顿和多里奥特立即会面，继续战前的讨论。战争的经历让两个人变得更加坚定，他们一心要用技术进步造福社会。多里奥特的传记作者指出了康普顿的主导作用："MIT 校长卡尔·康普顿重整了他之前的计划，创办了一种新型金融企业，为技术型企业和工程类企业的发展提供金融支持。[1]"多里奥特当时仍然公务缠身，就这样，1946 年 6 月，**美国研究与开发公司**（**AMERICAN RESEARCH AND DEVELOPMENT CORPORATION，ARD**）成立了（请注意，这家公司的名字显示，其重点在于技术发展，而不仅仅是金融事业！）。
这家公司的创办者包括 MIT 财务主任**贺拉斯·福特**（**HORACE FORD**）（建筑工程专业，学士，1931 届、管理学硕士，1932 届）和其他三家制造企业的领导者。他们都与康普顿和多里奥特关系密切（其中包括 MIT 的**布拉德利·杜威**（**BRADLEY DEWEY**）（化学专业，博士，1949 届）和拉尔夫·弗兰德斯（Ralph Flanders）。弗兰德斯后来成了美国佛蒙特州参议员）。与此同时，几大豪富家族也开始创办自己的私人风险投资企业（例如惠特尼家族和洛克菲勒家族都在 1946 年成立了自己的风险投资机构），但 ARD 是第一家非家族资金来源的、由职业经理人管理的风险投资机构。在当年 11 月结束政府任务之前，多里奥特临时担任 ARD 的董事长——而不是总裁。公司创立时的咨询委员会全部由 MIT 人士组成：委员会主席是康普顿和埃德温·吉利兰德（Edwin Gilliland）教授（后担任化学工程系主任）和杰罗姆·汉萨克（Jerome Hunsaker）教授（航空航天系主任）。福特成了 ARD 财务主管（同时继续他在 MIT 的主要工作）。MIT 和另外三所大学（不包括哈佛大学！）参与了 ARD 的首次公开募股，奠定了公司的资本基础。投资人中还包括"另一家名叫 MIT 的机构"——"马萨诸塞州投资者信托基金"（Massachusetts Investors Trust，它的简称也是 MIT）☺。在此后的整整 20 年里，波士顿没有成立过其他的风险投资企业！

> 战争期间，多里奥特曾在法国军队担任军官。人们和公司员工因此经常称他为"将军"（the General）。

ARD 的前三笔投资很好地预示了它的投资模式，可能也预示了它的成就。第一笔投资是 Island Packers，这家非技术型企业遭遇了彻底的惨败。后两笔投资的对象都是来自 MIT 的高科技初创企业，这两家企业表现中规中矩，但算不上突出。它们是 **HIGH VOLTAGE ENGINEERING** 和 **TRACERLAB**。前者的联合创始人包括**丹尼斯·罗宾逊**（**DENIS ROBINSON**）（电子工程专业，硕士，1931 届）、MIT 物理学教授罗伯特·范德格拉夫（Robert Van de Graaff）和**约翰·特朗普**（**JOHN TRUMP**）（电子工程专业，博士，1933 届）；后者是由 MIT 校友**比尔·巴伯**（**BILL BARBOUR**）（电子工程专业，学士，1933 届）创办的，还有更多的 MIT 校友在这家公司里承担了关键职务。康普顿博士同时担任这两家公司的董事。这时出现了一种和 MIT 同步演进的运营模式：它常为出自 MIT

的众多企业提供办公空间、供暖和照明；ARD 则提供资金，支持人员工资、资本性投资和额外的运营费用。**IONICS** 就是个很好的例子。这家公司立足于哈佛大学和 MIT 科学家开发的新型离子脱盐技术。Ionics 最早就在 MIT 化学工程楼（12 号楼）的地下室办公，后来搬到了 MIT 马路对面的新总部，并在那里驻扎了几十年。

> 约翰·特朗普是美国总统唐纳德·约翰·特朗普的叔叔，也是他暑假期间的雇主。约翰后来回忆说，MIT 的工作是他一生中最激动人心的一段经历。

ARD 投资了一系列的初创企业，也走过了一段长达数年的干涸期。1954 年，康普顿辞世。之后不久，MIT 在 1955 年出售了 ARD 的股权。1957 年，ARD 做出了一次单笔投资。这次投资只有 7 万美元，却为它带来了享用不尽的整体回报：ARD 投资的是 **DEC 公司**（**DIGITAL EQUIPMENT COMPANY**）。DEC 公司的共同创始人是**肯·奥尔森**（**KEN OLSEN**）和他在 MIT 林肯实验室的同事哈伦·安德森（Harlan Anderson），它最初的所有产品都直接取自林肯实验室。奥尔森本来想叫它 **DCC**（**DIGITAL COMPUTER COMPANY**），但是 ARD 的重要成员比尔·康格尔顿（Bill Congleton）给奥尔森提了意见。他说 ARD 永远不会投资类似数字计算机这种如此"没有把握"的东西！多里奥特实际上也对这次投资充满疑虑。"基于行业知识，'将军'认为，DEC 可以为年轻的康格尔顿提供一次好机会，帮助他学会如何克服重重困难、选出最后的赢家。之前一次小型投资的失败让他学到了很多东西。不过，从 DEC 的成功来看，康格尔顿……也许根本不需要这一课！[2]"无独有偶，在 1957 年的 ARD 年报中，多里奥特把 DEC 描述成一家开发"数字化构件"（digital building blocks）的企业，对计算机产业只字未提！

ARD 投资组合的另一个重要组成部分是后来的**泰瑞达**（**TERADYNE**）。这家公司是由 MIT 校友**亚历克斯·德阿博洛夫**（**ALEX D'ARBELOFF**）（管理学学士，1949 届）和**尼克·德沃尔夫**（**NICK DEWOLF**）（电子工程专业，学士，1948 届）联合创办的。尽管如此，ARD 的大部分投资都不是很成功，除了明星企业 DEC 之外，ARD 投资组合的整体回报平淡无奇。甚至有一年，多里奥特和 ARD 一笔投资都没有做过。慢慢地，越来越多的关键员工离开了 ARD，这些人大多是哈佛商学院的 MBA。他们有很多人在波士顿开办了自己的风险投资公司。虽然这些风投企业主要投资技术型企业，但是其中个别企业拥有个人技术和创业经验，它们在此后的几十年里丰富了波士顿风险投资行业的个性色彩。查尔斯河创投（Charles River Ventures）和 **MORGAN-HOLLAND VENTURES** 都是从 ARD 走出来的企业，它们的共同创始人也都是 MIT 校友。其中，查尔斯河创投的技术咨询委员会完全是 MIT 班底。"聚焦 MIT 初创企业"正是这家公司大张旗鼓的投资方向。**MORGAN-HOLLAND**（丹·霍兰德，机械工程专业，学士，1958届）则是旗舰风险投资公司的前身（关于旗舰公司的更多详情，可参考本书第八章关于努巴·阿费扬的部分）。

卡尔·康普顿最初的构想孕育出了 ARD 这家企业。他秉承这一思想，不懈地把公司推向前进，同时也很好地完成了 MIT 校长和此后 MIT 主席的重要工作。真可谓鞠躬尽瘁，死而后已。而康普顿的合作伙伴和共同创始人，来自哈佛商学院的乔治斯·多利奥特显然是 ARD 的建设者，他为员工和投资人带来了经久不衰的激励。在他的投资组合企业中，包括奥尔森和德阿博洛夫在内的很多首席执行官始终对他佩服得五体投地，并把他当作自己的导师和公司的顾问。1972 年，"多里奥特将军"把 ARD 卖给了德事隆集团（Textron）公司。虽然 ARD 从此消失在人们的视野中，但它树立了一个教授领导的上市公司形象，投资了众多早期阶段的技术型企业。ARD 因此被誉为现代风险投资产业的鼻祖。

美国早期重要风险投资群体中的 MIT 校友

风险投资产业最早滥觞于波士顿地区，随后扩展到纽约，再逐步覆盖了美国西海岸。很多早期风险投资人来自 ARD 公司，更多人来自哈佛商学院。在这些哈佛商学院毕业生中，有些人的早期学位来自 MIT。加利福尼亚的风险投资人们更多地具备更深厚的技术背景和更切实际的早期技术型组织经验。在波士顿风险投资人与西海岸投资人长达几十年的争奇斗艳中，这极大地影响了投资人百花齐放的多样性格。在走出 MIT 的风险投资人中，有三个例子尤为突出。他们从产业形成初期就开始塑造行业面貌。他们是戴维·莫根塔勒（David Morgenthaler）、托马斯·珀金斯（Thomas Perkins）和杜博斯·蒙哥马利（H. Dubose Montgomery）。下面逐一介绍。

戴维·莫根塔勒
（David Morgenthaler）

戴维·莫根塔勒和莫根塔勒资本。多年以来，**戴维·莫根塔勒**（**DAVID MORGENTHALER**）（机械工程专业，学士，1940 届、硕士，1941 届）在军队系统和大型企业的领导岗位上创造了很多的成功案例。他还接收多家小型企业，成功地领导这些企业取得了长足的发展和进步！当 ARD 公司尚处于襁褓之中时，莫根塔勒正在从这些成功的领导者位置转向个人风险投资领域。他的一生基本是在克利夫兰度过的，那是他生活和工作的地方。虽然如今的克利夫兰中心地带被人们称为"锈带"（Rust Belt），可它当年可谓美国制造产业的核心。戴维在克利夫兰南部长大，他从小就是一名优等生。他的高中语文老师建议：因为戴维会用分析的眼光看待万事万物，而且数学和科学能力突出，应该报考一所工科大学。听了老师的话，戴维的继父对他说："全世界最好的工科大学非 MIT 莫属，你应该申请那所学校"——对年轻的男孩戴维来说，MIT 是一个完全陌生的所在。

【作者注】此处的大部分内容来自一段 YouTube 视频，这段名为《戴维·莫根塔勒口述历史》（*Oral History of David Morgenthaler*）的视频大约已有 4 年历史。它是计算机历史博物馆（Computer History Museum）在戴维 92 岁时录制的。观看这段视频为我带给了莫大的享受。与此同时，我与戴维·莫根塔勒多年以来的个人谈话，以及米歇尔·乔特（Michelle Choate）2016 年 5 月 16 日对戴维的电话采访也是此处内容的重要补充。乔特的采访是在戴维辞世前两个月完成的。

1936 年，莫根塔勒进入 MIT。由于缺乏微积分和物理知识，他需要快速适应、加倍努力，才能弥补学业上的不足。他还学会了一句老话，后来还把它教给了更多人："'技术'是男人的事业，而不是男孩儿的游戏！"（'Tech' is for men to work, not boys to play!）进入二年级之后，学习变得轻松多了。他一边与通用电器公司开展合作，一边更加深入地投入到学生活动中。戴维最后当上了学校游泳队队长、自己组织了兄弟会并担任主席，成了高年级班长，还加入了 MIT 的神秘社团"奥西里斯"（Osiris）。在那里，他和 MIT 的重要官员和校友们迅速打成了一片。

戴维在 MIT 的美国预备军官训练团（MIT ROTC）待了 4 年。珍珠港事件爆发次日，他被列入现役，在美国陆军工程兵团（Army Corps of Engineers）服役。他的职责越来越多，军衔也越来越高，直到欧洲战场的战斗结束为止。虽然他拥有机械工程双学位，但实际上他在北非战场的各个机场建造了大规模的土木工程项目，后来还在意大利战场担任指挥职务。从战场返回之后，戴维转业，首先进入了各种工程应用的初创企业。接下来，他当上了德拉万制造公司（Delavan Manufacturing）的副总裁。这家位于美国中西部的企业专做喷气式发动机的喷嘴。

它在戴维的领导下获得了长足的进步。这引起了 J. H. Whitney and Co. 集团的注意，这家公司聘请了莫根塔勒，请他在该集团投资的 Foseco 公司担任总裁兼首席执行官。这是一家位于克利夫兰的企业，主要专注于冶金化工行业。在戴维的领导下，Foseco 在接下来的十年里取得了极大的发展。到他的任期结束时，戴维已经成为这家集团整个北美业务的领导者。该集团总部位于英国，全球共计 57 家企业，产品销往 75 个国家。

1968 年，戴维用自己的积蓄创办了**莫根塔勒基金（MORGENTHALER & ASSOCIATES）**，主要为几家企业提供天使投资。他后来又创办了**莫根塔勒资本（MORGENTHALER CAPITAL）**。这是一家位于克利夫兰的（而不是波士顿，也不是帕洛阿尔托）真正意义上的风险投资企业。得益于他与 J. H. Whitney 公司长期的紧密关系，戴维学会了很多关于股票投资的知识，形成了自己的独特眼光，懂得什么能带来引人入胜的大好机会。戴维坚信，合适的投资环境离不开优异的、称职的、全心全意的人才，离不开强大的、充满竞争力的技术，同样离不开可供征服和主导的、充满吸引力的市场。莫根塔勒指出，这三者缺一不可，就像三脚凳离不开任何一条腿！ 1969 年，他做出了第一笔风险投资。那是一家位于密歇根州安娜堡（Arbor）的分时共享机床企业，名叫 Manufacturing Data Systems（意为"制造数据系统"，简称 MDS）。戴维紧密介入了 MDS 的管理工作，带来了出色的成效。在戴维投资时，这家公司的股票价格是每股 22 美分。到它被斯伦贝谢（Schlumberger）公司收购时，股票价格已经升至每股 64 美元。他为自己树立了目标，要把这种模式复制到之后的投资中去。

我还记得和戴维第一次见面时的情景。1971 年，他出席了 MIT 校友会在克利夫兰的周末创业研讨会。那场研讨会由我主持，主题是"如何创办自己的企业"。从此之后，戴维常常回到 MIT，认识母校正在发生的新鲜事物，结识 MIT 教师和波士顿地区在创业圈子里最有影响力的人们。

1989 年，戴维的儿子加里结束了大约 20 年的 IT 创业生涯之后，莫根塔勒资本在硅谷开设了总部办公室，并由加里担任执行合伙人。戴维指出："我希望站在世界的十字路口，八面来风，所有的机会都从我的眼前经过。"在他看来，加利福尼亚就是这个十字路口。慢慢地，莫根塔勒的多项基金在克利夫兰、门洛帕克（Menlo Park）和波士顿遍地开花，为 300 多家企业提供了超过 30 亿美元的投资（如今，这些基金已经统一并入了莫根塔勒风险投资公司）。

尽管如此，对风险投资行业而言，戴维·莫根塔勒所做的远不是树立一个杰出的业绩榜样那么简单。早在 20 世纪 70 年代末，在他担任美国风险投资协会（National Venture Capital Association，NVCA）主席（后来担任会长）时，戴维发挥了功德无量重要作用。他说服国会降低了资本利得税，还帮助修改了联邦法规，允许养老基金投资私募股权。

戴维和他的夫人琳赛是克利夫兰的热心公民，积极支持社区各项事业。他们是凯斯西储大学（Case Western University）和克利夫兰诊所（The Cleveland Clinic）等机构，以及琳赛的母校卡内基－梅隆（Carnegie-Mellon）大学，的慷慨捐赠人和热心领路人。有一天早上，我和他们夫妻二人在 MIT 见面。我问琳赛，她当天要忙些什么。她回答我："我会跟在戴维身后，百无聊赖地度过这一天！"结果，她接到了一通幸运电话，受邀成为 MIT 艺术顾问委员会的嘉宾，并在那里度过了一天的时光。相比之下，这样的安排显然更好地利用了她的时间，发挥了她的才能！

戴维对 MIT 的创业事业发挥了非常重要的作用。本书第五章提到过，他是 MIT 一万美元商业计划大赛的第一位奖金捐赠人，戴维与琳赛·莫根塔勒奖金（David and Lindsay Morgenthaler Prize Award）连续颁发了 5 年。不仅如此，戴维还是 MIT 创业中心捐赠基金的创始捐赠人，为此，他非常感谢中心的首位主任肯·莫尔斯，是他说服戴维加入了捐赠人行列，在 20 世纪 90 年代中期为中心捐赠了 100 万美元。后来，戴维还成了 MIT 斯隆领导力中心（MIT Sloan Leadership Center）的主要捐赠人。除此之外，他还为斯坦福大学的创业项目提供过几笔慷慨的捐赠。查尔斯·埃斯利（Charles Eesley）是我在 MIT 的博士生，我们在 2009 年合著过关于 MIT 创业情况的报告。埃斯利正是一名斯坦福大学莫根塔勒创业学者（Morgenthaler Fellow in Entrepreneurship）。他最近刚刚取得斯坦福大学的长聘教职。

托马斯·珀金斯和 Kleiner-Perkins 公司[3]。同很多走进 MIT 的人一样，**托马斯·珀金斯（THOMAS PERKINS）**早年即对技术萌发了浓厚的兴趣。在他 2007 年出版的自传《硅谷巨人：汤姆·珀金斯自传》（*Valley Boy: The Education of Tom Perkins*）中，汤姆（即托马斯·珀金斯）提到，当他还是个少年时，就收集过很多电视机工具，打算将来做一名电视机修理员。1953 年，他获得了 MIT 电子工程学士学位。此后他在 Sperry Gyroscope 工作了一段时间，又在 1957 年获得了哈佛商学院的 MBA 学位。汤姆随后搬到了加利

托马斯·珀金斯
（Thomas Perkins）

福尼亚，他在那里从事技术工作。1963 年，在**比尔·休利特**（**BILL HEWLETT**）（1936 届）和戴维·帕卡德（Dave Packard）的邀请下，汤姆加入了**惠普公司**（**HP**），担任研发部门的执行主任。他是惠普公司聘用的第一位 MBA 毕业生。

进入惠普之后，珀金斯很快就为自己找到了一位了不起的导师，改变了自己的职业生涯：

> "戴维·帕卡德是一位顶尖创业家，"他说，"提到风险投资，我的所有知识都是戴维教给我的。"帕卡德甚至允许汤姆一边在惠普全职工作，一边开办自己的激光企业。这就是 **UNIVERSITY LABORATORIES**（简称 **UL**）的由来。这家公司立足于他的专利设计，制造……氦氖气体激光。在珀金斯的引导下，UL 与 Spectra-Physics 合并，成为激光行业的领先企业；他也成了 Spectra-Physics 的董事会成员 [4]。

与此同时，珀金斯在惠普的职位也在迅速晋升。他推动惠普进入了微型计算机领域，并担任惠普计算机部门的首任总经理。他的努力为惠普公司奠定了基础，带来了新的重要增长点。

汤姆的公司（UL）获得了财务上的成功。1972 年，他离开了惠普，成为一名风险投资人。他当时的合作伙伴是创业家尤金·克莱纳（Eugene Kleiner）（克莱纳是所谓的"八大叛徒"（Traitorous Eight）之一。1957 年，这 8 个人离开肖克利半导体实验室（Shockley Semiconductor Laboratory），创办了飞兆半导体公司（Fairchild Semiconductor）。除了克莱纳之外，"八大叛徒"还包括鲍勃·诺伊斯（Bob Noyce）和戈登·摩尔（Gordon Moore），他们后来合作创办了英特尔公司）。他们筹集了 800 万美元的资金，创办了合伙企业**克莱纳 - 珀金斯**（**KLEINER- PERKINS**），它是当时全世界最大的风险投资企业。克莱纳和珀金斯采用了一种新型投资方式——他们会在投资组合的企业里直接担任领导职务 [5]。

这种走在时代前列的合伙方式融合了两位卓越创始人的半导体 / 计算机技术专业知识和管理技能，这为他们深刻独到的投资打下了基础，也奠定了落实建议与参赞的基础。它成了后来硅谷风险投资人竞相效仿的标准模式，如今早已传遍了美国（包括波士顿在内）和全世界。后来，弗兰克·考尔菲尔德（Frank Caufield）和布鲁克·拜尔斯（Brook Byers）加入，这家公司更名为凯鹏华盈（KPCB）（即四人姓氏 **K**leiner, **P**erkins, **C**aufield 和 **B**yers 首字母的组合）。

公司成立 34 年以来，凯鹏华盈累计投资了将近 500 家企业，其中将近 200
家成功上市，包括亚马逊、美国在线、基因泰克（Genentech）、谷歌和网景（Netscape）
等知名企业。在这些企业中，珀金斯加入了多家企业的董事会，并常常出任董事
长。正如本书第八章提到的，他曾在 1976 年至 1990 年担任基因泰克董事长。珀
金斯说过："那是我工作过的最具技术创新力的企业。它的产品可以救死扶伤，
因此，它也是为我带来最高成就感的企业。[6]"

2016 年 6 月 7 日，在与疾病长期斗争之后，汤姆·珀金斯在加利福尼亚的
家中辞世，享年 84 岁。因为身体不便，他无法出席当时正在筹备的、将在当年
11 月召开的"MIT 创业五十周年庆典"活动。为此，我们计划安排一次上门采访。
未曾料想，采访未至，斯人已逝。让我们聊以自慰的是，在此前不久的 2016 年 3 月，
汤姆出席了 MIT 俱乐部在北加利福尼亚州的一次活动并发言：

"到 MIT 去！"珀金斯对在座的年轻人们提议，"我每天的工作都离不开
MIT 对我的教育。MIT 教会我自信地、乐在其中地面对技术、应对复杂性、在
原理的基础之上不断积累和发展。"除了给学生们的建议之外，珀金斯还不忘
回馈母校 MIT，设立了……珀金斯电子工程教授讲席（Perkins Professorship of
Electrical Engineering）[7]。

杜博斯·蒙哥马利和 Menlo Ventures 公司。亨利·杜博斯·蒙哥马利（HENRY
DUBOSE MONTGOMERY）和戴维·莫根塔勒的经历非常相似。进入 MIT 之前，
他同样生活在卡罗莱纳州一个不足 5000 人的小镇上。他的父亲是当地一家造纸
厂的工人，他的母亲是一名老师。不同的是，他很小就立下了考上 MIT 的志向。

我热爱科幻书籍。还是个孩子时，我经常跑到我们那个荒野小镇狭小的公共
图书馆里，读遍那里每一本罗伯特·海因莱因（Robert Heinlein）和阿西莫夫（Isaac
Asimov）的书。在这些书里，很多的英雄主人公基本都是火箭科学家，他们很
多人来自同一个名叫 MIT 的地方。我当时也不知道 MIT 在哪儿。后来有个人告
诉我，MIT 在剑桥，我在心里琢磨："噢，原来 MIT 在英国，真够远的！"当
时我大概十二三岁。后来我才发现，原来 MIT 就在波士顿，它的全称是麻省理
工学院。虽然我没指望自己能考上 MIT，但我还是申请了这所学校，然后我就被
录取了……真是幸甚至哉！

【作者注】在这次电话采访的一开始，杜博斯提到，自己刚刚完成了一部口述自传，可以成为这一章节的重要信息来源。即杰森·洛佩兹（Jason Lopez）的《硅谷心灵：杜博斯·蒙哥马利，从阿西莫夫到 Siri》（*Silicon Minds: DuBose Montgomery, from Asimov to Siri*），2016 年 10 月 29 日。访问网址：venturewrite. tumblr.com；访问日期：2017 年 4 月 25 日。在整理杜博斯的谈话时，为了编辑的方便，我做了几处微小的调整。

在此之前，我从未到过梅森 - 迪克森线^{译者注}以北、从没来过波士顿，也没有提前见识过这所学校。我是在小地方长大的，在我毕业的年级里，一共只有不到 100 名学生，我是其中的佼佼者。结果，突然之间，我来到了 MIT，"小池塘"变成了"大海洋"，为了取得学业的成功，我身边的人们显然都比我准备得好得多。尽管如此，我最后在 MIT 的表现还算不错，学业和课外活动都很成功！（这听上去是不是很像莫根塔勒？很像为数众多、成就斐然的 MIT 校友们？？）

【译者注】梅森 - 迪克森线（Mason-Dixon Line），指美国马里兰州与宾夕法尼亚州之间的分界线，作为美国蓄奴州的最北界线，梅森 - 迪克森线曾是美国的南北分界线。

杜博斯·蒙哥马利
（H. DuBose Montgomery）

我对电子工程和计算机科学非常感兴趣，因为计算机科学当时还处于方兴未艾的早期阶段。我不仅获得了 EECS（电子工程及计算机科学）专业的学士和硕士学位，还获得了斯隆管理学院的管理者硕士学位（均获得于 1972 年）。在此之后，我没有听从导师的意见，毅然决然地从博士之路转向了哈佛商学院的 MBA 项目。

接下来，1973 年的石油禁运不期而至，带来了出人意料的危机和影响。由于原油价格涨了两倍，西北地区的采暖成本一飞冲天。当时，杜博斯和他的新婚妻子租住在一座小公寓里，房东关掉了暖气，只在每天早晚各开一个小时！

有一天早上，我一出门，发现我停在路边的小丰田被前一天晚上的大雪埋住了。可怜的汽车困在一大块冰墩里！我拿着塑料手铲，足足挖了两个小时，才把它解放出来。当时我下定决心，绝不再忍受波士顿的冬天了！说到做到，那个周末，我们夫妇俩来到波士顿公共图书馆，借阅了很多关于美国旅行的书籍。我们一边浏览，一边寻找天气宜人的所在——我住的城市从不下雪，而且要有类似波士顿的文化气息，还要有一定的商业和学术机会。我们选中了旧金山，一个我们从未去过的地方。后来，就像大家常说的那样，后来的故事大家都知道了。

搬家之后，杜博斯和几位来自哈佛大学、斯坦福大学的同事合伙创办了一家名叫 **MENLO FINANCIAL** 的公司。起初，他们只是为小型科技企业提供咨询服务，因为这些企业负担不起类似麦肯锡之类大型咨询企业的高昂费用。但他们很快就决定，与其提供咨询，不如干脆投资客户企业。杜博斯回忆说：

那是 1974 年，美国正处于大萧条以来最严重的经济衰退的谷底。在公司的融资文件里，我们没有使用"风险投资"这样的字眼，因为它听起来让人觉得风险重重。外出宣讲时，我们都说融资目的是投资蓬勃发展的小型企业。我们用去了足足两年时间，只融到了很小的一笔风险基金。为了说服一家保险公司领投，我们一共开了 81 次会。最后，也许是因为实在厌倦了开会，这家公司终于同意了。就这样，1976 年圣诞节前后，我们的第一笔基金终于尘埃落定了。当时我 27 岁，从那时起，我一直从事风险投资工作。我当时完全想不到，自己会万分幸运地完成一次又一次的成功投资，几十年如一日地在技术和医疗领域投资初创企业。

从那时算起，MENLO VENTURES 公司累计投资了 400 多家企业，其中 70 家成功上市，还完成了 100 多起收购和合并。这家公司如今管理着 50 多亿美元的资产。

吉利德科学（**GILEAD SCIENCES**）是最令杜博斯自豪的一家企业。他讲道：

提到吉利德，这家公司是 1987 年在 Menlo Ventures 的办公室里构思和培育的。有一天，我患上了重感冒（尽管那里的天气舒适宜人☺），去医院看病。医生对我说："如果是细菌性感染，可以给你开些抗生素。但是，如果是病毒性感染就没办法了，因为根本没有抗病毒的药。回家好好休息，喝点儿鸡汤补补，大概 10 天就能好得差不多了。"等到基本好了时，我立刻跑去医院问那位医生："为什么没有抗病毒药物？"原来，病毒和细菌大不一样。我们对这个领域做了大量研究调查。当时有一位在 Menlo Ventures 工作的同事名叫迈克尔·里尔顿（Michael Riordon）。他是医学专业科班出身。我们合作创办了吉利德科学，Menlo Ventures 公司是我们的创始风险投资人。在为公司选名字时，我们想到了《圣经·耶利米书》中提到的"基列的乳香"（balm from Gilead）。基列是古代巴勒斯坦的一个地方，基列的乳香来自当地一种柳树的树皮。后来人们发现，这种树皮里的汁液富含乙酰水杨酸（acetylsalicylic acid），也就是今天的阿斯匹林！如今，吉利德已经发展成为全球领先的抗病毒药物企业，每年挽救 5 万多名 HIV 病毒感染患者和其他病毒感染患者的宝贵生命。这家公司的市值超过了 500 亿美元，而且我们从一开始就拥有公司 100% 的所有权！（吉利德公司 2016 年的销售收入为 304 亿美元。截至 2018 年 2 月 25 日，吉利德公司的市值超过了 1060 亿美元）。

蒙哥马利是 MIT 校董，也是学校 EECS 和赞助研究（Sponsored Research）巡视委员会委员。他的看法发人深省："生活不是带妆彩排——尽情享受过程吧！"

其他走出 MIT 的美国风投企业创始人。 20 世纪 70 年代末或许可以称为美国风险投资的先行阶段，但是无论从企业数量而论，还是就投资规模来说，这个行业的发展不断经历着大起大落，这也在某种程度上反映了美国经济的发展情况。早在 1969 年，**罗伯特·约翰逊**（**L. ROBERT JOHNSON**）（物理学专业，学士，1963 年）就建立和管理着一家早期风险组织：**SPROUT GROUP**。不过它只是Donaldson, Lufkin & Jenrette（简称 DLJ）公司的一个分支机构，因此，这家先驱组织或多或少只能算作 DLJ 的"内部风险投资部门"。1988 年，约翰逊创办了天使投资集团 **FOUNDERS CAPITAL PARTNERS**，并在 1999 年把公司搬到了加利福尼亚。MIT 校友当然在这些处于初建阶段的风险投资企业中发挥了关键作用，他们有的成了创始人，有的成了合伙人。不过令人遗憾的是，我们现在已经无从得知这些校友的名字了。

凯文·金塞拉（Kevin Kinsella）

下一位成为风险投资创业家的校友是**凯文·金塞拉**（**KEVIN KINSELLA**）（管理学专业，学士，1967 届）。他在 1983 年创办了 **AVALON VENTURES** 公司。凯文现在管理着这家公司，他在（波士顿）剑桥和（加利福尼亚）拉荷亚都建立了办公室，主要投资生物制药初创企业。Avalon已经投资了超过 125 家早期企业，包括波士顿的福泰制药（Vertex Pharmaceuticals）公司。金赛拉的盛名还来自他作为一位"老派"戏剧天使投资人的巨大成功。他担任过很多重要复排音乐剧的制片人，包括荣获托尼奖的著名作品《泽西男孩》（*Jersey Boys*）在内。《波士顿环球报》（*Boston Globe*）专栏作家萨莎·菲佛（Sacha Pfeifer）引述凯文的话说：

MIT 从未颁发过荣誉学位和体育奖学金，所以，最重要的出路就是靠自己取得学术上的成功。这所学校的文化内卷得厉害，你的身边都是科技领域里最顶尖的人才，你必须每天保持进步。想要做到这一点，全世界没有比 MIT 更好的地方了。能在 MIT 脱颖而出的人们都是各个领域的顶尖人才，他们懂得怎样把握复杂的概念，他们会和同样经历过这一切的朋友和熟人们组成了关系网络 [8]。

黛安娜·弗雷泽（**DIANA FRAZIER**）（管理学专业，硕士，1981 年）的职业生涯起步于 BancBostonVentures。她做到了这家公司总裁的位置。1994 年，黛安娜创办了 **FLAG VENTURE PARTNERS**。这是一家国际风险投资企业和私募股权 FOF（即 fund-of-funds，意为"基金中的基金"）。它在波士顿、康涅狄格州的斯坦福德和香港开设了分支机构。2015 年，FLAG 被 Aberdeen Capital 收购。在此之前，它在美国及全球风投和私募企业中投资的资产总额已经达到了 63 亿美元。

1996 年，**弗雷德里克·威尔逊**（**FREDERICK WILSON**）（机械工程专业，学士，1983 届）与人合作创办了 **FLATIRON PARTNERS** 公司。他后来又在 2003 年合作创办了**联合广场风险投资公司**（**UNION SQUARE VENTURES**）。这两家公司都在纽约。Flatiron 公司主要致力于网络公司成败起落的后续投资，为几家投资对象企业带来了极高的业绩。可是威尔逊和他的联合创始人

黛安娜·弗雷泽
（Diana Frazier）

杰里·科隆纳（Jerry Colonna）在 2001 年关掉了这家公司。弗雷德（即弗雷德里克·威尔逊）观察指出："Flatiron 的投资几乎完全集中于互联网领域的交易。这家公司大赚了一笔，后来又赔了回去！但是，怎么说呢，只要能吃一堑长一智，彻底的失败也不是什么坏事。"2003 年，他合作创办了联合广场风险投资公司。新公司采取了完全相反的投资方向，主要专注于初期阶段的企业。公司取得的"回报"业绩相当可观，连续多年，这家公司每一年的投资退出都能为它带来十亿美元的收入。成立之后的第 18 个月，联合广场的第一笔基金就从 1.1 亿美元发展到了 16 亿美元。2003 年以来，这家公司成功退出了 35 笔投资，其中包括很多知名企业，例如 Lending Club、汤博乐（Tumblr）、推特（Twitter）和星佳（Zynga）等。如今，联合广场的投资组合中包括了超过

弗雷德·威尔逊（Fred Wilson）

65 家企业。弗雷德被人们广泛誉为全球最成功的风险投资家之一。

2017 年 4 月 13 日，弗雷德成为 MIT 斯隆管理学院历史上第一位"多里奥特杰出创业讲师"（Doriot Distinguished Lecturer on Entrepreneurship）。为这个讲师席位提供资助的人是**迈克尔·柯尔纳（MICHAEL KOERNER）**（1949 届）。柯尔纳曾是多里奥特的学生。弗雷德在讲座上追忆自己的 MIT 时光："MIT 改变了我，改变了我的人生。我在 MIT 的第一门考试得了个零分。但是后来我学会了怎么学习和进步。我和我家那位也是在学校认识的！"他还指出："承担风险、投资初期企业是获得 100 倍投资回报的唯一（合法）途径。"有人问起他的投资标准，弗雷德回答："投资一个对象的最佳时机就是除了你谁都不相信它的时候。而且我只投这样的创业者：（1）有魅力；（2）具备技术专长——而不是把技术工作外包给别人！（3）有非常可靠的诚信。"

布拉德·菲尔德（Brad Feld）
（和一台古董 TRS-80）

布拉德利·菲尔德（BRADLEY FELD）（管理学专业，学士，1987 届、硕士，1988 届）先是在 1996 年合作创办了 **MOBIUS VENTURE CAPITAL**，又在 2007 年合作成立了 **FOUNDRY GROUP**。这两家公司都建在科罗拉多州的博尔德市（Boulder）。在 MIT 取得管理学学士学位之后，布拉德又在 20 世纪 80 年代末成为 MIT 斯隆管理学院创业方向的博士生。与此同时（1987 年），他还成立了软件企业**菲尔德技术公司（FELD TECHNOLOGIES）**。菲尔德的主要导师（包括本人在内）催促他在创业和学术之间做出选择。于是他选择了全身心投入软件创业中。他努力建设菲尔德科技，并在 1993 年把它出售给了 AmeriData 公司。他本人也成了这家公司的首席技术官。后来，他创办了风投企业 **INTENSITY VENTURES**，在软件和互联网领域完成了 40 多笔种子投资。1997 年，菲尔德创办了下一家企业（也就是后来的 Mobius 公司，它如今隶属于软银集团）。2007 年，他合作创办了 Foundry Group，一开始主要聚焦早期技术投资，近年来，Foundry Group 的兴趣领域正在逐步扩大。这家公司目前管理着超过 15 亿美元的资产，同时也在投资其他早期阶段的风投企业和技术型企业。布拉德还在 2006 年共同创办了 **TECHSTARS**。我们在第六章中提到过，Techstars 是一家先驱型加速器，它是全球年轻初创企业的加速器和投资人。更加难能可贵的是，布拉德还保留着早期的学术兴趣，他合作撰写过 6 部著作，涵盖了创业的多个方面。

把美国的风险投资推向全世界

MIT 的国际校友经常会把他们在美国看到的——或者通过实践获得的——创业模式带回自己的祖国。这一点同样适用于美式风险投资进入其他国家。从 20 世纪 80 年代开始，声名卓著的 MIT 毕业生在发展中国家努力建立了数量众多的新型风险投资企业。可想而知，最早建立的一批风投企业遭遇了不小的困难。

彼得·布鲁克（Peter Brooke）是波士顿 Advent International 公司的高级合伙人。是他第一个把美国式风险投资带入了亚洲。1984 年，布鲁克首先与**鲇川弥一（YAICHI AYUKAWA）**（营养学专业，学士，1952 届、硕士，1953 届、博士，1958 届）建立了一家合伙企业。这家名叫 **TECHNOVENTURES JAPAN** 的公司是日本历史上第一家风险投资企业。布鲁克和鲇川是当时的 MIT 校长杰罗姆·威斯纳（Jerome Wiesner）介绍认识的。威斯纳当时准确地认定，布鲁克和鲇川能发展出某种有益的关系。鲇川弥一和当时日本典型的科学工作者很不一样，他的学识非常广博。这有一半得益于鲇川家族在日本国内长期引领工业发展这个大背景，另一半来自他在 MIT 求学的数年间经历的完全不同的环境。从初建时起，TechnoVentures 就聚焦于技术型初创企业。鲇川出任公司总裁，为自己投资的企业提供辅导，直接参与管理工作。

我对鲇川弥一的记忆开始于很早以前的一次讨论。那个时候，TechnoVentures 刚刚建立，他成了 MIT 的常客。鲇川邀请**戈登·巴蒂（GORDON BATY）**和我参观他的公司，还帮助我们为剑桥的 **ZERO STAGE CAPITAL** 筹措资金。在他的引荐之下，我们还为日本银行家协会（Japanese Bankers Association）做过一次介绍。不过日本的金融家们远远无法相信，对初期企业开展股权投资是一种明智之举。很显然，这些公司缺乏担保资本，无法有效地支持借贷。我们也不算空手而归，至少我们切实感受到了鲇川弥一当时面对着怎样巨大的困难。日本社会对冒险的整体态度不太适合创办初创企业。Techno Venture Japan 在不断的尝试和屡屡的失败中努力了几年时间，最后还是关闭了。几年之后，鲇川弥一被选为 MIT 校董会的第一位日籍董事。

就在彼得·布鲁克建立日本公司的第二年，尽管当时这家公司还没有任何业绩成果可言，他已经着手为亚洲更多地区带来美式初创风险投资了。他的工作方式仍旧是寻找当地的 MIT 校友、建立合作伙伴关系。1985 年，Advent 公司与三位 MIT 校友合作建立了 **TECHNOVENTURES HONG KONG** 公司。这三位校友来头极大。第一位是**冯国经**（**VICTOR FUNG**）（电子工程专业，学士、硕士，1966 届）。冯国经的祖父是利丰集团的创始人。他后来成了这家香港最大贸易公司的掌门人。冯国经还是保诚集团亚洲公司的董事长和冯氏控股（Fung Holdings）的当家人。第二位是**唐裕年**（**MARTIN TANG**）（管理学硕士，1972届）。唐氏一族以经商为业。唐家不仅生意非常成功，而且以乐善公益而闻名。唐裕年的父亲和祖父都是 MIT 校友，他是唐家取得 MIT 学位的第三代，也是MIT 校友会的首位国际主任（裕年的儿子后来成了唐家获得 MIT 学位的第四代，这真称得上是一段佳话！）第三位校友合伙人是**梁家锵**（**KA-CHEONG（CHRISTOPHER）LEONG**）（物理学学士，1965 届、博士，1970 届）。在返回中国香港之前，他是美国科学工程公司（American Science & Engineering）的高级科学家。这家公司是机场 X 光设备等多个创新领域的先行者。冯国经把TechnoVentures 称为香港第一支风险投资基金（价值 2200 万美元）。它把高科技项目带到了中国 [9]。

冯国经（Victor Fung）

唐裕年（Martin Tang）

梁家锵（Chris Leong）

几位合伙人沿用了我们在日本尝试过的做法：聚焦于技术、采用美国式的投入方式，一开始的结果同样令人气馁。中国香港的 TechnoVentures 甚至扩大了自己的业务范围，覆盖了台湾和华南地区。但是这些地区的文化和基本态度很不利于有才干的人走上创业之路，想参与这些投资活动的个人和机构少得可怜。不过这支团队不仅坚持了下来，而且变得更具雄心。慢慢地，中国地区的活动开始多了起来，于是，他们又成立了**汇亚集团**（**TRANSPAC CAPITAL**）。这家公司由 TechnoVentures 香港和星展银行（DSB Bank）加上新加坡大众钢铁公司（Nat Steel）合并而成，是覆盖大中华区和东南亚地区的第一家区域风险投资企业。梁家锵博士担任首席执行官。成立至今，汇亚累计投资了 210 多家企业，投资总额超过了 9 亿美元。

1992 年，MIT 高管项目校友、斯隆管理学院高级讲师**托马斯·T.托马斯**（"老 T"，**THOMAS（"T"）THOMAS**）（管理学专业，未取得学位，1974 年）在孟买创办了印度第一家风险投资企业**INDUS VENTURE CAPITAL**。为了寻求指导，这家公司与美国的风险投资企业保持了非常密切的关系。Indus 的投资回报表现中规中矩，不过它的投资组合主要集中于"老式企业"，而不是高科技初创企业。老 T 拥有杰出的行业背景，他先是在印度斯坦利华公司（Hindustan Lever）一路升迁到了董事总经理，又成为利华兄弟（Lever Brothers）伦敦董事总会的第一位印度董事，后来还当上了葛兰素史克印度公司（Glaxo India）董事长。尽管如此，他仍然不太能接受技术型初创公司的创业者，而且当时也没有太多投资机会，无法大张旗鼓地向这个方向进军。

　　帕特·麦戈文（Pat McGovern）**和国际数据集团**（**International Data Group，IDG**）。人们常说，对初创企业家来说，时机是成功的关键。这一点似乎同样适用于在陌生土地上建立风险投资企业的人们。对 TechnoVentures 来说，20 世纪 80 年代中期也许不是最好的时机，但对别的地区来说就大不一样了，比如中国。对当时中国的政策制定者和人民来说，属于他们的时代即将到来，而且他们早已蓄势待发，随时准备抓住新的机遇了。在这激烈转

帕特里克·麦戈文
（Patrick McGovern）

型的潮头上，立着第一批弄潮儿的身影，帕特里克·麦戈文（即帕特·麦戈文）和他的国际数据集团北京公司就是其中的代表。不同的是，当时的麦戈文已经是一位经验老到的创业者和风险投资家了。

　　帕特在读本科时就加入了 MIT 活动理事会，这让他成了校报（The Tech）的编辑。我当时是活动理事会主席。就这样，我和帕特长久的友谊开始了。在之后的漫长岁月里，我们的关系逐渐发展，扩展到了创业事业的多个方面。从 MIT 毕业之后，麦戈文立即成立了一家咨询公司，主要从事高科技市场研究工作。他同时承接很多家公司的研究报告，这样可以把每一家的成本控制在很低的水平上。一开始，为了维持业务，他卖掉了自己的旧汽车，得到了 5000 美元。这些工作最终促生了市场研究企业**国际数据公司**（**INTERNATIONAL DATA CORPORATION，IDC**）。后来，IDC 开始出版各种与计算机相关的期刊，其中发行量最大的是《计算机世界》（*Computer World*）。IDC 在研究和出版这两个行业站稳了脚跟，帕特随即把触角伸向全球市场。他在中国获得了最大的成功。从 20 世纪 90 年代初开始，他的每一本科技杂志相继都与中国的官方出版机构建立了合资企业。它们都是中国最早的中外合资企业。国际数据公司（IDC）也在那时发展成了**国际数据集团**（**INTERNATIONAL DATA GROUP，IDG**）。

　　1996 年，帕特成立了 **IDG 资本**（**IDG VENTURE CAPITAL**），主要在美国从事风险投资活动。这家基金很快在中国建立了分支机构。我们在第九章关于搜狐的章节中提到过，IDG 资本中国公司是搜狐 A 轮融资的首批投资人之一。

IDG 资本在中国的成功应该部分归功于帕特管理杂志的经验。与中国大型银行和关键政府组织的合作创刊为他带来了一个很高的起点，他很快就成了机敏精明的高手。通过成立新的风险投资基金，IDG 资本很快从北京扩展到了整个中国，进一步覆盖了越南、印度和韩国，而且全部取得了极大的成功。根据 IDG 资本官方网站的信息，整个公司管理着 36 亿美元的资产。仅中国公司一家的投资组合就包括 500 家企业和 120 次成功的退出 [10]。

白手起家的麦戈文后来被安永评为"年度创业家"。在帕特看来，"说到底，想成为一名成功的创业者，最要紧的看得远、做得实。关键要和客户保持极其紧密的距离，用你的创新为他们量身定制、满足他们的需求。"终其一生，帕特热心参与母校 MIT 很多方面的活动。他最早冠名资助了 MIT 麦戈文杰出创业贡献学生奖（McGovern Awards for Outstanding Student Contributions to MIT Entrepreneurship）。他在 1989 年加入 MIT 校董会。他和夫人还成立了麦戈文脑科学研究所（McGovern Institute for Brain Research），并为此提供了 MIT 历史上最大的一笔承诺捐赠。

2014 年 3 月，帕特·麦戈文辞世。他把 IDG 的所有权留给了他的基金会。2017 年，基金会把 IDG 公司、公司在美国及海外市场的研究与出版业务，以及全球风险投资业务打包卖给了一家中国企业集团。而这家中国集团的主体正是 IDG 中国公司。

到了 2005 年，中国已经发展成极其活跃、极富竞争力的风险投资市场，创业社群正在经历迅猛增长。就在这时，一位 MIT 斯隆学者正在认真考虑创业前景。他就是**伍伸俊（SONNY WU）**（管理学专业，斯隆学者，2001 届）。他的硕士论文由我指导，主要论述手持设备的最优设计问题——后来问世的 iPhone 就是这样的设备。这只是伸俊的牛刀小试罢了！返回中国之后，凭借他在那里和加拿大积累的深厚的技术和管理经验，他合作成立了**金沙江基金（GOLDEN SANDS RIVER FUND）**（现为**金沙江创投，GSR VENTURES**），主要投资中国的技术型早期初创企业。

伍伸俊（Sonny Wu）

以金沙江为名的灵感来自这样一幅画面：一条大江，发源于中国山间的涓涓细流，一路奔流，汇入雄浑浩瀚的长江！

这家公司从刚起步时就和著名的硅谷风险投资企业建立了合作伙伴关系。这为它的发展奠定了坚实的财务基础，同时也为伍伸俊和他的共同创始人们带来了最初的指导，帮助他们开展风险投资、对自己投资组合之内的企业提供支持。到金沙江完成第三轮融资时，它的中国公司已经完全实现了独立。它在加利福尼亚的合作伙伴正式转为金沙江众多的合作伙伴之一。金沙江如今管理着 15 亿美元的资产，并在北京、帕洛阿尔托（Palo Alto）和新加坡设有分支机构。这家公司最近投资了一些在中国大量从事制造和市场活动的美国公司。伸俊最近还成立了**金沙江资本（GSR CAPITAL）**，主要进行企业和大型企业集团重要业务部门的收购。2017 年 8 月，日产汽车同意以 10 亿美元的价格将其锂离子电池业务出售给金沙江资本。

在金沙江成立的同一年（2005 年），另外两位 MIT 斯隆学者，**邱子磊（ZI-LEI（MARK）QIU）**和**李振智（GEORGE LI）**（同是管理学院 MBA，1998 届）合作建立了**崇德资金投资公司（CHINA RENAISSANCE CAPITAL INVESTMENT）**。这家公司在整个大中华区从事后期风险投资和私募股权另类投资业务。邱子磊担任公司首席执行官、李振智担任董事总经理。公司总部设在香港，同时在北京和上海开展业务。他们通过公司的多支基金完成的投资数以十亿美元计。近年来，崇德扩大了投资活动范畴和目标国家范围，进入了美国、日本和印度市场。

2008 年，子磊和振智成立了**崇仁基金会（CHONG REN FOUNDATION）**，并通过这家慈善基金会资助学校建设、免费提供先进的 IT 设备、提出杰出教师和学生奖励计划，推动中国教育落后地区的发展。这家基金会还为促进青年成长发展的其他项目提供资金支持。

风险投资的新形式

面向早期和中期创新驱动型企业的投资机会发展得日益成熟，这激发了越来越多的 MIT 校友各显神通，通过各种各样的方式建立投资企业。下面撷取这些校友创业方式的一部分，按照成立时间排序，从 20 世纪 80 年代讲起。篇幅所限，难免挂一漏万，请未被提及的校友海涵。

1981 年。波士顿第一家种子基金——**ZERO STAGE CAPITAL**——宣布成立。它为每家初创企业提供 5 万～ 10 万美元的初期投资，同时要求被投资企业聘请一位 ZeroStage 的一般合伙人或者有限合伙投资人，担任兼职顾问。Zero Stage 的共同创始人包括哈佛大学的保罗·凯利（Paul Kelley）、MIT 的**戈登·巴蒂（GORDON BATY）**和我亚瑟·奥伯迈耶（**ARTHUR OBERMAYER**），还有后来的**杰罗姆·戈德斯坦**（**JEROME GOLDSTEIN**，即前文提到的杰里·戈德斯坦）（巴蒂：管理学专业，学士，1961 届、硕士，1962 届、博士，1967 届；罗伯茨：电子工程专业，学士，1957 届、硕士，1958 届、管理学专业，硕士，1960 届、经济学专业，博士，1962 届；奥伯迈耶：化学专业，博士，1956 届；戈德斯坦：材料学专业，学士，1964 届、硕士，1965 届、MET（机械工程技术）专业，1967 届、管理学专业，硕士，1967 届）。Zero Stage 用两年时间筹措了第一笔种子基金，规模为 480 万美元。它终于成功吸引了所罗门兄弟公司（Salomon Brothers）大部分执行委员的兴趣，以及贝恩公司（Bain & Co.）（当时这家公司尚未成为贝恩资本）多数高级管理人员的兴趣。所罗门兄弟的乔·隆巴德（Joe Lombard）成了 Zero Stage 的一般合伙人。这家公司存在了 30 多年，在波士顿、巴尔的摩和宾夕法尼亚州的斯泰特科里奇（State College）管理着多支基金。2001 年，公司的 7 号种子基金（Seed Fund VII）达到了历史峰值的 1.6 亿美元。前文提到过，Zero Stage 的早期投资中包括 PerSeptive Biosystems 公司。它是努巴·阿费扬在 1988 年创办的一家企业。

1988 年。理查德·查匹（**RICHARD CHARPIE**）（物理学学士，19973 届、硕士，1975 届、管理学，博士，1979 届）是 **AMPERSAND CAPITAL** 的创始人兼管理合伙人。这家公司主要推动大型材料企业部门和项目的独立，后来还扩展到医疗企业和初创企业的早期投资。

1998 年。波士顿第一家机构化天使投资集团是 **COMMON-ANGELS**。这家集团的组织者是马萨诸塞州软件委员会的执行委员会，后来担任集团领导的有**大卫·所罗门特**（**DAVID SOLOMONT**）（管理学专业，硕士，1980 届）和**里奇·卡彭特**（**RICH CARPENTER**）（电子工程专业，学士，1964 届、硕士，1965 届）、**保罗·埃格曼**（**PAUL EGERMAN**）（数学专业，学士，1971 届）和**阿兰·汉诺威**（**ALAIN HANOVER**）（电子工程专业，学士，1970 届、数学专业，学士，1970 届）。他们邀请我在公司的第一次会议上做了关于如何投资初创企业的讲座。从那时起，我就成了 CommonAngels 公司活跃时间最长的一员。集团成立一年之后，**詹姆斯·盖斯维勒**（**JAMES GESHWILER**）（管理学专业，MBA，2000 届）在这里完成了暑期实习。他后来成了这家集团的董事总经理，直到 2016 年集团不再存在时为止。多年以来，积极地与 CommonAngels 一道从事早期投资的创业者超过了 50 位，其中很多人来自 MIT。

1998 年。艾伦·威尔（ALLAN WILL）（管理学专业，硕士，1981 届）永远是一位横跨多个领域的多面手，无论用什么职业头衔来形容他，都难免会顾此失彼。1998 年时，他在硅谷创办了 THE FOUNDRY（如今担任该组织的董事长）。这是一家面向广大医疗设备企业的孵化器机构，由 11 家企业共同组成。艾伦不仅为它们提供辅导和咨询、为它们提供投资，还在其中很多家公 艾伦·威尔（Allen Will）司担任首席执行官、董事总经理或者董事长。从 1998 年起，威尔还担任风险投资公司 Split Rock Partners 的董事总经理和 St. Paul Venture Capital 的普通合伙人。威尔为 MIT 创业项目提供了慷慨的资金支持，还时常为 MIT 创业发展项目授课。用他自己的话来说，这是他"反思自身工作与得失的好机会 [11]"。顺便提一句，艾伦拥有 30 项已授权专利。

2000 年。查尔斯·卡梅伦（CHARLES CAMERON）（管理学专业，硕士，1979 届）和大卫·维里尔（DAVID VERRILL）（管理学专业，硕士，1987 届）合作创办了 **HUB ANGELS** 公司。这是一家营利性托管天使投资集团。根据 Hub Angels 官方网站的信息，该集团已有 90 家成员企业完成了第一轮至第四轮融资。

2000 年。第八章详细阐述过，**努巴·阿费扬**（NOUBAR AFEYAN）共同创办了**旗舰风险投资公司**（FLAGSHIP VENTURES）和**旗舰风险投资实验室**（FLAGSHIP VENTURELABS）。在他的领导下，这家组织在创投领域里表现活跃并取得了极大的成功。而且它的成功早已超出了风险投资的范畴。这家公司最近更名为**旗舰先锋**（FLAGSHIP PIONEERING）。

2000 年。德雷帕实验室（DRAPER LABORATORY）原为 MIT 仪器控制实验室（MIT Instrumentation Lab）。这家实验室也成立了自己的风险投资基金：**NAVIGATOR TECHNOLOGY VENTURES**。这支规模为 2500 万美元的基金主要用于投资该实验室衍生企业，以及实验室的人员及服务能够协助成长的初创企业。Navigator 基金一共投资过 12 家企业。它的最后一笔跟进投资发生在 2008 年，随后不久即宣布关闭。这种"孵化器"式的投资方式很像早期国家研究公司（National Research Corporation，NRC，成立于 1940 年）的做法，即在自身研究项目的基础上成立企业。后来，Cabot 公司从诺顿公司（Norton Corporation，NRC 的第一个买家）手中买下了 NRC，并把它的孵化工作延续了下来。它的"孵化"空间位于纪念大道 70 号，在它的办公区一个角落里，MIT 创业中心建立了自己的第一间办公室。如今，这座大楼被 MIT 用作教学和办公场所。

2009 年。巴巴克·尼韦（**BABAK NIVI**）（电子工程专业，学士、工程硕士，1997 届）合作创办了 **ANGELLIST** 公司，为创业者和天使投资人牵线搭桥，并提供数据服务——什么人投资了什么企业。AngelList 还帮助初创企业和求职者彼此发现对方。

2011 年。周雄伟（**XIONGWEI "JOE" ZHOU**）（管理学专业，MBA，2008 届）创办了**波士顿天使俱乐部**（**BOSTON ANGEL CLUB**）并担任管理者。这是一家天使投资基金，会员主要来自大波士顿地区的华裔商人。这家俱乐部把重点锁定在当地华人学生、科研人员的企业，以及未来可能在市场营销或者生产制作方面与中国发生联系的企业身上。

2012 年。格雷格·贝洛特（**GREG BELOTE**）（电子工程专业，学士，2007 届、工程硕士，2008 届）和迈克尔·诺曼（**MICHAEL NORMAN**）（管理学专业，MBA，2010 届）合作创办了 **WEFUNDER** 公司，提供早期线上众筹服务，把初创企业和投资人联系起来。据 Wefunder 称，按照多种衡量标准计算，它都是规模最大的规则众筹平台。

量化投资与交易

自从量化工具和技术开始对投资和交易人士发挥辅助作用时起，金融领域就迎来了巨大的变革，接下来，自动化决策流程开始逐渐取代人工。随着决策算法的迅速提高、人工智能和"机器学习"的出现，这一"巨变"开始飞速升级。这些变化得益于计算机速度和能力的极大提升，同样得益于大型数据库越来越高的可用性。MIT 教师和校友在上述变革的每个方面都做出了极大的贡献，并在把它们落实为创业行动方面发挥了极大的作用。早在 20 世纪 60 年代，他们中很多人就开始使用简单的计算机监控、趋势分析和预测模型了。下面介绍几位较著名的 MIT "定量金融家"（quants，亦称"宽客"）创业者，他们都创办了出色的创新型企业、创造了超一流的业绩（仍然按创业时间先后顺序介绍）。

海默·威玛
（Helmut Weymar）

1969 年。海默·威玛（**F. HELMUT WEYMAR**）（管理学学士，1958 届、经济学博士，1965 届）是较早期的创新型 MIT 校友"宽客"。

他在商品贸易领域打造了精妙的计算机模型和先进的数据采集技术。这是他金融创业取得成功的立足之本。后来，他还进一步拓展到了货币等其他期货交易领域。20 世纪 60 年代初，作为科研助理研究生的海默在 MIT 系统动力学小组学会了计算机建模。他帮助美汁源公司管理一个 MIT 合作项目，主要工作是为整个冷冻橙汁行业建立模型，更好地理解供应来源、需求和价格的波动。与此同时，海默和其他系统动力学小组的研究生们对商品市场动力学产生了极大的兴趣，他们把自己少得可怜的资金集中在一起，以自己建立的简单模型为基础，开始炒作大宗商品。当时，他们没有一个人具备真正的风险承受能力。在这些"绝顶聪明的 MIT 研究生"中，有几位至今还记得，在土豆、小麦和大豆期货交易中，他们是怎样把本来不多的、每个月只有 375 美元的科研助理补助变成了 1000 美元亏空的！

后来，海默结束了 MIT 的兼职工作，全身心投入到行业工作中。他开始为詹姆斯·韦尔奇糖果公司（James Welch Candy Company）专门开发针对糖果和可可市场的模型。他同时还在攻读经济学博士学位。他拥有一个极为出色的委员会，由商品专家保罗·库特纳（Paul Cootner）领导（1959 年至 1970 年间在 MIT 任教），委员包括数理经济学家、诺贝尔经济学奖（1970 年）得主保罗·萨缪尔森（Paul Samuelson）（1940 年至 2009 年间在 MIT 任教）。海默 1965 年的论文《世界可可市场动态》（*Dynamics of World Cocoa Markets*）将系统动力学关于反馈模型的概念同严谨的计量经济学结合在一起。1968 年，MIT 出版社发表了海默的这篇论文。在他开始在韦尔奇糖果公司的工作不到一个月的时候，这家公司完成了向纳贝斯克公司（Nabisco）的倾售。等到海默的论文完成时，他立即转到了纳贝斯克全职工作。他的出色交易为公司带来了令人叹为观止的丰厚利润，纳贝斯克甚至为此宣布向股东提供一次性额外派息。

在紧接着的 1969 年，海默和纳贝斯克公司在新泽西州的普林斯顿成立了 **COMMODITIES CORPORATION**（CC）公司，库特纳教授和萨缪尔森教授成了这家公司的创始投资人。CC 的成功引发了早期关注，其中以《财富》（*Fortune*）杂志最为突出——这家杂志把他们称为"搞商品交易的阔教授"（*rich commodity scholars*）[12]。海默和他的公司一直延续着优异的业绩表现，直到 1987 年被高盛收购为止。这笔价值 1 亿美元的交易当年轰动一时 [13]。CC 公司可谓荣誉等身，在此之前的 10 年间，它的基金年回报率约为 20%，同时，这家公司还被誉为华尔街的黄埔军校，培养了大批交易明星，例如保罗·都铎·琼斯（Paul Tudor

Jones）和布鲁斯·科夫勒（Bruce Kovner）等。

加里·伯格斯特龙
（Gary Bergstrom）

1977 年。加里·伯格斯特龙（**GARY BERGSTROM**）在 1968 年获得 MIT 博士学位，当时正值"现代金融"的前夜。在攻读博士学位期间，他如饥似渴地从多门课程中汲取知识，例如统计、建模、量化分析、信息技术和金融学等。加里还记得："MIT 当时还没有建立起今天的创业环境，但是我选上了当时全校唯一一门创业课程："创办新企业"（New Enterprises）。"加里之前在 IBM、美国电话电报公司（AT&T）等几家大公司工作过，不过"创办新企业"这门课在他的心里种下了这样一个念头：他完全可以用自己的一生实现更大的作为，而不是简单满足于为大企业打工。

【作者注】此处加里·伯格斯特龙的背景信息大部分来自 2016 年 9 月 7 日米歇尔·乔特（Michelle Choate）对加里的采访，一小部分来自其他补充信息来源。

在一家大型投资公司短暂工作之后，伯格斯特龙决定自己创业。1977 年，他成立了**阿卡迪亚金融研究公司**（**ACADIAN FINANCIAL RESEARCH**）。这家公司的官方网站告诉我们，阿卡迪亚设计、开发和推行了全球首个国际指数跟踪策略（Index-Matching strategy），随后帮助美国道富银行（State Street Bank and Trust）完成了活跃国家选择策略[14]。1987 年，加里合作建立了**阿卡迪亚资产管理公司**（**ACADIAN ASSET MANAGEMENT**）并担任首席执行官，开始直接管理机构资产。加里说："回想当时……"

这个行业还没有虚心踏实地接受和欢迎来自金融学界的大量新认识、新进步和新发展。我们不一样，我们大量采用了来自学术研究领域的观点、严谨的分析模型技术和流程。公司一度濒临资金断链的边缘，困难重重，但是我们咬牙顶住了。我经常给新员工讲当时的窘境：我怎样在史泰博（Staples）刷爆了自己的信用卡、我怎样和三位同事挤在一张桌子上办公，直到一个月后公司有了新的进项！

到 1992 年时，阿卡迪亚已经发展成为一家真正全球化全市场资产管理企业（all-cap）。2002 年，阿卡迪亚涉足多空策略领域（long/short strategies），它用自身的股票遴选技术发现业绩表现最差的企业和表现最好的企业！虽然阿卡迪亚的总部仍在波士顿，但它的分支机构早已遍布全球。它目前归属于耆卫公司（Old Mutual）旗下的资产管理公司（OM Asset Management plc.）所有。2011 年，伯格斯特龙正式退休，改任公司顾问。截至 2017 年 1 月 31 日，阿卡迪亚已经代表自己的 100 家客户完成了逾 770 亿美元的投资。

1982 年。詹姆斯·西蒙斯（**JAMES SIMONS**）是一位世界级数学家，也是**文艺复兴技术公司**（**RENAISSANCE TECHNOLOGIES**）的创始人，他现在仍是这家公司的董事长。

詹姆斯·西蒙斯
（James Simons）

文艺复兴科技是全球最成功的对冲基金之一，也是立足于精密贸易模型的首批基金之一。刚刚来到 MIT 时，西蒙斯就走进了研究生的数学课堂。1975 年，刚上大学三年级的西蒙斯就取得了 MIT 的数学学士学位，当时他只有 20 岁。他说："我喜欢 MIT，他们肯让我做自己想做的事。[15]"西蒙斯后来获得了加州大学伯克利分校的博士学位，当时他只有 23 岁。在此之后，他先是在 MIT 和哈佛大学讲授数学课，后来去了石溪大学（Stony Brook University）。他在那里当上了系主任。在赴任石溪之前的短暂时间里，他还顺手帮助美国国家安全局（NSA）破解了一些密码！西蒙斯对数学理论贡献良多，并因此获得了很多学术奖项。

在 MIT 就读期间，西蒙斯曾经和朋友们玩过扑克牌。他至今还对当时的情景记忆犹新："我基本上一直在输，不过，宝剑锋从磨砺出，后来我变成了高手。后来，我和我父亲还投资了这些牌友的企业，他们是吉姆·迈耶（Jimmy Mayer）和埃德蒙多·艾斯克那齐（Edmundo Esquenazi）。这家企业位于南美洲的哥伦比亚，最早生产乙烯地砖，后来生产 PVC 管材。我的投资很成功，它为我带来了足够的资金，在 1978 年成立了第一支基金。"这支基金就是后来的文艺复兴技术公司[16]。维基百科上的资料还显示："20 多年以来，西蒙斯的文艺复兴对冲基金征战全球市场。它使用数学模型来分析和执行交易，在很大程度上实现了自动化……它会分析所有能够获取的数据，找出其中的非随机运动，据此做出预测。[17]"吉姆曾经几次通过不同的方法尝试开发量化交易方法，维基这样描述："西蒙斯与已故代数学家詹姆斯·阿克斯（James Ax）合作建立了大奖章基金（Medallion Fund）。这家基金最后实现了完全的员工自主。彭博新闻（Bloomberg）在 2014 年报道称，'它在长达 20 年的时间里连续实现了超过 35% 的年回报率'[18]"。不过，他的早期努力似乎都是一样的命运：一开始很成功，最后归于失败。于是，他宣布停止交易六个月，重新评估公司的各项能力。这让一些客户弃他而去（我真替这些人感到惋惜！）。在这段时间里，吉姆和他的一位重要同事开发出了一整套全新的交易方法。它在本质上更加短期化。从此以后，他们一直沿用这套方法。这当然离不开持续不断的分析和改进，但也没有做过更进一步的巨大改动[19]。"2015 年，文艺复兴技术公司管理的资产大约价值 650 亿美元。人们都说，这家公司里的人可以组成'全世界最好的数学物理系'。[20]"

西蒙斯和他的夫人玛里琳都是出色的慈善家，他们的善行遍及多个领域和多个国家。他们在 1994 年成立了自己的慈善基金会。如今，西蒙斯把自己的大部分时间投入了这家基金会。西蒙斯的基金会是美国基础科学和数学教育的第二大私人赞助者，仅次于霍华德·休斯基金会（Howard Hughes Foundation）。西蒙斯是 MIT 的终身校董，他和夫人一直通过慈善事业支持母校 MIT。他们最近捐赠了一笔资金，用于 MIT 2 号楼（MIT Building 2）的彻底修缮和翻新。那里曾是数学系本科生的宿舍楼，现在被命名为西蒙斯楼（Simons Building）。

亚瑟·萨姆伯格
（Arthur Samberg）

1985 年。进入投资行业之前，**亚瑟·萨姆伯格（ARTHUR SAMBERG）**在航空工程领域积累了极深厚的经历。萨姆伯格从 MIT 航空航天工程系（本科，1962 届）来到斯坦福大学，之后进入洛克希德公司，还取得了哥伦比亚大学的 MBA 学位。随后，他进入基德皮博迪公司（Kidder Peabody），专门负责航空和防务电子领域的投资分析。之后不久，亚瑟加入了初创企业 Weiss, Peck & Greer。15 年之后，他成了这家公司的合伙人和管理委员会成员。1985 年，萨姆伯格共同创办了**道森 – 萨姆伯格资产管理公司（DAWSON-SAMBERG CAPITAL MANAGEMENT）**公司并担任总裁。1986 年，他在道森 – 萨姆伯格公司成立了自己的第一支皮克特（Pequot）对冲基金。1999 年，他把自己的基金统统归入了单独成立的**皮克特资产管理公司（PEQUOT CAPITAL MANAGEMENT）**，并在接下来的 10 年间担任这家公司的首席执行官、总裁和董事长。在最顶峰时期，皮克特公司管理着 150 多亿美元的资产，是当时全球最大的对冲基金企业，净回报率高达 17.8%。

阿特·萨姆伯格（即亚瑟·萨姆伯格）是哥伦比亚大学和 MIT 的重要慈善捐助人。他的善举泽及数量众多的慈善机构。他对 MIT 的最近一笔捐赠款用于修建新的萨姆伯格会议中心（Samberg Conference Center）。这个会议中心占据 MIT 52 号楼（MIT Building 52）最上面两层。52 号楼在重新修缮之后被重新命名为"张忠谋与张淑芬大楼"（Morris and Sophie Chang Building）。萨姆伯格是 MIT 的终身校董、执行委员会成员。他还担任过 MIT 投资管理公司（MIT Investment Management Company）董事长，任职 5 年之久。

本·戈卢布（Ben Golub）

1988 年。贝内特·戈卢布（**BENNETT GOLUB**）（即本·戈卢布）（管理学学士，1978 届、硕士，1982 届、博士，1984 届）在 MIT 度过了几年的求学时光。从一入学时起，他就不断地广泛吸收计算机、金融和经济学知识[21]。本说过：“不仅如此，MIT还教我敢谋大事，没有什么是不可能的。它告诉我，如果有一件事是你不会做的，那就把它当作起跑线，学会它！”在斯隆管理学院读完应用经济学与金融学博士之后，本进入了第一波士顿公司（First Boston Corporation）。他很快为这家公司建立了金融工程部门。在他的协助下，这家公司建立了价值超过 250 亿美元的债券产品，包括很多创新型抵押贷款担保和资产担保债券产品。这帮助他积累了丰富的经验。

这也让本成了**黑石金融资产管理公司**（**BLACKSTONE FINANCIAL MANAGEMENT**）的八位共同创始人之一。用本自己的话来说，他是黑石公司的“常驻定量分析师”（house quant）。这家公司从风险管理的角度出发，为机构客户提供资产管理服务。这家公司很快更名为**贝莱德金融资产管理公司**（**BLACKROCK FINANCIAL MANAGEMENT**），并在 1992 年正式更名为**贝莱德**（**BLACKROCK**）。它如今是全球最大的资产管理公司，旗下管理的资产高达 490 亿美元！当时，为了处理抵押贷款的证券交易，人们真的需要花费巨额资金购买大型主控计算机。贝莱德反其道而行之，转向了类似 Sun Microsystems的小型机。这为它赢得了竞争优势。本这样形容几位共同创始人的多样技能：

贝莱德非常幸运，除了技术和分析能力之外，我们还拥有形形色色的多样技能。我们有些合伙人懂得如何管人，有的擅长演讲，懂得怎样说服人们接受自己的想法，还有人在拓展商务关系方面表现卓越。无论从哪个角度来说，能把这些才华横溢的人聚在一起，我觉得自己真的非常幸运。

2000 年，本成立了**贝莱德解决方案公司**（**BLACKROCK SOLUTIONS**），主要开展风险顾问业务。他在贝莱德当了 20 年董事总经理和首席风险官，之后升任副董事长。他还撰写过多篇（部）关于金融分析和风险管理的论文和专著。

近年来，本对 MIT 的主要贡献是担任斯隆管理学院北美顾问委员会委员。他还在 MIT 管理学院成立了贝内特·戈卢布金融与政策中心（Bennett Golub Center for Finance and Policy）。

1998 年。并不是每一位企业创始人都对自己即将扛起的重担提前做好规划。

有些人迫于形势，被动当上了领导。然后乘势而上，建立了重要组织。**格雷格·伯曼**（GREGG E. BERMAN）（物理学学士，1987 届）就是这样一位"陈桥兵变"式的创始人。阴差阳错之间，他成了 **RISKMETRICS 集团**（**RISKMETRICS GROUP INC.**）的创始成员之一。

虽然格雷格不喜欢被贴上"定量分析专家"（quant）的标签，但他从很年轻时就走上了"定量分析方向"。下面是格雷格人生中的几个剪影，可以帮助我们更清晰地认识他。"刚上初一时，我就宣布……自己将来要读 MIT，成为一名物理学家……暑假时，我在一家电脑商店打工，卖康懋达 64s（Commodore 64s）。1983 年秋天，我考上了 MIT，成了一名大一新生。[22]"几年之后，"尽管被实验压得喘不过气来（我当时在普林斯顿大学攻读物理学博士学位），我还是希望尽可能地进入华尔街。这个念头让我深深地着了迷。"在这中间的几年里，有一位招聘经理正在寻找心怀异志的普林斯顿博士。这位经理一通突然袭击式的电话把格雷格约到了摩根大通的会议室。"接下来的几天里，我完成了大约十几次面试，非常密集。1998 年 9 月，我加入了 RiskMetrics 团队。那天刚好是它从摩根大通分离出来，成为独立企业实体的第一天。"

伯曼还说："8 年多过去了，我仍在 RiskMetrics 工作。我拥有好几个头衔，从产品经理……到市场风险业务负责人等，我甚至管理着销售团队。"2008 年，RiskMetrics 上市；2010 年 3 月 1 日，这家公司被收购，成交金额 15.5 亿美元。格雷格·伯曼就这样阴差阳错地成了一位成功的创业企业家☺。

1999 年。罗闻全（ANDREW LO）是 MIT 近年来重要的量化投资企业创始人之一。1988 年至今，罗闻全一直担任 MIT 的金融学教授、MIT 金融工程实验室主任。他是"适应性市场假说"（Adaptive Market Hypothesis）的高调开发者和支持者。这项假说强调，投资策略需要考虑到随着时间而变化的市场动态效率情况。

罗闻全（Andrew Lo）

为了落实自己的理论，罗闻全成立了 **ALPHASIMPLEX** 集团并担任首席科学官。如今，罗闻全担任着这家公司董事长和首席投资官职务。它现在是**法国外贸银行**（NATIXIS）的一部分。该银行的官方网站称："我们的战略开发来自基于模型的量化框架，它的重点是防患于未然的风险管理技术和流动性。[23]"这种对风险管理的强调反映了格雷格·伯曼在 RiskMetrics 公司采用的相同理念。AlphaSimplex 的 4 支基金稳步发展，截至 2016 年 12 月 31 日，这些基金的总体规模达到 63 亿美元。

罗闻全著述颇丰。他的整个学术生涯充满了赞誉和认可。他还获得了来自职业金融团体的多个奖项。近些年来，他和安托瓦内特·肖尔（Antoinette Schoar）教授与 MIT 马丁·特拉斯特创业中心合作，共同支持快速发展的"金融科技"（FinTech）创业活动。

电子交易：比尔·波特和金融大革命

比尔·波特（Bill Porter）

威廉·波特（**WILLIAM A. PORTER**，即比尔·波特）（出生于 1928 年）是一名高中辍学生。他在"二战"时加入了美国海军，很快又被送了回来，因为军队发现他只有 16 岁。战争结束后，他自学取得了学士学位，又完成了硕士阶段的教育，成了一名勤奋能干的物理学家和工程师。比尔在青少年时代做过牛仔。牛仔很忙，工作要求也很高。他把自己的坚决果敢归功于这段牛仔生涯："非常非常辛劳的工作……如果你也处于那种移民定居式的心智模式里，同样会毫不犹豫地动手做事，只因为那样做是对的，你会拥有一种永不消逝的自信心。[24]"

比尔的技术经历令人惊叹，他负责的职务也增长得极快。他的 14 项专利说明了他的技术能力和创新能力都是第一流的。但是他认为，在这样一个创新的、技术密集的环境里，更正规的管理学教育能让自己受益匪浅。于是，比尔说服了自己的上司，资助他就读 MIT 斯隆学者项目的高级发展硕士课程，为期一年。就这样，他成了一名 1967 级 MBA 新生。

毕业几个月后，比尔决定开办自己的公司。他和另外 5 个人联合创办了 **COMMERCIAL ELECTRONICS**（**CEI**）公司。他们很快就开发出了第一款微光夜视电子显微镜，还有一种如今仍在广泛使用的广播电视摄像机。后来，比尔卖掉了 CEI 公司，进入技术咨询领域。一开始单干，后来帮助斯坦福研究院（Stanford Research Institute，SRI），直到 1982 年。

还在斯坦福研究院工作时，比尔已经越来越多地从事股票交易。他买了一台 Apple II 电脑，帮助自己跟踪股价和股市活动。他还用这台电脑计算一些基本方程式。他认为这些计算会有助于提高自己的交易成果。1979 年，他在一场鸡尾酒会上遇到了伯尼·纽科姆（Bernie Newcomb），这让他开始认真思考开办一家在线经纪公司的想法。纽科姆是个半盲的计算机编程高手。那场鸡尾酒会上的讨论让他们在 1982 年合作创办了一家公司，就是后来的 **TRADE-PLUS**。比尔认为，公司应该向交易经纪企业销售自己的服务,这是他们的市场所在。他和伯尼分别投入了 1 万美元和 5000 美元,并按照这个比例分配了两人对公司的所有权,每股按照 1 美元计算。后来,比尔在他的自传"I Did It My Way"(意为"我的成功之路")中指出,18 年之后,在互联网热潮的顶峰期,最初的 1 美元/股(按照 E*Trade 等价折算)涨到了 4.23 万美元/股 [25]!

作为最新的先驱企业,无论是在技术方面,还是在资金筹集方面,这家公司的最初几年都过得非常艰难。为了能维持下去,比尔卖掉了自己的一部分股权。无论是谁,只要提出购买,公司都会把股票卖给他们。向在线交易的过渡早在 1983 年年中就完成了,但是 Trade-Plus 公司当时仍然停留在为经纪公司提供服务的阶段。随后是不断的起起伏伏和日益激烈的竞争,还有几家公司向他发出了收购邀约,不过都被拒绝了。慢慢地,这家公司开始取得越来越多的成功。

1992 年,公司完成了重大转型,开始为个人提供折扣很低的在线交易服务,抛弃了 Trade-Plus 之前为经纪公司和股票市场提供服务的旧模式。**E*TRADE**(即 Electronic Trading,电子交易)由此成立了。然而美国宪法规定的州权带来了新的阻碍,它要求 E*Trade 公司首先取得各州的分别许可,才可以在全国范围内运营(大约 10 年之后,搜狐在中国开展在线交易时也遇到了类似的要求。它要在每个省分别获得批准。我们还天真地认为,这种问题只有在中国才会遇到!)产品和市场的巨大转变为 E*Trade 公司带来了一轮长期的增长和成功(中间免不了有些波折!)包括公司在纳斯达克上市,后来又转到纽约证券交易所,还包括一系列的并购交易和管理转型活动。比尔·波特和 E*Trade 公司通过电子在线交易革新了金融市场,造福全世界每个人。伴随金融产业巨大变革而来的是大量的电子硬件、精妙的软件和创业者的创新与毅力。比尔把这一切,以及更多的故事,都记载在了自己那本 709 页的自传里 [26]。1998 年,安永公司为他颁发了"年度国家创业者奖"(National Entrepreneur of the Year Award)。

这本自传还记录了比尔后来和马蒂·阿费尔布赫(Marty Averbuch)一起创办**国际证券交易所**(**INTERNATIONAL SECURITIES EXCHANGE,ISE**)的故事。那是美国第一家实现全电子化的期权交易所。1998 年,波特在 70 岁生日的当天走马上任,成为 ISE 首位董事长。在此之前,比尔酝酿过建立期权交易"第三市场"的想法。经过很多研究之后,他向 E*Trade 公司董事会提出了这个想法。董事会认为,公司已经分身乏术了,尤其是公司即将迎来 IPO,想要开辟新的业务领域谈何容易。后来,在董事会的批准下,波特和阿费尔布赫在 1997 年走访了每一家欧洲交易所，考察电子化期权交易的运行方式。在此之后，他们又用了3 年时间推进此事，中间遇到并解决了各种各样的问题。2000 年 3 月，他们终于取得了美国证券交易委员会（SEC）的批准。ISE 正式开始运行。这家交易所最初的增长速度非常惊人，不过很快就发生了 9·11 事件。这场惨剧造成的死亡和混乱绵延不绝。比尔随即退出了所有与华尔街有关的工作。他和夫人琼来到了夏威夷，投身大规模农业长期发展事业。从此过起了一种完全不同却同样充满创业精神的生活。

比尔的一生丰富多彩。他不仅是电子领域的创业家、金融领域的改革家，还是慷慨大方的回报者。只要他认为某家机构曾对他个人的成长和成功有过帮助，就会积极给予支持。他为自己的第一所母校——亚当斯州立大学（Adams State College）——提供过好几笔数额可观的捐款，加强该校的科技工程能力。他还为无力承担教育费用的本地学生提供奖学金。

比尔最主要的自我形象还是创业家。他出资捐赠了 MIT 一个创业讲席，随后，他和他的夫人琼又捐赠了 2500 万美元，启动了 MIT 斯隆管理学院新总部大楼的建设工作（这座新楼如今就是用他们两位的名字命名的）。1997 年，在大楼破土动工的仪式上，波特道出了他的心声："（我用捐赠的方式）帮助学校通过创业发挥自身的技术能力，更好地改善人类的处境。"比尔热爱 MIT，尤其热爱自己在斯隆学者项目中学到的一切："MIT 是几乎所有科学与技术领域的领导者，但是，提出一种极尽巧妙的技术器物是一回事，把它投入市场是完全不同的另一回事。在我看来，MIT 斯隆管理学院是一座桥梁，它帮助技术高手们把他们的机巧转变为有意义的发明，推动人类的进步。"

他在很多方面积极支持 MIT 的多个创业项目。他曾在 MIT 做过六七次演讲，其中最精彩的一次是他在五万美元商业案例决赛颁奖仪式上的那次演讲。台下坐着 1000 位观众。比尔还分别邀请 MIT 斯隆管理学院的两位院长——莱斯特·瑟罗（Lester Thurow）和后来的理查德·施马兰西（Richard Schmalensee）——加入了 E*Trade 公司董事会。这样的激励手段也是比尔向母校 MIT 表达感激之情的一种特别方式。

2015 年 10 月 15 日，威廉·波特在夏威夷的可爱岛（Kauai）与世长辞。多年以前，他在金融产业这个大舞台上导演了一场全方位的革命。

MIT 金融科技即将引爆"现代金融"创业领域

MIT 的经济和金融教师不断推进金融理论与实践的发展。把这些思想转化纳入创业企业势必加快它们的发展。就像前文提到过的，MIT 的学术领袖们，例如罗闻全和安托瓦内特·肖尔曾在 MIT 商业计划大奖赛等新型金融科技活动中发挥领导作用。2017 年 12 月，MIT 教授、诺贝尔奖得主、创业家与天使投资人**罗伯特·默顿（ROBERT MERTON）**（1970 届）在他最后一次关于计量金融学的萨斯曼奖（Sussman Award）讲座上谈到了对未来金融创业的看法。默顿横跨了多个金融主题，从比特币到各种形式的套利交易，指明了每个领域成立新公司的前景。在座的很多学生记下了大量的笔记，预判自己未来的行动！

MIT 正在筹备发布新的人工智能行动倡议（Artificial Intelligence Initiative）。可以肯定地说，金融投资与交易将会成为人们广泛关注的主要领域之一。当然，不仅是管理领域的人们会注意它，很多科学和工程工作者也会密切关注它。大量的 MIT 创业行动必将改变计量金融与交易的未来。

参考文献及注释

1. Spencer Ante, *Creative Capital — Georges Doriot and the Birth of Venture Capital*, Harvard Business School Press, 2008, p. 107.

2. William Bygrave & Jeffry Timmons, *Venture Capital at the Crossroads*, Harvard Business School Press, 1992.

3. 此处大部分背景信息来自：Maggie Bruzelius, "Tom Perkins'53", *Technology Review*, July–August 2006.

4. Maggie Bruzelius，同上。

5. 同上。

6. 同上。

7. 同上。

8. Sacha Pfeifer, "Five Things You Should Know About Kevin Kinsella", *Boston Globe*, August 28, 2015.

9. 来自我们的私人通信，1986 年 4 月 1 日。

10. 访问时间：2017 年 4 月 27 日。

11. MIT Management Alumni Magazine, 2017.

12. Shawn Tully, "Princeton's Rich Commodity Scholars", *Fortune*, February 8, 1981.

13. Kenneth Gilpin, "Goldman Says It Will Buy Asset Adviser", *New York Times*, May 1, 1997.

14. Acadian, acadian-asset.com，访问时间：2017 年 5 月 1 日。

15. Amanda Schaffer, "The Polymath Philanthropist", *MIT News*, November/December 2016.

16. 来自米歇尔·乔特（Michelle Choate）的采访，2016 年 8 月 22 日。

17. 维基百科，"James Harris Simons" 词条：https://en.wikipedia.org/wiki/James_Harris_Simons（最近访问日期：2018 年 3 月 29 日）

18. Sean Elder, "World's Smartest Billionaire", *UC Berkeley* California *Spring 2016 War Stories*.

19. Choate，同上。

20. Elder，同上。

21. 此处细节大部分来自米歇尔·乔特 2016 年 10 月 5 日对戈卢布的采访，其余部分来自补充渠道。

22. Richard Lindsay & Barry Schachter eds., *How I Became a Quant: Insights from 25 of Wall Street's Elite*, John Wiley & Sons, 2009, Chapter 3.

23. Natixis Investment Managers, https://www.im.natixis.com/us/home（最近访问日期：2018 年 3 月 29 日）

24. 维基百科，"William A. Porter" 词条：https://en.wikipedia.org/wiki/William_A._Porter（最近访问日期：2018 年 3 月 29 日）

25. William A. Porter, *I Did It My Way*（戏仿 Frank Sinatra 的歌名），个人出版，2013 年，第 228 页。

26. 同上。关于 E*Trade 公司各个发展阶段的简要概览可以参阅《E*Trade 金融公司的历史》：fundinguniverse.com（最近访问日期：2017 年 5 月 5 日）。

大声喝彩！！

　　本书第三部分通过大量的例证记述了数量众多的 MIT 校友是如何成为四个特别行业的先行者的。他们创办和管理卓越的企业，创造就业岗位和税收、为社会带来重要变革，把生活方式的进步带到整个美国和全世界。这些校友的努力常常是在 MIT 教师的引领下完成的。对这些创业者中的大多数人来说，遇到并且征服各种各样的挑战、赢得发展和成功是一件赏心乐事。这四个行业中的每一个都在持续不断地向 MIT 校友创业者展现着创办新企业的美好前景。我们要向他们每个人表示最热烈的祝贺和最深沉的感激之情。截至本书写作时，这四个行业里一定还有很多我们没有发现的 MIT 校友创业者，我们同样要向他们表示祝贺，并为我们的疏失表示歉意。

　　我们在第三部分见证的先驱模式同样可见于很多其他领域，其中，首当其冲的就是软件和电子行业。MIT 创业影响力数据显示，这两个行业存在大量的 MIT 校友创业者 *。从 MIT 校园走出的创业者遍布各行各业和各个国家，他们的产品

和服务源于自身的教育。我们所有人都是这些产品和服务的受益者，应当为此赞
美每一位 MIT 创业者。

这首献给每一位 MIT 创业者的颂歌实际上也是一声响亮的喝彩！

* 来源：Edward B. Roberts, Fiona Murray & J. Daniel Kim, *Entrepreneurship and Innovation at MIT: Continuing Global Growth and Impact*, MIT, December 2015.

上图：

WeCyclers 公司，比莉绮丝·阿德比伊 - 阿比奥拉（Bilikiss Adebiyi-Abiola）（2013届）共同创办。这家公司用低成本的载货自行车（这种自行车被称为 WeCycle）为尼日利亚的千家万户提供方便的垃圾回收服务。

右下图：

MIT 十万美元大奖赛参赛者，2015 年 10 月。

左下图：

学生们在 MIT 马丁·特拉斯特创业中心学习。

第四部分

向前、向前、向前!

我为自己 1991 年那本著作最后一章的最后一节选定的标题是"技术创业的未来"[1]。当时，我看到高科技创业正在全球各地加速发展，只不过当时的全球经济状况比较糟糕。在当时的 MIT，学生们对创业的兴趣与日俱增，它的迹象极大丰富。但我们当时只有一门创业课程："创办新企业"（New Enterprises）。而且 MIT 创业中心当时还没有成立。在那本书的最后，我写下了这样的话："高科技创业是——并将一直是——美国梦和美国现实的一部分，它的重要性只会变得越来越高。它会激励全世界的年轻技术人才，照进更多人的梦想和现实之中。"[2]我希望自己在接下来的第十二章即将提出的看法也能做到如此准确。

第十二章

MIT 创业及其未来

MIT 创业事业的未来已经到来。

它即将改变明天的面貌！

关于 MIT 创业事业绵延不绝的未来发展和影响力，本章审视了几种可资预判的重点，考察了几位多姿多彩的创始人，检讨了他（她）们创办企业的目的和日益扩展的业务领域。本章会更深入地探讨"MIT 引擎"（MIT Engine）项目。它会告诉我们更多关于 MIT 鼓励和加强创业事业的虔诚的使命感和奉献精神，尤其是在解决全球问题、需要最耐心培养和资源的问题上。在本章的最后，我还会总结自己从"MIT 创业生态系统"及其全球衍生机构的内外部发展中获得的经验。

MIT 创业成就之路

本书第三部分讲述的是众多 MIT 教师和校友筚路蓝缕、创办和建设卓越企业、开拓全新行业的历史。我想大多数读者都会明白地看到 MIT 创业的本质和它的巨大发展、认识创始人们、了解他们的目的和起点，也许还会发现，在过去的半个世纪里，MIT 创业者的成功率发生了让人叹为观止的提高。

1960 年，MIT 还没有鼓励或者支持人们考虑创业问题的体系。然而，历史为我们提供了镜鉴、文化鼓舞了我们的勇气，加上 MIT 始终走在知识最前沿的传统——共同构成了这样一种期待：MIT 的广大师生应当用自己的知识成就足够重要的事业。这就是最早一批 MIT 教师和校友创业者的由来。50 多载以来，MIT 做出了很多重大的转型，以此支持和鼓励创业。1990 年至今。MIT 校园里的师生都能明显感受到，与创办新企业相关的资源始终处于稳步的加速增长之中。它们包括各式教育、积累经验的机会、辅导、创意竞赛、更多的空间和设备，用来支持处于最初阶段的创业团队、产品和企业的发展，甚至包括一定数量的内部创业基金。这些 MIT 的资源恰好与肯德尔广场（Kendall Square）、波士顿乃至全美国创业的爆发式发展相互呼应。总体而言，整个世界越来越多地见证了支持和促进创业的各种新计划的诞生，以及初创企业，尤其是成长阶段风险资本的极大发展。所有这一切都清晰地反映在 1990 年以来成立的新企业身上（如需了解这些企业呈指数增长的具体数量、创始人越来越低的年龄或者其他细节信息，请参阅本书第六章内容）。距离现在越近，我们就会越明显看到更多的例证，说明今天的新企业和它们的创办者们其实是 MIT 多年演进的全面创业生态系统的产物。

【作者注】MIT 创业者最集中的行业是软件业。假如我在本书第三部分选择讲述的行业是电子或者通信行业，我一定会毫无疑问地选择 Linkabit 和高通（Qualcomm），作为重要先驱企业的例子！

下面三组创业实例说明了，在过去的几十年间，MIT 生态系统的种种变革是怎样影响新企业的。三组例子包括：（1）早期的巨型企业，**高通公司（QUALCOMM）**；（2）两家距离现在较近的、处于成长阶段的企业：**HUBSPOT** 和 **PILLPACK**；（3）最新的创业物种，一共包括 4 家"站在巨人肩膀上的"年轻企业。

另一家伟大的先驱企业

高通公司。让我们首先讲述另一个诞生于 MIT 的、了不起的成功故事。它发生在几十年前，发生在多年以来 MIT 创业人数第二密集的电子行业里。

谈到**高通**（**QUALCOMM**），就不得不提到 **LINKABIT** 公司。因为它不仅是高通的前身，还为它在技术引领的全部领域里奠定了基础。取得了 MIT 博士学位之后，**艾文·雅各布**（**IRWIN JACOBS**）（电子工程专业，硕士，1957 届、博士，1959 届）加入了加州大学圣地亚哥分校，当上了一名助理教授。1968 年，他和另外两位 MIT "科目六"（Course 6，即电子工程与计算机科学（EECS）科目）双硕士学位获得者——**安德鲁·维特比**（**ANDREW VITERBI**）（EECS 专业，学士、硕士，1957 届）和**伦纳德·克莱因罗克**（**LEONARD KLEINROCK**）（EECS 专业，硕士，1959 届、博士，1963 届）创办了 Linkabit 公司（公司刚成立不久，克莱因罗克就退出了）。Linkabit 主营咨询服务，后来获得政府合同，主要专注通信技术。

艾文·雅各布
（Irwin Jacobs）

雅各布说：

安德鲁·维特比
（Andrew Viterbi）

1971 年，为了管理 Linkabit，我从 UCSD（加州大学圣地亚哥分校）请了一年的假。这一年过得有趣极了。它为我创造了很好的机会，证明了 MIT 克劳德·香农教授（Claude Shannon）（1940 届）创造的信息理论，以及我们在课堂里讲授的信息理论，实际上可以在现实生活中发挥极大的作用——当时很多人对这一事实深存疑虑。1972 年，我从学校办理了退休手续，Linkabit 公司迎来的飞速发展。我们做了很多事，其中一件是帮助 HBO 开发了世界上第一款卫星直播电视（satellite-to-home TV）。这款产品随即得到了全行业的普及。我们还开发了 VSAT（Very Small Aperture Terminals，即"甚小孔径终端"）。它主要用于企业通信。沃尔玛是第一家采用 VAST 的企业。它用这一技术联系所有的门店和仓库。我们公司的发展速度奇快。1980 年 8 月，我们把这家公司卖给了波士顿一家名叫 M/A-COM 的公司[3]。

在那段时间里，维特比开发了一款非常重要的专利算法："维特比译码算法"（Viterbi Decoding Algorithm）。这种算法对 Linkabit 公司和通信行业极其重要。Linkabit 聘用了数量众多的 MIT 校友，其中很多人后来都创办了自己的公司。一份报告指出，从 Linkabit 公司走出的人一共创办了 76 家公司。这家公司对圣地亚哥地区通信企业集群的形成做出了巨大贡献。

在公司工作了几年之后，在几位 Linkabit 老同事的帮助下，雅各布和维特比在 1985 年创办了高通公司（Qualcomm，这个名字的含义是"高质量通信"，即 Quality Communications）。雅各布这样形容高通的最初岁月：

在移动通信中采用 CDMA（Code Division Multiple Access，即"码分多址"）技术这一思想是我们首先提出的，但我们一开始什么资源都没有。所以我们暂时搁置了这个想法，直到成功开发出一种卡车卫星终端的时候为止。这种终端可以为卡车提供双向通信功能和定位功能……接下来，我们开始在移动通信行业推动 CDMA 技术，然而，经过了长期的斗争，这个行业"把票投给了"我们的竞争技术 TDMA（时分多址）。我们终于在 1989 年进入了演示阶段，并且赢得了大量的行业支持，但是我们的技术标准直到 1993 年才获得审批通过。1995 年，中国香港建成了世界上第一个投入运营的 CDMA 网络，接下来，我们走进了欧洲，在那里与欧洲人钟爱的 GSM 标准展开了竞争。

3G 技术完全是建立在 CDMA 基础之上的。之前所谓的信仰之争早已不复存在了。一位斯坦福大学教授甚至说我们违背了物理定律，总之，当时的争论甚嚣尘上。高通的历史告诉我们，冒险是值得的。但是，在你尝试更创新的事物时，总会有些人不相信它，总会有些人的业务因此受到影响，所以，总是会有人反对它。你会不断地检视自己的技术，确保自己走在正确的轨道上。只要确定自己的路线没错，就坚持走下去，不要理会竞争和反对意见。

高通公司成立于 30 多年前，现在仍然处于不断增长阶段。这家公司 2016 年的收入超过了 239 亿美元，市值超过了 980 亿美元[4]。艾文·雅各布这样评价自己的人生抱负："我认为，即使在搬到加州之后，我还算是一名学者。教书永远是一件令人激动不已的事。至于投身商业，我同样为自己找到了顺理成章的理由。因为这样可以证明，我们在学术上不断探索的理论实际上可以在现实世界中发挥极大的作用。对我来说，这是一次不小的转变。"雅各布最后还提到了 MIT："很显然，对我来说，在 MIT 接受的教育，加上我在 MIT 任教的经历，为我带来了知识和洞察力。它们在我创业的过程中发挥了巨大作用。我和我的夫人感到非常荣幸，因为我们如今可以为 MIT 做出一些微薄的回报，帮助更多的人获得同样的教益。"

> **能做到不断成长的企业**寥寥无几。对这些企业来说，达到 10 亿美元收入这一大关，通常需要穷尽 30 年之功。能够提前 10 年，甚至 20 年达到这一水平的企业更是凤毛麟角。

正如本书第三部分指出的，那些走出 MIT 并成功创业的人们在学校的收获对他们的企业发挥了重要作用。他们让自己身边充满了 MIT 校友；出于感激之情，他们会"回报"母校。不过，这些早期企业的成功是在缺少正规创业教育、辅导和团队竞赛的情况下实现的，他们也没得到过开办和经营企业方面的指导。相比较而言，他们的优势仅限于母校给予的超一流的技术教育，以及 MIT 教育中的刚毅和"勇挑重担"（can do）的精神。这种种益处现在依然存在，但是 MIT 已经在过去 50 年里发生了很大的变化：创业环境得到了持续不断的提升，与之相伴的还有多个维度的创业支持。

两家中期企业

随着 MIT 校友每一次的巨大成功，更多快速成长的创新型企业接踵而至。这些企业刚刚步入佳境，取得了"中期成就"，眼前一片繁花似锦的美好前景。它们自然要比巨型企业年轻一些！在审视这些 MIT 校友创办的中期企业时，我们还发现，它们的基础各不相同。这里谈论两个例子：**HUBSPOT** 和 **PILLPACK**。前者成立于 11 年前，后者成立于 4 年前。

HubSpot。这家公司的创始首席执行官**布莱恩·哈利根**（**BRIAN HALLIGAN**）（2005 届）指出：

HubSpot 就诞生在 MIT 的教室里。我和（创始首席技术官）**德哈米斯·沙哈**（**DHARMESH SHAH**）（2006 届）是斯隆学者项目的同学。我们有很多共同的兴趣，对很多事情的看法也非常一致。我们都对软件兴趣浓厚。如果有机会帮助中小型企业发挥互联网优势，我们都会觉得激动不已。我们在课堂项目中合作得非常愉快，所以会抓住课上的一切机会合作，这最终带来了 HubSpot 这家公司。我们选报了"创办新企业"（New Enterprises）这门课，撰写了 LegalSpot 公司商业计划书（LegalSpot 是我们设计的一家企业，主要帮助法律事务所"投身市场"。这个蓝本最后变成了 HubSpot 公司），结果我们发现，这个想法不太成功！我们参加了 MIT 五万美元大奖赛，一路杀到了半决赛[5]。

德哈米斯·沙哈从另一个角度讲起：

在此之前，我创办过自己的软件公司，做了 11 年首席执行官。后来我卖掉了这家公司，算是比较成功。我的本科专业是计算机科学，我总是想读一个计算机科学的硕士。我真的是一个彻头彻尾的技术迷。幸运的是，有人建议我，读个商学院的学位也许更有帮助，世事洞明皆学问嘛。于是我选择了 MIT 斯隆学者项目。那是斯隆学者项目与 MIT 技术管理项目合并的第一个年头。这次合并对我吸引力特别大（我似乎是 MIT 历史上毕业的最后一位"技术管理"硕士）。后来我卖掉了第一家公司，当时我向我妻子保证，往后再也不创业了。当时我认为，研究生毕业之后，我最有可能的前途是继续读博士，然后当个老师。结果完全不是这样的！

德哈米斯说：

HubSpot 的创意产生在我撰写硕士论文期间，当时担任我论文导师的是艾德·罗伯茨。我开了个博客，名叫"创业那些事儿"（On Startups），用来收集其他软件企业创始人的信息、了解他们对 Web 2.0 如何影响软件创业的看法。布莱恩·哈利根当时已经毕业了，在一家波士顿的风险投资公司帮助被投资企业打造营销项目。我们大约一个礼拜碰一次头，聊聊最近发生的事，展望共同创办公司的工作。我们都发现：那个博客流量的增长速度远远快于布莱恩当时帮忙的初创企业的成长速度。

布莱恩问德哈米斯："你那个博客是研究生写的，而我帮助的那些企业，它们的网站是专业市场营销人士打造的，还有专门的预算。为什么那么简单的博客反而吸引了更多的流量、更大的力量和更高的关注？"德哈米斯说：

布莱恩·哈利根、德哈米斯·沙哈和 HubSpot 的朋友们

于是，我们深入挖掘了这个问题。根本原因似乎是，"创业那些事儿"使用了我开发的搜索引擎优化技术，可以把人们吸引过来，阅读我的博客。就这样，我们共同提出了创办 HubSpot 的想法。我们想要的东西在技术上并不容易实现——有很多细碎的问题需要解决，面向小型企业的平台需要建立，我们还要帮助这些企业在互联网世界里开展"集客式营销"（Inbound Marketing）。这个术语是布莱恩提出的，堪称独树一帜。

布莱恩讲到了他们创办这家企业的经过：

HubSpot 的"官方"上线日期是 2006 年 6 月 9 日。我们发布了全功能"集客营销"软件，为企业提供一体化工具，帮助它们创建网站、让人们在谷歌上发现它们，把网上的浏览者转化成为潜在客户，并对整个过程加以分析。我们在宽街一号的剑桥创新中心（Cambridge Innovation Center）找到了一间屋子，那就是我们的第一个办公室。宽街的地理位置非常便捷，过了马路就是 MIT。这帮助我们和 MIT 的生态系统始终保持密切联系。后来的事实证明，这个做法对公司的帮助特别大。

成立以来，公司实现了极快的发展速度。我们现在的总部还在剑桥——步行抵达 MIT 和特拉斯特中心只需要 10 分钟。我们经常"混迹"在那里，帮忙做些教学和辅导工作。我们最关键的创始团队——和后来很多团队成员，还有我们最早的财务团队、数量众多的早期用户——全部来自 MIT 同学、朋友和校友。我们始终是 MIT 的一分子，我们热爱这里。

2014 年，HubSpot 在纳斯达克上市。这家公司 2017 年的收入达到了 3.75 亿美元，目前的市值为 41 亿美元[6]。

PillPack。这是一家更年轻的企业。2013 年，为了建立新型药店、改变传统的购药方式，TJ 帕克（TJ Parker）和**埃利奥特·科恩**（**ELLIOT COHEN**）（2013届）合作创办了 PillPack。公司首席执行官 TJ 的父母都是药剂师，他当时刚刚获得马萨诸塞大学药学与健康科学专业的药学博士学位。埃利奥特获得了伯克利计算机科学和神经科学专业学位，并在 MIT 取得了 MBA 学位。他们在是特拉斯特中心结识的，当时埃利奥特即将就读斯隆管理学院的创新创业方向，在中心担任比尔·奥莱特的工作人员。提起当时的情景，首席技术官埃利奥特说：

TJ 听说了十万美元大奖赛的事，他非常感兴趣，还特地走访了特拉斯特中心。他提出在那里义务帮忙，受到了热烈欢迎。我们的合作非常积极，共同提出了举办 MIT 首次"医药黑客松"（Hacking Medicine）周末活动的想法。比尔·奥莱特热情洋溢地为我们引荐了 **ZEN CHU**。Zen 是一位经验丰富的医学创业家，是我们创办黑客马拉松活动的绝佳合作伙伴。他在 MIT 创业方向培养方面做过很多贡献，获得了莫诺松奖（Monosson Prize）。我们很快就进入了执行阶段，那场活动吸引了大批参与者，以年轻人为主。他们来自整个大波士顿地区，而不仅仅是 MIT。尤为令人欣喜的是，我们吸引了真正的资深人士——包括一些世界领先的生物科技企业高管——在活动上发言并担任导师。为了参加这次活动，他们要长途跋涉地飞到波士顿。他们不辞辛劳地赶到了肯德尔广场，和我们打成一片。

那次黑客马拉松特别成功，TJ 和我开始认真讨论：我们要一起创办一家什么样的公司[7]。

PillPack 已经四岁了。这家公司一直没有上市，所以从未披露过任何财务信息。不过，2015 年 8 月，《纽约时报》（New York Times）把 PillPack 列入了当时的"创业独角兽"（Startup Unicorns）榜单。这里的"独角兽"指的是估值有望达到 10 亿美元的年轻企业[8]。埃利奥特谦逊地表示："我们做得还算不错，现在有几百名员工，为全美国的客户提供服务。而且公司还在不断发展。[9]"最近的一期《波士顿商业杂志》（*Boston Business Journal*）为我们带来了更多的信息。这篇题为《PillPack 新产品亮相，年内收入有望破亿》（*PillPack Unveils New Products, Eyes $100M in Sales this Year*）的文章指出：

位于萨默维尔（Somerville）的 PillPack 公司是一家药物配送初创企业。截至目前，这家公司的融资总额已经超过了 1.18 亿美元。日前，PillPack 推出了新款软件和家用配药设备，希望借此为下一步的发展奠定基础……这家公司的新型软件名为 Pharmacy OS，可以更便捷地跟踪处方、预先为药物分类、与患者沟通 [10]。

埃利奥特还提到了自己与 MIT 创业事业绵延不绝的紧密联系：

只要比尔·奥莱特一个电话，我可以随时赶回学校。我们的办公室设在马萨诸塞州萨默维尔，离学校很近。我通常每个学期都会为"创办新企业"讲一次课，比尔还会让我为其他课堂讲课，或者到特拉斯特中心和学生、来访者见面。我有时会到这里做客，顺便做些辅导工作。对我们来说，这一直都是件弥足珍贵的事。一部分原因在于，回到母校总是让我感到愉快，能帮上忙就更好不过了。我们还从 MIT 招聘了不少员工。每一次回到母校时，我都会见到一些新面孔，这往往会为 PillPack 带来帮助。这就是我们常说的正性强化（Positive Reinforcement）[11]！

众多处于成长中期的年轻企业遍布各个领域，这些企业越来越多地落户剑桥周边。它们都与 MIT——尤其是与特拉斯特中心——存在紧密的个人联系。这个中心帮助培育了它们中的很多企业。这些企业学习过 MIT 的很多创业课程——通常是在斯隆管理学院或者媒体实验室（Media Lab）。它们经常参加十万美元大奖赛、接受创业指导服务中心（Venture Mentoring Service）的辅导；它们还会见到、聆听，并且常常得到戴施潘德中心、技术许可办公室（TLO）、列格坦中心和 / 或 MITII（MIT 创新行动计划）负责人的咨询建议。它们也会经常参与 MIT 丰富多彩的学生活动。就算这些企业的创始人还没有创造大笔的财富，无法通过捐赠资金的方式表达对母校的感激之情。他们一定会热情地出席更年轻创业者的活动，支持这些紧随其后的创业者，以此"反哺"母校。

艾德·罗伯茨为埃利·奥特科恩颁发"艾德"奖（"Eddie" Award）[12]

站在巨人的肩膀上

分论坛：站在巨人的肩膀上（由左至右依次为比尔·奥莱特（主持人）、希林·耶茨、查兹·辛斯、艾拉·佩恩威奇和比莉绮丝·阿德比伊）

在 2016 年那场盛况空前的 "MIT 创业五十周年庆典" 活动上，比尔·奥莱特极力向现场数百位嘉宾展示了 MIT 年轻一代创业者极富特色的多样性。大多数走出 MIT 的新企业当然仍旧把某一方面的技术作为立身之本，例如 HubSpot 和 PillPack 等，它们同时也反映了创新的想法和科学技术的领先性，这也是 MIT 的独到之处。

尽管如此，如今的 MIT 初创企业（在 21 世纪的前十年里，这些企业的诞生速度约为每年 1800 家）融合了明显的社会意识，表现了利用自身创业解决全球问题的关切和意图。这并不是在贬低过去多年间众多卓越的创业者。他们中间当然充满了极具社会意识的人物，例如：**大卫·奥尔巴赫（DAVID AUERBACH）**（2011 届），他和其他 MIT 学生共同创办的 **SANERGY** 公司致力于改善非洲的公共卫生状况；**加埃唐·博诺姆（GAETAN BONHOMME）**（2008 届）和 MIT 同学合办的 **KURION** 公司走在了核废料清理的最前沿；**哈维尔·洛扎诺（JAVIER LOZANO）**（2010 届）创办的 **CLINICAS DEL AZUCAR** 为墨西哥人民提供糖尿病诊疗服务。巧合的是，这三个例子都是营利性企业，本节即将提到的四个例子也是如此。

这一代 MIT 新企业的创始人来自全球各地，代表着广泛的种族多样性，女性比例也是几十年以来最高的。这是一个非常明显的特点。同时，他们在全球各处落地生根，创办和经营自己的企业。2016 年 MIT 创业盛会期间，比尔·奥莱特在自己主持的分论坛上说明了这些趋势，他还说明了 MIT 如今胸怀创业抱负的人们追寻的多样化路径。比尔挑选了 4 位刚刚走出 MIT 加速器（我们在第四章提到过，这个加速器最初被称为创始人技能加速器（FSA），后来叫全球创始人技能加速器（GFSA），现在名叫德尔塔 V）的代表。下面简述这四位创业者的故事，更好地说明 MIT 今日创业者的风采。只有聚焦于眼前的现实，仔细观察这一现实是否存在有意义的趋势，我们才能最好地预见未来。

还记得这个公式吗？

d/dt（velocity）=acceleration

或者更简单地表达为 delta v = a

这四位创业者首先简单介绍了自己，接着讲述了自身企业的成立、发展和现状[13]。

希林·塔莱加尼·耶茨（2013 届）和 NimaLabs

我在湾区长大。宾大本科毕业之后，我在谷歌的销售与市场部门工作了五年时间。后来我想去斯隆管理学院读书，帮助那些饱受食物敏感症困扰的人们。因为我自己也深受其害。斯隆重视创业，这让我很感兴趣。于是我考入了学院的创新创业方向。但是，坦率地讲，我从来没说过："好的，我要去斯隆管理学院读书了，这样我就能创业了。"我了解自己想去读书的地方，但是一旦置身于 MIT 的大环境里，怎么可能不成为一名创业者呢？结果，毕业的当年，我就和**斯科特·桑德福（SCOTT SUNDVOR）**（2012 届）创办了 **6SENSOR LABS** 公司（现名为 **NIMA LABS**），帮助感兴趣的用户了解他们的食物成分，从麸质（gluten）开始！

我选了罗伯茨教授的课，也上了比尔·奥莱特和其他一些老师的课。在斯隆管理学院以外，我还在第一年入学时担任过 MIT 十万美元大奖赛的志愿者，我想借机观察评委们对宣讲内容做何反应。到了第二年，我一想出创意，就立即真枪实弹地投入到宣讲当中了。我遇到了自己的联合创始人，我们还在 MIT 找到了科学顾问——一位化学工程博士生，也是一位机械工程师。我通过十万美元大奖赛结识了一个人，我们聊得非常投机，后来这个人成了我在过去三年的合作伙

希林·塔莱加尼·耶茨
（Shireen Taleghani Yates）

伴。我们在对方身上押宝。同时，紧锣密鼓的 GFSA 加速项目也为我们提供了试验时间，让我们有机会检验合作创业的效果，结果好极了。我们最早的一部分投资来自 MIT 校友网络。

我们为数以百万计的人们开发产品，为这些饱受饮食限制或者食物过敏的人们带来安心的用餐时光。我们的第一款产品是 Nima，这种便携设备能测出食物中的麸质。我们正在推出所有其他蛋白质的检测设备，下一步还会推出花生检测产品。我们在旧金山有一支 25 人的团队，还有一支庞大有力的投资人队伍，不

断地为我们加油。目前，我们总共筹得了 1600 万美元的资金，其中有 200 万美元来自（美国）国家卫生研究所的小企业创新研究（SBIR-NIH）基金 [14]。公司 A 轮融资的领投企业是布拉德·菲尔德的 Foundry 公司。《时代》周刊为我们颁发了"年度最佳发明"奖。《大众科学》（*Popular Science*）杂志把我们评为 2016 年最重要的医疗创新企业之一。可以说，我们干得还不错，而且我们非常享受每一分钟的工作！

【作者注】在创新创业方向入门课程里，我曾在一次有关创意产生的课堂上建议，每位同学都可以想一想，找到自己个人生活中面临的一个问题，在此基础上创办一家企业。当时希林关注的正是麸质过敏问题☺。

查兹·辛斯（2013 届）与 Wise Systems 公司

查兹·辛斯（Chazz Sims）

我在南卡罗莱纳州长大，本科在 MIT 进修计算机科学专业。我当时不知道自己应该做些什么。我在高盛实习了一段时间，主要做些技术工作和投资银行业务。我不想真的长期从事这份工作，所以去硅谷度过了一个夏天。在此之后，我开始认真考虑创业问题。这时，我得到了至关重要的帮助，它来自一位了不起的 MIT 校友前辈创业家——**米奇·卡普尔（MITCH KAPOR）**（1981 届）。他创办的**莲花软件（LOTUS）**的是一家非比寻常的卓越企业。米奇从一开始就在大力支持创业的多样性。

四年前，我还在读大学四年级。我在 MIT 媒体实验室的"开发型创业企业"（Development Ventures）课堂上建立了自己的创始人团队，我们一同创造了 **WISE COMPANY**，着手开发一套复杂系统，帮助企业优化运营物流体系。

两年之后，我们在"全球创始人技能加速器"（GFSA）取得的经验真正帮助我们从研究和课堂项目阶段前进到了现实阶段——"怎样把它用在真正的企业里？"在这个过程中，我们得到了各种各样强有力的鼓励和指导，这些都对我们至关重要。此外还有来自媒体实验室支持基金和 GFSA 里程碑支付项目的小笔现金资源。这些资源足够保证我们顺利推进。整个过程中，别的工作机会、其他看上去更安全可靠的事物一直在吸引着我们。支持我们始终不渝走下去的是团队的内部力量和 MIT 的各种资源。

顺便提一句，我们有一支非常多样化的团队。我的共同创始人**蕾拉·夏克利**

（LAYLA SHAIKLEY）（2013 届）是在洛杉矶长大的伊朗人，获得了 MIT 建筑学院的硕士学位。另一位共同创始人阿里·卡米尔（ALI KAMIL）（2016 届）来自巴基斯坦。他本科毕业于乔治亚理工大学计算机科学专业，当时就读于 MIT 系统工程专业。我们的团队里还有杰米尔·德巴利（Jemel Derbali），虽然他当时就读于哈佛法学院，但是我们并没有嫌弃他！我在 MIT 计算机科学专业的学习经历也为团队带来了额外的力量。

> 莲花 1-2-3（Lotus 1-2-3）的发布带来了 1 亿美元的销售收入，创造了目前历史上所有公司在成立第一年销售收入的最高纪录。作为一款 PC 端的"杀手级应用"（killer app），莲花 1-2-3 一举超越了更早的交互电子表格软件 VisiCalc。后者的开发公司 Software Arts 也是 MIT 校友企业。它的两位共同创始人是丹·布里克林（DAN BRICKLIN）（电子工程专业，1973 届）和鲍勃·弗兰克斯顿（BOB FRANKSTON）（电子工程专业、数学专业，1970 届）。MIT 的先驱创业家真的是无处不在！

Wise Systems 的企业级软件帮助企业提高物流效率，让配送变得更具可预测性。与我们合作的通常是需要极高城区配送量的企业，其中既包括食品饮料企业，例如可口可乐，也包括快递和送餐企业。我们会审视配送行业的全部三个阶段：规划、实施（例如投递当天发生了什么，、交通问题、收件人晚到、顾客下新单等），随后我们会在事后分析所有数据、从中学习、逐步改善这套系统。我们在剑桥的波特广场（Porter Square）有一支 10 人团队。我们去年参加了底特律的 Techstars 活动。它让我们着实激动了一阵子。那次活动的重点是移动性（mobility），它为我们打开了很多扇大门。我们因此与很多全球五百强企业开始了合作，获得了很多企业支持者，这些都为企业的加速发展带来了真正的帮助。

艾拉·佩恩威奇（Ella Peinovich）（2012 届）与 Soko 公司

我在威斯康星州长大，目前主要从事社区发展工作。我在威斯康星大学密尔沃基分校获得建筑学学位。在此后的 12 年里，我基本都在学习建筑和从事企业建筑工作。后来我来到 MIT 攻读建筑学硕士。我很快就发现，设计思维（Design Thinking）和创造性的系统设计才是真正最吸引我的东西。我当时想："怎样把它用在实际生

艾拉·佩恩威奇
（Ella Peinovich）

活里，发挥良好的作用呢？"

我在读本科时做过一些仁人家园（Habitat for Humanity）的工作，后来到了 MIT，我还在寻找同样感觉的事物。我觉得企业建筑设计工作在侵蚀我的灵魂，之所以来到 MIT，是因为我希望拥有一个全球舞台，跨越学科之间的界限看待事物。一位同学介绍了 MIT 列格坦中心。我在那里结识了一群人。他们当时正在忙于 **SANERGE** 项目，为肯尼亚的贫民窟提供预制厕所。我帮他们设计了第一套厕所方案，同时我也爱上了创业这件事。你可以通过创业来做好事，通过可持续发展的方式建设自己的企业，你的企业可以自立，你就可以一直把好事做下去。实际上，你还可以通过这样的方式影响世界。你和你的公司还可以在此过程中赚钱。如此一来，你的公司就可以超越你这个人，天长日久地存在下去。

可是我不想一辈子盖厕所，所以我就从非洲回来了，我决定开办自己的公司。最后，我在"创始人技能加速器"（FSA）项目中找到了自己的路，成立了现在 **SOKO** 公司。它主要通过手机实现供应链创新，把全世界的独立工艺创业者与我们——以及我们的线上客户——联系起来，共同组成一个符合道德标准的、公开透明的"虚拟工厂"（virtual factory）。

我们很幸运，因为 MIT 的学生拥有非比寻常的良好形象。这让我们受益匪浅。在"展示日"里登上克莱斯格礼堂的舞台、在类似这种门槛很高的加速器项目中全程获得 MIT 的重要投资支持……这些都为刚刚起步的我们提供了必不可少的扶持和帮助。我们三位共同创始人都是女性，现在依然如此。其中一位肯尼亚的联合创始人是我在内罗毕结识的，当时我正在为肯尼亚的贫民窟建厕所。她是学计算机科学专业的，和我的建筑与系统设计的专业背景颇为不同。我们的第三位联合创始人也是一位美国女性，我们同样是在内罗毕相识的。她是学习工业设计的，当时正在哥伦比亚大学地球研究所从事商业方面的工作。我们三个人的价值观念都很强烈，所以一拍即合，而且我们非常享受彼此之间的合作。我和 MIT 的密切关系帮助我们在这里起步。我们还通过母校找到了投资人。**LearnLaunch** 的简·哈蒙德（Jean Hammond）（她之前曾在 Golden Seeds 工作）就是 Soko 的种子投资人之一。在我们什么都没做出来时，她就坚定地相信我们，为我们的团队投资。因为我们的团队是真正的团队。

Soko 的目标是成为一个符合道德标准的时尚品牌，变革全球供应链。当你访问我们的网站时，你会发现，我们售卖的是珠宝。但是我会通过分布式供应链模式把这些珠宝送到顾客手上。我们开发了一套"手机到 Web"（mobile-to-web）

的资源规划解决方案，并在此基础上打造了一间虚拟工厂。我们在肯尼亚和埃塞俄比亚有 2100 位（这个数字仍在增长）手工艺术家。她们会收到订单，通过移动支付收款，还可以在手机上跟踪库存情况。这一切来自于一个集中的、基于 Web 的平台，它帮助我们完成来自国际客户的订单。我们的客户包括诺德斯特龙（Nordstrom）、Anthropologie 女装、Fossil、梅西百货（Macy's），以及遍布全球超过 35 个国家、数以万计的个人顾客。

我们每年都在翻番发展。短短两年之前，我们才推出自己的品牌，在此之前，我们只有一个开发平台。如今，5 年过去了，我们的事业蒸蒸日上，年收入达到了 200 万美元，在美国和非洲的团队总人数也壮大到了 75 人。我们还在第二轮融资中获得了 150 万美元。

比尔·奥莱特还为此添加了旁注："她们在使命驱动下奋斗。她们寻求的不是别人的帮助，而是建成一个可持续发展的、盈利的企业；是长久地为非洲及全球各地的妇女带来力量。它是真正的自律型社会创业企业。"

比莉绮丝·阿德比伊 - 阿比奥拉（2013 届）和 WeCyclers 公司

我来自尼日利亚拉各斯（Lagos）。16 岁时，我离开家乡，来到美国求学。我先在田纳西州的纳什维尔获得了计算机科学学士和硕士学位。然后在波士顿找到了一份工作。几年之后，我开始从计算机专业向外转，因为我实在厌倦了写代码的日子。于是我来到 MIT 读 MBA，也许我还能在这里谋到一份好工作。我考取了创新创业方向，还选修了约斯特·邦森（Joost Bonsen）的"开发型创业企业"（Development Ventures）课程。这门课让我大开眼界。它让我知道，在很

比莉绮丝·阿德比伊 - 阿比奥拉
（Bilikiss Adebiyi-Abiola）

多发展中国家，很多人生活在贫困之中。我的祖国尼日利亚就是其中之一。我还在课上得知，垃圾管理是发展中国家普遍面临的一大难题。我就是在这时开始被创业深深吸引的。于是，我和我的共同创始人们成立了 **WECYCLERS** 公司。我们使用低成本的载货自行车（我们叫它 WeCycle），为尼日利亚的千家万户提供方便快捷的垃圾回收服务。

MIT 公共服务中心（MIT Public Service Center）惠予了我们帮助。我们还获得了 MIT 全球创意挑战奖（MIT Ideas Global Challenge Award）和卡罗尔·威尔逊奖学金（Carroll Wilson Fellowship）。在我们面临困难时，比尔·奥莱特多次

为我们带来了资源。我们会径直跑去敲他的门，跟他诉苦。在好几年的时间里，创业指导服务中心（Venture Mentoring Service）对我们帮助也很大。

WeCyclers 公司鼓励低收入社区把他们的垃圾交给我们处理。我们再把它们按照塑料、金属和各种可回收属性分类。我们使用成本低廉的自行车跑遍了各个居民区，收取垃圾，再把它们拉到附近的中心场站。我们在场站里处理这些垃圾，再把它们卖给回收公司。骑手们每跑一公里，就会在手机上获得积分。他们可以用这些积分兑换家用物品、电子产品，也可以兑换成现金。我们大约有 100 名员工，平台注册用户有 1.1 万人。

谈到这四位年轻创始人，比尔·奥莱特（BILL AULET）有他自己的看法：

比尔·奥莱特
（Bill Aulet）

我们应该好好看看，她们是怎样和 MIT 的接触点融为一体的。这一点非常重要。创业不是算法，只要一运行，就会自动带来一家初创企业。你要做的是一件前无古人的事。所以我们可以说，MIT 创业的道路有千万条，其中有一条就是收垃圾。这完全没有问题。一路走来，她们中的每位创业者都受到了多种多样的人、机构和活动的影响。MIT 的妙处在于，它是一个上下倒置的体系。每位创业者的经历各不相同。

这四位创业者反思了过去 50 年间 MIT 创业体验的巨大变化。首先，哪些人会走上创业之路？他们能接触到怎样的机会？在 MIT 就读期间，她们能学习到哪些有关创办和经营新企业的课程？有哪些各不相同的动力驱使人们创业？放眼 MIT 创业事业的未来，有哪些重要方面会对它造成影响？比尔·奥莱特就此做了一次发言。他在发言的末尾提出了两点：第一点，他提到了一篇关于 Y Combinator 的文章。我们在本书第六章也提到了这家先驱加速器组织："Y Combinator 提到，在他们的创业团队中，有 20% 的创始人是女性。他们觉得这非常值得夸耀，因为这个比例比前一年有所提升。我只好反观我们 MIT 的 GFSA 加速器，看看我们的创业团队里女性创始人的比例。哦，我们的比例是 90%。"比尔在第二点中谈到了来源国家：

我问高级班的同学：多少人是在美国以外出生的。我得到的答案是 75%。作为一名 MIT 人，我一直倍感自豪，一大原因在于，这是一个任人唯贤的所在。

无论你是什么二代，根本没人在乎。我们也不在乎你的肤色。最重要的是"这件事你做成了吗？"说到底，最重要的是团队。我们建立的团队拥有共同的愿景、团队的成就和它们的成员一样优秀，它拥有相互补充的技能、共同的价值观念和对彼此的信任。这四位创始人告诉我们：MIT 的创业事业发生了翻天覆地的变革，它还会不断地变下去。

本书第二章提到过我的研究发现。它们奠定了我们对团队建设——而不是个人成长——给予重视的基础。来自 MIT 创新与创业方向的数据（包括投身创业工作的其他 MIT 学生在内）得出了与比尔的发言非常相近的结果——我们有 60% 的学生出生在美国以外。同时，在创新创业方向的学生中，女性比例正在逐年扩大。我个人坚定地认为，假如我们能改善学习签证的有关规定，把握这些才华横溢、充满抱负的创业才俊，他们必将持续不断地为美国做出巨大贡献。与此同时，他们无疑也会不断地贡献自己的祖国。而这并不是一件坏事。

关于 MIT 创业现状的最后一点观察来自《福布斯》（*Forbes*）杂志最近的一篇报道《17 位 MIT 创业者入选福布斯 30 岁以下精英榜》（*Seventeen MIT Entrepreneurs Named to 2017 Forbes '30 Under 30' Lists*）。这些年轻人来自多个领域，包括医疗、消费科技、企业级技术、工业和制造等 [15]。MIT 的学生、校友和教师不断地从本领域脱颖而出，如今这一点尤胜于前。很显然，我们在 MIT 建立了一个切实的、创新的项目。它卓有成效地吸引了才华横溢的学生和教师，他们成了创业行为的实践者，让美国和全世界因此受益。未来是属于他们的。

MIT "引擎"

2016 年 10 月 26 日，MIT 校长拉斐尔·莱夫（**RAFAEL REIF**）宣布了一项新举措，希望在难度最高的科技领域里加速实现突破性创新。**"引擎"计划**（**THE ENGINE**）正式诞生了。它代表了 MIT 政策和项目的多方面变革，并为 MIT 未来的创业事业指明了关键的重点。关于"引擎"项目，MIT 着重指出："设计该项目的宗旨是满足那些尚未得到充分满足的需求……由于很多企业追求的是资本密集型技术，所以时间密集型技术很难找到可靠的支持，很难获得它们需要的资源。因为这样的原因，很多突破性创业还

MIT 校长拉斐尔·莱夫
（Rafael Reif）

无法真正走出实验室。"[16]

在 MIT 常务副校长、财务主管伊斯雷尔·鲁伊斯（ISRAEL RUIZ）（2001 届）和几位学术带头人的密切配合下，莱夫校长完成了以下多项开创性工作：（1）MIT 第一次明确提出，把攻克各种全球问题作为自身使命，并把创业作为重点实现手段；（2）为了聚焦于此类创业问题的顺利解决，MIT 首次建立了自有基金（2500 万美元），还招募很多投资人加入其中。这项启动基金的规模如今已经达到了 2 亿美元；（3）MIT 第一次为此成立了新的专门机构：引擎（The Engine）加速器。从校外招聘了首席执行官兼管理合伙人凯蒂·瑞伊（KATIE RAE）、还聘请了外部顾问和投资管理负责人承担一应事务。毫无疑问，伴随这些重要的转变，学校还会做出更多政策的变化和重点工作的调整。

莱夫校长指出：

如果我们希望为全球重大挑战给出像样的解决方案，就必须想方设法地保证研究这些问题的创新者看得见一条通向市场的现实道路……"引擎"可以为突破式创意带来早期收益，把它们置于优先地位，这样有助于缩短初创企业为风险资本做好准备所需的时间，同时为它们提供全面支持，打造一个由发明者和支持者共同组成的、热火朝天的社群。这里的人们关心的是同一个问题：让这个世界变得更美好。

关于"有耐心的资本"（patient capital）的必要性，"引擎"项目从多个方面给出了明确的回答。这种资本旨在鼓励和支持那些需要培养和资金支持的重大开发项目。它们往往需要数年之功，而不是短短几个月。与"引擎"项目的宣布相伴而来的是对周边平价空间需求的正视。人们需要空间来培养自己投资的初创企业、共享 MIT 的实验室和设备，同时与重要的本地企业开展合作，降低这些长期投资的成本（MIT 在剑桥中央广场（Central Square）提供了 2.6 万平方英尺的空间，供"引擎"加速器的首批初创企业使用。MIT 还为此投入了 2500 万美元，作为该项目的启动资本）。

凯蒂·瑞伊（KATIE RAE）与 MIT 创业生态系统的关系由来已久、相当密切。她是一位连续创业家，曾担任过 Techstars 波士顿分公司负责人。这家公司促进了大量 MIT 初创企业的成长和发展。她还成立和领导自己的风险投资基金。在加入"引擎"之前，凯蒂担任过很多重要职务。这些年来，她还在很多 MIT 创业课堂上做过嘉宾。她还是 MIT 马丁·特拉斯特创业中心的高级讲师。

2017 年 9 月，"引擎"项目总裁兼首席执行官凯蒂·瑞伊宣布该组织首批 7 笔"硬核科技"（tough tech）投资："我们对这些创始人的热情和素质满意至极。他们都是怀抱使命的创业者。在我们的帮助下，他们必将改变这个世界，让它变得更加美好。"

就某种程度而言，MIT"引擎"项目有没有成功实现眼前目标并不重要，重要的是 MIT 通过这一行动激发了全球其他的大学和政府、帮助它们做出了类似的努力这一事实。当然，它们会有各自不同的兴趣和具体环境。甚至一些风险投资企业、基金会和富有的个人都可能立志通过建立创业基金的形式来解决那些需要"耐心资本"的全球问题——我们早该这样做了。举例来说，在过去的 10 年间，MIT 斯隆管理学院的罗闻全（Andrew Lo）教授始终致力于通过创业投资根除癌症这一全球顽疾。他为此大声疾呼，投入了极大的思考、开展了很多研究 [17]（罗教授也是 MIT 金融科技创业（MIT FinTech Ventures）项目的联合主任）。MIT"引擎"项目的行动也许能帮助其他类似的做法更容易地被人们接受。

而我看待和理解这些革命性举措的角度有所不同，我的角度也是本章的出发点——更好地理解 MIT 创业的未来。今天的 MIT 与 50 年前如此不同，我在书中阐述的种种进步足以证明这一点。MIT 校长在鼓励和支持创业成果的同时，早已远远超越了对"知行合一"的颂扬。这是 MIT 传统与文化至大至远的延伸，它必将超越"引擎"项目，泽被未来，无论后者本身是多么独特和意义深远。对创业事业的一致信念必将被 MIT 全校上下作为其内部机制和外部使命不可分割的一部分。如今，我们要明确提出，MIT 科研、教学和公共服务的基本目标必须包括各种形式的创新，尤其是通过创业手段把创意带入市场。

MIT 的领导者与 MIT 的创业

从 1980 年起，MIT 建立强大创业项目的努力得到了连续四届校领导的支持，本书中提到的成长和发展都离不开他们的鼓励和支持。这实在是一件幸事。我要对他们每一位表示感谢，感谢他们的勉励和帮助。

前文提到过，**保罗·格雷（PAUL GRAY）** 校长支持建立 MIT 创业荣誉团体，表彰获得成就的创业者、鼓励未来创业者。如果没有他的支持，就不会有"128 盛会"（Event 128），也不会有后来硅谷那些宣传和表彰众多成功 MIT 创业者的盛事。为了让 MIT 的初创企业在面对大型成熟企业时具备一定竞争机会，格雷坚决捍卫 MIT 对这些初创企业的独占许可权，不惜为此陷入公众的非议之中。卸任校长之后，格雷教授还组织了 MIT 科技早餐会（MIT Technology Breakfast），帮助很多 MIT 教师和他们的企业得到了很多 MIT 校友的关注，帮助他们从这些活动中收获校友的帮助和宝贵意见。他的继任者是**查尔斯·维斯特（CHARLES VEST）** 校长。维斯特写信给所有 MIT 校友，向全世界推广 MIT 创业者的重要意义，鼓励他们参与首次 MIT 校友创业调查。他密切参与 MIT 创业中心的各项活动，成为中心"股东团队"（Shareholder Group）的关键成员。查克（全校师生都这样亲切地称呼查尔斯·维斯特）大力支持我们在迪拜的试点项目，帮助我们把 MIT 的创业事业推广到中东地区。他还请校务委员会主席代表他和学校参与到这些活动中来。**苏珊·霍克菲尔德（SUSAN HOCKFIELD）** 校长把我们 2009 年的校友创业调查报告推广到了全国和全世界。她宣传 MIT 校友的创业成就，鼓励其他大学的领导者更加大胆地沿着 MIT 开辟的创新创业方向大踏步前进。在她担任校长期间，霍克菲尔德支持建立了"教师研讨项目"（Faculty Seminar Program），鼓励并教育 MIT 教师创办新企业。她还进一步建立了两个教师委员会，探索全校创业活动并形成报告、为创新创业项目的未来提升献言献策。

拉斐尔·莱夫（RAFAEL REIF） 校长更上一层楼。他发起了 MIT "引擎"（The Engine）项目，通过这种独树一帜的方式有力提供了资金、空间和广泛支持，培养和助推长期创业者，帮助他们解决全球问题。早在推出"引擎"项目之前，莱夫校长已经决心把"MIT 创新行动计划"（MITII）打造成一个自上而下的组织，在全校范围内鼓励关于创新创业研究、教育和活动的广泛合作，把学校的科研扩展到更加全球化的广阔天地。莱夫校长委派弗拉基米尔·布洛维克（Vladimir Bulović）教授和菲奥娜·莫瑞（Fiona Murray）教授作为"MIT 创新行动计划"的联合主任，并且分别擢升他们为工程学院和管理学院负责创新的副院长。此举清晰地表明了他对 MIT 创新创业成就发展的巨大支持。在 MIT 创业五十周年庆典的闭幕晚宴上，莱夫校长发表了这样一段致辞：

　　1990 年，时任 MIT 斯隆管理学院院长莱斯特·瑟罗宣布成立 MIT 创业中心。从此以后，MIT 全校刮起了创业的飓风。创新和创业一直不断地团结着我们、连接着全校的各个院系、教师、学生、职工和校友。创业是我们影响世界的渠道。创业能量正在我们学校的教室、实验室和各个中心不断激增。对于学校的定位和学校五十年来优异的成就和服务来说，创业发挥着支配性的核心作用。

支持创业发展的四位 MIT 校长（由左至右）：查尔斯·维斯特、苏珊·霍克菲尔德、拉斐尔·莱夫和保罗·格雷

　　1980 年以来，几位校长在创业方面的努力自然激发了学校两个最大院系领导的呼应和强有力的行动，尤其是最近的几位院长：MIT 斯隆管理学院的大卫·**施密特雷恩**（**DAVID SCHMITTLEIN**）院长和 MIT 工程学院的**伊恩·魏兹**（**IAN WAITZ**）院长和他的继任院长**阿纳色·钱德卡桑**（**ANANTHA CHANDRAKASAN**）。

未来的挑战

　　在我们向着 MIT 和全球目标继续前进的路上，在建设理想未来的途中，MIT 创业社群主要面对三大挑战：人才、场地和资金。

　　人才

　　过去 50 年取得的所有成就都离不开大胆进取、能力十足的人才。他们在

MIT 人创办的万千企业中成为理所当然的核心。他们是如今蓬勃发展、不断增长的教育和科研项目的发起者和践行者。他们是建立保障 MIT 创业生态系统完整性的教职员工。

我们最缺少的是在全校范围内承担创业科研任务和大部分创业课程教学任务的学术型教师人才。他们也是学生们最重要的非正式导师。因为对学生来说，老师的教导可能润物无声，但是最值得信赖。这一缺失限制了我们更快地进入新的学术领域、教学过程中的知识分享以及价值观的推广。这些教师和关键职员还是新项目创意的重要来源。这些新项目在过去几十年间极大地推动了 MIT 的创业事业。未来，我们还需要更富创新性的、更大量的创意。

MIT 斯隆管理学院尤其需要更多的师资力量，承担大量的创业教学与科研任务。同时，工程学院和媒体实验室也需要扩大教师队伍，完成与创新创业有关的专门教学任务。

场地

对 MIT 日益增长的创业项目和身在其中的学生群体来说，2011 年新设的 MIT 马丁·特拉斯特创业中心无疑是重要的激励和优异的支持。它容纳了更多的日常人流，为更多的学生活动提供了空间，为个人和团队提供了工作场所，促进了他们的创业发展，还增加了制造原型产品的空间，并配备了适宜的"创客"设备，帮助学生更快地推进，同时，中心还为更多技能资源的输入提供了场所，例如波士顿大学法律诊所（Boston University Law Clinic）等。它还提供了开放式办公空间，容纳更多的、能力超群的人才为学生提供更有力的支持，包括全职驻校企业家和更多的志愿创业与风险投资导师等。不过，这个新建空间很快就人满为患了。比尔·奥莱特喜欢引用尤吉·贝拉（Yogi Berra）[18] 的一句名言来形容那里的情况："没人再去那儿了，那里太拥挤了！" MIT 马丁·特拉斯特创业中心尤其需要更多的空间进一步发展，满足日益增长的各种需求。"MIT 创业生态系统"的其他场所同样需要更多空间，但只有特拉斯特中心接待过这么多学生，并实实在在地容纳这么多人在这里办公。

资金

迅速增长的资金对于解决人才和场地的挑战帮助很大，我们还需要更多的资金来支持现有的和新设的项目。面向创业教师的专门捐赠当然可以发挥激励作用，为越来越多的院系教师岗位提供财务支持。面向已有项目的专门捐赠，例如德尔塔 V 和"实践领军项目"（Practice Leaders Program）等，也能确保这些项目的延续和有效扩展。特拉斯特中心众多工作空间、会议室、办公区域和创客空间的冠名也可以积累捐赠资金，带来收入，灵活便利地用于人员和项目的各项费用。单就特拉斯特中心而言，该中心力争将捐赠资金提高到 5000 万美元。按照 MIT 的现行政策规定，这样每年可以为中心带来 250 万美元的现金流入，同时每年为中心的捐赠基金带来大约 450 万美元的增长，确保中心未来的进一步发展。而更多的资金必定有助于在校内发现和建立更多适宜的创业空间。

> MIT 宣布，截至 2017 年 6 月 30 日的财年结束时，该校的捐赠资金共创造 14.3% 的投资回报率。通常情况下，MIT 每年会把大约其中的 5% 按比例返还给这些捐赠资金的账户“所有人”，同时持有剩余部分，作为捐赠账户增益 [19]。

我在本书的序言中提到过，这本书也是一本个人自传。因此，谈到未来 50 年怎样大幅超越过去的 50 年，我提出了以上几项必须克服的挑战。纯属个人观点，如有不妥之处，还请读者谅解。

歌颂 MIT 的创业事业

本书讲到，MIT 逐步提高师生员工的比例，从半个世纪前的筚路蓝缕发展到如今新企业雨后春笋般涌现的极大繁荣。在这半个世纪里，我们还看到的另外几种不同形式的成就。让我们在本书结尾处做一回顾。

尊崇创业者

首先，本书的主要宗旨是赞颂走出 MIT 的创业者和他们带给世界的诸多贡献。我们在多个章节中列举他们的例子，颂扬他们的功业，记录了 MIT 教师和校友从零开始、建功立业的多个领域，以及在此过程中创办和发展的重要企业。我们称颂所有的 MIT 创业者，因为他们的开创精神和坚持不懈为我们所有人带来了莫大的有益影响。

吃水不忘挖井人

MIT 当然不是历史上第一个大学创业中心。创业项目早就广泛存在于整个美国和世界上其他国家。这些项目的领导者，无论他们依然活跃在第一线，还是已经退休，都与自己的学生分享了自己的亲身经验和教训。虽然这些领导者“身处三尺讲坛”，但他们传授学生的实际上是如何成为成功企业创始人的要义。

我在 1990 年创办 MIT 创业中心。它第一个想出了如何专门定义知识、把这些知识集中起来、用于创业实践之中。MIT 创业中心当然具有鲜明的 MIT 风格，它是第一家勇于质问、挑战和建立另一类创业科研基础的机构，并用它伴随和巩固实践者群体的知识储备。我们的目标从一开始就非常明确：为学生创造机会，从两种不同的视角完成学习，同时保持风格的一贯性。我们承认所有教师的榜样作用，无论他们是学术型教师还是实践型教师。他们把人们对创业者和新企业的理解推向了更高层次。如今，我们的双轨项目模式已经得到了全球几乎所有领先机构创业项目的采用。

感谢 MIT 生态系统的建设者们

本书的第三个特点在于，它记录了众多机构要素的创造者和建设者。正是这些机构要素共同组成了"MIT 创业生态系统"。技术许可办公室（TLO）、创业中心及其教学项目、创业辅导服务中心（Venture Mentoring Service）、媒体实验室和它推出的各种课程、戴施潘德中心、列格坦中心和很多其他机构大多是同类机构的先驱楷模。人们想要创造某个机构、促进创业发展，总会发现自己在效仿 MIT 的某种做法、某个机构。它们在 MIT 各自发挥着关键作用，协助个人和团队更有效地创办自己的企业。同时，它们还共同组成了强大的、相互补充的有力资源和备选场地，为需要帮助的学生贡献力量。

只要再看一遍第八章到第十一章提到的各个行业，我们就会发现 MIT 创业生态系统对 MIT 创业事业与日俱增的影响力。这一点不仅体现在创业者人数的迅猛增长上，而且体现在新近创业者比他们的前辈拥有更富建设性和教育和指导上面。这几章的中间部分为这种变革提供了相应的行业代表案例。以生物科技篇为例，老一辈的鲍勃·斯旺森（Bob Swanson）确实上过"创办新企业"这门课，可是新一代的努巴·阿费扬曾经讲过这门课，他还从"创新团队"（iTeams）课堂上掌握一种整体性方法，并把它用于设计旗舰创投实验室。再以互联网的历史为例。在 MIT 校友创业讲坛的推动下，鲍勃·梅特卡夫创办了 3Com 公司，相比之下，弗雷德里克·克雷斯特完成了创新创业方向的深入教育，并在 MIT 十万美元大奖赛中充分显示了自己的领导才能。CAD-CAM 行业也不例外。无论是 Applicon 还是 ComputerVision 公司，它们的创始人都曾深受创办创新型企业实践经验不足的困扰。相比之下，在创办自己第一家 CAD-CAM 企业时，乔恩·赫斯切提克（Jon Hirschtick）还是"创办新企业"课堂上的一名学生。

MIT 创业生态系统拥有如此众多的贡献者，他们多年以来通过各种创业强化途径为 MIT 学生做出了繁多的贡献。这让我们感佩不已。同时，正如本书已经指明的，所有这些组成部分不仅帮助了 MIT 自己的学生和校友，还为美国和全世界的大学和地区提供了帮助，甚至为可能采用或者借鉴 MIT 模式、促进经济发展的一些国家提供了帮助。

阐明了 MIT 创业事业如何走出自身边界

MIT 始终努力为本地社区和美国经济及福祉带来积极影响，与此同时，MIT 还一直寻求把学校的先进知识基础带给全世界的每个人，无论他们身在何处；我们让吸收并超越了这些知识基础的 MIT 学生在全球各地生根发芽。我们现在的学生群体反映了这样一个事实：我们把全球各地的精英吸引到校园，吸收每个人的长处，分享每个人的志趣。本书第六章和第七章集中阐述了 MIT 创业事业在校园以外形成的影响力。一开始是在美国，如今是在全球各地，我们的校友建立了独一无二的组织，促进了创业的发展。他们深入毫无创业发展经验的地区，千方百计地带来改变。从 Techstars 和 MassChallenge 到 LearnLaunch、Greentown，当然还有 MIT 的 delta v。这些努力都对创业事业的发展产生了极大的撬动作用。

这些精彩纷呈的活动始于校友在全美国举办研讨会，传播创业知识经验的活动，随后是 MIT 创业论坛，后者还向非校友和海外朋友开放，为他们带来关于创办新企业的 MIT 经验。与此相伴的还有很多其他活动，例如我们的学生通过"MIT 全球初创工场"传授经验，教会人们如何组织创新竞赛、鼓励年轻人走上创业道路等。

在这些最早的项目走上轨道之后，这个生态系统的各个部分都开始推进自己的项目，传播意见和洞察力，让更多的人了解它们的作用，尤其是美国以外的人们。带来这种全球影响力的正式项目有很多，例如"创业发展项目"（EDP）、"区域创业加速项目"（REAP）和数量众多的国别创新创业项目。这些国别项目的推出主要得益于 MIT 工程学院和管理学院的巨大努力。

观察趋势，预判未来

最后一点，同时也是贯穿全书的一点：我始终留意各种重要变化。这些变化会告诉我们，MIT 的创业事业将会面对怎样的未来。其中，最明显的一个变化就是 MIT 创办新企业学生数量和比例持续不断的增长。由于加入初创企业的学生人数不断增长，由于这些学生随后创办企业的高发率，必然会加速创业学生人数和比例的进一步提高。一代又一代，重复创业的人数比例（我们称这些人为"连续创业者"）同样在不断攀升。这一现象又因为人们首次创业年龄的稳步下降而进一步加强。走上创业道路的时间越早，人们就会有更多的时间用来创办更多的新企业。虽然有越来越多的学生在校期间开始创业——既包括本科生，又包括研究生在内——但是几乎没人选择在获得学位之前离校。我们极尽所能地建设创业项目，为志在创业的学生提供明确的价值和收益，激励他们留在 MIT 不断地学习和成长，而不是过早地辍学创业。

在这些宏大的数字之外，我们还看到另一种趋势：哪些人走上了创业之路？我们经历了 MIT 海外出生学生创业比例的不断增长。作为移民，或者作为第二代移民，这种身份似乎为他们带来了额外的动力。这种力量主要表现在创办和经营新企业的努力上。也许它源于一种本能的需求——我要远离舒适熟悉的文化、语言、习俗、家人、朋友，扎根美国这个完全陌生的新环境。也许它来自这样一种需要——克服身在异乡的不确定性，找到归属感和成就感。我们的数据并没有为这些假设找到答案。但是，目前关于海外出生的美国创业者的趋势数据，包括 MIT 本身的数据在内，都给我们带来了深刻的印象。

MIT 的创业经验还让我们注意到一点，女性创业者、非洲裔和西班牙裔美国创业者的比例正在缓慢而稳步地上升，这些人原本在我们的创业群体中默默无闻。这为我们带来了不小的满足感。如今这一代创业者为我们提供了更显而易见的楷模，未来必定有更多的人追随他们的脚步。这一章的"站在巨人的肩膀上"部分就是为了说明这样的趋势，并希望促进这一趋势。伴随着这些变化——或者由于这些变化——我还在学生中发现了一种社会自觉意识。它最好的证明就是学生们希望从事的工作和希望开展这些工作的地点。他们绝大多数人都把切实创办营利企业看作形成这种社会影响力的最佳途径。这样不仅可以维持自己的营生，还能为所在地区贡献更好的医疗和卫生条件，改善当地环境，同时为自己和他人带来就业、创造财富。他们"传递教育"并"回报教育"，回报自己在 MIT 和其他学校受到的教育，同时实现自己贡献社会的愿望。

总而言之，我看到的是未来 10 年、20 年甚至 50 年的美好前景，人们届时仍将为 MIT 创业取得的成就和影响力欢呼喝彩！

爱德华·罗伯茨

马萨诸塞州，剑桥市

麻省理工学院

2018 年 5 月

参考文献及注释

1. Edward B. Roberts, *Entrepreneurs in High Technology: Lessons from MIT and Beyond*. Oxford University Press, 1991.

2. 同上，第 357 页。

3. 此处综合了米歇尔·乔特（Michelle Choate）2016 年 4 月 29 日对艾文·雅各布的采访和来自互联网的一些信息。

4. 股市数据获取日期：2018 年 2 月 26 日。

5. 来自米歇尔·乔特（Michelle Choate）对布莱恩·哈利根的采访（2016 年 7 月 21 日）和对德哈米斯·沙哈的采访（2016 年 7 月 26 日）。

6. 股市数据获取日期：2018 年 4 月 6 日。

7. 来自米歇尔·乔特（Michelle Choate）的采访，2016 年 5 月 16 日。

8. "50 Companies that May Be the Next Start-Up Unicorns", *New York Times*, August 23, 2015.

9. 《MIT 技术评论》称，PillPack 如今的员工人数已经超过了 500 人！ Michael Blanding, "Modern Apothecary", *Technology Review*, July-August 2017.

10. Kelly J. O'Brien, *Boston Business Journal*, June 16, 2017, https://www.bizjournals.com/ boston/ news/2017/06/16/pillpack-unveils-new-products-eyes-100m-in-sales.html，访问日期：2018 年 3 月 30 日。

11. Choate，同上。

12. 详见本书第四章创业奖项捐赠人部分。

13. 作者根据比尔·奥莱特和四位年轻 MIT 创业家 2016 年 11 月 12 日在 "MIT 创业五十周年庆典" 分论坛上的发言记录编辑整理而来。

14. SBIR-NIH 是 "（美国）国家卫生研究所的小企业创新研究"（Small Business Innovation Research-National Institutes of Health）的简略写法。

15. 被 Zach Church 引用，2017 年 1 月 4 日，MIT Management Newsroom.

16. Rob Matheson, "MIT Launches New Venture for World-Changing Entrepreneurs", *MIT News Office*, October 26, 2016.

17. Beth Healy, "MIT Professor Pitches Cancer Mega-Fund", *Boston Globe*, October 1, 2012.

18. 还记得尤吉·贝拉和他风趣言论的人们应该年纪都不小了吧？

19. David Harris, *Boston Business Journal*, September 11, 2017.